文化浸润 涵养童年

幼儿园涵养课程的实践探索

张素梅 主编

北京师范大学出版集团
BEIJING NORMAL UNIVERSITY PUBLISHING GROUP
北京师范大学出版社

图书在版编目(CIP)数据

文化浸润　涵养童年：幼儿园涵养课程的实践探索 / 张素梅主编．—北京：北京师范大学出版社，2024.10

ISBN 978-7-303-29957-7

Ⅰ.①文…　Ⅱ.①张…　Ⅲ.①幼儿园－课程－教学研究　Ⅳ.①G612

中国国家版本馆 CIP 数据核字(2024)第 107723 号

图书意见反馈　gaozhifk@bnupg.com　010-58805079
营销中心电话　010-58808083　58807662

WENHUA JINRUN HANYANG TONGNIAN

出版发行：北京师范大学出版社　www.bnupg.com
北京市西城区新街口外大街 12-3 号
邮政编码：100088

印　　刷：唐山玺诚印务有限公司
经　　销：全国新华书店
开　　本：787 mm×1092 mm　1/16
印　　张：26.25
字　　数：454 千字
版　　次：2024 年 10 月第 1 版
印　　次：2024 年 10 月第 1 次印刷
定　　价：88.00 元

策划编辑：张丽娟　　　　责任编辑：申立莹
美术编辑：焦　丽　李向昕　　装帧设计：焦　丽　李向昕
责任校对：陈　荟　　　　责任印制：马　洁　赵　龙

编委会

主　　编： 张素梅

副 主 编： 杜亚君　彭妙苑　解家仁

编写人员： 王庆芳　黄素瑛　李丽芳　李鲜丽
刘敏霞　刘利枚　石　赟　罗琼瑶
孙雪明　陈　娅　董墨涵　陈良钰
龚欣欣　吴婷婷　胡　俊　区吕香
林伊苹　陈　婧　廖竞慧　刘　娟
刘　静　李　阳　柳小爽　邹倩彤
张　森　戴丽安　陈　珍　叶云娣

序　言

聚焦核心素养，落实立德树人

党的十八大报告明确指出“把立德树人作为教育的根本任务”，在党的二十大报告中，又一以贯之地强调“育人的根本在于立德”，并提出了“加快建设高质量教育体系，发展素质教育”的要求。这些有关论述为我国教育的健康和高质量发展指明了方向。

深圳市龙岗区龙岗街道中心幼儿园在长期的实践中，围绕“立德树人”这一根本任务，立足“文化浸润，涵养童年”的理念，通过孜孜不倦的努力，构建了“融入本土文化、全环境育人”的涵养课程体系，着力不断提升幼儿园的保育教育质量。在张素梅园长的带领下，幼儿园教师团队将多年积累的实践经验和研究成果，凝练成《文化浸润，涵养童年——幼儿园涵养课程的实践探索》一书。我有幸曾多次前往龙岗街道中心幼儿园参与现场交流与研讨，当览阅这本凝聚了幼儿园团队智慧和心血的新作时，回首往事，感慨良多，借此序言，将所思所悟与各位读者分享。

一、聚焦核心素养，落实立德树人

要办高质量的幼儿园，首先就必须明确教育的目标和方向，也即首先要回答“培养怎样的人”这一根本问题。通过多次深入研讨，龙岗街道中心幼儿园团队达成一个基本共识，将培养有中华优秀文化底蕴的幸福儿童作为最终的教育目标。这一目标的确定，是基于中国学生发展核心素养的指引，以全面发展的人为核心，将核心素养中文化基础、自主发展、社会参与三个方面的内容与幼儿园的具体实践相结合，构建了“健康、乐学、善良、自信”的课程目标体系。这一目标体系围绕实现“立德树人”这一根本任务，旨在促进幼儿的全面发展。“德”字的内涵是“顾己”与“及人”的辩证统一。“健康、乐学、自信”体现“顾己”的自我发展，“善良”体现“顾及他人的感受和需要”的品格。

善良是中国优秀传统文化中美德的代表，是个体与他人和社会之间相互尊重与关爱的表现。为他人着想的善良品行，不仅体现了教育将自然人转变为社会人的社会化过程，为个体建立友好人际关系奠定根基，而且是创新、创造的动力和源泉。在幼儿园中，培养有涵养的幼儿，就是逐渐增进幼儿为他人着想的意识和能力，有涵养的幼儿，也因此能更好地与同伴合作解决问题，具有更好的同伴关系。从这个角度而言，“德”就是最高的智慧，也是奠定儿童将来一生幸福生活的基础。

二、课程植根文化，奠定质量基础

课程是实现教育目标的途径，是决定幼儿园保育教育质量的核心要素。在基础教育的小学和中学阶段，课程的载体主要是教材；而在学前教育阶段，课程的载体主要是活动。因此，我们将幼儿园课程定义为各种有意义的教育活动的总和。涵养课程包括健体活动、启智活动、润心活动和养德活动，借此实现前述的教育目标。幼儿园课程的内容是两条主线相互交织的结果：其一是《3－6岁儿童学习与发展指南》等文件、政策提出的五大领域发展目标与教育建议的规范；其二是幼儿的生活经验。五大领域的发展目标是幼儿园课程需具有的共性或基本骨架，幼儿的生活经验则构成了幼儿园课程的个性或具体内容。龙岗街道中心幼儿园所在社区，具有丰富的客家文化资源，幼儿园确立了“传承客家文化从娃娃抓起”的理念，对幼儿日常生活环境中蕴含的丰富的本土文化资源、社区资源不断地进行筛选和转化，进而持续性地融入和充实到涵养课程体系中，形成了“客家风情、坊间艺创、心灵本色、民间游戏”四个基本模块的课程内容架构。

要将幼儿丰富甚至繁杂的生活经验转变成为适宜的幼儿园课程内容，并非简单地让幼儿模仿或重现成人的现实生活样态，而是首先要做好筛选和转化的工作。幼儿园特别重视筛选出能体现社会主义核心价值观的优秀文化。例如，龙岗区的鹤湖新居是全国占地面积最大的客家围屋。作为独具特色的民居建筑，客家围屋不仅体现出兼具防风抗震、冬暖夏凉的建筑智慧，而且体现出自给自足、守望相助的家国情怀。而后，教师通过创设情境、提供材料和支持，将这一优秀文化元素转化为幼儿乐于参与的各种户外建构自主游戏活动。涵养课程的内容建构，充分体现了《3－6岁儿童学习与发展指南》中提出的“要珍视游戏和生活的独特价值”的理念。幼儿所浸润其中的文化和社区资源，成为幼儿园课程内容持续创新的不竭源泉。

三、尊重儿童特点，遵循学习规律

课程内容提供了儿童学习与发展的基础，课程实施过程才是关键。在课程实施过程中，幼儿园教师坚持把游戏作为幼儿学习的基本方式，“最大限度地支持和满足幼儿通过直接感知、实际操作和亲身体验获取经验的需要”，基于幼儿的年龄特点和已有生活经验的基础，在活动开展之前，为幼儿提供充分的直接感知与实地考察的机会。例如，在开展“客家围屋”主题活动时，教师结合社区资源，先带领幼儿参观鹤湖新居客家围屋，了解围屋的建筑特征。幼儿在参观过程中，触摸到裸露墙体中的稻草，通过工作人员的讲解，知道人们在夯土墙时，将稻草等材料加入沙土中，能增强建筑的牢固性。回到幼儿园后，幼儿通过探究活动，比较加入稻草和没有加入稻草的两种“土墙”开裂的情况。除了这一具有科学领域学习元素的活动，教师也引导幼儿在“客家围屋”这一主题活动中，通过绘画与讲述等活动，促进幼儿在健康、语言、社会、艺术等其他领域的发展。

该书的问世，是水到渠成的结果，同时也冀望其能为其他幼儿园的课程建设提供有益的参照。幼儿园的课程建设，是一个从“无”生“有”的过程。“无”是“无教材”，但非“空”，生活中的一切都构成了“有”。正如法国雕塑家罗丹所说：“世界上从不缺少美，缺少的是发现美的眼睛。”一草一木皆世界，一砖一瓦有乾坤。龙岗街道中心幼儿园教师团队的智慧，便体现在从似若的“无”中，发现适宜幼儿的“有”，并将其梳理成吸引幼儿主动参与的活动，让每一个孩子都拥有一个快乐而有意义的童年。也借此与各位幼儿教育工作者共勉！

郑福明

2023年11月8日

于华南师范大学

目 录

CONTENTS

环境篇

致亲爱的孩子

张素梅

教育就像种树，爱是阳光，呵护是雨露
教育就像涓涓细流
滋润每一个鲜活的生命
长大成人
教育是陪伴孩子一生的习惯和品质
是教会孩子懂得爱与尊重……

好喜欢，看你在活动室的专注学习
在操场上的奋力奔跑
在玩具区的玩耍欢笑
朝夕相伴
心灵相守
与你一起走过幸福的童年

孩子，终有一天
你会长成一棵大树
枝繁叶茂
请记得
健康、乐学、善良、自信、幸福
这是根对树永远的祝福………

理论篇

第一章 涵养课程体系架构

第一节 涵养课程建构的背景及理论基础

我园(深圳市龙岗区龙岗街道中心幼儿园)于 1994 年迁址新建，先后被评为广东省一级幼儿园、深圳市(第一批)优质特色示范幼儿园。自建园伊始，我园就开始了课程与教学的探索，结合幼儿的特点和独特的地理优势，依托本土资源，努力创建适宜幼儿发展并极具园本特色的课程体系。在探索与研究的过程中，我们不断汲取和学习世界上先进教育思想与课程模式的精髓，如自然主义教育思想、发展适宜性实践理论、瑞吉欧方案教学等。同时，我们亦回归本土，研究陶行知的生活教育理论、陈鹤琴的“活教育”理论等，逐步形成了涵养教育的思想和涵养课程的结构。

进入新时代，坚定文化自信、创造性传承和发展民族文化是时代赋予的课题。幼儿园作为文化传播的前沿阵地，发掘、利用、传承文化资源，具有现实的必要性和积极的价值。在课程建设的原有基础上，我们也开始探索如何更好地融入时代，担当使命，落实立德树人根本任务。我们以课程建设为切入点和抓手，发挥本土文化资源的优势和力量，凝聚全体课程实施者和各方伙伴的力量，经过持续的改革和发展探索，最终建构了我们的涵养课程，并通过文字梳理成完整、系统的文本。本书基于“文化浸润，涵养童年”的理念，以理论篇、实践篇和环境篇，完整展示了幼儿园涵养课程的具体做法和实践经验，呈现了我们多年来实践探索的所思所获。

一、课程建构的背景

(一)时代背景

1. 幼儿园落实立德树人根本任务是时代新要求

党的十八大把立德树人作为教育的根本任务。党的二十大报告进一步强调，落实立德树人根本任务，加快建设高质量教育体系。这是全面推进教育现代化、建成教育强国的关键举措和战略需求。

立德树人根本任务与人的全面发展的目标一脉相承，回归教育的本质，回应了教育“培养什么人、怎样培养人、为谁培养人”的根本问题。剖析其内涵，“树人”是目标，“立德”是途径，育人的根本在于立德，特别突出了“德”在各项素养中的优先地位，以及德育在学校教育中的首要地位。

“人生的扣子从一开始就要扣好。”①幼儿园教育虽然具有基础性特征，但不能脱离时代而存在，要符合社会现实并能适应社会变化。因此，幼儿园必须始终坚持立德树人的理念和导向，贯彻“培养德智体美劳全面发展的社会主义建设者和接班人”这一教育总目标，在实践中探索立德树人的实现路径，从而落实立德树人的根本任务。

2. 坚定地将品德启蒙作为育人方向是学前教育新主张

品德教育是落实立德树人根本任务的有力抓手。2022 年，教育部印发《幼儿园保育教育质量评估指南》(以下简称《评估指南》)，在办园方向中明确提出“落实立德树人根本任务”，同时提到一条关键指标是“品德启蒙”，这指明幼儿园落实立德树人根本任务，对幼儿进行品德启蒙教育是必要的。

“少成若天性，习惯如自然。”个性和道德感的初步形成是在幼儿期开始的，进行品德启蒙教育，对人一生的发展具有底色铺垫和奠基的作用，能帮助幼儿成长为拥有健全人格和良好品行的合格社会人。因此，幼儿园进行品德启蒙教育是有意义的教育内容。我们应当遵照《评估指南》的精神，将品德启蒙教育作为实现立德树人的基本路径，把品德教育贯穿在保育教育的全过程，在幼儿园一日生活的各个环节和幼儿学习与生活的方方面面，对幼儿进行美好的价值引领，引导幼儿从小做起，在点滴中浸润幼儿的心灵。此外，对幼儿进行品德启蒙教育要继承和弘扬中华优秀传统文化，特别是发掘具有“德”内涵的文化，以先进文化为导向，将国家和社会的

---

① 人民日报评论部：《习近平讲故事》，95 页，北京，人民出版社，2017。

"德"与幼儿个体修养的"德"联系起来，促进幼儿道德发展和人格升华。

(二)文化背景

1. 文化自觉是文化融入幼儿园课程的理论基础

在《文化与文化自觉》一书中，费孝通先生提到"文化自觉"是实际生活在既定文化中的人，对其文化有"自知之明"，明白它的来历、形成的过程、所具有的特色和它的发展趋向；不带任何"文化回归"，不是要"复旧"，也不主张"全盘西化"或"全盘他化"。① 这一观点可以高度概括为这样一句话："各美其美，美人之美，美美与共，天下大同。"文化自觉理论内涵的丰富、深刻发展，对解决文化传承和发展问题具有重要意义。

文化自觉理论对文化融入幼儿园课程具有一定的启示。首先，为各民族文化的传承和发展提供了启示。"各美其美"要求大家重视、关注自己的文化，积极保护和传承自己的文化。其次，要求不同文化相互尊重、相互交流、相互促进、和谐发展，做到"美人之美，美美与共"。再次，文化自觉理论指出各民族应顺应时代的大潮，积极创新民族文化，促进本民族文化的新发展。最后，教育要担负起传承文化的历史使命。我们可以以课程为载体，让幼儿接受优秀文化的熏陶，特别是汲取中华优秀传统文化的营养，在幼儿心里播下家国情怀和文化自信的种子，这既是文化自觉的内在要求，也是实现"自觉"的重要方式。

2. 文化育人是落实立德树人任务的关键问题

立德树人思想可从中华优秀传统文化中追根溯源。"立德"一词最早见于先秦时期的《左传》。《左传》明确提出"太上有立德，其次有立功，其次有立言"。"树人"一词最早见于《管子·权修》，管仲明确提出"一年之计，莫如树谷；十年之计，莫如树木；终身之计，莫如树人"。

文化育人是落实立德树人根本任务的关键。20 世纪 80 年代，有学者提出文化育人的概念，随后，此概念一直受到各界人士的关注。新时代，习近平总书记反复强调文化自信和文化育人，将文化建设与中国特色社会主义现代化建设的伟大事业紧密联系，作为推进立德树人工作的重要手段，他指出："紧紧围绕举旗帜、聚民心、育新人、兴文化、展形象的使命任务，加强社会主义精神文明建设，繁荣发展文化事业和文化产业，不断提高国家文化软实力，增强中华文化影响力，发挥文化引领风尚、教育人民、服务社会、推动发展的作用。"②

---

① 费孝通：《文化与文化自觉》，300～407 页，北京，群言出版社，2016。

② 《习近平谈治国理政》第四卷，310 页，北京，外文出版社，2022。

文化育人的过程是把“兴文化”和“育新人”结合起来，把国家文化和社会文化内化为个体文化，用文化滋养心灵，涵养德行，实现个人的自我完善和发展。一方面，博大精深的中华文化是实现文化育人的源泉，从中华文化宝库中睿智地选取恰当的教育资源和素材，在丰富的物质文化和精神文化中汲取营养，多维度展现中华优秀传统文化的丰富内涵，引导幼儿感受我国文化的独特魅力和磅礴力量，让中华文脉的基因悄然扎根于幼儿的心田，在他们心底埋下文化自觉、文化自信的种子。① 另一方面，学校要形成自身发展特色，积淀文化底蕴，营造环境氛围，让校园文化成为家长和孩子的家园文化，潜移默化地发挥影响和作用。②

（三）实践背景

龙岗区的客家文化根基十分深厚。“客家”是“客而家焉”的意思，顾名思义，它不是中国南部固有的民系，而是汉族里一支自北南迁的民系，有着悠久的历史并逐渐成就了独特的客家文化。③ 客家文化是中华传统文化的重要组成部分，有着诸如语言、风俗、建筑、服饰、饮食、文艺等深厚的文化底蕴，以及开拓创新、爱国爱乡、崇文重教、勤劳节俭、团结诚信的优良传统。④

我园所在的龙岗街道有很多客家人，这里不仅是光荣的抗日游击队根据地，还是全国有名的舞龙之乡，当地舞龙队曾代表国家出访，全国舞龙大赛也曾在这里举行。此外，这里还有全国占地面积最大的客家围屋——鹤湖新居。客家山歌也很有渊源，深受客家人喜爱，是龙岗街道闪亮的文化品牌。

我园教职工、幼儿、家长群体中有近半数是客家人，可以说有着丰厚的人力资源。但是，随着时间推移，越来越多年轻的客家后代对自己的本土文化并不熟悉，因此，我园有责任、有义务向小客家人呈现富有民俗特色的文化历史，让他们了解、体验、传承客家的风情和精神本色。

依托地理位置优势和丰富便利的本土资源，我园在对幼儿、家庭、幼儿园、社区等进行大量研究的基础上，历经多次建构、解构、重构，才使得涵养课程体系逐步清晰与完善。秉承“根植教育之源，涵养幸福童年”的办园宗旨，我们树立了“文化浸润，涵养童年”的课程理念，专注于“培养健康、乐学、善良、自信的幸福儿童”目

---

① 苏洁、吴明华：《中华优秀传统文化融入高校思想政治教育的内在逻辑与现实维度》，载《学校党建与思想教育》，2023(1)。

② 唐旭、刘江、王静修：《新时代高校特色文化育人的内涵及路径研究》，载《高教学刊》，2023(30)。

③ 罗香林：《客家研究导论（外一种：客家源流考）》，12～31页，广州，广东人民出版社，2018。

④ 黄晓锋、刘加洪：《客家文化的历史性意蕴与当代性审视》，载《华南师范大学学报（社会科学版）》，2017(5)。

标的落实，以主题探究活动为抓手，通过环境滋养、生活渗透、多元探究、文化浸润等实施途径，实现幼儿、教师、家长的共同成长，奠定幼儿终身发展的价值根基，助力幼儿一生的幸福。涵养课程发展经历了三个阶段。

1. 客家文化资源融入课程阶段(2006—2014 年)

①将客家文化融入主题课程中去开展。民俗的即民族的，而民族的才是世界的。在这样的理念背景下，我园确立了"传承客家文化从娃娃抓起"的思想，打造了"客家一条街"和"客家古物用具一角"，材料主要由幼儿手工创作和家长收集而来，营造了氛围浓厚的客家环境。我园利用客家美食、客家歌谣、客家服饰等资源，开展了"客家情"主题系列活动，如客家歌舞汇、客家风艺术节、亲子摄影节、亲子美食会等。各式各样的活动，让幼儿和家长积极参与、亲身体验、动手操作，用客家文化中"勤劳、善良、孝顺、团结"等精髓浸润幼儿的心灵，促进幼儿全面发展。②联合家长资源和社区资源，挖掘家长的技艺和专长，邀请手艺人进校园，将他们作为课程建设的辅助力量；同时，幼儿园活动也走进社区，教师和幼儿在龙岗大剧院和街道社区开展活动，传播客家文化，将家园社三方紧密联系在一起。

2. 涵养课程体系构建阶段(2014—2017 年)

①全面挖掘客家文化资源，将其整合为贴近幼儿生活的课程资源，形成"客家风情、坊间艺创、心灵本色、民间游戏"四块内容。②依托市级课题——"室内外环境一体化促进幼儿学习与发展的研究"，进行室内外环境一体化改造。我园改造了生态式、园林式的户外环境，以整合性、独特性、关联性、延伸性为原则打造了室内外联动的学习空间，让环境发挥教育性和支持性作用，形成了在环境中涵养的课程实施方式和实践策略。③对前期课程实践进行总结和反思，结合国内外先进的课程理念，我园初步构建了包含课程目标、课程内容、课程实施途径、课程评价及教师培养策略的完整的涵养课程体系。

3. 涵养课程完善阶段(2017 年至今)

①学习瑞吉欧教育理念和方案教学，确立了促进幼儿主动学习、发展解决问题能力的课程观念。我园将项目活动纳入课程，探索本土化的实践方式，逐步与主题活动融合，并将其作为一条重要的课程实施途径。②形成以课程审议和园本教研为主的课程保障机制。幼儿园课程建设是一项长期、系统的工作，课程的不断深入离不开有效的课程保障机制。我园建立了包含园长、教学管理人员、骨干教师在内的三级审议制度和全过程审议制度，以审议指导教师实施课程，解决实践问题，生成探究活动。幼儿园每学期开展包含理论培训、现场研修、案例研讨等多元形式的培

训活动，围绕教学实践中教师遇到的实际问题开展专题教研，围绕一个主题进行系统深入的研究，在明确问题—设计内容—实施计划—改进计划的过程中，促进教师思考、反思、交流。③开展课题研究，建设课程资源库。我们实施广东省教育科研“十三五”规划立项课题“客家文化融入园本课程建设的实践研究”和广东省学前教育“新课程”科学保教示范项目“基于本土资源的幼儿涵养课程建构”，在开展课题期间，我们对园内外客家文化资源和更广泛的本土资源进行挖掘和梳理，将其转化为课程活动，丰富了课程内容，并把“在文化中涵养”确立为课程实施途径之一，建立了分级分类的课程资源库。课题研究也提升了教师开发课程资源和实施课程的能力。④深化涵养教育理念。通过前期的实践探索，我们逐渐明确了涵养课程理念，以中华优秀传统文化为课程的价值源泉，用潜移默化、润物无声的方式滋养幼儿，在幼儿发展中奠定中华优秀传统文化底蕴。我们把涵养理念渗透在管理文化和团队文化中，使全园教职工和家长群体达成共识，以涵养理念指导教师的教育行为和家园共育。⑤完善涵养课程体系。我们以《深圳市幼儿园课程建设指引(试行)》为参考，完善了涵养课程框架，优化课程各部分内容，重新编制了涵养课程实施方案，使涵养课程体系日臻完善。

根植文化沃土，追溯教育的根源，从文化体验走向文化探究，从客家文化走向更广泛的中华优秀传统文化，我们不断增加涵养课程的内涵深度和内容广度，最终构建了完善、科学的涵养课程体系。这是基于园所实际情况和发展背景进行的实践探索，是将课程实践与文化育人相结合的结果，是幼儿园实现内涵特色发展、落实立德树人根本任务的举措。

二、课程的理论基础

(一)自然主义教育思想

1. 中国自然主义教育思想

自然主义教育是中国教育思想史中的宝贵遗产，与儒家人文主义教育有机融合，交织构成了中国教育思想的主渠道。以“天人和谐，道法自然”的观念为指导，经过不断继承和发展，自然主义教育思想的范围扩大。人们逐渐掌握了教育的本质和规律，派生出了尊重、顺应自然规律的理念，主张行“不言之教”，即潜移默化地引导，由内向外地自然养成，充分发挥受教育者的潜能。例如，柳宗元认为万物生长都有自身的发展规律，教育人如种树，“能顺木之天，以致其性焉尔”，要符合学生的身心规律，顺之则可茁壮成长，逆之则枯萎夭折；近代教育家蔡元培先生提出“尚自然，展个性”的主张，教育应“深知儿童身心发达之程序，而择种种适当之方法以助之”。①

2. 国外自然主义教育思想

国外自然主义教育观经历了五个阶段的发展完善，以夸美纽斯(J. A. Comenius)、卢梭(J. Rousseau)、福禄培尔(F. W. A. Froebel)、杜威(J. Dewey)等人为代表。② 其基本观点是：教育要遵循自然法则和儿童身体、心灵的自然天性。其中，卢梭创造性地确立了“把小孩当作小孩”的儿童观，明确提出了以儿童为本位的教育目的，真正使自然教育理论转向关注儿童自然发展中“内在本性”的展现。裴斯泰洛齐(J. H. Pestalozzi)和福禄培尔等人开展教育科学化的探索，以心理学和伦理学为学科基础，形成心理化自然教育体系，提出教育要与儿童心理发展特点和规律相协调。杜威深化了自然教育思想。他提出三个重要命题，即“教育即生长”“教育即生活”“教育即经验的不断改造”，教育就是让儿童在活动中、生活中和经验改造中实现本能和经验诸方面的生长。他强调儿童既是教育的起点、中心，也是目的，同时也兼顾教育目的社会性，教育要使良好生长的个人适应社会需要。

借鉴国内外自然主义教育理论，我们确立了涵养教育理念。我们认为，教育是潜移默化、润物无声的，要以儿童为中心，儿童的本性、兴趣和习惯是教学的出发点，教师作为引导者要在尊重儿童身心发展规律的前提下，引导儿童内在能力的发展和实现。

(二)生活教育理论

我们借鉴中国本土化教育理论，以陶行知的生活教育理论和陈鹤琴的“活教育”理论为代表。

1. 陶行知的生活教育理论

陶行知给生活教育下过这样的定义：“生活教育是给生活以教育，用生活来教育，为生活向前向上的需要而教育。”③“生活即教育”是陶行知生活教育理论的核心思想，他主张生活与教育是同一过程，二者相互联系，密不可分。生活决定教育，教育要以生活为中心，与生活相联系，通过生活来进行；同时教育也在一定程度上促进生活。教育的目的是培养“真人”，即培养富含创造力、拥有终身学习能力、具有健全人格的人；教育的内容要立足生活，兼顾德智体美劳诸多方面；倡导“六大解放”教育理念，发展学生的生活力和创造力；教育的方法是“教学做合一”，课程实施

---

① 黄立志：《论中国自然主义教育思想》，载《长春工程学院学报(社会科学版)》，2001(4)。

② 刘黎明：《论西方自然主义教育家对教育科学发展的历史贡献》，载《贵州大学学报(社会科学版)》，2014(5)。

③ 陶行知：《生活即教育》，210页，武汉，长江文艺出版社，2021。

要将理论和实践相联系，“在劳力上劳心”“手脑双挥”，“是怎样做就怎样学，怎样学就怎样教，教的法子要根据学的法子，学的法子要根据做的法子”。

2. 陈鹤琴的“活教育”理论

陈鹤琴秉持以儿童为中心，树立以儿童为主体的教育观，将教育与国家和民族的命运联系在一起，形成了科学、完整的“活教育”理论体系。其核心内容包含：“做人，做中国人，做现代中国人”的目的论；“大自然、大社会都是活教材”的课程论；“做中教，做中学，做中求进步”的方法论；以五指活动为主要内容的“整个教学法”。[①] 另外，陈鹤琴极力主张从小养成良好习惯和技能，“未达学龄的时期，从心理上看，是养成习惯的基本时期，也是树立人格的基础时期”。[②]

陶行知和陈鹤琴的教育理论都显示出民族性和世界性的特点，对我们建构园本课程具有重要的现实意义。第一，对于人的培养，要与民族和国家的命运相联系，彰显和弘扬爱国主义精神。第二，基于时代背景和终身发展的角度，关注人全面发展所需的素养，虽然各自表述的侧重点不同，但都与我们现今强调的核心素养有异曲同工之妙。第三，形成教育探索的文化自觉，以适宜性为原则，理性地审视、学习国外教育经验；有选择地继承、运用我国传统教育经验。第四，课程生活化，摒弃唯书本知识、唯教师中心、唯课堂中心的教育，注重教育与幼儿的现实生活联系，从大自然、大社会中挖掘课程资源，重视“立足生活”的实践操作的学习方法。

(三)生态系统理论

布朗芬布伦纳(U. Bronfenbrenner)于 1979 年提出生态系统理论。该理论认为个体生活在一个相互联系着的生态环境之中，即儿童生活在一个特殊的环境中，他的成长发展是多种因素相互作用的结果，且这些背景因素之间的复杂的相互作用构成了一个完整的生态系统。儿童发展的生态系统包括微观系统、中间系统、外层系统和宏观系统四个方面。微观系统指儿童生活的周围环境，如幼儿园、家庭、社区等，这些因素会对儿童的发展产生直接影响。中间系统是由两个及两个以上的微观系统组成的，如父母的关系、家庭和学校的互动、家庭和社区的联系等。外层系统指儿童不能直接接触到的，但又对儿童产生影响的社会环境，如父母的受教育程度、家庭的收入水平以及父母的职业等。宏观系统包括国家的法律、社会价值观、世界观、文化传统等。

---

① 陈鹤琴：《陈鹤琴教育思想读本·活教育》，代序 3～4、10～11 页，南京，南京师范大学出版社，2012。

② 黄书光：《陈鹤琴与陶行知教育思想比较——教育家办学的本土探索》，载《生活教育》，2022(3)。

受生态系统理论的启示，我园高度重视家园沟通与合作，把家长资源纳入幼儿园课程体系中，充分发挥家长资源的作用，从而丰富我园的教育力量。另外，我园也深入挖掘社区教育资源和更广泛的本土资源，整理、归档园内外的资源，为我所用。

(四)发展适宜性实践理论

20 世纪 80 年代，全美幼儿教育协会(National Association for the Education of Young Children，NAEYC)提出发展适宜性的概念。进入 21 世纪后，全美幼儿教育协会对发展适宜性理论做了调整和补充，继续深化其内涵，调整后的发展适宜性理论包括三个原则，即年龄适宜性、个体适宜性、文化适宜性。个体适宜性是发展适宜性概念架构的核心。

1. 基本原则

年龄适宜性、个体适宜性、文化适宜性是发展适宜性实践所坚持的三个重要原则。适宜性实践倡导在尊重儿童的基础上促进儿童学习与发展，始终强调要将关于儿童发展和学习的知识作为课程设计的基础，并应用到具体的教育实践中。因此，设计真正的适宜性课程必须特别注意三个方面的知识：不同年龄发展阶段儿童如何学习的知识；每个儿童的能力、个性和需求对所需支持的差异的知识；每个儿童的不同文化背景的知识。

2. 早期教育要适应幼儿成长的社会和文化背景

幼儿是处在文化中的成员，其发展和学习会受到多类型的社会环境和文化环境的影响，这些环境包括儿童的家庭、教育情境、所属小区，以及更广阔的社会。① 因此，处于客家文化区的幼儿园教育既要适宜于地区文化背景，也要考虑中华民族文化背景，以及新时代的现实文化背景。

3. 培养优秀教师——有准备的有效教师

优秀教师的教学活动必须是有准备的，且具备有效性。首先，有准备的教师需要在经过深思熟虑后准备教育的各个环节，务求“润物细无声”和“无声胜有声”。其次，优秀教师是在各个领域都有效工作的教师。教师的多种角色定位在以下几个方面：帮助儿童成长的环境的创建者、提升儿童发展与学习的教学目标的制定者、为了实现重要的发展目标而对课程进行精心策划的决策者、儿童发展与学习的评价者、与家庭建立互惠关系的合作者。

“适宜”与“发展”成为课程建设的重要原则，我们将此作为优化课程建设、解决

---

① [美]卡罗尔·科普尔、[美]休·布雷德坎普：《0—8 岁儿童发展适宜性教育》，刘焱等译，17～18 页，北京，中国轻工业出版社，2021。

问题的重要依据，以帮助我们建构课程支持系统，设计、组织课程活动。

第二节　涵养课程体系

一、课程理念

(一)“涵养”教育的字源与意蕴

我们认为，回归本源，教育就是人的教育，而人的教育就像种树，爱是阳光、呵护是雨露，幼儿园教育阶段正是对“根”进行滋养的重要时期，亦是最根本、最基础的阶段，我园的“涵养课程”由此命名。

1.“涵养”的字源释义

“涵养”二字的凝练，一是回应了我们自然教育的理念。教导幼儿犹如春风化雨、润物无声，在于浸润和滋养。“涵”的本义为水泽众多，引申为浸润、滋润，如戴叔伦《题横山寺》中的“露涵松翠湿，风涌浪花浮”，又可引申为包含、包容，如苏轼《湖州谢上表》中的“天覆群生，海涵万族”。“养”的本义为饲养，引申为保养、养护，又可引申为培养、陶冶，如龚自珍《病梅馆记》中的“养其旁条”。所以，“涵养”的基本含义是“滋润、养育”，如雨水滋润大地一般，如王僧孺《除吏部郎启》中的“而智效必其无取，尤怠忽焉已彰，不意涵养更滋，霶霈愈此”。所谓涵养功能是指，以幼儿园教育为价值“根基”，“涵养”(滋润、养育)幼儿，以价值“根基”涵养(滋润、养育)价值“本体”。

二是源于对中华传统文化中涵养理念的追寻。朱熹文化思想中有“涵养穷索，致知力行”的说法，出自《朱子语类》：“涵养、穷索，二者不可废一，如车两轮，如鸟两翼。”在这里，“涵养”表示修身养性；“穷索”表示苦心思索，反复探究。涵养，既要注重内在的、先天的自然本性，也要注重外在的、后天的学习。朱熹的学说强调人的品德修养的重要性，“涵养”就是为了“涵养人格、成就德性”，并且涵养道德要从小进行。[①] 朱子曰：“不习之于小学，则无以收其放心，养其德性，而为大学之基本。”“收其放心”“养其德性”就表示一种德性涵养。从此处，我们可以窥见“涵养”有涵养德性之义。人们常说要做有涵养的人，就是这个意思，这也十分契合我们的教育追求。

---

① 谢晓东：《论小学涵养在朱熹哲学体系中的地位》，载《汉中师范学院学报(社会科学)》，2003(1)。

2. “涵养”的意蕴

课程理念赋予课程灵魂，取“涵养”二字的意蕴，形成涵养教育理念，实施涵养课程，是我们立足幼儿园文化背景和本土资源，持续探索、建设园本课程的成果积淀，是实践智慧和教育思想有机融合的结果。“涵养”具有两层意蕴。

(1)涵养的教育目的观

“涵养”的第一层意蕴指向教育目的，即培养有涵养的人。有涵养的人要养成良好的品德，这是我们富有文化意蕴的表达。自古以来，我国遵循的教育理念便是注重立德育德，我们在中华文化中探寻精神力量，以中华优秀传统文化丰厚幼儿的生命底蕴，涵养德性便是生命底蕴的根源所在。

呼应新时代立德树人的价值意蕴，以“德”为本，“立德”为先，培养面向时代和社会的人才。时代和社会需要的人才是德智体美劳全面发展的人。

幼儿发展是一个整体，包括身体发展、品德发展、认知和语言发展、社会性和情绪情感发展、美感发展等。只有身心全面协调发展的幼儿，才能成为适应未来社会的人。

培养有中华优秀传统文化底蕴的幸福儿童是我们最终的教育目标，我们希望孩子能面向未来生活，具有在未来社会幸福生活的能力。我们认为，一个内在丰盈、有修养、能融入社会的儿童，才真正具备幸福生活的能力，这是我们对幼儿生命意蕴的回归。

(2)涵养的教育过程论

教育的过程是回应教育目标的过程，是为达到目标而探索方法的过程。基于对幼儿、教师和课程的不断认识和思索，我们对涵养教育有了更完整的理解，形成了“涵养”的第二层意蕴，即以涵养的方式培养人，进行潜移默化、润物无声的教育。

(二)涵养教育理念的内涵阐释

教育如种树，春华而秋实。以大树隐喻幼儿，以自然生命的生长隐喻幼儿的生长，以种树隐喻幼儿教育。

1. 涵养之根基：根的事业

做“根”的教育，这是我们坚持的教育理想，回答了“做什么样的教育”这一问题。

“人生百年，立于幼学”，学前教育至关重要。陶行知指出：“教人要从小教起。幼儿比如幼苗，必须培养得宜，方能发荣滋长。”①幼儿期所受的教育是终身教育的启

① 陶行知：《陶行知全集》第1卷，136页，成都，四川教育出版社，1991。

蒙，教育者在幼儿的心田播什么种，就会发什么芽，开什么花，结什么果。我们要关注幼儿的可持续发展，培养未来的建设者和接班人。

启蒙教育体系之灵魂在于传承精神血脉、建立文化自信。中华优秀传统文化是中华民族的文化根脉，“教育之树”必须深扎中华优秀传统文化的沃土，汲取千年历史文化的精髓，传承传统文化，扎实教育之根基。

2. 涵养之貌：人的教育

这是回答“培养什么人”的问题，是落实立德树人根本任务要解决的首要问题。陈鹤琴说，“做人，做中国人，做现代中国人”。“根之茂者其实遂”，我们要培育的一定是具有家国情怀、民族情怀、国际视野的孩子：向下，厚植爱国主义情怀，追寻民族根脉；向上，面向未来，追求健康、乐学、善良、自信。

3. 涵养之径：润物无声

这是回答“怎样培养人”的问题。“十年树木，百年树人。”教育犹如农业，讲究的是慢功夫，是润物无声。

润物无声的教育是抓住生活的教育契机。幼儿的学习是以直接经验为基础，在游戏和日常生活中进行的。课程来源于幼儿的生活，以幼儿的现实经验为基础。

润物无声的教育追求幼儿的真实生长，关注教育过程，用非灌输式的教育方式，以发挥幼儿的主体性为前提，以幼儿为中心，顺应幼儿的自然天性和生长规律、需求，尊重每个幼儿的差异性，因材施教。正如杜威指出的，教育过程就是发展儿童的内在潜力，让儿童自然生长。

润物无声的教育过程需要家园共同施加教育影响。雅斯贝尔斯(K. Jaspers)说：教育的本质意味着一棵树摇动另一棵树，一朵云推动另一朵云，一个灵魂唤醒另一个灵魂。幼儿的成长受多层环境的影响，要对幼儿潜移默化地实施教育影响，离不开家庭、社区与幼儿园的协同教育。

(三)涵养课程的基本理念与价值取向

1. 涵养课程的基本理念

(1)儿童观：自然独特的个体

幼儿是教育的主体，是我们建构涵养教育理念、实施涵养课程的出发点。在润物无声、春风化雨般的教育中，幼儿像在大自然中自由生长的幼苗：他们是自然之子，天性自由，不喜束缚；他们稚嫩，需要适宜、得当的涵养(养育之义)；他们独一无二，正如世上没有完全相同的两片叶子，每个幼儿都以自己的节奏成长，教师要正视每个幼儿的需要，因材施教；他们具有内在生命力，有向下扎根和向上生长的主动性，教育要顺应内在生命规律，为幼儿提供释放生命力量的自由空间。

(2)教师观：有涵养的教师

教师是涵养课程的实施者、研究者、建设者。在涵养课程中，教师是有涵养的人，具备根植于内心的修养、无须提醒的自觉、以约束为前提的自由、为他人着想的善良；教师是与幼儿共同成长的生命体，具有鲜活的思想和积极主动性，凭借教育敏感性、灵活性和专业性，捕捉幼儿的兴趣和问题，联合各方资源开展活动，帮助幼儿获得经验、内化经验、迁移经验，推动幼儿向更高水平发展；教师是教育的共舞者，在课程建设中，教师不是简单的配角，而是课程实施的主体。学校要保障教师深度参与课程建设的主体地位，教师可以结合班级实际情况，创造性地开展教育活动，在应对实践困境的过程中，不断突破自我，持续获得专业成长。

(3)课程观：文化浸润，涵养童年

课程实施的过程是实现“涵养”功能的过程。秉持“文化浸润，涵养童年”的理念，在大自然、大社会和中华优秀传统文化中汲取营养，建构涵养课程体系，创建全环境滋养的教育生态环境(系统)，深植文化根脉，涵养幼儿的童年，成就幸福人生。

第一，全人教育。课程培养的目的在于强健幼儿的体魄，涵养他们的心灵。重视教育的内在价值，即“使人成为人”，即以人的和谐、整体发展为导向。教育的目的是促进幼儿的整体发展，包括幼儿的身体、智力、情感、社会、创造力、审美和精神品质的发展；且在个性得到充分的发展的基础上，能与自我所处的自然、社会、文化等环境相适应，从而对自我存在的社会责任和身份形成一种自觉，达到个性发展和社会性发展的统一。

第二，传承精神血脉，建立文化自信。课程建设任务之一在于传承精神血脉，建立文化自信。文化对于幼儿成长的作用不可忽视，幼儿阶段是文化教育的关键阶段，从出生起，他生于其中的风俗就在塑造着他的经验和行为，人的成长是文化“化”人的过程，由此而言，文化教育也是生活化教育的题中之义。课程是实现以文“化”人的重要途径。课程作为教育的核心组成部分，与文化存在天然的联系，文化好比源头活水，离开了文化，课程就成了无源之水。2017 年，中共中央办公厅、国务院办公厅印发了《关于实施中华优秀传统文化传承发展工程的意见》，明确指出，要把中华优秀传统文化“贯穿于启蒙教育”，“以幼儿、小学、中学教材为重点，构建中华文化课程和教材体系”。这为幼儿园课程建设指明了方向。我们秉持“文化浸润，涵养童年”的课程建设理念，将中华优秀传统文化与幼儿园课程有机结合，做有根的教育，基于本土文化构建丰富而有意义的园本课程，让幼儿从小受到中华优秀传统文化的熏陶，树立文化自信，打好人生的底色。

第三，环境浸润。我园发掘本土资源，将环境浸润作为课程建设的途径之一。环境作为隐性课程，对幼儿的身心发展具有不可忽视的教育功能。经验是幼儿在与环境的互动中得来的，正如陈鹤琴所说：大自然、大社会是我们的活教材。自然环境，包括各种有关动植物的现象；社会环境，包括个人、家庭、集体、社区等之间的交往和文化。这两类都是幼儿园在环境创设中要考虑的因素，即自然生态环境和社会人文环境并重。我园在进行环境改造时，既打造了园林式的自然生态环境，也重视凸显环境的本土文化特色。我园利用本土资源创设环境，充分挖掘本土资源的教育价值，将具有教育价值的资源融入课程、区角、游戏活动，展示在环境中，借助环境实施隐性教育。

2. 涵养课程的价值取向

家国情怀和儿童立场是涵养课程的两大价值取向。在课程中融入周边的文化、自然、社会等资源，形成有优秀文化和深圳地域特质的课程内容，是从教育起点树立幼儿的文化自信和家国情怀，家国情怀使幼儿能对自己的家乡和国家产生认同感、归属感、自豪感。坚持儿童立场，即发掘幼儿身边的本土资源，让课程回归幼儿真实生活和真实问题，遵循儿童发展适宜性原则，坚持让幼儿直接感知、实际操作和亲身体验的学习方式。

涵养课程隐喻图如图 1-2-1 所示。

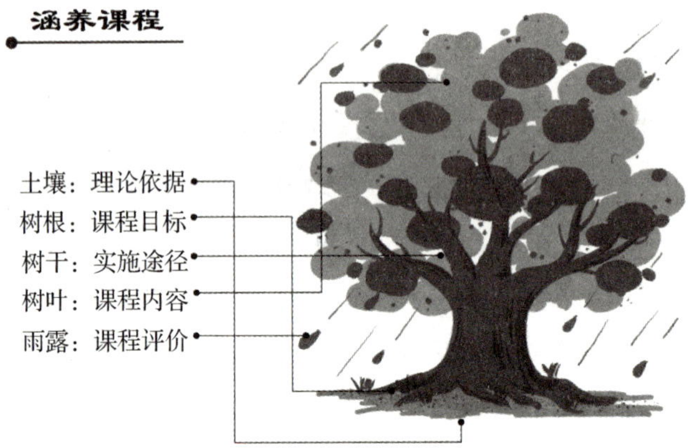

图 1-2-1　涵养课程隐喻图

二、课程资源

课程资源是指在课程建设过程中，可以利用的、有益于实现教育目标的人力、物力、自然和文化资源的总和，在课程建设中起着重要的支持作用，是确定课程目标、选择课程的重要依据，是实施课程的重要载体和实现条件。

按照资源的空间分布，课程资源可以分为园内课程资源和园外课程资源；按照资源类型，课程资源可以分为自然资源、社会人文资源、文化资源和人力资源。可以说，与幼儿生活相关联的一切人、事、物都是课程资源。一朵花、一棵树、一洼水，这是有形(看得见)的资源；口口相传的方言、故事、歌谣，园所的文化理念，幼儿的经验，教师的知识，这是无形的课程资源。有形的资源中蕴含着无形的资源。在开发利用课程资源的过程中，教师既要关注有形资源，也要挖掘无形资源，发挥无形资源的精神性力量。

最初，我们利用客家文化资源丰富涵养课程的内容，形成了涵养课程中的文化底蕴，也使我们树立了建设课程资源的意识。在此后的探索中，我们不断扩大资源的内容范畴，开发和利用更多类型的课程资源(表 1-2-1)，并以客家文化为核心拓展文化的外延，有意识地将中华优秀传统文化融入涵养课程中，逐渐完善涵养课程的内涵和结构。关于我园课程资源建设的相关内容，将在第二章“文化与课程的思与行”中展开介绍。

表 1-2-1　课程资源的分类

一级分类	二级分类	具体资源举例
乡土文化资源	建筑	桥背老围、甘坑小镇、客家博物馆
	饮食	常见客家美食
	民俗	舞龙、舞麒麟、节庆活动
	技艺	客家凉帽、客家蓝衫、编织、客家歌谣
自然生态资源	动植物	各种果树、花草、蔬菜、乌龟
	自然物质	石头、泥土、水资源
	自然现象	季节、天气、台风
现代人文资源	现代场所	消防站、中心小学、红立方博物馆、龙岗书城、文化广场、大型商超
	现代建筑	红立方、地铁站、高架桥、楼房、深圳地标建筑
	科技产品	智能手机
人力资源	幼儿及教师资源	幼儿的经验基础和兴趣；教师的特长和家庭资源
	家长资源	职业，如教师、医生；客家人；爱好专长
	其他人员	手艺人

三、课程目标

幼儿园课程目标是课程实施方案的核心部分，为选择和确定课程内容、制定幼儿园评价标准提供依据。通过大量文献资料收集和分析工作，我们依据国家对教育目的的规定，参照《3—6岁儿童学习与发展指南》《幼儿园工作规程》《中国学生发展核心素养》等文件中提出的教育目标，结合我园的环境、资源、师资队伍水平、教育特点等实际状况，经过多次专家指导和讨论、修订，初步建立了包含涵养课程总目标、各领域发展总目标和年龄阶段目标的课程目标体系，并在一日生活和各类活动中将目标落实到地，实现课程目标具体化。

(一)课程总目标

我们以幼儿身心健康为基点，从全面发展的角度出发，融合中华文化中优秀精神品格，突出健康、乐学、善良、自信四个维度，指向幼儿身心健康、认知和学习品质、与人交往和社会性、个性品质、文化素养几个方面的发展，塑造有中华优秀传统文化底蕴的幸福儿童，使幼儿度过快乐而有意义的童年(图 1-2-2)。

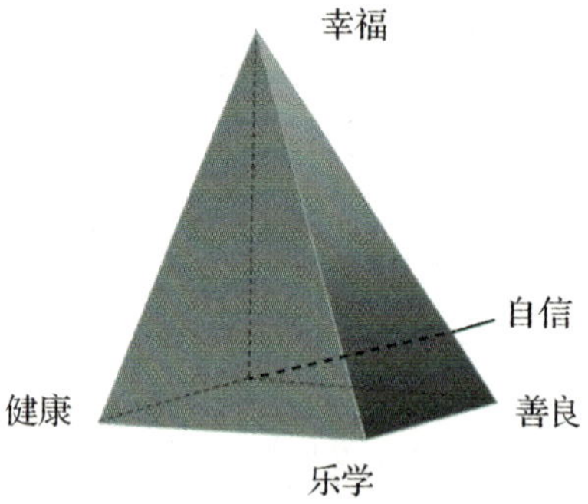

图 1-2-2 涵养课程总目标

1. 健康

促进幼儿生命健康发展是幼儿园的首要工作。“健康”强调幼儿的身心健康，是指拥有强健的身体、良好的情绪和健康生活的能力。

2. 乐学

“乐学”是指善学，幼儿能掌握人文科学、自然科学等领域的科学知识，乐于思考和解决生活、游戏和学习中的问题，获得良好的学习能力和学习品质。

3. 善良

善，是中国人的人格特质，关乎道德理论和人们的具体生活。“善良”指向幼儿的待人接物和人际交往能力，是指自己能与他人、社会和谐相处，是涵养课程文化底蕴的反映。善良的人首先要学会关心自己，然后才能善待他人，发展良好的社会性品德，并具备孝顺、感恩、诚实守信等人们普遍认同的“善”的情感道义。

4. 自信

“自信”包含幼儿自信心和文化自信两个方面。幼儿自信心是一种良好的心理品质，指向积极自我意识、自尊、独立、自主等指标。文化自信则强调增强幼儿的文化认同感，形成对社会的积极情感。

四者相互统一，相互联系，共同促进幼儿自然和谐、身心健康、完整地发展为幸福儿童(图 1-2-3)。

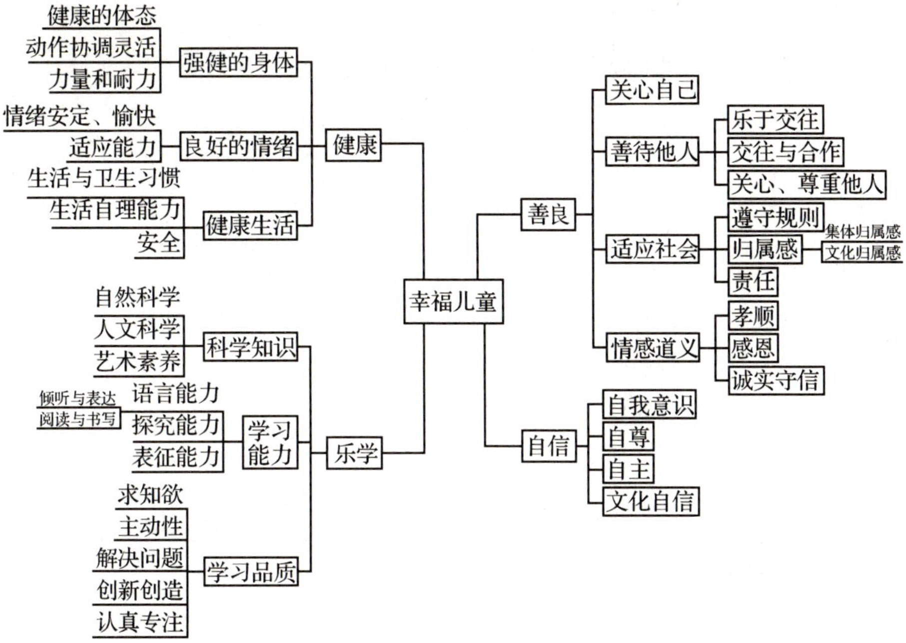

图 1-2-3 涵养课程目标体系

(二)各领域发展总目标

1. 健康发展总目标

①身体健康，动作协调灵活。

②有良好的生活、卫生习惯和基本的生活自理能力。

③有必要的安全保健常识和初步的自我保护能力。

④喜欢参加体育活动，在体育活动中勇敢、坚强。

⑤有乐观的生活态度，在集体生活中情绪安定、愉快，形成良好的个性。

2. 语言发展总目标

①能安静而专注地听别人说话，并能做出恰当的回应。

②乐于与人交谈，听懂并会说普通话。

③能清楚地讲述自己的经验和需要。

④喜欢看图书、听故事，养成良好的阅读习惯。

3. 科学发展总目标

①对自然和生活中的事物和现象感兴趣、好奇、好问、有强烈的求知欲。

②亲近大自然，探索大自然，了解人与自然的关系，关注生活环境，珍惜自然资源。

③学习运用感官及工具，动手动脑，探究问题。

④学习运用各种科学探究的方法，积累学习的经验，尝试解决问题。

⑤能从生活和游戏中体验科学的趣味性与重要性，热爱科学，崇尚科学，崇敬科学家。

⑥对信息敏感，有一定的收集、整理和运用信息的能力。

4. 社会发展总目标

①能主动参与各项活动，有自信心。

②乐于与人交往，学习互助、合作和分享，有同情心。

③学习理解、尊重和接纳他人的需要、观点、文化和信仰。

④能大胆地提出不同意见，学会质疑、协商。

⑤对他人诚实、守信。

⑥学习自律和遵守必要的社会行为规则，有初步的责任感。

⑦爱劳动，能做力所能及的事情，有必要的生活技能。

⑧爱父母、爱长辈、爱老师、爱同伴，爱集体、爱家乡、爱祖国，爱生活。

5. 艺术发展总目标

①喜爱参加艺术活动，能初步感受并喜爱环境、生活和艺术中的美。

②能初步掌握一些基本的艺术要素，形成感受美、欣赏美、表现美、创造美的审美情趣。

③能用自己喜欢的多种方式进行艺术表现活动，大胆地想象和创造，充分地表达自己的情感和体验。

④能初步感知不同地区、民族的艺术文化，体验其中的情感内涵。

(三)年龄阶段目标

真正有效的课程目标要基于幼儿的状态。各班可以根据班级实际情况和活动内容，进行目标细化。比如，刚入园的幼儿，从家庭进入新环境，和陌生的老师、同伴一起生活，这个时期，使幼儿克服入园焦虑、在幼儿园保持稳定和愉悦的情绪是首要目标。基于此时幼儿的状态，我们围绕“适应入园生活，愿意和老师、小朋友交往，初步形成归属感”确定了小班社会领域的目标。

目标要与幼儿的年龄特点相适应。不同年龄段的幼儿有不同的发展目标(表 1-2-2)，而且，课程目标要联系幼儿的生活进行具体化和细化，在不同时期和不同的活动中，设定具体的目标，为教学活动目标的制定提供依据。

表 1-2-2　涵养课程各年龄段发展目标

领域	3～4 岁(小班)	4～5 岁(中班)	5～6 岁(大班)
健康	1. 逐渐适应集体生活，对幼儿园生活有安全感。 2. 愿意参加多种活动，情绪稳定、快乐。 3. 有初步的进餐、睡眠、盥洗、排泄等生活习惯。 4. 能接受预防接种和健康检查。 5. 在日常生活中，能根据成人的提醒注意安全。 6. 愿意参加体育活动。 7. 尝试用多种简单的运动器械和玩具锻炼身体，愿意参与收拾活动。	1. 喜欢幼儿园集体活动。 2. 乐意参加各项活动，态度积极。 3. 初步养成良好的生活、卫生习惯，有初步的生活能力。 4. 初步了解预防接种对自己健康的作用，乐意接受接种和体检。 5. 逐步建立自我保护的观念，注意避免危险和意外伤害。 6. 喜爱体育活动，动作协调。 7. 会使用多种运动器械锻炼身体，学习有秩序地收拾运动器械。	1. 身体健康，能较好地适应环境。 2. 在各项活动中表现积极主动、愉快。 3. 生活、卫生习惯良好，有基本的生活自理能力。 4. 逐步形成自我保护和安全的意识，知道一些避免危险和意外伤害的方法，能主动遵守必要的规则。 5. 能积极参加体育活动，动作灵活。 6. 能独立地、创造性地运用各种器械锻炼身体，有良好的整理习惯。
语言	1. 愿意与老师、同伴交谈，会使用常用的礼貌用语。 2. 能安静地倾听成人和同伴讲话，能理解日常用语。 3. 能用简短的语言回答问题，表达自己的要求和想法。 4. 喜欢听故事、念儿歌，爱看图书。 5. 能听懂普通话。	1. 能互动、有礼貌地与别人交谈。 2. 能认真地倾听别人讲话，不插嘴，能听懂讲话的意思。 3. 能用较完整的语句表达自己的意思。 4. 对多种文学作品有兴趣，喜欢阅读图书，能较有感情地讲述作品内容并尝试仿编。 5. 能听懂和学说普通话。	1. 乐意与人交谈，讲话有礼貌。 2. 能集中注意力地倾听他人讲话，理解讲话内容。 3. 能清楚地说出自己想说的事。 4. 喜欢欣赏多种体裁的文学作品，能有感情地朗诵和讲述并乐意创编，对书籍、阅读和书写感兴趣。 5. 会说普通话。

续表

领域	3～4 岁(小班)	4～5 岁(中班)	5～6 岁(大班)
社会	1. 逐步适应新的生活环境，乐意参加集体活动。 2. 愿意和老师、同伴交往。 3. 了解幼儿园一日生活中最基本的规则，并学习遵守。 4. 学习做自己力所能及的事。 5. 爱父母、长辈、老师和同伴。	1. 能感受、体验集体生活的乐趣，能愉快、积极地参加各项活动。 2. 乐意与人交往，学习合作和分享，感受合作、分享的快乐。 3. 理解并遵守与自己相关的行为规则。 4. 乐意做好力所能及的事，养成良好的生活习惯。 5. 爱周围亲近的人，乐意为集体做事，热爱自己生活的地方。	1. 能主动地参与各项活动，有自信心。 2. 能积极与人交往，学习和同伴互助、合作和分享，有同情心。 3. 理解并遵守日常生活中的社会行为规则。 4. 能努力做好力所能及的事，不怕困难，有初步的责任感。 5. 热爱和尊敬周围的人，有爱集体、爱家乡、爱祖国的情感。
科学	1. 对周围的事物、现象有兴趣和好奇心，愿意参加科学活动。 2. 学习运用感官感知日常生活中的事物和现象。 3. 学习用语言、动作表达探索的过程。 4. 对生活和游戏中事物的数量、形状等有兴趣。 5. 对动植物有兴趣，愿意亲近大自然。	1. 好奇、好问，能积极参加探索、操作活动。 2. 能运用多种感官，动手动脑，探究问题。 3. 能用语言、绘画、动作等多种方式表达和交流自己的发现。 4. 对周围环境中的数、量、形、时间、空间等现象有兴趣。 5. 亲近大自然，爱护动植物，能爱护周围环境。	1. 能积极、主动、较长时间地参加科学活动，有好奇心和求知欲。 2. 能主动运用各种感官探究问题，寻求答案。 3. 能用适当的方式表达、交流探索的过程和结果。 4. 在生活和游戏中感受事物的数量关系，体验数学的重要性。 5. 爱护动植物，关心周围环境和自然资源，有初步的环保意识。
艺术	1. 对环境、生活和艺术中的美有兴趣。 2. 愿意参加艺术活动。 3. 能用一些简单方法进行艺术表现活动。	1. 喜爱并能初步感受环境、生活和艺术中的美。 2. 喜欢参加艺术活动，并能积极地表现自己的情感和体验。 3. 能用自己的方式进行艺术表现和艺术创作活动。	1. 喜爱环境、生活和艺术中的美并有初步的感受力。 2. 积极主动地参加艺术活动，能大胆地表现自己的情感和体验。 3. 能用多种方式进行艺术表现和艺术创作活动。

四、课程内容

幼儿园课程内容是根据课程目标选定的。我们认为幼儿园课程是一切有意义的教育活动的总和，并以幼儿发展为导向，围绕健康、乐学、善良、自信四个维度，整合健康、语言、社会、科学、艺术各领域的内容和活动，从健体活动、启智活动、润心活动、养德活动四个方面架构了丰富、系统的涵养课程内容体系(图 1-2-4)。

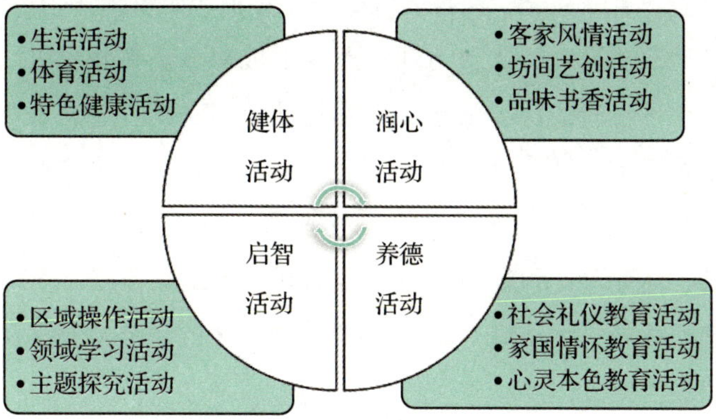

图 1-2-4　涵养课程内容体系

(一)健体活动

健体活动主要涵盖健康和生活方面的内容，包括生活活动、体育活动、特色健康活动。

1. 生活活动

生活活动主要是指生活自理方面的内容，是将幼儿日常生活活动与幼儿园一日生活有机结合，旨在抓住生活环节中的教育价值，让幼儿在真实的生活情境中自主、自觉地发展各种生活自理能力，培养幼儿良好的生活习惯和能力。首先是一日生活中的入园、进餐、饮水、盥洗、如厕、睡眠、离园等环节，我园注重每个环节的教育价值，并努力调整和完善细节之处，鼓励幼儿独立、自主、有序地完成自我服务。教师在必要时给予适当的指导，不过分干涉与包办代替；幼儿园以多种形式加强家园沟通，使幼儿在家中与在幼儿园中的自理行为和生活习惯保持一致。

烹饪活动是特色的生活活动。我园设置了专门的烹饪室，在户外开辟了种植园，这些为开展烹饪活动提供了场地保障。除此之外，生活活动还包括安全教育的内容，班级每周开设安全教育课，幼儿园教学部每学期组织安全教育示范课观摩和教研活动，后勤部门定期组织开展防火、防震、防暴等安全演习活动，通过多样的活动，结合生活实际对幼儿进行安全教育。

2. 体育活动

体育活动包括集体活动、自选活动、操节活动。

我园创设宽敞、丰富的户外环境和体能区域，提供多样有趣的体育器械和游戏材料，在户外体能场地开展体育课、体育游戏、体育自选活动，保证幼儿走、跑、跳、攀爬、投掷、钻等动作技能均衡发展。教师在活动中不仅要鼓励和支持幼儿大胆尝试、积极探索、合作交流，而且要做好安全看护和照料工作。

此外，操节活动也是我园体育活动的重要组成部分。根据幼儿的年龄特点，我园为三个年级设计了不同的操节活动，小班是动物模仿操，中班是凳子操，大班是篮球操，并为了协调场地进行时间错峰安排，小班、大班在早晨来园后进行锻炼和早操，然后是餐点、教学和游戏活动。中班先进行凳子操活动，然后是户外游戏。操节活动的内容、环节设计和音乐选择符合幼儿的年龄发展特点和兴趣，充分的操节活动可以调动幼儿参与体格锻炼的积极性，对幼儿的动作协调、力量耐力、团队协作力都起着积极的促进作用。

3. 特色健康活动

我园除开展上述体育活动外，还采用多样的形式开展特色健康活动，主要有体能大循环、运动会、球类活动、心理健康教育课等，旨在增强幼儿体质，锤炼其意志，促进其身心健康发展。2020 年，我园获评全国足球特色幼儿园。幼儿园配备了专业的足球运动员老师，在班级常态化开展足球活动，保证每周安排 1 节足球课，还成立了少儿足球队，每周定时组织足球队活动，在园内外进行足球联谊交流活动。足球联谊交流活动不仅能锻炼幼儿的团队协作能力，而且能帮助幼儿养成良好的心态，正确面对输赢。

另外，体能大循环也是我园创新的体能健康活动。体能大循环活动利用幼儿园的设施，加上体育器械的组合，设置跨跳区、平衡区、翻滚区、钻爬区、综合障碍区等活动区域，让幼儿循环运动，使他们在力量、速度、耐力、灵活性和柔韧度等方面得到充分锻炼。

同时，我园每学期制订心理健康教育计划，由保健部门和教学部门一起按计划实施心理健康教育活动，帮助幼儿掌握健康生活的知识和方法，积极引导幼儿的心理健康发展。

(二)启智活动

启智活动主要关注幼儿的探究学习，包括区域操作活动、领域学习活动、主题探究活动。

1. 区域操作活动

我园开展区域操作活动主要受蒙台梭利(M. Montessori)区域环境理念和高瞻课程方案的影响，将幼儿的学习与活动区和材料联系起来，在区域活动中，幼儿在教师准备的环境中进行自由、自主、自选的活动，获得个性化发展。①

首先，我园将区域空间和环境作为进行区域活动和游戏的主要依托，采用蕴含目标和关键经验的材料，让幼儿在独立操作中获得多元经验。例如，在班级活动室中，教师根据幼儿的年龄特点设置语言区、操作区、美工区、建构区、音乐区、角色区等基本区域，全面覆盖五大领域，帮助幼儿积累发展所需的基础性经验；根据各班幼儿的兴趣增添充满个性的茶棋区、陶泥角、木工角等特色活动区角。有的区角是跟随班级活动进展和幼儿兴趣需要而生成的，为主题教学活动的延伸和学习提供条件；有的区角则是作为文化特色融入课程的途径而拓展创设的，如木工区、陶泥区、水墨角。

其次，在区域操作活动中，我园遵循游戏是幼儿最基本的学习方式这一特点，既有学习活动，也有游戏活动，且主要是游戏活动。通过在区域中更多地使用低结构、无结构材料，教师营造宽松的氛围，支持幼儿自主、自由的活动。

2. 领域学习活动

根据《3—6岁儿童学习与发展指南》的要求，我园将健康、语言、社会、科学和艺术五大领域的活动作为幼儿园根本的课程内容。同时又将艺术活动细分为美术活动和音乐活动，将科学领域活动细分为数学活动和科学活动，让教师根据幼儿的年龄特点和兴趣需要，开展相应的领域教学活动。此外，领域学习活动的开展也结合主题活动的开展，拓展领域活动内容，让幼儿得到全方面的发展。

3. 主题探究活动

主题探究活动是与区域活动平行的另一项内容，主要包括主题活动和项目活动，是在大主题活动中，将预设计划与生成活动有机结合起来，在幼儿围绕主题或者问题情境中，经过教师支架，生成的一系列项目活动。主题探究活动也是客家文化融入涵养课程的重要途径，在开发和利用本土文化资源的过程中，教师和幼儿互动逐渐形成了富有文化特色的活动主题，并将其作为一个重要的内容融入学期的教学活动中，如“客家美食”主题、“客家围屋”主题、“传统编织”主题等。

除了开展预设形成的主题探究活动，我园也注重把握生活中的教育契机，教师

① 董旭花、韩冰川、王翠霞等：《小区域 大学问——幼儿园区域环境创设与活动指导》，1～3页，北京，中国轻工业出版社，2013。

追随幼儿的生活和经验，师幼共同建构，将与幼儿密切相关的生活事件生成探究学习，如节气节日、种植活动、幼小衔接等主题。三个年龄段的主题探究活动内容如表 1-2-3 所示。

表 1-2-3　三个年龄段的主题探究活动内容

学期	3～4 岁(小班)(入园适应、探索身体、认识自己)	4～5 岁(中班)(探秘自然、社会交往)	5～6 岁(大班)(合作探究、情绪管理、幼小衔接)
上学期	爱上幼儿园	幼儿园的大石头	探秘石头
	幼儿园的小动物	动物世界	十二生肖
	我爱我家	我生活的社区	我爱深圳
	小小客家娃	客家凉帽	客家围屋
下学期	客家味道	传统编织	客家蓝衫
	玩色	色彩世界	色彩真奇妙
	奇妙的叶子	大树	幼儿园的树
	我的身体	我长大了	我要上小学

(三)润心活动

润心活动即借助文化和艺术的内容浸润幼儿，包括客家风情活动、坊间艺创活动、品味书香活动。

1. 客家风情活动

客家风情活动是通过筛选客家文化中饮食文化和有趣的风俗活动，以及歌舞等艺术文化，开展多样的活动，弘扬客家文化，让幼儿亲身体验客家文化的魅力。客家庙会、客家美食节、客家情文艺汇演是我园常开展的三类大型客家风情活动。客家庙会是我园创办的大型客家民俗体验活动，幼儿、家长和教师参与其中，共玩民俗喜乐游戏，体验客家文化的魅力(图 1-2-5)。在客家美食节上，家长和幼儿齐上阵，以家庭为单位制作客家菜、客家靓汤、客家糕点小吃，展现丰富的客家饮食文化。客家小镇是我园打造的客家风情一条街①，收集、投放具有客家特征的物品，如客家生活物品、客家劳作工具、客家服饰等，幼儿在客家小镇利用这些物品进行体验活动和游戏。此外，我国还收集各种民间游戏，并投放相应的材料，让幼儿在户外进行赶小猪、跳大绳等民间游戏。

① 客家小镇环境介绍详见本书第六章。

图 1-2-5　客家庙会舞麒麟表演

2. 坊间艺创活动

坊间艺创活动是在专门的艺术坊和艺术区中进行游戏和学习的活动。游戏是幼儿学习的基本方式。我园打造了具有文化特色的室内外环境，特别创设了室内外陶泥角、扎染坊、水墨角、木工区等游戏区域，营造了具有传统艺术美的环境和浓厚的氛围，拓展了区域活动的内容，也给幼儿提供了丰富多样的场地，支持幼儿在游戏中体验、探究传统艺术活动的魅力。

3. 品味书香活动

品味书香活动培养幼儿爱阅读、会表达、乐倾听的习惯，指向幼儿听说读写方面基础语言能力的发展。

我园关注一日生活中的语言交往，利用谈话、游戏、领域教学等，创设良好的语言教育环境，让幼儿参与倾听、理解、表达、前书写等活动，拓展幼儿的学习经验。我园以幼儿读物为载体，开展各类早期阅读活动，促进幼儿口头语言和书面语言能力的发展。

在日常生活中，班级开展图书漂流活动，作为推进亲子阅读的主要方式。除了在班级创设语言角，幼儿园还专门设置了图书室，提供了数量丰富、种类齐全的各色儿童绘本，有科普百科、人文历史、社会交往、情绪情感、品质习惯养成几大类内容，涵盖五大领域，适合三个年龄段的幼儿阅读。每月，各个班级会利用图书室，开展阅读活动，如故事表演、主题绘本阅读等。除此之外，每年 11 月，深圳市启动读书月活动，我园读书月活动也会随之拉开序幕。在这样时间贯通、空间联动、家园融合的阅读环境的浸润下，我园幼儿和家长也爱上了阅读，幼儿在市、区级的各类阅读和讲故事活动中大胆表现，展示自我。我园近五年读书月活动一览表如表 1-2-4 所示。

表 1-2-4 我园近五年读书月活动一览表

时间	活动主题	基本活动	特色活动
2023 年 11 月	山海有诗意，书香润童心	小蜗牛故事屋 （微信公众号） 图书室亲子阅读活动 班级语言区活动	旧书交新友（小班组） 草坪读书会（中班组） 图书跳蚤市场（大班组）
2022 年 11 月	书韵飘香，“阅”润童心		晒书活动（小班组） 自制图书（中班组） 诗词会（大班组）
2021 年 11 月	书香润童心，阅读伴成长		创意书签 哥哥姐姐讲故事
2020 年 11 月	浸润书香，快乐成长		全园图书爱心义卖活动
2019 年 11 月	阅在深秋，书香传递		探访图书馆 亲子故事会

（四）养德活动

养德活动主要指向社会性方面，将社会礼仪、社会事件、社会情感、社会节庆习俗活动作为幼儿学习的内容，包括社会礼仪教育活动、家国情怀教育活动、心灵本色教育活动三大块内容。

1. 社会礼仪教育活动

社会化是个体发展的必然结果，幼儿从家庭走向学校，从学校走向社会，是在经历社会化过程，是要了解社会的需要、期望和行为规范，并逐步适应社会的过程。了解并习得文明得体的礼仪规范有助于幼儿的社会化发展，也是培养有涵养的人的内在要求。

社会礼仪教育主要有三个内容指向：指向自我、指向他人、指向社会文化。指向自我的内容主要强调个人的仪容仪表和形体仪态。指向他人的内容包括师幼礼仪、同伴礼仪、亲子礼仪。比如，向老师礼貌问好，与同伴互帮互助、友好相处，在家庭中感恩长辈、体贴关爱等。指向社会文化的内容主要讨论社会生活环境中的利益要求。比如，在与他人交往时要注意的礼仪规范，如友好待客等，及社会公共礼仪规范，如爱护环境。

对幼儿的社会礼仪教育可以渗透在一日生活中。比如，在入园环节进行“礼仪小天使”活动，大班的幼儿利用国旗下的主题讲话，用朗诵、讲故事、歌舞律动、快板等方式宣传文明礼仪。对幼儿的社会礼仪教育也可以融入主题活动中。比如，在开展客家美食主题活动中，幼儿要了解关于食物背后的故事和饮食里的待客之道，在体验制作擂茶、分享擂茶的过程中学习分享与礼貌待客的礼仪。又如，利用社区教育资源，教师带领幼儿积极参与“爱牙日”“环保日”等社会实践活动，在组织外出参观中渗透安全教育的内容，使幼儿逐渐积累对公共生活规范的认识和经验。

2. 家国情怀教育活动

家国情怀教育活动就是选择中华优秀传统文化中的内容和素材，落实课程内容，涵养家国情怀。中华优秀传统文化的素材包括爱国爱家这类社会主义先进文化内容，以及习俗风情、传统节日等中华节日文化内容。

节日节庆活动既是重要的人类文化活动，也是中华文化宝库不可或缺的重要组成部分。开展节日节庆活动可以使幼儿领悟到中华节日文化的独特韵味和丰富内涵，帮助幼儿与其所处的特定社会文化环境实现良好互动。节日包括：传统节日，如春节、中秋节；国际节日，如劳动节、妇女节；及其他一些为纪念而产生的节日，如建军节、国庆节等。节日节庆活动以其独特的文化内涵融入人们的日常生活和精神世界中，是涵养幼儿文化血脉的重要内容。家国情怀教育是一种陶冶性的教育。我园挖掘节日节庆活动中的教育内容，包括故事传说、饮食、歌谣、用具、庆祝活动，以适宜的方式开展节日节庆活动，如节庆主题活动、大型庆祝活动等。

爱国主义是中华民族精神的核心，是最真挚、最朴素的家国情怀。我园将爱国教育作为课程内容的一部分，结合幼儿的身心发展特点和教育规律，把爱国主义教育内容，通过特定的环境和教育氛围，用幼儿可以接受的方式感染幼儿。从幼儿的直接感知、具体情境和亲身实践经验出发，我园利用每周的升国旗仪式，让幼儿通过小小升旗手、国旗下讲话等活动切实感受庄严的升旗仪式，萌发爱国情感。除此之外，还利用爱国、爱党节日，开展综合主题活动，这也是我园爱国教育的一项重要内容。

3. 心灵本色教育活动

我园选取中华优秀传统文化中善良孝顺、勤劳团结、勇敢自信的精神特质融入课程，合理安排相应适宜的课程内容，培养幼儿优秀的道德品质。

感恩教育，善良孝顺。《幼儿园教育指导纲要（试行）》社会领域提出要培养幼儿“爱父母长辈、老师和同伴”的情感。我园将感恩教育融入生活，开展家园活动，特别是利用母亲节、重阳节等节日。家园共同努力是进行感恩教育的关键。

开展劳动教育，勤劳团结。我园在一日生活中渗透劳动教育，培养幼儿勤劳奉献的品质，开展小小值日生、校园小卫士、种植等活动。

生命情感教育，培养幼儿勇敢自信的品格。我园以绘本为载体开展生命教育，将品德教育与阅读活动相结合，遴选适宜题材的绘本，绘本既有中国民间故事，也有国外优质绘本故事，如《精卫填海》《我喜欢自己》《勇气》《长颈鹿不会跳舞》等，都是适宜幼儿阅读的优秀内容；开展绘本赏析、讲故事、故事表演阅读活动，教师有意识地将绘本与一日生活融合，联系生活中的教育契机，帮助幼儿增强自我生命认同感，理解勇敢自信的生命情感。亲子故事表演活动如图 1-2-6 所示。

图 1-2-6　亲子故事表演活动

五、课程实施

幼儿园课程实施是将课程设计方案付诸实践的过程。我们以游戏为基本活动，科学合理地安排各类学习活动，采用集体活动、小组活动、个别活动多种组织形式，通过环境滋养、生活渗透、多元探究、文化浸润多种途径实施涵养课程。

(一)组织形式

1. 集体活动

集体活动是基本的教育组织形式，在实践中，存在两种活动类型。一类是集体教学活动，在各领域的学习中或者在主题活动进展的过程中，某些内容宜采用集体活动的方式进行，是教师有目的、有计划地组织实施的教与学的正式活动，即我们所说的“集体课”。另一类是集体谈话活动，在集体谈话活动中，教师组织幼儿一起围绕某个问题或话题展开研讨，引导幼儿发表自己的见解，学会耐心等待，仔细倾听其他幼儿的声音。在这个过程中，幼儿的语言比例大于教师的语言比例，如每天的晨谈活动。

2. 小组活动

小组活动是培养幼儿计划和规则意识的一个重要的组织形式。每个幼儿可根据自己的兴趣爱好选择不同的小组，充分发挥自己的主体性。

3. 个别活动

个别活动是教师根据不同幼儿的特点，进行的有针对性的活动。个别活动尊重幼儿的个体差异性，教师提供支持，帮助幼儿实现跨越式成长。

(二)实施途径

1. 环境滋养

幼儿园教育的基本特点之一是通过环境来进行教育。如同所有自然生命都要靠从环境中吸收各种养料而生存一样，在幼儿的生活中，各种材料、器械等组成的物质环境，各类人员组成的人际环境和时间、空间的条件，都是支持幼儿学习和体验的必要条件。因此，我们将环境滋养作为实施课程的一种途径，打造了室内外一体化的学习环境。

首先，合理规划室内外学习空间。我园在室内设置基本学习区域，如语言区、操作区、美工区等，另外还会根据班级幼儿需要，阶段性轮流设置小区角，小区角是基本学习区域的延伸，帮助幼儿丰富生活经验，促进幼儿的个性化发展。我园规划户外场地，将户外分为自然生态区、人文生态区和户外体能区三部分，共十六个区域。我园利用先天优势打造了生态园林式的自然环境，充分利用各种自然材料和自然物，给幼儿提供了观察、发现、亲近自然的机会，让幼儿的天性得到释放；创设多个户外游戏区，丰富幼儿的活动内容，给幼儿多种选择的机会；为幼儿创设多个体能区，满足幼儿各种体能动作锻炼的需要，保证幼儿体能的健康发展。

其次，构建一体化环境。我园结合室内环境中的积木区、角色区、美工区、音乐区、语言区、操作区、木工区等区域，创设了天井建构区、角色游戏区、表演区、干沙区和湿沙区、陶艺坊、木工坊、泥水区等户外游戏区，让幼儿园的室内外环境是流动的，实现活动区域由室内延伸到室外，彼此相互关联，使幼儿获得整合性的学习经验，同时，保证每个区域的独特性，满足每个幼儿在环境中自主选择、自主探索的需求。以润物细无声的艺术，营造有氛围、会说话的学习环境。除了基本的空间场地保障，我园还提供适宜的学习材料，作为幼儿探索世界、获得经验的媒介，促进幼儿专注、自主、探究性地学习，形成良好的学习品质。

最后，注意营造积极的心理环境。教师在学习环境中建立相互信任、相互尊重的积极情感关系，在创设环境时，充分尊重幼儿的主体地位。

室内外环境示意图如图 1-2-7、图 1-2-8 所示。

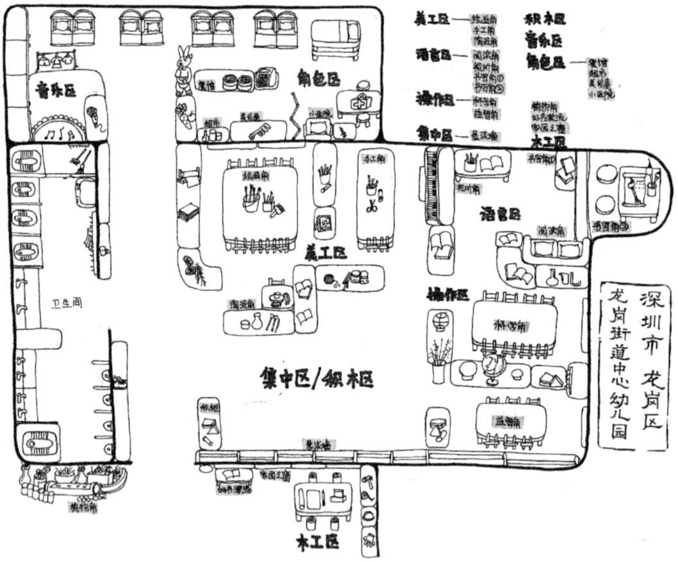

图 1-2-7　室内环境示意图(以大六班为例)

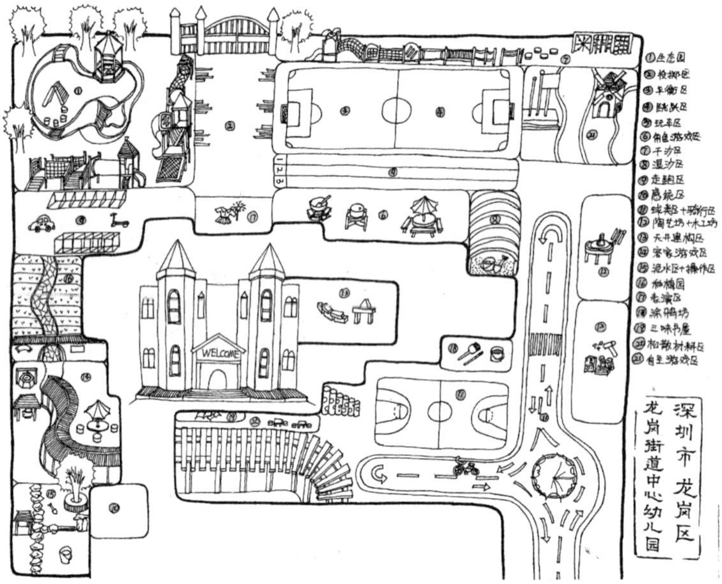

图 1-2-8　室外环境示意图(户外活动区域划分图)

2. 生活渗透

秉承“一日生活皆课程”的教育理念，我园将幼儿的一日生活作为课程实施的基本途径。幼儿园一日生活包括生活活动、学习活动、体育活动和游戏活动四类基本活动，经历入园/离园、餐点、盥洗、午睡、学习活动、户外体能活动等环节。生活渗透就是要科学合理地组织一日生活，发掘各类活动和各个环节的教育价值，最大限度地支持和满足幼儿的发展需要，体现课程生活化的特点。

一日生活科学合理。①幼儿园应保证一日生活稳定有序，进行连贯、有序的一日活动安排，合理安排一日作息时间，协调安排四类活动，保证户外时间不少于两小时，其中体格锻炼一小时，保证幼儿每天至少一小时的自主游戏和自主活动时间。教师应注意合理安排转换环节的活动，进行自然轻松的过渡，减少幼儿的消极等待。②允许教师灵活调整一日生活安排。在内容上，教师可以视情况灵活调整。比如，晨谈活动可以围绕突发事件调整谈话内容，主题探究活动可以围绕幼儿兴趣和产生的问题灵活调整活动内容。形式上灵活变化。比如，教师要做好户外活动的晴雨天安排，保证在雨天能灵活组织户外活动。时间上灵活自由，在自主游戏、项目活动中，教师可以根据幼儿的探究兴趣适当延长时间，保证深度学习的时间。

一日生活快乐自主。在生活渗透中让幼儿自在舒适又独立自主。首先，在生活环节和环境中渗透，教师引导幼儿做好自我物品管理、自我行为管理和自我情绪管理。比如，我园的点心活动原来在区域活动后统一进行，存在等待现象，为了赶时间，教师经常催促幼儿快点吃。为了让幼儿吃点心的时间和吃点心的方式更加合理，我园改变整齐划一的点心环节，将点心时间融入区域活动中，让幼儿自主选择、自主取用。其次，保证幼儿自主游戏的权利。在一日生活中，幼儿每天有在室内外自主游戏的时间，在游戏中，幼儿自己选择游戏材料和伙伴，自己决定游戏内容和方式，自己调控游戏进程和结果，教师提供环境支持，倾听幼儿意愿，鼓励幼儿自主选择，帮助幼儿聚焦深度学习。除开展常规性自主游戏以外，我园还开展了“快乐星期五”活动，即在每周五进行全园性的自主混龄游戏。

一日生活富有价值。幼儿在一日生活中经历的真实经验和真实事件，都是他们学习的内容。首先，在一日生活环节渗透《3—6岁儿童学习与发展指南》中的目标。比如，在入园和离园环节，教师通过礼仪教育活动，引导幼儿学会礼貌待人，体现社会领域目标(表1-2-5)。又如，进行晨间签到活动，涉及数学认知和前书写的内容。教师应厘清每个环节的教育价值，采用适宜的活动帮助幼儿发展(图1-2-9)。其次，捕捉一日生活中的教育契机。除了科学合理地安排一日生活，在各环节渗透教育价值，生活中随处可见、偶然发生的“小事”，都可以成为课程活动，也就是“生活教育化”。比如，假期归来的一次谈话和分享，就引发了一场乐趣横生的“酒店旅行”游戏；好朋友的一次生病请假，生成了班级“问候角”活动；发现被鸟妈妈落单的小鸟，生成了"制作鸟巢"的活动。这样的"小事"每天都有可能发生，教师要把握每件平常事与幼儿的联结，捕捉教育契机，在点滴生活中涵养幼儿的心灵。

表 1-2-5 入园/离园环节中渗透的《3—6 岁儿童学习与发展指南》目标

主要活动	《3—6 岁儿童学习与发展指南》目标的渗透
1. 礼仪教育 2. 按时入园/离园 3. 晨间检查 4. 存放与整理 5. 签到 6. 回顾与反思	1. 社会领域：关心尊重他人。 2. 科学领域之数学认知：感知生活中数学的有用和有趣；感知和理解数、量及数量关系。 3. 语言领域：认真听并能听懂常用语言。 4. 健康领域：具有良好的生活与卫生习惯；具有基本的生活自理能力。

龙岗街道中心幼儿园幼儿一日活动计划表（冬春）

班级：大一班　日期：2021.10.14　星期四　教师签名：[illegible]、陈婧、[illegible]

	活动环节	活动内容	地点	活动重点	人员分工
上午	早锻	平衡台、脚踏车、呼啦圈、跳绳	走跑区	1. 引导幼儿正确使用器械，重点指导跳绳的跳法 2. 活动后，刘组织幼儿拿书包排队，吕组织幼儿收拾器械 3. 关注幼儿的精神状态 4. 如果下雨，在室内跳《水果水果》《加加油》律动	刘：组织幼儿运动 吕：接待幼儿 陈：在教室整理因台风收起来的东西
	餐后活动	选区 做区域计划 玩餐后玩具	课室	1. 看护个别进食比较慢的幼儿认真进食 2. 引导幼儿错峰选区、做区域计划，避免拥堵，计划没有做好的，可在进区前接着做	刘：组织幼儿做计划 吕：看护幼儿进餐 刘、吕：兼顾餐后玩玩具的幼儿
	晨谈活动	你换牙了吗	课室	1. 晨谈墙：介绍日期、天气、温度、出勤（报数）、值日生工作、今日活动 2. 根据当天的指导情况，挑选几个幼儿谈谈自己的计划，"打算去哪儿玩？""想玩什么？""会怎么玩？"（引导建构区的幼儿做搭建客家围屋的计划） 3. 谈话主题：你换牙了吗？引导幼儿回答问题"什么是换牙？""换牙会出现什么情况？""换牙的时候需要注意什么？"老师做好表征	8：40 放音乐《虫儿飞》+"嘣嘣" 陈：引导幼儿收拾玩具 刘：组织幼儿做好，并进行律动"蹦踏踏"（静妍带）
	学习活动	1. 区域自选游戏 2. 小组活动：搭建客家围屋	课室	小组活动：指导建构区（积木区），搭建客家围屋，引导幼儿搭建客家围屋的平面图，重点指导屋顶的搭建区域自选；重点关注各个区域幼儿对材料的使用情况，好与不好都有分享价值	刘：美工区、编织区、语言区 陈：数学区、科学区、积木区 吕：刺绣区、音乐区、角色区、木工区
	区域小结	9：30 吃水果 9：50 收拾区域	课室	通过视频、照片和幼儿的作品进行区域小结，尤其是建构区的搭建，提升幼儿搭建技巧和经验，还有幼儿使用材料个别情况进行"判断"，提升幼儿对区域材料的了解程度和使用方法	刘：组织幼儿进行区域小结 陈：协助幼儿收拾区域
	刘组织幼儿如厕，引导幼儿拿自己的水壶排队，边喝水边等待其他孩子，吕在厕所门口看护孩子，并引导孩子出去排队。陈收尾，收拾厕所卫生，带动作较慢的孩子到活动场地				
	户外活动	体育游戏 跳皮筋	生态园	体育游戏"跳皮筋"，引导幼儿有规律的跳，有节奏、按照规则跳 "小皮球，香蕉梨，马兰开花二十一……"	刘：组织幼儿热身，进行游戏 吕：拿器械——皮筋 陈：备课

图 1-2-9 幼儿一日活动计划(截取半日)

3. 多元探究

我园采用的多元探究途径是在从整合式主题活动到方案教学、本土化主题探究活动的探索历程中产生的，在这个过程中课程的结构化程度越来越低，幼儿的自主性越来越强。我们越来越关注幼儿的深度学习，因为它是对幼儿更有益的学习方式，是让幼儿获得良好学习品质的有效方式。在我园，主题活动和项目活动是幼儿进行探究学习的重要载体，而项目活动是幼儿发生深度学习的主要活动形式。

主题活动是平衡预设与生成的活动。在主题活动中，教师和幼儿围绕一个主题，开展持续学习和深入探究的活动，包括集体教学活动、区域游戏活动、小组活动。教师根据幼儿的兴趣和需要，结合教学目标和内容，灵活开展预设和生成的活动。

项目活动过程渗透“浸润式学习”，采用浸润式学习五部曲模式，即“活动缘起—情境感知—问题讨论—体验探究—分享提升”。在不同环节中，教师采用适宜的策略支持幼儿的深度学习，从幼儿的兴趣和需要出发，并遵循幼儿的年龄特点，与幼儿共同创设有挑战性的问题情境，引发幼儿的兴趣，以解决问题为内在线索，引导幼儿探索与发现，使幼儿通过与同伴的交流分享，将探究活动持续、深入地进行下去。同时，教师及时捕捉幼儿感兴趣的内容，为幼儿提供适宜的支持。

4. 文化浸润

我园将中华优秀传统文化作为涵养课程的营养源泉。在教育领域，中华优秀传统文化的价值主要表现为对学生个体生命成长的滋养，它以发展个体的方式来传承和创造文化，并以文化的发展来构筑和夯实国家与民族发展的社会根基。

文化浸润，就是要把中华优秀传统文化全方位融入园本课程，其最主要的价值是对幼儿“根”和“魂”的滋养，引导幼儿树立文化自觉和文化自信。一方面，我园挖掘中华优秀文化中的精神特质，如中华优秀传统文化中“人与自然和谐”“兼容并包”的思想，现代“以爱国主义为核心”的新时代中国精神，客家文化中“勤劳、孝顺、团结、吃苦耐劳”的品质，并将这些精神融入培养目标和课程目标中，由此确立了“健康、乐学、善良、自信”的课程目标，涉及人与自然、自己与他人、家庭与国家多方面的经验。另一方面，我园将涵盖衣食住用的物质文化及包括风俗故事、童谣在内的精神文化进行灵活的转化，把它们转变成幼儿乐于接受的课程内容。例如，将文化元素融入室内外环境，发掘中华优秀传统文化内容和本土文化资源，开展主题活动，如制作客家凉帽、参观客家围屋等。我园还将美育活动作为文化涵养的重要途径，设置水墨角、陶泥角、扎染坊、木工区等区角，并开设相应的教学活动和自主游戏活动。此外，我园还开展节日节庆活动、传统民间游戏、大型文化体验活动，这也是进行文化熏陶的重要形式。涵养课程中文化浸润的内容与实施路径如表 1-2-6 所示。

表 1-2-6 涵养课程中文化浸润的内容与实施路径

板块	内容	活动	实施路径
风物游	习俗	节日节庆活动	了解—体验—表达
	客家凉帽、客家围屋、客家蓝衫	主题探究活动	三阶段、五部曲
	擂茶、山歌、舞龙、舞麒麟	自主游戏	计划—游戏—回顾
艺术美	木工、陶泥、水墨、扎染	游戏坊	准备—游戏—整理—回顾—展示
	陶泥、水墨	教学活动	导入—展开—结束—延伸
品德	勤劳、孝顺、文明礼仪、友善、家国情怀	烹饪活动	商讨—准备—操作—品味—分享
		种植活动	申领土地—合作种植—照料与发现—收获
		绘本阅读活动	读书月活动
		社会实践活动	制订方案—实践体验—自由表征—团体分享—总结提升
游戏趣	跳大绳、骑竹马、赶小猪、跳房子、踢毽子、丢沙包	自主游戏	计划—游戏—回顾

六、课程评价

为了完善课程，我园不仅重视课程的建设，而且重视课程的评价。依据《幼儿园督导评估办法》、《幼儿园保育教育质量评估指南》、《广东省幼儿园督导评估方案》、《深圳市优质特色示范幼儿园创建指导手册(试行)》(2017 年修订稿)、《深圳市幼儿园课程建设指引(试行)》等文件，明确课程评价的理念和内容，采用多元评价主体和评价方式，对幼儿学习与发展、教师专业发展和课程等内容进行评价，将评价贯穿课程设计和实施中的各个环节及发展的全过程。

(一)对幼儿学习与发展的评价

1. 以幼儿为主体

幼儿自我评价。通过语言表达、绘画、投票等多种方式，教师让幼儿评价自己在幼儿园的感受和收获，表达自己的意见和想法。

同伴评价。同伴间的观察和评价以及发动小组或集体讨论，可以帮助幼儿交流经验，起到鼓励和改进作用。

2. 以教师为主体

描述性评价。描述性评价包括学习故事、观察记录、课程故事。通过文字描述+图片说明的方式，教师观察、记录与分析真实情境中的学习事件和行为表现，来看见、评价、分析、支持幼儿的学习。

成长档案评价。教师收集幼儿的作品和幼幼、师幼之间的对话记录，配以照片和视频，制成成长档案袋，全面记录、评价幼儿三年的成长变化(图 1-2-10、图 1-2-11)。

图 1-2-10 成长档案中幼儿创作的作品

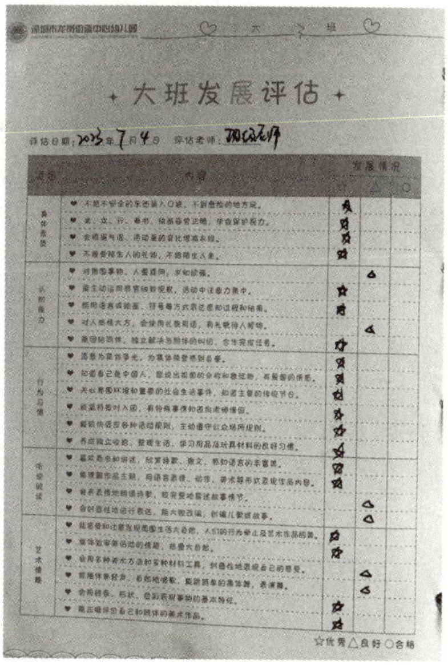

图 1-2-11 成长档案中的幼儿发展评估表

3. 以家长为主体

通过家园联系手册，家长记录孩子在日常生活中的奇事、趣事、困难事，对幼儿的发展进行反馈和评价。通过家长开放日、家委会等活动，家长亲身体验课程，发表看法和建议。

(二)对教师专业发展的评价

1. 教师自评

教师是课程实施的主体。我园鼓励教师通过撰写教育随笔、教育心得故事，分享教育故事和课程故事，进行自我评价和反思。

2. 他评

每学期中期，我园组织半日活动观摩以及学习环境观摩，通过“教师总结反思+同伴记录、点评”的方式，直接全面地观察、评价教师组织活动和环境创设等方面的能力。每学期末，我园进行教师考核和教学技能交流活动，发放期末教师考核表，进行量化评价。

（三）对课程的评价

对课程的评价，主要接受来自上级单位的正式评价，也可以借助各级各类的评估标准，如《深圳市优质特色示范幼儿园创建指导手册(试行)》(2017 年修订稿)等。此外，幼儿园内部也可以进行自评。

涵养课程多元评价一览表如表 1-2-7 所示。

表 1-2-7　涵养课程多元评价一览表

内容	时间	评价类别	评级形式	参与主体				
				幼儿	教师	家长	幼儿园	其他
对幼儿学习与发展的评价	日	质性评价	观察记录		√			
		质性评价	学习故事		√			
	周	质性评价	一周生活小结	√	√			
	月	质性评价	家园联系手册		√	√		
		量化评价	领域发展评量表		√		√	
	学期	质性评价	期末评语		√			
		质性评价	班级主题档案	√	√			
		质性评价	课程故事		√			
		量化评价	评估手册				√	
	学年	质性评价	幼儿成长档案		√	√	√	
对教师专业发展的评价	学期	质性评价	教育随笔		√			
		质性评价	教育心得		√			
		质性评价	半日活动观摩		√		√	
		质性评价	学习环境观摩		√		√	
		量化评价	期末教师考核表		√		√	
对课程的评价	学年	量化评价	《深圳市优质特色示范幼儿园创建指导手册(试行)》(2017 年修订稿)				√	√
	学年	质性评价	《幼儿园保育教育质量评估指南》				√	√

七、课程实施的保障机制

（一）家园社三位一体

我园建构了以幼儿为中心，幼儿园、家庭、社区三位一体的合作模式，三方亲密配合、携手共进，涵养幼儿的幸福童年。家园社三位一体示意图如图 1-2-12 所示。

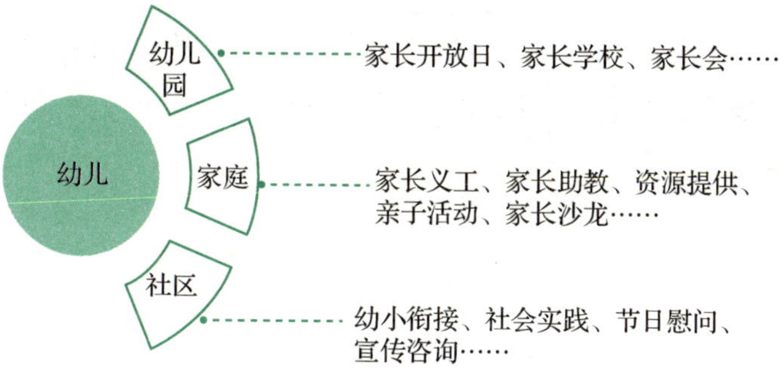

图 1-2-12　家园社三位一体示意图

（二）管理保障

1. 教研培训保障

（1）建立健全教研制度

在教研培训管理中，我园明确教研工作的中长期目标和方向，成立专门的教研团队，完善相关制度，如建立课程审议制度、师徒结对制度等，定期开展教研活动，营造良好的教研氛围。

近年来，幼儿园教师队伍中新教师的占比越来越大，对于新教师的培养培训而言，师徒结对可以作为一种重要的教研培训模式。在学期中，骨干教师和新教师双向选择，通过幼儿园举办的拜师仪式，签订师徒结对协议书，正式确定师徒关系，双方共同制订学期成长计划。骨干教师从带班方法、一日生活组织、教育活动设计与组织、活动反思等方面全方位地对新教师进行指导。通过骨干教师对新教师言传身教地传、帮、带，幼儿园全面提升了教师的保教水平。

（2）开展多种形式的教研培训活动

我园采用参与式、体验式的教研培训方法，开展主题式教研，系统设计教研内容，灵活采用创新的教研培训方式，如现场观摩、专家讲座、案例研讨、小组研修等，特别是牵手专家，进行“课程”“游戏”“环境”等课程核心要素的概念解读和理论讲解，为教师进行课程建设提供理论和实践的指导，提高教研培训的实效性。

(3)开展分层培训

教师的成长和发展要经历新教师、发展型教师、成熟型教师和专家型教师四个阶段。不同发展阶段和岗位的教师遇到的问题不同，幼儿园需要给予相应的指导与支持。我园结合教师专业发展阶段和需要，实施分层培训，每学期制订分层培养计划，开展有针对性的分层培训，助力教师成长。

(4)在课题研究中促进教师成长

我园将以研促教作为教师培训的重要途径，鼓励教师将课程建设过程中遇到的突出问题作为专题进行研究，依托课题进行深入研究。教研经验和成果也可以帮助教师提升课程品质。

2. 课程审议制度

为保障课程建构有序进行，成立课程审议小组(由园长、教学副园长、教研员、年级组长、骨干教师组成)，通过集体智慧对课程中的问题进行商议并做出选择和决策，是幼儿园课程问题得以解决的过程。①

我园建立了园级—年级—班级三级课程审议制度。园级定期进行审议活动，由园长、教学部门相关人员、骨干教师参与。园级课程审议主要关注课程的价值取向、课程资源的建设，有针对性地解决教学中普遍存在的实际问题，或是围绕课题研究和项目建设而开展审议。我园每周定时开展年级课程审议活动，由教研员和级组主班教师参加。年级课程审议围绕教学活动中的问题展开讨论，把握活动计划与幼儿兴趣发展，通过研讨交流、现场观摩、案例分析等方式开展。班级课程审议则由班级教师根据在课程实施中出现的问题随机进行。如果班级课程审议有解决不了的问题，可以提交给年级或园级审议，即班级—年级—园级三级课程审议是自上而下和自下而上相结合的循环模式。

我园开展包含课程实施前、中、后的过程性审议，把握每个阶段的主要任务。以主题活动实施为例，活动前审议阶段主要审议主题资源现状、审议主题来源和活动方向，审活动可行性，审实施形式和途径，形成实施方案和预设网络图。活动中审议阶段要对具体活动进行审议，探寻在活动设计与实施、环境与材料、师幼互动等方面的具体问题，对各班级幼儿生成的兴趣和问题进行审议，把握活动发展中的预设和生成的内容。活动后审议阶段主要对活动实施中的经验和问题进行再次梳理，分享问题解决的经验，形成相应的课程资源包，如果有新的问题，则可以开展下一阶段的审议。主题活动审议过程示例如图 1-2-13 所示。

---

① 虞永平：《论幼儿园课程审议》，载《学前教育研究》，2005(1)。

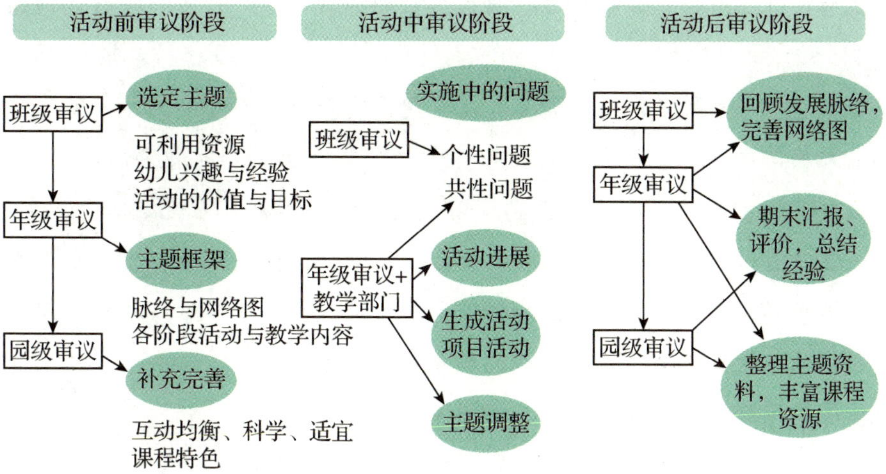

图 1-2-13　主题活动审议过程示例

(三)人员保障

1. 园长

园长是幼儿园课程管理的第一责任人，是引领幼儿园课程建设的核心人物，提升园长的课程领导力是推进课程建设的基本需要。园长应把握课程建构的方向，领导课程实施方案的编制与完善，对课程资源进行统筹协调，统筹建立、完善各项课程管理制度，并在动态的过程中，依照法规和本园课程管理方案实施有效管理，形成适合本园和幼儿发展需要的课程运作流程，对课程实施质量进行评价等。最主要的是，园长应积极调动全体教职工参与课程建设的热情，特别是具备促使教师深度参与课程建设的能力。

2. 教学管理人员

教学管理人员包括教学副园长、保教主任、教研员。教学管理人员负责对幼儿园课程的日常实施进行观察、统整、协调和测评；建立和制定幼儿园课程实施过程中的一系列基本规范和要求并落实到位；定期与园长一起对课程计划、课程内容、课程实施过程中的难点、重点问题及课程质量监控展开研究；组织教师开展改进实践的园本研修，并就课程资源的常规配置、课程实施中的相关配合与其他部门建立畅通的联系。

3. 教师

教师是课程有效实施、开发和改革的主体力量，参与课程建设有助于教师的专业发展。在幼儿园课程建设中，教师的角色从单纯的课程实施者转变为课程设计者、课程建设者。特别是在课程实施中，教师要从一日生活、学习环境、课程资源等环节做好课程设计、组织与实施，参与课程决策和教学讨论，开发、积累优秀课程案例等。

教师的专业理念和能力是教师参与课程建设的基础。不同能力水平的教师，其参与方式和扮演的角色也有所不同，可以大概分为三类。①新教师。对于新教师，幼儿园要加深他们对园所文化课程的理解，通过学习培训、师徒结对、跟岗学习、自我提升等方式，促进他们快速成长。②成熟教师。这类教师是课程的参与者、设计者，可以承担园内示范交流、经验分享、班级管理、团队建设等工作，能基于课程理念挖掘利用课程资源，选择适宜的教育活动内容，开展教学活动，积累课程活动案例。③骨干教师。这类教师可以作为课程设计和实施的主体，参与课程的开发与推广，承担园内园本培训、课题开发、论文撰写、活动策划等，具备进行课程设计和实施的能力。

4. 保育员及其他教职工

课程建设不只是园长、教学管理人员和教师参与的工作，幼儿园所有工作人员都是课程建设的积极参与者。保育员要树立保教结合的理念，熟悉并配合班级教育工作，协同营造和谐育人的氛围，为幼儿身心发展提供安全、健康的环境。其他教职工结合自己的工作岗位要求，支持配合教育教学活动，保障课程建设。

5. 家长及社区人员

多方协调是课程产生成效的重要保证，幼儿园要鼓励家长和社区人员参与课程建设。幼儿园、家长和社区进行三方合作，家长和社区可以为幼儿园提供力所能及的资源，丰富课程内容。家长可以通过多种方式参与幼儿园教育和课程实施过程，增进对幼儿园课程理念和教育理念的了解，反馈课程实施效果；积极参与家长讲座等学习活动，树立正确的育儿理念，协同教师做好家园共育。

（四）物质保障

我园对课程所需的物质资源进行了科学、合理的规划和全面分析。在园内，户外场地宽敞，自然资源得天独厚，室内环境适宜、适用、美观，建设了图书室、美术室、科学室、客家博物馆等功能室，为课程实施提供了有力保障。在园外，社区中分布着丰富的客家文化资源和现代人文资源，有广阔的支持社会实践的各类场所，如客家博物馆、客家围屋、文化中心等，可以为丰富课程内容、深度挖掘课程提供保障和支持。此外，幼儿园在经费上给予一定支持，每学期按需分阶段补充、更新班级所需的各类材料，保障涵养课程稳步推进。

我园充分挖掘本土文化资源，经历多年的探索和实践，构建起了完整的基于本土资源的涵养课程体系，提炼出"健体、启智、润心、养德"几方面的内容，通过"环境滋养、生活渗透、多元探究、文化浸润"实施途径，培养具有"健康、乐学、善良、自信"特质、有中华底蕴的幸福儿童(图 1-2-14)。

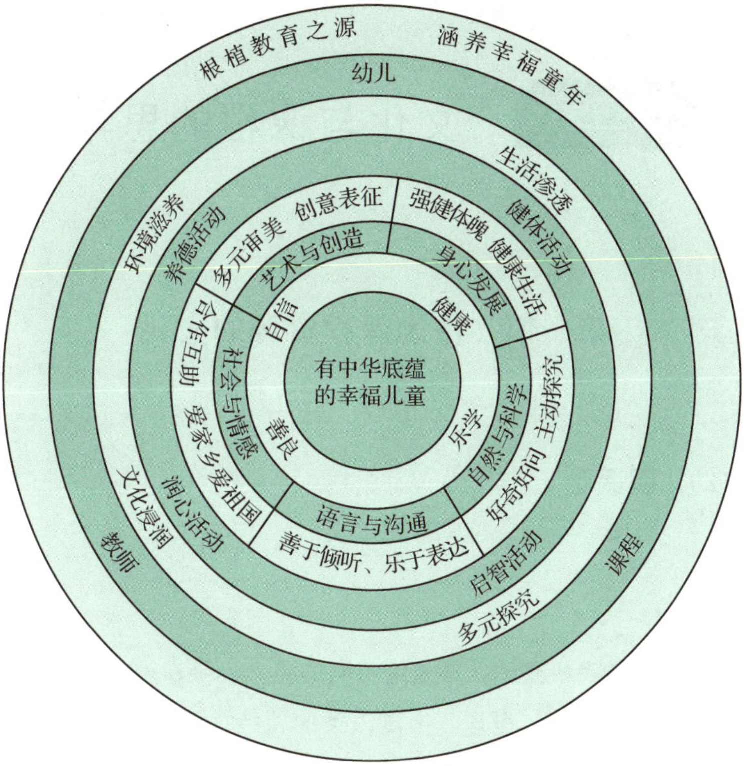

图 1-2-14 图解涵养课程

第二章 文化与课程的思与行

第一节 作为课程资源的文化

一、文化与幼儿园课程

(一)文化

1. 文化的概念

文化是一个丰富的有机整体，是人类特有的概念。早在19世纪初，奥斯特瓦尔德(W. Ostwald)提出"文化学"概念，指出人类的独特之处在于文化。广义的文化是指人类所创造的物质成果和精神成果的总和。《现代汉语词典(第7版)》将文化定义为："人类在社会历史发展中所创造的物质财富和精神财富的总和，特指精神财富，如文学、艺术、教育、科学等。"基于此，张岱年和程宜山在《中国文化与文化论争》一书中也对文化做了科学、全面的定义。他们说："文化是人类在处理人与世界关系中所采取的精神活动与实践活动的方式及其所创造出来的物质和精神成果的总和，是活动方式与活动成果的辩证统一。"也就是说，文化包含人类活动的方式和成果，活动方式包括外显的实践活动和内在的精神活动，活动成果也包含物质成果和精神成果。①

狭义的文化是指人类所创造的精神成果。英国文化学家泰勒(E. B. Tylor)在《原始文化》一书中提出："文化或文明是一个复杂的整体，它包括知识、信仰、艺术、道德、法律、风俗以及作为社会成员的人所具有的其它一切能力和习惯。"②这是狭义

① 顾明远：《论学校文化建设》，载《西南师范大学学报(人文社会科学版)》，2006(5)。

② [英]泰勒：《原始文化》，蔡江浓编译，1页，杭州，浙江人民出版社，1988。

文化的早期经典解说。在中国传统文化中，“文化”主要指向对人的行为和思想的启蒙，也属狭义文化的范畴。《易经》所称“观乎人文，以化成天下”，就是通过创作和分享诗、书、礼、乐等来提高人的道德情操，或通过受教育和思想灌输而使一个人的内在和外在符合社会规范。

文化同人们的生产劳动和日常生活紧密相关。文化在本质上是实践的，以人类现实的社会实践活动为基础，文化是由人的社会实践活动所创造的，其前进和发展都是由人的现实的社会实践活动所推动的。只有通过实践活动，人才能创造文化，同时也只有在创造文化的现实实践过程中，人才能成为真正的、有文化的人。

2. 文化的分类

依据文化的概念界定，我们常用物质文化与精神文化来分析文化的构成。器物和习惯形成了文化的两个方面——物质和精神的。器物和习惯不能缺一，它们是相互形成及互相决定的。① 物质文化由人类的衣食住行和手工艺制作等物化形式组成，如居民、服饰、农耕方式等。这部分包含着一些知识，以及道德上和精神上、经济上的价值体系，社会组织方式等，即精神文化。精神文化是与物质文化相匹配的，包含意识形态、信仰、宗教、民俗风情、语言文化、伦理道德、文学和艺术等。

依据物质文化和精神文化的分类标准，我们可以由二分说衍生关于文化分类的三分法和四分法。许嘉璐把文化分为三个层级，即与衣食住行相关的表层文化(又称物质文化)，是能直接感知的；借助物质来体现的中层文化(又称制度文化)，包含风俗、礼仪、制度、法律、宗教、艺术等；代表个体和人群价值观、伦理观、审美观的底层文化。三个层级的文化相互影响和制约，“表层”和“中层”反映着“底层”的内涵，而“底层”则引导并制约着的“表层”和“中层”的变化。② 按更细致的四分法划分，文化可以划分为物质文化、制度文化、行为文化和思想价值。物质文化是人的物质生产活动及其产品的总和，是可触知的具有物质实体的文化事物。物质文化可以满足人类最基本的生存需要。制度文化是人类在社会实践中建立的各种社会规范、社会组织，如社会经济制度、婚姻制度、法律制度等。行为文化是人类在社会实践中，尤其在人际交往中约定俗成的行为习惯和风尚习俗。它在集体中产生、履行，并获得广泛传播、经久传承。这类文化常由民风民俗形态构成，具有鲜明的民族、地域特色。思想价值是由人类在社会实践和意识活动中长期孕育出来的价值观念、审美情趣、思维方式等构成的，是文化的核心部分，具有最本质的特征。它包含流行的大众心态、

① 费孝通：《文化与文化自觉》，16～17页，北京，群言出版社，2016。

② 许嘉璐：《什么是文化：一个不能不思考的问题》，载《中国社会报》，2006-06-02。

政治理论和法权观念，以及哲学、文学、艺术等较独立的高层意识形态。

3. 中国文化

民族性是文化的重要属性之一。任何一种文化都是在特定自然地理环境和人文地理环境中产生的，因此，每个国家、每个民族都有自己独特的文化。《中国大百科全书·民族》一书对民族文化的定义是各民族在其历史发展过程中创造和发展起来的并具有民族特点的文化，包括物质文化和精神文化，饮食、服饰、住宅、生产工具等属于物质文化的内容；语言、文学、科学、艺术、哲学、宗教、风俗节庆和传统等属于精神文化的内容。①

中国传统文化往往被略称为传统文化，也常常被略称为中国文化。中共十八大以来，我们谈中国文化，实际上是中华民族的文化，它是由中华民族创造和发展的，是一种地域概念，也是一种文化精神概念，同样具有文化的结构特点，包含物质文化、制度文化和思想文化等层面。② 中国文化展现了我国丰富的地域思想精神、民俗风情、建筑形式、饮食特色等。其精华是关于思想精神的文化，张岱年说中国文化的优秀传统有丰富的内容，其中最主要的是两个基本思想：爱好和平、尊重他人的"人际和谐"，以及人与自然和谐统一的"天人协调"。③

从地理的概念来说，中国文化是一种地域文化，地域文化就是指在一定区域内，人们从社会生活中创造的并应用于生活的文化，包括长期居住于此的居民日益形成的价值观、使用的一套言语体系、互相默契遵守的规范、形成的社会关系与组织，甚至包括日常所用的物质产品等。概括来说，地域文化是指在一定空间范围内特定人群的行为模式和思维模式的总和。按照文化内容的不同，地域文化分为语言、艺术、民俗风情、衣食住行。

(二)幼儿园课程

1. 课程的概念

一直以来，关于课程、幼儿园课程概念的说法众说纷纭，不同研究者从不同的视角进行了解释。我国古代课程有"礼、乐、射、御、书、数"六艺，欧洲中世纪初的课程有"文法、修辞、辩证法、算术、几何、音乐、天文学"七艺，这里的"课程"是指学生在学校学习的科目。有学者提出了更全面的看法：课程是指一定学科有目的有计划的教学进程，这个进程有质、量方面的要求，它也泛指各级各类学校某级

---

① 中国大百科全书总编辑委员会《民族》编辑委员会、中国大百科全书出版社编辑部：《中国大百科全书·民族》，73～74页，北京，中国大百科全书出版社，1986。

② 李宗桂：《试论中国优秀传统文化的内涵》，载《学术研究》，2013(11)。

③ 张岱年、方克立：《中国文化概论》，232～234页，北京，北京师范大学出版社，2021。

学生所应学习的学科总和及其进程和安排。[①] 这种观点更强调有计划的教学活动。此外，杜威等人将课程解释为学习经验，受他影响的学者强调教育以学习者为中心，认为儿童的学习不取决于教师，而在于儿童自己做了什么，他们认为课程是学习者在一项教育方案中获得的一切经验。在社会现象学中，课程则成为一种社会建构现象，教育是对社会知识、文化进行再生产，更加注重使学生顺应现有的社会结构。也有教育者提出，通过课程帮助学生摆脱社会制度的束缚，课程重点围绕社会问题、社会弊端和受学生关心的社会现象，培养学生参与社会规划和社会行动的能力，发挥社会改造的作用。由此，我们将课程等同于科目，将课程理解为预期的学习结果，课程即有计划的教学活动，课程即学习经验，课程即社会文化的再生产，课程即社会改造。

从文化的角度审视课程，课程是从深厚文化积淀中挑选出优秀的部分，并与幼儿接受能力相一致的部分构成一个“文本”。英国课程论专家劳顿(D. Lawton)曾从社会学角度对课程做出界定：“课程在本质上是社会文化的一种选择。”

每一种课程定义都有其社会背景、理论基础和方法依据，且课程定义涉及知识、结构、层次、功能等各种内容，不能只注意某一侧面或层次而忽略其他。[②]合理辨析各种课程的定义，可以规范我们的课程实践和课程行为，帮助我们合理地理解课程和幼儿园课程。

2. 幼儿园课程的概念

与课程的定义一样，对于幼儿园课程的界定也存在几种不同的倾向。

幼儿园课程可以解释为“学科”。20世纪90年代以来，随着整合教育观的出现，学前教育中课程学科不再是单一学科，而呈现出学科间的联系加强，学科间的界限逐渐模糊，整体性得以加强的趋势。以学科为基础的相关课程、领域课程也普遍出现，如卫生、体育整合成健康领域，音乐、美术整合为艺术学科，单一学科基本消失。

幼儿园课程可以解释为“经验”。儿童生活在特定的社会和文化中，将儿童感兴趣的社会生活问题和现象以及学科知识转化为课程内容，以直接经验为基点，便是经验课程。比如，在美国，幼儿园课程一般指影响儿童的所有与学校有关的经验，包括学习计划、活动、材料和学习的主题等。全美幼教协会将幼儿园课程解释为一种有组织的框架，它描述了儿童学习的内容、儿童达到规定课程目标的过程和为帮助儿童达到这一目标教师所承担的责任，以及教育学所发生的环境。

---

① 施良方：《课程理论：课程的基础、原理与问题》第2版，4～5页，北京，教育科学出版社，2020。

② 施良方：《课程理论：课程的基础、原理与问题》第2版，7～10页，北京，教育科学出版社，2020。

目前，我们偏向于采用活动倾向的界定，幼儿园课程是实现幼儿园教育目的的手段，是帮助幼儿获得有益的学习经验，促进身心全面和谐发展的各种活动的总和。① 这里所说的各种活动就是《幼儿园教育指导纲要（试行）》中提到的“以多种形式有目的、有计划地引导幼儿生动、活泼、主动活动的教育过程”，不仅指教师上课，而且指幼儿的学习经验、预期的学习结果以及教学过程中诸多影响层面等。教师、幼儿与家长、环境与活动、园内与园外，这之间所有与幼儿发生联系的，都是幼儿园课程建设的内容。

二、课程资源与文化资源

（一）课程资源

在涵养课程中，课程资源就像是源头活水，经由课程的河流，滋润着每个孩子的心田，文化资源是其中的一股清泉，为课程的河流增加活力和持久的力量。

资源作为一个经济学名词而被提出。《现代汉语词典（第 7 版）》将资源定义为“生产资料或生活资料的来源，包括自然资源和社会资源”。“资源是一种广泛地存在于自然界和人类社会中，且能够被开发和利用，给人类带来财富的客观存在物和精神的综合体。”②可以看出，资源是能满足需要的、能被开发利用的一切物质与非物质要素，具有实用性、需求性、多样性等特点。

对课程资源的界定是从实现课程需要的角度出发的。总起来说，课程资源就是一切能够运用到教学活动中的各种条件和材料的总和，包括人力、物力以及自然资源等有助于幼儿发展的各种资源。课程资源是课程建设的基础，也是影响课程形成和课程实践的条件。课程资源具有价值潜在性、具体性、多质性的基本特点。③ 随着对课程资源建设的深入探索，我们意识到，课程资源对于促进幼儿经验的积累、教师专业的发展和课程质量的提升有积极作用。

《深圳市幼儿园课程建设指引（试行）》从资源分布空间的角度，对课程资源进行了清晰的分类，见表 2-1-1。对各类课程资源的开发利用增加了课程与社会、生活、自然和文化的联系，课程资源的开发可以使幼儿园教学更加注重教师及幼儿的实际生活，使教学更加具有生活的意义。

---

① 冯晓霞：《幼儿园课程》第 2 版，14 页，北京，北京师范大学出版社，2001。

② 李林：《文化资源学：理论与案例》，7 页，武汉，华中科技大学出版社，2021。

③ 徐继存、段兆兵、陈琼：《论课程资源及其开发与利用》，载《学科教育》，2002(2)。

表 2-1-1 《深圳市幼儿园课程建设指引(试行)》课程资源的分类

园内资源	人力资源		教师、园医、厨师、保安等。
	物资资源	自然物资	园内花园、草地、树木、种植物等。
		基本物资	玩教具、图画书、体育器材、大型玩具等。 投影仪、白板、平板电脑、数码相机、摄影机等。 图书室、科学室、美术室、厨房、池塘、种植园地、运动场等。
	文化物资		园内文化资源：园史、园歌、园徽、园所吉祥物、办园理念、管理理念等。 园所标志性活动资源：运动会、亲子活动、节日庆典等。
园外资源	人力资源		拥有不同职业背景及兴趣专长的幼儿家长、社区居民、专家学者以及社会各界的专业人士。
	物资资源	自然物资	季节、天气、动植物、山川、河流、海洋等自然环境。
		基本物资	各类职业劳动、社会组织机构，以及各类公共设施，如博物馆、图书馆、美术馆等。
	文化资源		民间游戏、民间艺术、民间文学、地方语言、民风民俗、民间建筑、文化名人、现代科技、现代艺术等。
信息网络资源	可使用的工具		绘画程序、图像和声音编辑器、动画软件、有制图功能的软件和概念构图工具等软件；用于教师设计制作的网页、动画或幻灯片等；园所网站、微信平台、家园联系 APP 等。
	可下载的资源		网络上的优秀教案、图片、音视频、网络课堂等。
	幼儿可使用的新技术		虚拟现实(VR)技术、增强现实(AR)技术、全息投影技术、云协同技术等。

每所幼儿园都有一定的课程资源，课程资源可以分为物质的课程资源和非物质的课程资源。物质的课程资源即有形的课程资源，包括人力资源、自然物质资源、文化物质资源和现代社会基本物质资源；非物质的课程资源即办园理念和管理文化这类思想资源，以及教师和幼儿已具备的和可以获取的知识经验资源。课程资源既是有形的，也是无形的，而且无形的课程资源是最关键的精神性的存在。① 资源影响课程实践的来处和去向，凡是有助于幼儿学习和发展的资源都应该加以开发和利用。

(二)文化资源

文化资源兼具文化和资源的多元属性，是指人类自身创造的、能为人类的生存和发展服务的一切优秀的物质成果和精神成果的统称。

对于文化资源的界定和分类，大家的观点不尽相同。从性质上划分，文化资源可

① 胡华：《对幼儿园“课程资源”核心问题的几个思考》，载《幼儿 100(教师版)》，2021(6)。

以分为物质文化资源和精神文化资源；从时间上划分，文化资源可以分为历史文化资源和当代文化资源；如果从文化产业化的视角划分，则又有不同的分类方式。

从课程的角度来看，课程是特殊的文化形态。① 文化是课程的母体，离开文化，课程将成为无源之水，无本之木。同时，课程也承担着继承、传播、创新文化的任务。可见课程与文化的联系是密切的，文化资源可以作为一种课程资源，满足课程建设的需要。

将文化引入园本课程具有现实意义和必要性。各地区的人们在与环境的长期融合过程中，都形成了自己的独特文化。幼儿成长的文化环境，在其成长过程中扮演着重要的角色，也是幼儿园课程可利用的重要教育资源。《幼儿园教育指导纲要(试行)》明确提到"充分利用自然环境和社区的教育资源，扩展幼儿生活和学习的空间"，同时还提到"充分利用社会资源，引导幼儿实际感受祖国文化的丰富与优秀，感受家乡的变化和发展，激发幼儿爱家乡、爱祖国的情感"。霍力岩等人认为，传承发展中华优秀传统文化，让中华文化独一无二的理念、智慧、气度和神韵等成为植根于幼儿内心深处的精神文化血脉，激发幼儿内心深处的文化自信和民族自豪感，应是启蒙教育即人生发展关键期教育的灵魂所在。霍力岩等人又进一步指出，我们需从中华文化宝库中汲取养分和提炼素材，把中华优秀传统文化的思想理念、传统美德、人文精神融入启蒙教育之中，以唤醒、激发、熏陶和浸润等方式，让幼儿接触中华优秀传统文化，在感知、体验和操作中养成良好的行为习惯和学习习惯，从起点解决好培养什么人、怎样培养人和为谁培养人等重大问题。② 在这一基本理念的指导下，各地幼儿园积极挖掘和利用本土文化资源，开展教育活动，构建园本课程。③ 将文化融入幼儿园课程，不仅有利于丰富幼儿园课程的资源，还有利于优秀地域文化的传承，培养幼儿的文化兴趣。

三、课程资源开发利用的模式

多年来，幼儿园充分利用周边客家文化资源，建构起具有文化底蕴的涵养课程体系，并对更广泛的各类课程资源进行了开发和利用，探索形成了课程资源开发利用的"333"模式，增强了教师建设课程资源的意识和能力。

"333"模式，即经历 3 个环节、实施 3 次审议、建设 3 个资源库。3 个环节即挖掘、筛选、转化，3 次审议即审资源、审经验、审活动，3 个资源库即资源分布图、

---

① 虞永平：《学前课程的多视角透视》，79 页，南京，江苏教育出版社，2006。

② 霍力岩、胡恒波：《构建有中国底蕴的启蒙教育体系》，载《光明日报》，2017-11-09。

③ 陈白鹭：《利用本土文化资源建设园本课程的基本原则与要求》，载《学前教育研究》，2010(12)。

资源价值索引表、课程资源库(图 2-1-1)。

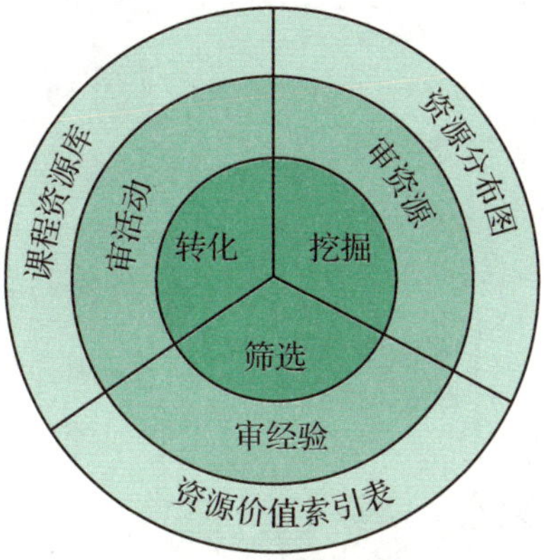

图 2-1-1　开发利用课程资源的“333”模式

课程资源开发利用就是“挖掘—筛选—转化”的过程，挖掘是开发的过程，就是探寻所有与幼儿园教育教学和幼儿活动相联系的资源；筛选和转化就是利用资源的过程，发掘资源的教育价值，并促进幼儿发展。

(一)挖掘资源

幼儿园可以从园内、园外两条线路挖掘资源，一方面，从物质资源、文化资源和人力资源 3 个方面梳理园内资源分布情况；另一方面，通过资源普查，向距离幼儿园 5 千米范围内的路线进行延伸，发掘幼儿园周边的有利资源。在这个阶段，幼儿园要对资源进行审议，一方面，审议已有资源，整理出一些优质资源，调整现有的可用资源，删除不可用、不适宜的资源；另一方面，可考虑新增资源。例如，除了客家擂茶，其他客家美食也深受幼儿喜爱，为此，我们拓展了许多客家美食资源，并为幼儿园和班级配置了相关材料和设备。

对资源进行系统挖掘后，幼儿园要有效地梳理身边的资源，用更全面、更有深度的视角拓展资源的利用价值，审资源流程图如图 2-1-2 所示。我园绘制了课程资源分布图，课程资源分布图 1.0 版本包含园内资源分布图(图 2-1-3)、园外客家文化资源分布图(图 2-1-4)。

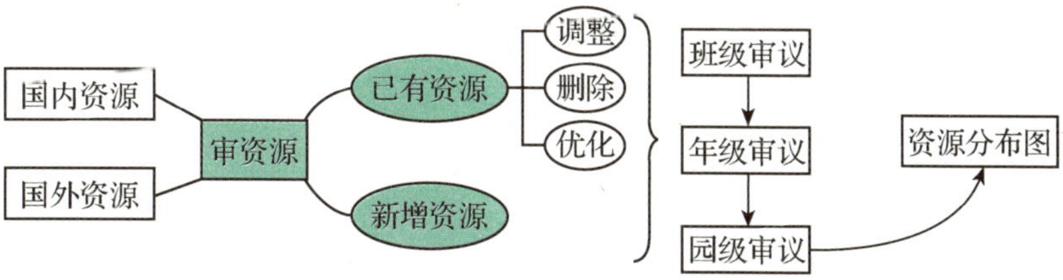

图 2-1-2　审资源流程图

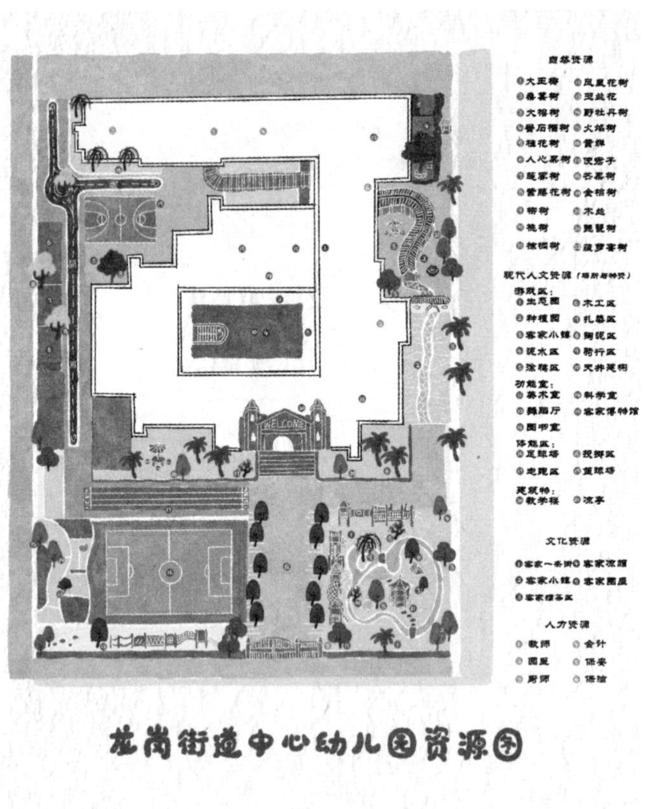

图 2-1-3　园内资源分布图

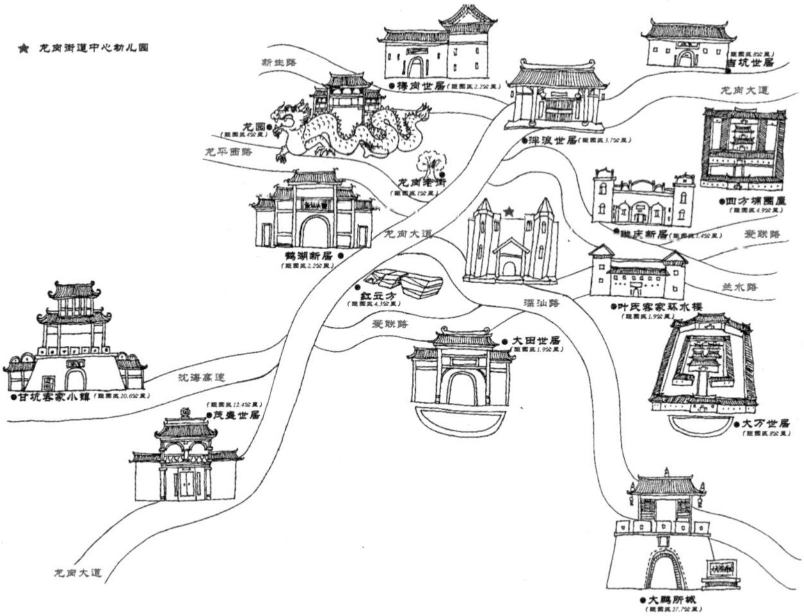

图 2-1-4　园外客家文化资源分布图

(二)筛选资源

1. 筛选资源，遵循相关原则

《现代汉语词典(第7版)》对“原则”的解释为“说话或行事所依据的法则或标准”。文化资源的开发与利用，要遵循一定的原则。我们认为，有以下几点。

(1)时代性原则

首先，筛选课程资源要考虑到课程资源既能传承地域文化，又能紧跟时代的发展。有些文化所展现的生活背景和内容与幼儿有些距离，这需要教师在选择资源时做适当的筛选和创新，融入现代元素。其次，筛选课程资源要追踪当代社会需要的发展动向，筛选出的课程资源要能反映社会的发展需要和进步方向，满足现代社会人才所需的知识、技能和素质，体现与时俱进的特性。

(2)生活化原则

幼儿的生活经验是课程资源开发的基点。围绕幼儿熟悉的事物开展活动，容易被幼儿理解和接受，可以提升幼儿已有的知识经验，使他们获得丰富的社会情感体验，从而得到和谐的发展。因此，幼儿园应注意从儿童生活中筛选各种文化资源，筛选出的课程资源应贴近幼儿的各种生活经验，强调对家庭及社区教育资源的充分利用。

(3)适宜性原则

对于不同地区幼儿园、教师、幼儿而言，可开发利用的课程资源具有很大差异性，因此，课程资源筛选与开发应与实际情况相适宜，扬长避短，突出幼儿园的个性特色。幼儿园要基于多元视角，结合自身发展的历史和现实条件开发和利用本土文化资源，反映地方民风民俗，发挥幼儿教育中“文化育人”的价值功能。

2. 筛选资源，进行资源的价值分析

面对丰富的资源，幼儿园需要在广泛了解的基础上，对其进行筛选，从幼儿的年龄段、幼儿的经验与兴趣、幼儿园课程发展背景和地域文化等方面，寻找当前实施课程的优势资源，尝试进行开发与利用并进行归类整理，以便能有的放矢地融入园本课程。

这一环节，通过审经验完成“筛选资源—归类整理—价值分析”的流程(图2-1-5)。审经验包括幼儿的已有经验和资源蕴含的学习经验两个方面的内容。首先，在班级层面和年级层面进行集体审议，明晰幼儿的已有经验，作为资源价值判断的基础。其次，在园级层面进行集体审议，对资源进行分类整理，按照物质资源、人力资源、文化资源的类别，可以将物质资源细化为自然物质资源和现代社会人文资源。再次，依据《3—6 岁儿童学习与发展指南》和高瞻课程幼儿发展关键经验，梳理资源清单，分析资源的教育价值，链接幼儿的已有经验，进行二次筛选。最后，从资源名称、资源概况、活动指向、幼儿发展价值这几个方面梳理课程资源清单和资源价值索引表(表 2-1-2)，建设课程资源 2.0 版本。

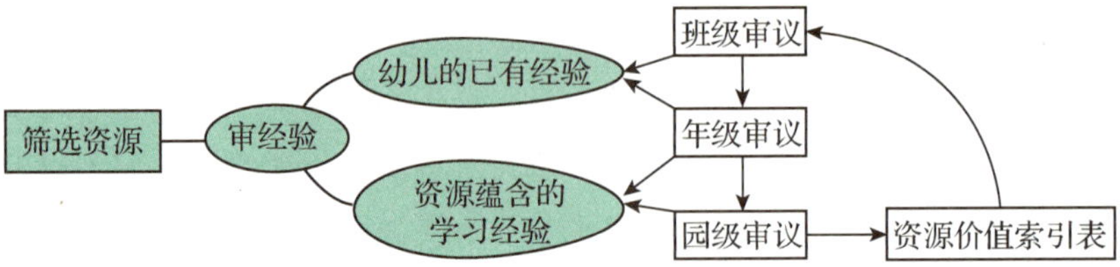

图 2-1-5　审经验流程图

表 2-1-2　客家文化资源价值索引表

资源名称	资源概况	活动指向	幼儿发展价值
客家围屋	客家围屋是客家民居经典的三大样式之一，客家围屋大多以“围”字命名，结合了中原古朴遗风以及南方文化的地域特色，体现了客家魅力，具有重要的文化传承和创新的价值。龙岗拥有客家民居 300 多处，距离幼儿园约 2 千米处就坐落着全国占地面积最大的客家围屋——鹤湖新居。幼儿园附近还有大万世居等客家古村落，可谓资源丰富。	艺术：手工制作、绘画。 科学：围屋的结构。 社会、语言：围屋的前身与现状、围屋里的生活。	关键经验：客家围屋的历史由来，“群居”“团结”的精神价值，独特的结构和建筑技艺。 科学探究：探秘客家围屋的结构特点和建筑工艺，丰富学习经验，发展学习品质。 社会与文化：了解围屋的历史由来和现代保存情况，感受客家文化的魅力。 艺术：欣赏客家围屋的结构美、装饰美，表现围屋的艺术特征。
客家凉帽	客家凉帽是客家地区妇女佩戴的头饰，采用薄薄的篾片和麦秆编制而成，简洁大方，环保轻便，防雨、防尘、防晒。距离幼儿园不远的龙岗甘坑被誉为“凉帽村”，传承着深圳客家凉帽编织技艺。幼儿园内种植的大量竹子是编织凉帽的绝佳材料。	艺术：手工制作、凉帽涂鸦、凉帽装饰。 科学：凉帽的编织方法、凉帽的功能、竹篾的测量、凉帽圈口的大小。 社会、语言：凉帽的前身、凉帽的传承、凉帽的价值。 健康：编织凉帽(小肌肉的发展)。	关键经验：凉帽的历史文化、制作工艺。 艺术：欣赏凉帽的工艺、花纹、图案，体验装饰凉帽。 科学探究：探究凉帽的编织方法、探秘凉帽的功能和原理。 健体：编织凉帽，发展精细动作与手脑协调能力。

续表

资源名称	资源概况	活动指向	幼儿发展价值
客家美食	客家菜，如同客家语一样古老，是客家人舌尖上的共同记忆，是中华饮食文化的重要组成部分。客家美食在深圳也广为流行，幼儿在家中、周边的市场和村落，都能探寻到客家美食的足迹。	艺术：客家美食茶话会、客家年夜饭、客家艾粄、客家腌面、烹饪工具大部落、手工制作、包装。 科学：客家美食的种类、客家艾粄的制作方法、制作白切糕的材料。 社会、语言：客家美食我知道、我身边的客家美食、我喜欢的客家美食、客家美食的秘密。	关键经验：客家人的饮食习俗，客家人的待客之道。 健康：手眼协调能力、小肌肉发展。 科学探究：探秘客家美食的种类、制作方法、包装、储存方法等。 社会与文化：了解客家人的文化习俗及当地的饮食文化，探究客家人勤劳质朴的良好品质。 艺术：尝试通过手工、绘画等方式，展现出客家美食的特点。
客家童谣	客家童谣是中国民间童谣的重要分支，也是中国传统乡土民间文化的杰出代表。客家童谣以客家话为创作、演唱语言，广泛传播于国内及海外客家地区。 客家童谣取材于客家地区的日常生活事物，形式多样、语言活泼、易于上口、贴近生活、变化多端。几乎所有客家分布地区都传唱客家童谣，各个地区的客家童谣既有相同之处，又各具特色。	艺术：艺术欣赏、歌舞表演、创作、音乐会、民歌。 语言：绕口令童谣、方音、协韵、独特词汇。 社会：客家童谣产生的文化背景、类型、特点、地域文化、传统美德。 科学：生产生活中的知识与经验、生活常识、风土人情、生活场景。	关键经验：传唱经典，欣赏独具特色的艺术形式。 艺术：培养初步的艺术情趣与审美力，用自己喜欢的方式大胆地表达自己的感受与体验。 语言：名词或形容词叠呼，增加童稚趣味，加深对语言的印象，丰富独特的词汇表达。 社会：接受地域传统文化与美德的熏陶，刻苦勤俭、不屈不挠、坚贞刚强、团结奋斗的美德有助于形成正确的人生观与价值观。

（三）转化资源

课程资源建设不仅仅是单纯地绘制资源分布图，还要根据课程建设的需要，梳理与开发利用课程资源的过程，在建构与利用的过程中，极大地提升幼儿园课程的适宜性，促进幼儿全面发展。资源走向活动，一是基于幼儿的兴趣与经验，根据幼儿感兴趣的话题、偶发事件、已有经验的迁移进行判断，选择适宜的资源，生成多样的活动，引发幼儿经验的主动获得；二是基于园本课程的活动开展，从课程目标出发，利用资源，丰富园本课程中的主题活动内容，完善或替换原有的活动，让课程活动更加丰富、接地气，更具活力。

1. 转化资源，秉持相关原则

(1)童趣原则

“知之者不如好之者，好之者不如乐之者”便是强调教育和学习的趣味性原则的经典语录。同理，童趣原则也是基于幼儿的年龄特点和心理特点的，正如皮亚杰所说：“所有智力方面的工作都要依赖于兴趣。”在进行文化资源转化时要遵循童趣原则，就要实施以幼儿兴趣为主导的活动，将课程资源开发与幼儿的身心特点联系在一起，使课程活动生动、有趣，激发幼儿的兴趣和好奇心，充分地调动幼儿学习的积极性。但是，不能只强调教育活动的趣味性，童趣原则要和其他原则紧紧联系在一起，否则就会使课程变得华而不实、空洞无物。

实施童趣原则要注意以下几点。①教师要善于分析和发现幼儿感兴趣的事物，幼儿的兴趣有时候是隐性的，是转瞬即逝的。教师要随时注意观察，善于挖掘，捕捉幼儿的兴趣点。②兴趣要紧密围绕教育目标。任何活动都是为教育目标服务的，选择幼儿的兴趣要与教育目标紧密结合。③在进行内容设计时，教师要考虑实施的可行性，选择合适的探究方法和探究方向，与幼儿的兴趣和经验紧密结合。幼儿的兴趣很广泛，可能对恐龙、火山爆发、火箭、坦克等感兴趣，这些看似离幼儿有点远，但是教师可以根据幼儿的年龄特点，通过实验、查阅资料、表演等方式让他们了解这些抽象的事物。④教师要善于将一些必要的课程内容转化为幼儿的兴趣。当某项内容没有引起幼儿的注意或兴趣时，教师可以通过一些方法引发幼儿的兴趣，从而使幼儿开始探究学习。

(2)简化原则

实施简化原则是为了使转化而成的课程内容更便于实施，幼儿可以自主、自发地学习。教师关注课程资源和内容的直观性、情境性和活动性等特点，能使幼儿通过直接感知、操作和体验，在做中学、在玩中学、在生活中学，将学习内容转化为直接经验。

(3)适宜性原则

作为课程资源的本土文化资源的开发和利用不仅要考虑群体的共性情况，而且要从幼儿的现有认知发展水平、经验背景和情感态度出发，选择健康、有趣的资源，取其精华、去其糟粕，促进每个幼儿都能得到充分发展。首先要适宜于幼儿的身心发展规律和学习特点，其次要适宜于幼儿的生活环境和所处的文化背景。我园所处的龙岗地区，客家文化底蕴深厚。作为一座开放、包容的城市，深圳会聚着来自五湖四海的人们。我园的很多幼儿及他们的家庭来自别的地域，并不是客家人，缺乏对客家文化的了解和兴趣，因此，我们要考虑幼儿文化背景的差异性和个体差异性，一方面，通过开展风俗体验活动和综合实践活动，为幼儿提供直接感知和亲身体验客家文化的机会，增进他们的了解；另一方面，拓展文化资源的外延，将更广泛的地域文化纳入课程当中。

2. 转化资源，进行活动审议

资源转化主要在课程实施过程中进行。在这个阶段，班级、年级、园级三级和前、中、后全过程课程审议保障活动开展，建构资源转化的有效路径。在活动开展前，班级对可利用资源、幼儿兴趣与经验、活动的价值和目标等内容进行审议，初步选定主题，然后通过年级审议和讨论，梳理主题活动脉络，建构主体框架和网络图，确定后搜集各阶段活动和教学内容，最后依托园级审议，评价活动是否符合课程特色和要求，全园活动是否均衡、科学、适宜。在活动开展中，每周课程审议解决实施中的问题，班级审议解决班级活动个性问题；年级审议由教研员、教学管理人员和级组主班教师共同参加，对年级活动的共性问题、活动进展、活动生成及主题调整等问题进行审议。在活动完成后，班级层面和年级层面回顾活动发展脉络，完善“预设＋生成”网络图，梳理课程故事，进行期末活动汇报。除了班级和年级期末汇报，园级层面开展主题(项目)活动分享交流会，进行活动案例分享和评价，总结经验。最后，年级层面整理主题资料，丰富课程资源。开发、利用课程资源的路径如图 2-1-6 所示。

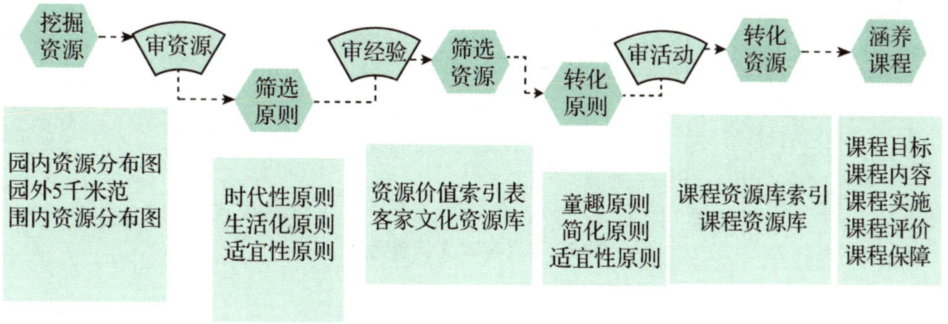

图 2-1-6　开发、利用课程资源的路径

经过挖掘、筛选、转化，幼儿园可以生成活动，积累资源，丰富课程资源库，建构包括客家文化资源在内的完整资源库。

(四)我园课程资源库

课程资源库建设不是简单地挖掘和收集课程资源，而是系统地开发与利用，是满足幼儿园、教师、幼儿三方需要的汇集课程资源、活动资源、教学资源、学习经验的集合体。

基于筛选资源的基本原则以及客家文化在幼儿园融入的现状，我们对客家文化资源进行了归类，包含衣食住用、风俗习惯 、言语语言、价值判断四类。抛弃不适宜、不科学、不常见的资源，我们选取了四类资源中适宜幼儿园和幼儿的内容，收集素材，以文字、照片、音视频、实物的形式存档，形成专门的客家文化资源库，如图 2-1-7 所示。

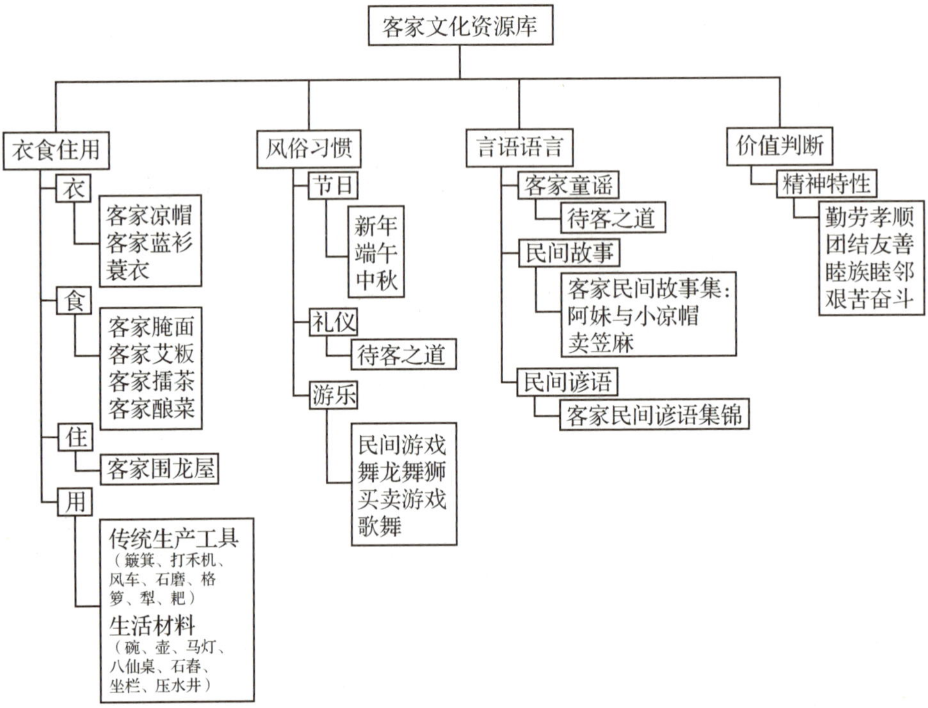

图 2-1-7　客家文化资源库

除客家文化资源外，根据幼儿园课程建设的需要，我们还筛选了其他有价值的课程资源，对不同类型的资源进行处理、存档，以文字、照片、视频、实物等形式进行保存，并制成课程资源库索引表(表 2-1-3)，便于使用者检索查找。例如，对于文字资源，将文档资料分类整理并存入电子服务器的相应位置，或通过扫描原稿来获取；对于照片资源，检查拍摄的照片质量，处理照片的清晰度等，或通过扫描获取图片，分类保存在文件夹中；对于音视频资源，信息技术老师对音视频进行录制、编辑，利用视频软件对视频进行剪辑、处理、保存；对于实物资源，进行分类编码，在实体资源库(材料仓库)中储存，并拍照保存图片资源。

表 2-1-3　课程资源库索引表

编码	编号	A. 自然资源	B. 文化资源	C. 现代人文资源	D. 人力资源
Ⅰ 园内 资源	1	果树	场所 (客家小镇、客家博物馆……)	玩具、器械	教师
	2	水资源	材料	教学设备	园医
	3	花草植被	特色活动 (客家庙会、美食节……)	场地资源	电工、木工
	4	种植作物	主题活动	教具与材料	保安
	…	……	……	……	……
Ⅱ 园外 资源	1	八仙岭公园	鹤湖新居	红立方书城	社区人士
	2	龙岗河	甘坑小镇	博物馆	家长
	3	龙岗湿地公园	客家围屋	地铁站	社会人士
	…	……	……	……	……

在开发利用课程资源和建设园本课程的过程中，我园构建了三类课程资源库(包)。①单一主题活动资源包。对幼儿园的主题课程(主题活动和项目活动)进行详细记录，将每个班级设计开展主题课程的目标、内容、组织与实施、评价要素，还有主题课程时间脉络、活动方案、主题网络图、主题环创、活动的总结等进行精选完善并汇编成册。积累与主题活动案例配套使用的教学参考资料，内含环境创设与材料设计、致家长一封信、课件资源、表单资源等。每学期末，班级教师整理与主题活动案例相配套的资源包，存储在资源库中。②学期阶段性课程资源库。用以收集每学期小、中、大班各年龄段的活动案例，积累大型活动、户外体育及游戏活动案例，室内区域材料，主题(项目)活动案例，家长及社区活动资料。③为课程实施建立的分级分类的课程资源库体系，如图 2-1-8 所示。对阶段性收集的资料进行筛选、整理、汇总，积累优质的、适合不同年龄段利用的资源。

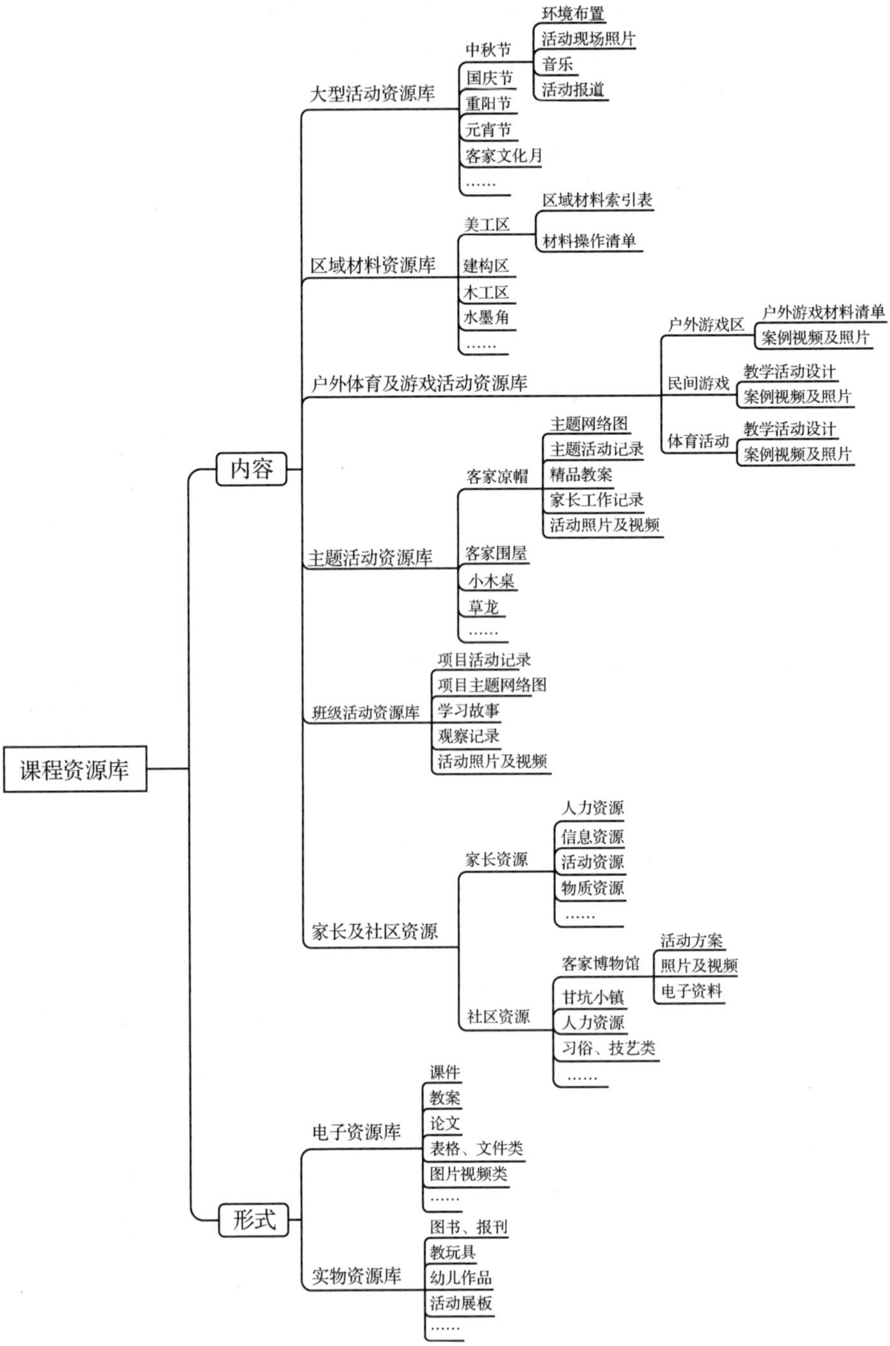

图 2-1-8　课程资源库体系

第二节 作为课程载体的活动

一、课程活动

(一)幼儿园课程活动类型

课程是在学校的教师指导下出现的学习者学习活动的总体。可以说，幼儿在园经历的一切活动与促使活动发生的一切因素和条件都是课程。

《广东省幼儿园一日活动指引(试行)》将幼儿从入园到离园的一日时间里，在幼儿园室内外各个空间里经历的全部活动，分为以下四种：生活活动、体育活动、自主游戏活动和学习活动。我园根据《广东省幼儿园一日活动指引(试行)》中的划分并结合园本课程中的目标和内容进行了科学适宜且具有园本特色的安排。

生活活动是指满足幼儿基本生活需要的活动，主要包括幼儿入园、进餐、饮水、盥洗、如厕、睡眠、离园等环节。生活活动贯穿于幼儿的一日活动中，旨在帮助幼儿发展生活自理、与人交往、自我保护等能力，逐步养成良好的生活习惯。体育活动主要是指在运动场地上，通过器械运动、自然因素锻炼、操节等形式开展的日常运动。体育活动能增强幼儿运动能力和环境适应能力，是幼儿形成健康体魄、愉快情绪的重要途径。体育活动包括体育集体活动、自选活动和操节(幼儿园可自选)三个方面。自主游戏活动是指幼儿在游戏情境中根据自己的兴趣和需要，以快乐和满足为目的，自由选择、自主展开、自发交流的积极主动的活动过程。自主游戏活动能够满足幼儿的个体需要，促进幼儿在自发、自主、自由的活动中发展想象力、创造力、交往合作能力及提升好奇探究的品质。学习活动是指教师采用游戏、谈话、实验、操作、实地参观、听赏、表演等多种方式，有目的、有计划地引导幼儿通过直接感知、实际操作和亲身体验获取经验，帮助幼儿逐步养成积极主动、认真专注、敢于探究和尝试、乐于想象和创造等良好的学习品质。学习活动包括活动准备、活动实施和活动评价三个环节，教师通过集体学习、小组学习和个别学习的方式组织学习活动。

在一日活动的安排中，我园做到四种类型活动的全面覆盖，考虑四类活动的时间比例，如图 2-2-1 所示。

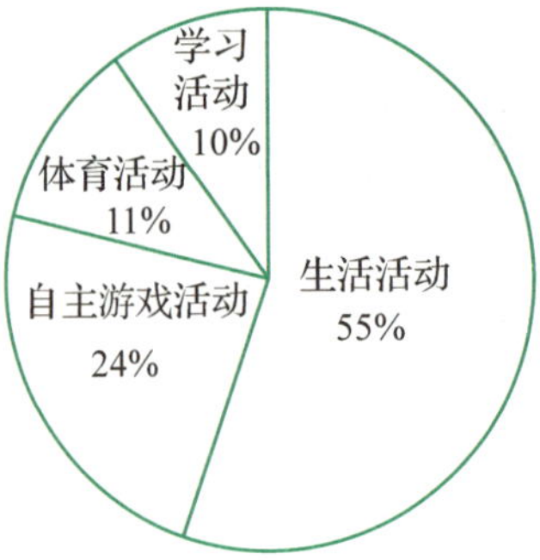

图 2-2-1　一日活动中四类活动的时间比例

(二)涵养课程的各类活动

涵养课程是活动的课程。涵养课程的四大课程内容板块和四条课程实施途径，最终体现在具体的活动中，是通过具体活动的落实实现涵养课程目标的。按照《广东省幼儿园一日活动指引(试行)》中对一日活动的分类，我们将涵养课程的各类活动进行分类，不同的活动指向不同的发展经验(表 2-2-1)。

表 2-2-1　涵养课程的各类活动

课程活动	活动内容	特色内容	备注
生活活动	入园、进餐、饮水、盥洗、如厕、睡眠、离园	文明小礼仪、礼貌小天使、小小宣讲员	知礼仪、懂礼貌、讲文明，弘扬传统美德、践行文明礼仪
		安全教育活动	学会判断危险、自我保护
		自主取餐、自助餐、烹饪活动	文明用餐、自我服务
		自理能力展示活动、我是小能手	自我照顾、劳动教育
		大带小和大帮小活动	关心与照顾、责任与榜样、分享与交往
		签到活动(小、中、大)	前书写、时间观念
		小小值日生、环保小卫士、校园小卫士	树立环保意识和服务意识、劳动能力
体育活动	早操或课间操	动物模仿操、凳子操、篮球操	小班徒手操，中、大班器械体能操
	集体活动	体育课、体育游戏	发展基本动作
	体育自选活动	器械自选、自主游戏	满足个性需求
	民间游戏	踢毽子、滚铁环、踩高跷、抖空竹、骑竹马、抓石子、翻花绳	简单有趣，传承经典
	特色活动	足球活动、体能大循环、运动会	形式多样，培养幼儿坚韧、勇敢、合作的品质

续表

课程活动	活动内容	特色内容	备注
自主游戏活动	室内区域活动	基本区、拓展区、主题区	五大基本区，根据班级区域划分情况打造拓展区(陶泥角、水墨角、木工坊)，并根据主题探究打造主题区
	户外自主游戏	快乐星期五	混龄自主游戏
学习活动	主题活动	客家味道、编织、客家凉帽、客家围屋	详见实践篇第三、第四章和第五章的第一节
	项目活动	制作糯米糍粑、探秘客家腌面、扎草龙、竹编凉帽、编织吊床、夯土墙 搭建鹤湖新居、遇见拱门、遇见泥瓦	详见实践篇第三、第四章和第五章的第二节
	领域教学活动	语言、科学、社会、艺术、健康	均衡、全面
	节日节庆活动	客家庙会、客家美食节、客家艺术节	感受和体验传统文化
		节日活动(元宵节、端午节、国庆节、中秋节……)	形式多样、蕴含文化意义、传承与创新
		二十四节气	感知四季的秩序、特点，感知人与自然的关系
	种植活动	种植主题系列活动：土地申领、征名、种植照料、观察探究、分享收获	班级种植角；户外种植园

特色活动介绍

★自主取餐　我园重视幼儿的自主意识和自理能力的发展。为此，幼儿园在就餐环节抓住幼儿自主性和自我服务能力的教育契机，全园开展“自主取餐”活动，以此培养幼儿的自主性和自我服务能力，让他们真正成为餐桌的主人，从中获得自己动手取餐、进餐的乐趣。自主取餐活动分为幼儿正餐和幼儿水果餐两部分。在正餐环节，幼儿认真完成餐前的准备、美食播报，自主有序地盛饭、取餐，餐后自主整理餐具三个环节。在整个过程中，教师只需要关注幼儿的安全，观察幼儿的进餐情况即可。在水果餐环节，我们将水果餐与区域活动进行融合，幼儿在进行区域活动时，教师将水果放到分餐桌上，幼儿根据自己的情况和需要自主决定在什么时间去取餐，也会根据自己的需要决定自己取

视频资源

美味自助餐

多少。这一过程不仅培养幼儿自主性和自我服务的能力，而且能够使得区域活动环节与水果餐环节紧凑、有序，让幼儿拥有掌控感和安全感。除此之外，我们还会在每个月末进行一次自助餐活动。进行自助餐前，幼儿讨论本次自助餐要吃哪些东西，讨论在哪里进餐，如何布置进餐的环境。进餐前幼儿利用班级或从家里带来的材料布置好环境，为自助餐活动营造氛围，增加仪式感。

★种植活动　种植活动是一种很好的寓教于乐的教育手段。我园不仅为每个班级开辟了户外种植园，而且在各班级都设置了一个“种植角”，供幼儿观察各种植物及其生长过程，丰富相关的自然科学知识。幼儿通过参与种植与照顾、观察与记录等活动，能很好地促进认知、情感、艺术欣赏等多方面能力的发展，培养对事物观察、探索的兴趣，获取经验。在活动过程中，幼儿参与筹备—种植—管理—收获的全过程，教师给予适时的指导。我园充分利用户外种植园，带领幼儿体验生命成长，培养他们探究自然的兴趣，培养他们的劳动技能，培养他们观察和照顾植物的责任心及爱心。

2016 年暑假，我园尝试深化创新、改革，在室内环境创设已经探索了多年的基础上，对幼儿园宽阔的户外环境进行了重新规划，结合幼儿园的特色，以及幼儿全面发展的需要，创设了符合幼儿年龄特点的各种游戏活动区域，并打造了宽敞的“种植园”，满足全园 16 个班开展种植活动的需求，各班级课室门口、走廊都有可用于种植的空间。因此，我们尝试充分挖掘环境中种植教育资源，对室内外种植活动内容进行规划，构建园本种植课程。我园种植的种类丰富多样(表 2-2-2)，结合季节进行种植(表 2-2-3)，并对不同年龄组的种植内容做了规划(表 2-3-4)。

表 2-2-2　种植种类多样化

种类	名称
粮食作物	水稻、玉米、豆类、薯类、小麦等
经济作物	蔓青、大芥菜、花生、向日葵等
蔬菜作物	萝卜、白菜、芹菜、韭菜、蒜、葱、莴笋、辣椒、黄瓜、西红柿等
水果类	枇杷、莲雾、阳桃、波罗蜜、葡萄、荔枝、龙眼等
饲料作物	紫云英等
药用作物	人参、当归、金银花、薄荷、艾蒿等

表 2-2-3　种植作物结合季节

3—7 月	9—翌年 1 月
西红柿、丝瓜、豌豆、四季豆、茄子、玉米、莜麦菜、黄瓜、南瓜、西瓜、菜瓜、苦瓜	白菜、白萝卜、豇豆、油豆、秋茄子、茼蒿、莴苣、菠菜、生菜、胡萝卜

表 2-2-4 种植内容(三年规划、六期种植)

学期	小班组	中班组	大班组
第一学期	白菜、白萝卜、豇豆、油豆	大白菜、秋茄子、茼蒿、莴苣	菠菜、生菜、胡萝卜
第二学期	西红柿、丝瓜、豌豆、四季豆	茄子、玉米、莜麦菜、黄瓜	南瓜、西瓜、菜瓜、苦瓜、甘蔗

根据以上的资源和安排，我们开始实施种植活动(图 2-2-2)。我们先从开展全园性种植园土地申领活动、征名活动入手，通过活动激发幼儿对种植的兴趣和愿望，引起幼儿和家长的关注，起到预热的作用。接着进入班上的种植活动，各班教师与幼儿一起讨论种植内容，然后教师组织幼儿进行种植活动，活动包括选种、翻土、播种、浇水、间苗等。在此期间，教师带领幼儿进行植物管理活动，组织幼儿以小组或个别任务的形式，给植物除草、施肥，做好观察记录，对比植物的生长情况，让幼儿感受到植物在自己的精心照料下长高、开花的喜悦。对植物进行管理的过程也是幼儿发现问题、解决问题的过程。在植株发生虫害或需要浇水、施肥时，教师可组织幼儿进行讨论，共同探讨解决问题的方法。教师应敏锐地将幼儿所发现的问题形成

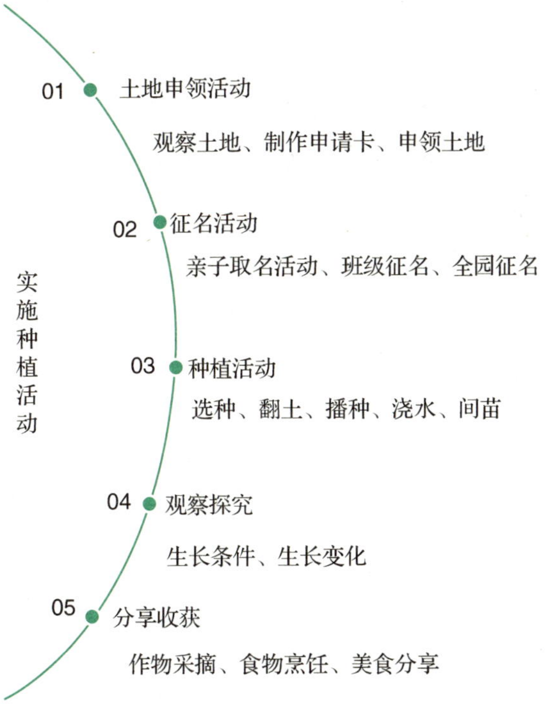

图 2-2-2 实施种植活动

主题活动或特色活动，如幼苗栽植密与稀的对比小实验、土地测量、植物长势测量等。收获果实是幼儿最开心、最期待的活动。种上不同种类的植物，幼儿就可以学会不同的收割方法，收获他们辛勤劳动所得的果实，享受不同的收割经历，如摘黄瓜、掰玉米、刨花生、收白菜、挖萝卜等。在收割过程中，幼儿不仅学会了摘、掰、刨等各种收割方法，丰富了植株的知识与经验，而且学会了合作，体验了栽种的乐趣。教师也可邀请家长来园参加采摘、品尝果子等亲子创意活动，让家长和孩子分享收获的喜悦。

★烹饪活动　为了培养幼儿的生活自理能力，让幼儿体验劳动的快乐，幼儿园打造了烹饪室用于开展生活实践活动。在烹饪室中，幼儿认识食材、准备食材和工具、动手进行烹饪，并把烹饪好的美食与同伴互相分享。其中，幼儿在准备食材时常常会到幼儿园的种植园进行采摘，将自己亲手栽种的蔬菜瓜果采摘下来，拿到烹饪室进行烹饪，体验了相对完整的种植与烹饪活动。这种劳动的快乐以及收获和成功烹饪带来的成就感，让幼儿兴奋不已。

★客家庙会　客家庙会是一种客家民俗文化活动。每逢新年，幼儿园都会举行客家庙会活动，浓浓的年味弥漫着幼儿园的每个角落，传统民俗节目轮番上演，幼儿园变成了欢乐的海洋。庙会活动分为开场表演、客家美食、传统艺术、民间游戏等几部分。为烘托节日的氛围，教师都身着传统客家服饰。孩子和家长们穿着节日的盛装，沉浸在喜气洋洋、热热闹闹的庙会里。庙会开场加入了社区资源，如腰鼓队、客家山歌队、醒狮队等精彩的表演，大朋友和小朋友们体验制作、品尝美食(如糖画、酿豆腐、擂茶、糍粑、石磨豆浆、棉花糖)，体验传统艺术(如画灯笼、捏面人、做泥陶、编绳、舞狮、搭小戏台、写对联)，畅玩民间游戏(如踩高跷、骑独轮车、滚铁环、抛石子、翻花绳、抬花轿、套圈)，不亦乐乎，感受着传统庙会的独特魅力。

视频资源

客家庙会

★凳子操　幼儿凳子操的编排灵感来自幼儿日常生活中玩凳子的多种方法，我们发现利用凳子可以进行多种身体锻炼，而且这种锻炼非常有价值。凳子易于购买，种类多样，很轻松就可以找到适合幼儿的凳子。我们把质量适中、高低适中的凳子作为早操器械。幼儿可以做站、坐、绕、提、举、撑等动作，多变的动作大大增加了幼儿活动的趣味性和游戏性。

视频资源

凳子操

本套幼儿凳子操具有以下特点。一是器械运用巧妙，通过一种器械不同的摆放方式完成各种综合性体能动作练习，如走、跑、跳、钻、爬等，动作幅度大、运动量大，幼儿经常做本操，可以发展动作、增强力量、提高耐力水平。二是所选音乐旋律动听、节奏感强，动作设计优美、队形变化具有美感，给幼儿以美的熏陶。以下从六大维度来分析本操编排要点。

第一，时间分配。根据中班幼儿的年龄特点，早操时间一般为10～12分钟。凳子操的队形排列(约2分钟)，操节练习(约3分钟)，体能锻炼(约4分钟)，放松活动(约2分钟)。其中操节练习环节以四个八拍为一组动作，有的以一个八拍为重复单位，有的以两个八拍为重复单位。

第二，音乐的选择。选择的音乐要充分考虑幼儿的年龄特点，节奏清晰，旋律简短，便于记忆。编排完成后，根据凳子操每部分的节拍和动作变换节奏，我们选择了相应的音乐，针对队形排列、操节练习、体能锻炼、放松活动，所选择的每一段音乐都要能够构成一个完整的主题。凳子操队列队形部分选用《土耳其进行曲》，操节练习部分选用《天使》，体能锻炼部分选用《向前冲》，放松活动部分选用《我的名字叫感恩》。音乐在操节中起到口令、节拍的作用，好的音乐伴奏可以准确地组织幼儿的队形动作变化，使动作整齐。

第三，队列队形设计。巧妙利用凳子，通过凳子摆成方形，围绕凳子绕跑—凳子内走圆形—中心开花走—变方形—搬凳子变四路纵队。队列队形的变化和练习可以让幼儿形成秩序感，增强团队协作意识，也为下面的操节练习和体能练习做好热身准备。

第四，操节动作编排。操节动作编排既要促进幼儿动作发展，又要遵循体操活动的基本动作程序和结构。运动量由小到大，动作由慢到快、由易到难、由部分运动到全身运动。在编排时，准备部分先由单一手部动作和腿部动作开始，最后才是手、脚、头等同时活动。整套动作注意全面性，包括上肢、下肢、躯干等不同方向变化的动作。按顺序基本分为：上肢运动—下蹲动作—踢腿—腰部动作—跳跃—全身。

第五，体能锻炼设计。将凳子作为体能器械，利用身体和凳子进行S形绕跑、屈膝爬、体能动作大循环，综合发展幼儿基本动作的协调性和运动能力。S形绕跑是分队列交替进行，屈膝爬是前后部分幼儿交替进行。体能动作大循环是在班级内进行循环，通过凳子的不同组合和摆放方式，进行绕跑、平衡走、跨跳、高低走等动作。

第六，放松活动。在放松阶段，在舒缓优美的音乐声中，幼儿可以缓解头、手臂、腿、躯干等各个身体部分，同时获得良好的情绪和精神体验。

★快乐星期五 “快乐星期五”是幼儿园在每周五上午进行的全园性的户外自主混龄游戏，是幼儿在游戏情境中根据自己的兴趣和需要，以快乐和满足为目的，自由选择、自主展开、自发交流、积极主动的游戏活动。在这一天，幼儿可以在幼儿园的每个户外区域和任何一个小朋友进行自己想玩的游戏，并互相交流、合作和学习。在活动开展前，教师利用晨谈活动的时间向幼儿强调游戏的安全事项，用音乐来提醒幼儿游戏的开始和结束。游戏结束以后，教师利用餐前活动的时间与幼儿进行游戏回顾。户外自主混龄游戏的开展，最大限度地满足幼儿的个体需要，促进幼儿在自发、自主、自由的活动中发展想象力、创造力、交往合作能力及提升好奇、探究的品质。

视频资源

快乐星期五

★自理能力展示活动 自主的前提是幼儿拥有自理的能力。为了培养幼儿的自理能力，我们将自理能力发展的契机渗透到生活活动的每一个环节，并创造性地开展自理能力展示活动，提高幼儿的生活自理能力，激发其自我服务意识，让幼儿懂得自己的事自己做，感受到集体活动带来的快乐，增强幼儿的自我管理意识。我们根据幼儿的年龄特点和发展水平，在每学期以年级组或班级为单位，联合家长一起开展有针对性的自理能力展示活动，如小班进行剥橘子、穿鞋子、穿衣服的展示活动；中班进行扣扣子、叠衣服的展示活动；大班进行筷子夹东西、整理书包的展示活动。我们遵守陈鹤琴的教育理念：“凡是儿童自己能做的，应当让他自己做”“习惯养得好，终身受其福，习惯养得不好，终身受其罪”，充分在生活中培养幼儿的自理能力。

视频资源

自理能力展示活动

★足球活动 足球活动是我园健康特色教育活动，以增强幼儿体质，培养拼搏进取、团结协助的体育精神为宗旨，让每一个孩子都喜欢足球，爱上足球运动。为此，幼儿园聘请专职的足球教师，进行足球普及教育活动，针对不同年龄段特点和发展水平的幼儿，制订相应的足球活动教学计划。小班主要是玩球，让幼儿充分与足球互动，激发幼儿的兴趣；中班通过游戏让幼儿初步学习基本的足球技能，如停球、运球；大班熟悉、掌握足球的基本技能，并尝试进行足球联赛，在比赛中激发幼儿的体育精神。此外，我们还将足球融入运动会、晨练等活动，进行足球游戏活动，通过班级之间和幼儿园之间举行的足球交流活动，激发幼儿的兴趣，切实落实“足球从娃娃抓起”。

视频资源

足球活动

二、幼儿的学习特点与学习过程

不同年龄段幼儿具有普遍性、一般性的发展特点，可以反映该年龄段幼儿大致的学习与发展水平、行为表现等。

小班幼儿处于由直觉行动思维向具体形象思维发展的阶段，自我意识正在逐步发展，其社会性交往也主要以自我为中心。

在小班上学期，幼儿刚刚进入幼儿园，需要熟悉、了解新环境，因此，我们的第一个主题是“爱上幼儿园”。在下学期，活动内容主要从以幼儿自身为中心向周遭环境过渡，我们开设“客家美食”主题活动，以幼儿生活体验为切入点，重点让幼儿动手操作，运用多种感官参与到活动中。

中班幼儿处于由具体形象思维向抽象逻辑思维过渡的阶段，其认知力、观察力和注意力相较于小班时有了较大的发展。幼儿活动的主动性和自主性也有了很大发展，能很好地关注到他人；在语言组织和表达方面也有了提升，能提出自己的想法，有主动参与活动的热情，能努力完成自己选择的活动。

大班幼儿的抽象逻辑思维能力得到萌发，具有更强烈的求知欲，其认知能力有了较好地发展，在观察、注意、记忆、思维和想象力等方面都有了很大提高。尤其是在语言表达能力和与同伴合作协商能力方面，幼儿在遇到问题时能积极思考并努力解决。相较于中班，大班阶段的主题更多涉及关于科学探究的内容。例如，“客家围屋”主题涵盖艺术、科学、社会等领域的内容，更能激起幼儿的探究兴趣，

(一)幼儿的学习特点

幼儿的学习是一种广义的学习观，不是读书、听课、写作业等传统的学业学习，幼儿的学习是幼儿通过自己特有的方式与周围环境互动的过程，是幼儿主动地探索周围的社会环境、自然环境和物质世界的过程。幼儿的学习是由幼儿的年龄特点、认知特点和身心发展规律决定的。

怎样看待幼儿的学习呢?《3—6 岁儿童学习与发展指南》给出了明确说明：“幼儿的学习是以直接经验为基础，在游戏和日常生活中进行的。要珍视游戏和生活的独特价值，创设丰富的教育环境，合理安排一日生活，最大限度地支持和满足幼儿通过直接感知、实际操作和亲身体验获取经验的需要。”

1. 整体全面发展

幼儿是自然的、生长的人，和谐、完善是自然本性的追求，是社会化的必然要求。幼儿园要培养他们在智力、技艺、情感态度、行为习惯等各方面的发展和学习，

这是帮助他们走向未来、成为社会人的关键。幼儿发展是全面的发展。各领域紧密联系，不可分割，一个领域的变化会影响其他领域的发展。

遵循幼儿学习与发展的整体性规律，最重要的是尊重幼儿的生活与游戏。因为，生活和游戏中自然而然地融合着各领域的知识。我们可以通过一日活动规划和课程设计，促进幼儿在五大领域的发展，并进行领域整合的学习活动，将各领域的学习相互渗透、相互结合。

2. 遵循发展顺序

幼儿发展是持续、渐进的过程，具有一定的发展顺序，同时表现出一定的阶段性特征。皮亚杰认为儿童发展经历四个阶段：感知运动阶段(0～2 岁)、前运算阶段(2～7 岁)、具体运算阶段(7～12 岁)、形式运算阶段(12 岁以上)。这些发展阶段以固定的顺序出现，且适用于解释任何幼儿的发展。教师不能揠苗助长，超越幼儿的发展阶段而过早地达到下一个阶段的目标。这给我们提供了预测幼儿发展的可能性，指导幼儿现在的发展，并依据现有的发展和学习，指导进一步的学习。

3. 个体差异性

虽然幼儿发展遵循相同的顺序，但是他们同时也遵循自己的规律和时间表，这就产生了个体差异性。个体差异有两个维度：一是个体内部发展具有差异性，即幼儿各个领域的发展是不同步的，在同一时间段，各个领域达到的成熟水平有所差异；二是个体之间存在发展差异，受发育、环境、经验、兴趣等因素影响，每个幼儿的发展速度不一。因此，教师要为幼儿提供丰富多样的学习机会，使他们能按照自己的需要和能力进行活动，还要在设计活动时注意层次性，以便满足发展进程不一的幼儿的学习需要。

4. 以游戏为基本活动

游戏的本质特征是游戏由幼儿自主控制。游戏中幼儿可以自主控制的内容包括游戏的发起、游戏的主题、游戏的开始与结束、游戏的场地和材料、游戏的同伴等。因此，游戏中幼儿是积极主动的“自我指导的学习者”。在游戏中，幼儿能满足追求自由的需要，获得智力、情感、社会性、想象力、创造力、合作力等方面的发展。为了满足幼儿游戏的权利，使幼儿通过游戏进行学习，教师可以提供有准备的环境和材料，将游戏融入一日生活的方方面面。

游戏是幼儿最好的学习方式，《3—6 岁儿童学习与发展指南》将游戏从某个具体的活动上升为具有游戏性质、渗透游戏精神的一日活动。我们强调在理解幼儿学习方式和特点要求下，将“以游戏为基本活动”的理念做了深化和拓展：尊重幼儿的学习特点，凸显游戏和日常生活是区别于小学教育的重要标志，杜绝小学化；倡导幼儿园一日生活皆课程，教师应该重视每个环节所蕴含的教育契机；重视幼儿园环境资源的作用，教师应善于利用丰富的、适宜的环境，满足幼儿与环境互动获取经验的需要。

(二)幼儿的学习过程

学习过程是指幼儿从对事物的初步感知到能有效地自主应用所获得的知识和技能的过程。幼儿的学习具有渐进性的特点，不是一蹴而就的，需要经过一定周期的持续探究，运用多感官感知事物，运用观察、调查、比较等方式进行探索，通过练习来巩固经验，在讨论、回顾、总结和概括中拓展经验。一般来说，幼儿的学习经历这几个阶段：观察与感知、探索与发现、操作与习得、运用与练习、内化与迁移。①

1. 观察与感知

观察与感知是开始探究的第一步，幼儿对某个事物表现出关注和兴趣。教师要为幼儿创设环境和提供机会，让幼儿在日常生活中体验各种人、事、物，提升幼儿的观察与感知能力。在此阶段，教师要激发幼儿对新鲜事物的兴趣。

2. 探索与发现

在对周边事物有充分感知后，幼儿需要有机会去自主发现、探索他们关注的事物，接收外部信息，丰富知识和经验。在这个阶段，教师可以提供丰富的材料供儿童探索，组织以下几种活动：观察、多感官感知、收集信息、交流发现、尝试解释、提出自己的看法等。

3. 操作与习得

在进行探究之后，幼儿对事物有了更多的了解，可能会提出一些问题，比如，幼儿关注到幼儿园的一棵树上有花，进一步探索后，发现还有很多树都开花了，有各种各样的花。幼儿提出“开花的是什么树?”“所有的树都会开花吗?”等问题，这就进入了习得阶段。教师要关注幼儿学习的需要，及时给予反馈，帮助他们增进理解，习得新技能。

---

① [美]玛乔丽·J. 科斯泰尼克、[美]安妮·K. 索德曼、[美]艾丽斯·菲普斯·惠仁等：《发展适宜性实践：学前教育活动的组织与评价》，郑福明等译，66～119页，北京，教育科学出版社，2021。

4. 运用与练习

此阶段，幼儿将新获得的知识和技能运用于实践。他们会热衷于在各种情境中展示和使用新掌握的知识或技能。比如，学会架空搭建技巧之后，幼儿会在搭建各种作品时自发运用这种技能。反复练习会巩固幼儿的学习。教师要给予幼儿充分的时间和机会，组织活动，促进幼儿的练习。

5. 内化与迁移

幼儿有了坚实的基础之后，会将所学的知识和技能运用到新的情境中，可能将所学的知识转化为解决问题的能力。这一过程发生了经验迁移，迁移是用“应用”的方式表现出来的，幼儿通过多种方式运用之前学会的知识和技能，加深已有知识，又通过应用开启新的学习。

“小池塘”学习活动案例如表 2-2-5 所示。

表 2-2-5 “小池塘”学习活动案例

探究阶段	幼儿活动	教师策略
观察与感知	 幼儿热衷于在积木区搭建小池塘，将圆柱积木一个挨一个地围成不规则的半圆，或是用长条积木横着连接在一起围合。在搭建过程中，幼儿议论： 永瑞：这是我在公园里见到的池塘。 珈言：公园里的池塘是歪歪扭扭的，池塘里还有很多的鱼。 炳德：我老家门前有个半圆形的池塘，里面有荷花，还有鱼。 文东：池塘里有很多的水，砖块要一个接着一个，水就不会漏出来了。	记录幼儿谈话、组织讨论
探索与发现	 教师和幼儿走进幼儿园生态园，幼儿观察了幼儿园的池塘，并进行了写生和讨论。在观察中，幼儿发现： 永瑞：我看到了两个池塘，一个是有假山的池塘，另一个是有柳树的池塘，池塘中间有座小桥。 舒诺：池塘里有花坛，花坛里的花是红色和粉色的。 书瑶：池塘里有好多鱼，有大的鱼，也有小的鱼，还有一条长长的水沟。	在区域张贴积木搭建技巧示意图、组织实地观察、表征记录

续表

探究阶段	幼儿活动	教师策略
操作 与习得	 在积木区里，幼儿开始搭建生态园的小池塘。他们用两个圆柱形积木支撑一个长条积木，如此排列了五组，建了一座“小桥”；又在两边用圆柱形积木紧密围合了两个较大的不规则的圆，代表小桥两边歪歪扭扭的池塘；还用半圆形积木放在一边的圆的中间，代表池塘里的水，将圆柱形积木立在另一边的圆里，当作池塘里的小鱼。 在整个活动中，幼儿使用了围合、架空、延长、平铺这些基本的搭建技能，表现出生态园小池塘的主要结构。搭建完成后，幼儿还进行了想象游戏。	观察、小结反思、提问
运用 与练习	 此后一段时间，大家乐此不疲地在积木区搭建小池塘。为了让“小鱼”游得更开心，幼儿将池塘搭得更大。他们放弃了小的圆柱形积木，而使用更大的长方体纸盒积木，将长方体纸盒连接围合成大圆，用更多圆柱形积木和长条积木架空排列成“小桥”。 除此之外，经过多次搭建，幼儿对于细节的处理越来越具体形象，使用的材料更加多样。他们在搭“小桥”时将拱形积木放在长条积木的两边，代表桥上的栏杆。在一边圆的中间，用圆柱形积木紧密围合成一个小圆，搭成池塘中间的花坛。在另一边，在奶粉罐围成的底座中间叠放一个奶粉罐，代表池塘里的假山。还用长条积木和长塑料圆桶拼搭池塘里的“大鲇鱼”。	材料支持、重复练习、回顾
内化 与迁移	 幼儿对于池塘的表征也延伸到其他区域，在美工区画池塘和大鲇鱼，用轻黏土和自然材料制作小池塘模型。并将架空、围圆、延长的搭建技能运用在其他搭建活动中。	总结、展示

三、基于学习特点的活动设计

在课程实施过程中，教师要尊重幼儿的权利，基于幼儿的学习特点和认识规律进行课程活动设计，注重生活化、游戏性、综合性。结合实际情况，我园的活动设计具体体现在以下几个方面。

（一）园本课程与班本课程

尊重幼儿的学习特点，需要灵活地实施课程计划，创造性地实践课程目标和课程内容。课程的根本目的是促进幼儿发展，幼儿园课程实施是将课程方案付诸教育实践之中，以对幼儿产生教育影响，实现课程目标的过程。从这个角度来说，只有当课程适合特定幼儿、特定班级时，才是适合幼儿园的，由此而言，园本课程也不是全园通用的，而是要因班制宜、因幼儿制宜的。“班级是课程实施的现实基地，班级是幼儿一日生活的真实所在，没有班级，幼儿园课程将空无所依。”虞永平教授将班本课程定义为以国家法规为依据，参照幼儿园课程发展的基本思想，从本班幼儿和教师实际出发，充分利用幼儿园和班级各种资源，切实关注班级生态，并以教师为主建构的科学、高效的课程。[①] 教师根据本班幼儿的兴趣、经验和学习过程体验，及时总结、提升经验，灵活、有效地对课程进行调整。主要体现在以下几个方面。

1. 选择课程内容

同一个主题内容，因为幼儿的兴趣特长、教师的专业特长、班级学习背景和经验等方面的因素存在差异，所以每个班级生成的活动内容也不一样。比如，在主题活动“客家围屋”中，周边社区存在桥背村老围、鹤湖新居古村落等资源，教师带领幼儿参观围屋，发现他们的兴趣广泛，关注点各不相同，如围屋墙上的枪眼、围屋前的月湖、围屋的门窗、围屋里的学堂和住所等，有的幼儿则提出问题：客家人怎么喝水、上厕所？围屋是怎么建成的？为什么要建围屋？教师在开展活动的过程中引导幼儿广泛体验，关注幼儿的经验获得和问题讨论，找到幼儿感兴趣的内容深入开展活动。各班挖掘内容的广度和深度都不一样，生成了多样的探究活动。比如，有艺术特长的教师和幼儿更关注围屋的艺术美，专注于雕刻、印画等内容，而有的班级则擅长科学探究，对围屋的房梁结构和建筑技艺感兴趣。这些活动进一步丰富了园本课程。

2. 开展形式班本化

园本课程内容的实施在考虑普遍性的基础上，给予主题活动特定的开展形式，而班级在实施活动时，因为主体对象不一样，教师可以根据幼儿、家长等实际情况采取适宜的活动形式，形成班本化的开展模式。

比如，在开展项目活动的情境感知环节，为了了解幼儿对探究主题的兴趣和经验，在班级建立共同经验，教师会用各种形式开展活动。有的会基于幼儿的问题进行科学小实验，有的则播放视频给幼儿观看，有的则请家长利用周末带孩子外出调查参访等。在这些过程中，教师、幼儿、家长通过各种灵活的互动形成了更有个性特色的学习共同体，激发了幼儿学习的兴趣，有效充实了活动内容，合力推进了活动开展，生成了班本化主题课程。

---

① 虞永平：《以班级为基点的幼儿园课程建设》，载《早期教育》，2005(5)。

3. 合理利用家长资源

班级教师在幼儿园已有资源的基础上，深度挖掘、合理利用相关资源，进一步利用班级家长资源，吸引他们以各种形式参与班级活动，这既体现了班级特色，也补充了课程资源。比如，在开展客家文化有关的主题活动中，有的教师请客家幼儿的家长入园助教，有的利用家长资源开展美食制作活动，有的利用家长资源外出参观客家民俗博物馆，有的利用家长资源获取客家凉帽、竹篾等材料。

（二）预设与生成

在具体实施课程的时候，教师会经历预设与生成的问题。预设和生成也被作为幼儿园课程形成的方式。

教学是一种有目的、有意识的教育活动，预设是教学的基本特征，是教师根据课程目标和幼儿的兴趣及已有经验，对教学活动进行规划、设计、假设和安排，体现了教育的目标取向。生成则是指幼儿根据自己的兴趣、经验和需要，在与环境和他人交互作用中自主产生的活动；或教师捕捉到有意义的活动，及时进行引导，扩展、生长、创生新的学习内容，强调教育的过程取向。在实践中，教师要兼顾目标取向和过程取向，正确理解和处理预设与生成的关系。

预设体现课程发展的根基。以主题活动中的预设与生成为例。活动主题可能由教师或幼儿引发，当确定主题后，教师要对活动内容进行计划，初步设计层级式网络图，可以从几个方面进行考虑。第一，以幼儿学习过程或内容要素为线索，梳理活动发展的纵向递进或横向关联的逻辑脉络，形成网络架构。第二，要对主题的目标、内容、重点、难点、教学方法等方面有足够的认识，考虑各领域的适宜内容，把握主要内容。第三，根据幼儿和教师的经验、兴趣等实际和可用资源分析，对内容进行改编或重组，优化网络结构。第四，以幼儿亲身体验和自主操作为主要学习方式，设计具体教学活动，细化主题网络内容。

比如，在“客家围屋”主题活动中，教师基于客家围屋所蕴含的关键经验，即独特的建筑特点和客家人群居、团结的精神价值，以“寻—探—创”的纵向脉络，剖析了此主题下适宜探究的内容、有价值的内容、涉及的多元活动，并通过集中审议形成了预设网络图。预设网络图体现了教师对于活动的设计和把握，是教师前期进行的计划和准备。

生成恰恰体现了课程的活力和生命力。巧妙支架，给予活动灵活生成的空间。第一，活动内容设计有弹性，建构多层次的主题网络，网络结构越灵活、开放，越能快速回应幼儿的问题；第二，创设可供探究的情境，创设与主题联动的区域环境，凸显主题氛围，增加活动材料，为后续活动的开展奠定基础；第三，丰富幼儿的经验，通过收集与主题活动相关的绘本、材料，组织亲子活动等增加经验，拓展幼儿的见闻，为幼儿获取新经验夯实基础；第四，仔细观察幼儿的活动，了解幼儿的兴趣和经验，捕捉深化探究的契机；第五，在观察的基础上，发掘幼儿的经验和问题，通过共同讨论，生成幼儿想要继续探究的内容。

幼儿有广泛的兴趣和爱好，并不是所有的活动都能成为主题或具有教育价值。如何处理预设与生成的关系，需要教师进行筛选和判断。第一，判断价值。幼儿的兴趣中是否具有促进幼儿发展的、有利于达到课程目标的价值。第二，判断可行性。基于幼儿兴趣的主题内容，判断园内外是否有资源和条件支持幼儿开展多元活动，能否满足幼儿直接感知、实际操作、深入探究的需要。第三，判断何时生成。灵活把握预设与生成的时间点，根据实际条件，在实施预设计划的过程中更改计划，或者实施完预设内容后，再满足幼儿探究的需要。

随着"客家围屋"主题活动的开展，大六班的幼儿在多次参访鹤湖新居时，发现了一个奇特的大石凳——石凳的一面有图案，图案上是两条龙在争一个圆圆的珠子。参访结束后，他们分享了自己的发现，并提出问题："为什么石凳上会有图案呢?"这引发了幼儿的讨论。

针对幼儿的问题，教师带幼儿了解到："这是浮雕，是在平面上雕刻出凹凸形象的一种雕塑，是把雕塑和绘画结合起来的艺术表现形式。"有了初步的概念，幼儿继续到生活中寻找答案。他发现在公园的墙上、在博物馆里、在教室主题角里，都有浮雕。大家经常三三两两地聚在一起观察、讨论："石头上有图案的地方是凸出来的，没有图案的地方是平平的。"

浮雕是中国传统装饰艺术形式，具有重要的文化价值，并且在现代生活中应用广泛。基于幼儿对浮雕的兴趣，班级生成了"探秘浮雕"系列活动。在活动中，幼儿了解浮雕的由来、作用和制作技艺，使用陶泥和雕刻工具制作浮雕，体验浮雕的技艺魅力，还探秘了浮雕的传统纹样，如青龙纹、鱼纹等。幼儿在体验和操作中，学习了制版、雕刻等技能，解决浮雕容易裂开等问题，与同伴合作制作大版浮雕，提升了艺术素养，感受到了匠人精神。

生成的"探秘浮雕"活动，让教师进一步挖掘了客家围屋的教育价值，为教师拓展了思路，丰富了原有主题活动内容(图 2-2-3)。

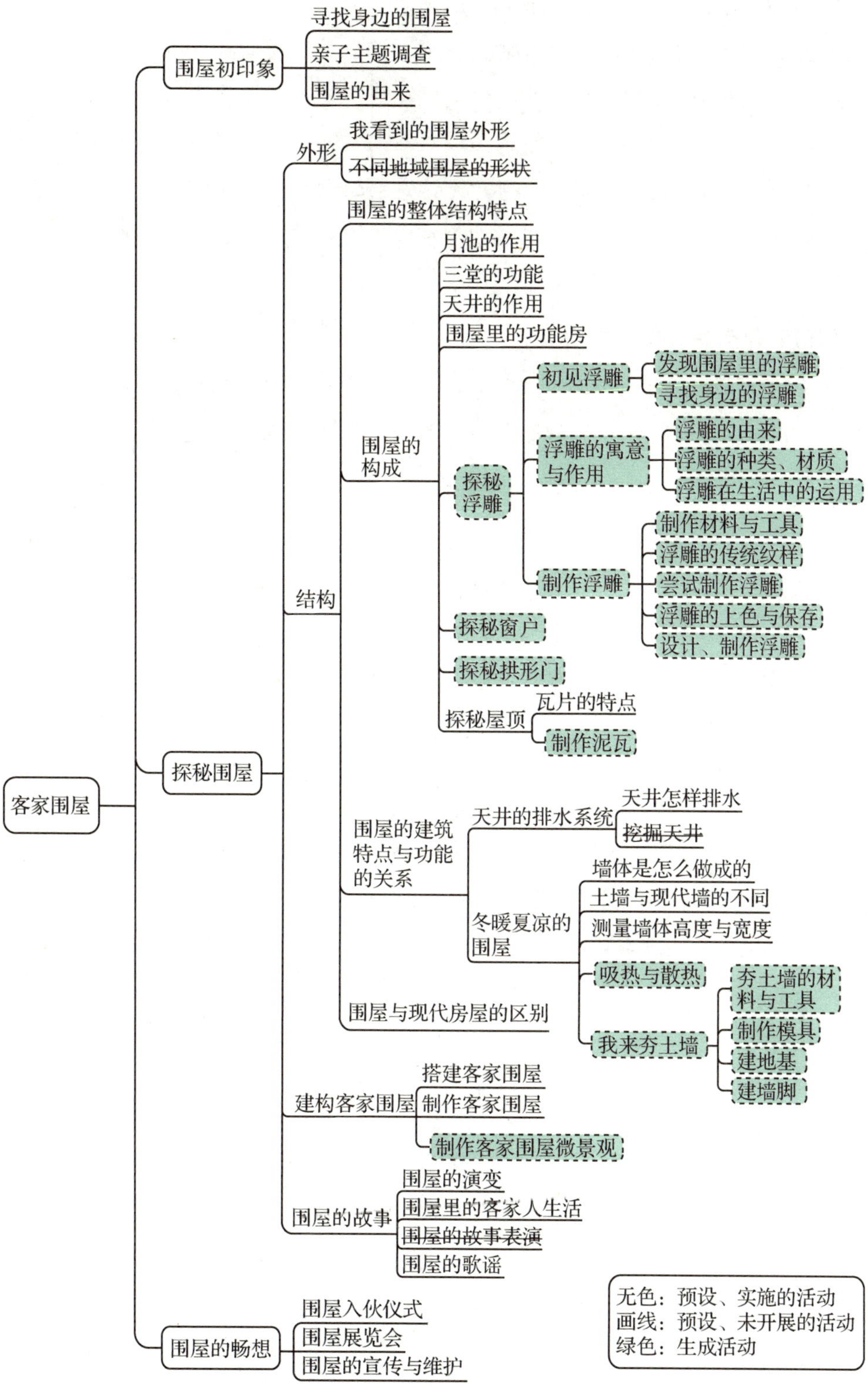

图 2-2-3　生成“探秘浮雕”活动，调整预设内容，形成实际开展活动网络图

预设与生成是有机互动、动态共生的关系。一方面，生成的活动可以丰富原有预设的主题内容；另一方面，随着幼儿生成新的兴趣、问题和活动，活动计划会有所调整，有些预设活动会被替换掉。总之，教师需要把握课程活动设计和开展的方向，尽量遵循幼儿当前的兴趣爱好，发挥幼儿的主体性和能动性，尊重他们的决策权，营造动态生成的良好空间。而且，无论是预设活动还是生成活动，教师都需要做好或详或略的准备与计划，把握活动的价值，引导幼儿探究，使课程活动的开展更具有合理性。

（三）教师支持与幼儿学习

基于“潜移默化、润物无声”的教育观，实施涵养课程，教师是关键。教师应通过创设适宜的环境和条件，引导幼儿自主学习、专注探究、解决问题，使幼儿实现自我发展。

1. 坚持幼儿是学习活动的主体

幼儿是学习活动的主体。教育理念是教师进行教育教学的重要依据，教师有什么样的教育理念，就有什么样的教育态度，就会采取什么样的教育方法和行为，从而产生不同的效果。教师在与幼儿的互动中，要对幼儿进行感性的认识和理性的理解，深刻体会每个幼儿是自然独特的个体。坚持以幼儿为主体，首先，教师要尊重幼儿，建立包容、开放、平等的师生关系，以积极的情绪和支持、包容、肯定的态度与幼儿互动。其次，在设计和组织活动时，教师要从幼儿的年龄特点和学习特点出发，选择适宜的内容，采用适宜的方式，以赞赏性和发展性的眼光来看待和评价幼儿的学习。最后，教师要放手，让幼儿在“直接感知、实际操作、亲身体验”中学习。

2. 营造浸润式的学习环境

环境是幼儿教育中的重要一部分，好的环境能促进幼儿的发展。在空间规划上，幼儿园应对室内外学习空间进行统一、合理的规划，打造室内外一体化的学习环境。此外，教师共同营造浸润式的学习环境，包含指向师幼互动的开放、包容的精神环境和支持幼儿学习的物质环境。

（1）营造积极的心理环境

“蹲下来讲话，抱起来交流，牵着手教育”是我们的宗旨。朴素的几句话，映照出教师的形象：尊重幼儿、理解幼儿、陪伴成长，体现出师幼之间积极流动的情感联结。营造积极的心理环境，教师要回应幼儿的情绪和需要，关心爱护幼儿，平等对待每一个幼儿；尊重幼儿的人格，给幼儿自由、自主、自在游戏的空间，鼓励幼儿表达自己的需求；用正向的心态看待幼儿的行为，多使用赞赏性和肯定性的语言。

其一，每日晨间，教师要用爱迎接幼儿，给幼儿一个微笑、一个拥抱、一句肯定。幼儿积极向教师和同伴问好，逐渐养成良好的行为习惯；教师与幼儿开展充满活力、有序的早操，提高精神状态。其二，在日常互动中，教师表现出包容、耐心、爱心，比如，蹲下与幼儿交谈、用笑脸面对幼儿、耐心倾听幼儿讲话等。其三，教师要密切联系家长，让家长熟悉幼儿园一日生活，建立家园和谐的养育环境。

(2)从儿童视角出发

幼儿园利用环境这一载体，挖掘环境的教育功能，创设儿童视角的环境。

第一，环境具有审美性是基础。幼儿需要美，具有审美性的环境创造承载美的空间，关系到幼儿的美感和情绪。在对环境进行整体规划和设计时，教师应注意色彩、材料的整体搭配，确定主色调，搭配1～2种点缀色；注意整体风格和谐统一，一班一品，避免千篇一律。比如，在开展客家文化相关主题活动时，某班以米色为主色调，用灰瓦、原木、草席、水墨作品等材料作为装饰，营造传统国风的整体风格，凸显了文化的韵味。

第二，发挥环境的教育性是关键。学习环境不只是用于展示和欣赏的，环境要能与幼儿动态互动，渗透教育的价值，这是关键。安全、有序、真实的活动空间设置，让幼儿可以自由选择进区，分类摆放的材料和区域标识，引导幼儿自主取放整理材料，这些都是环境“隐形的教育”，有利于增进幼儿对规则和环境的理解。

第三，环境应符合幼儿的年龄特点。不同年龄的幼儿在思维认知、情绪情感、社会性等方面的发展水平不同，有价值的学习环境要符合幼儿的年龄特点及身心健康发展的需要。在规划环境时，教师要有意识地从幼儿的年龄特点出发，在小班年龄段，班级环境颜色温暖，温馨、富有童趣而又情景简单，设置可操作的环境；在中班年龄段，班级环境应更强调环境中的人际交往规则，增加幼儿动手操作、探索的机会；在大班年龄段，班级环境应能支持幼儿体验挑战、自主探究和同伴合作。

第四，班级环境的设置不是一成不变的，要能动态支持幼儿的学习需要。每学期初，随着主题活动展开，班级会设置专门的主题角，主题角是一个综合性的区域，不局限于某个领域。主题角有师幼共同收集的与主题相关的物品、作品；有工具书和操作材料，可以供幼儿自主操作和主动学习，既能与幼儿的已有经验相联系，又能拓展幼儿的学习体验，为幼儿的学习提供便利。

此外，根据时间的推移、幼儿的兴趣发展等，班级应阶段性更新、更换墙面环境。每个班级设置主题墙和作品墙。主题墙用以动态展示幼儿主题探究活动的历程和学习成果；作品墙则展示绘画、手工等儿童作品。这些互动的墙面以幼儿的表达为主，既能凸显主题氛围，也是与幼儿交流的途径，教师应随着主题活动的开展而动态性更换墙面环境。在“客家围屋”主题中，幼儿了解到客家人为了抵御外敌，建设了牢固的客家围屋，家族一起生活在围屋里。于是，班级有了一面“围屋里的故事”主题作品墙(图 2-2-4)。通过手工、绘画，幼儿表达自己的所知所想，教师把幼儿的作品呈现在墙面上。随着幼儿对客家围屋越来越了解，墙面也越来越丰富。

图 2-2-4　能互动的“围屋里的故事”主题作品墙

(3)提供适宜的材料

材料是幼儿主动建构经验的重要载体，幼儿在对材料进行操作、摆弄的过程中建构自己的认知结构。

材料科学、适宜。科学适宜的材料投放应该以关键经验为线索，指向学习目标均衡。我们梳理各领域的关键经验，以数学领域为例，数学材料投放指向的学习目标包含数的意义、数量关系、数的运算、几何图形、空间关系、空间测量，这些内容又可以细分具体的条目，在小、中、大各年龄班有不同的发展指向。教师应依据各年龄段的关键经验，有计划地投放各类材料，将领域教育价值蕴含在材料中，通过有目的、有计划地投放，引导幼儿在自主操作中习得关键经验。科学适宜的材料还应当具有层次性。幼儿发展是连续的且具有个体差异性的，在同一个时期会表现出发展水平的层次性。教师投放材料，不能一刀切，而要具有层次性，满足不同发展水平幼儿的需要。比如，中班的分类材料，有单一属性分类、复合匹配式分类、两种特征的复合分类、两种以上特征的复合分类。

材料多样、开放。教师既要保证材料数量丰富，也要保证材料种类多样，有目的、有计划地投放低结构材料，多使用自然材料和生活材料，让幼儿在游戏、娱乐的同时实现材料的教育功能。教师在操作区、美工区、角色区、积木区中广泛运用低结构材料，如木片、纸杯、纸筒、纸壳、树枝、竹篾、石头、泥砖、贝壳等。这些材料既可以被单独使用，也可以被组合使用，没有固定玩法，幼儿可以依据自己的兴趣和经验选择与材料互动的方式，进行创造性操作。比如，在“客家围屋”主题活动中，教师投放了小泥砖，搭配水泥、黄泥等材料，幼儿可以搭建客家围屋的结构，积累更多经验。另外，自然化、生活化的材料是符合幼儿的年龄特点和满足幼儿兴趣的材料。例如，在小班生活角，教师投放花生、核桃、桂圆等，配以大小不同的碗，和锤子、镊子等工具，既自然生态，又结构开放，幼儿可以用各种工具剥皮，发展力量和精细动作，也可以进行分类等活动。

材料与主题紧密联结，适应课程内容需要。区域活动是主题活动的一部分，在主题探究活动中，根据主题内容和幼儿活动的实际投放材料，能对主题活动起到支持、拓展、延伸的作用，助推主题活动的开展。比如，班级的大型合作类材料，是在主题情境下，由幼儿与同伴共同协商、合作，分阶段、连续地操作或创作，发展整合性经验的操作材料，可以丰富幼儿关于主题活动的经验。

3. 利用贴近幼儿生活的资源

幼儿生活受多层环境的交叉影响，家庭、社区、学校等与幼儿的成长息息相关，在这些环境中与幼儿发生联结的人、事、物都可以作为课程资源。教师根据幼儿的兴趣、爱好和发展水平，挖掘社会生活、本土文化、自然环境中的资源，以“大自然、大社会”作为“活教材”，可以丰富幼儿的经验，活化课程活动。

教师要善于在幼儿的生活中寻找教育契机，将资源转化为活动，丰富课程活动。以园内自然资源为例，我园内有几十种果树，有波罗蜜、黄皮、阳桃、葡萄、桑葚等，它们都是天然的活动资源。每到成熟时节，班级就风风火火地开展“采摘果实”“制作水果美食”等活动，幼儿爬树摘果、品尝美味，小小的活动充满了野趣、食趣和乐趣；当幼儿园的三角梅盛开时，风一吹，花儿落满地，幼儿收集花瓣、撒花雨、晾干花，玩得不亦乐乎。

教师要善于捕捉契机，利用资源，生成课程活动。在“幼儿园的树”主题活动中，幼儿将捡来的树叶扔在生态园小溪里，看到树叶随着溪水漂动，幼儿高兴得手舞足蹈，还自发玩起“谁的树叶游得快”的游戏。看到幼儿兴奋的状态，教师便决定和他们一起研究“叶子小船”，在活动中，幼儿开动脑筋思考、搜集信息、动手制作、改装，发展了探究学习能力，增长了关于沉与浮等科学知识。

教师要善于利用人力资源，支架课程活动。人力资源是“活的资源”，幼儿生活中接触到各色各样的人，家长、教师、社区人士等，他们各有特长、自带资源，能很好地补充某些课程资源的缺失，与班级教师形成互补关系。家长是幼儿学习的帮助者，可以通过多种方式参与课程活动，除了配合完成亲子活动、收集资料外，家长还可以直接参与到课程活动中。比如，在“遇见泥瓦”项目活动中，为了让幼儿直观看到用泥做瓦的方法，教师发动调查，了解到欣彤的爷爷就会制瓦。于是，教师就请欣彤爷爷到幼儿园，为孩子们现场演示怎么制作瓦片，解答孩子们的问题。此外，对幼儿来说，成人有着超乎寻常的吸引力，可以成为很好的合作者。在开展“圆草屋”项目活动时，幼儿要利用木板和稻草，制作一个草房顶，在这个过程中，遇到“木板怎么变圆形”“怎么把支架稳固地安装在木板上”等问题时，幼儿自发地寻求幼儿园木工师傅的帮助，木工师傅和幼儿一起敲敲打打，边制作边讲解一些技巧。木工师傅成了幼儿重要的学习伙伴，当圆草屋落成之时，幼儿迫不及待地邀请木工师傅前来参观，共同分享成功的喜悦。

4. 借助观察助力幼儿学习

观察，是教师必备的专业能力之一。要推动幼儿学习，特别是进行深度学习，教师必须仔细观察幼儿的活动和行为，寻找他们的已有经验，发现他们的兴趣点，做出分析判断，给予适宜支持。

借助观察，了解幼儿的学习与发展。从有意义学习的角度来看，学习是学习者获取的新知识与已有知识发生合乎逻辑的、实质性的联系，影响学习的重要因素是学习者已经知道了什么，即学生的原有知识状况。① 因此，要支持幼儿学习，教师就有必要了解幼儿的已有知识经验，观察是教师了解幼儿发展水平和兴趣需要、制订和执行教育工作计划的基础。通过观察，教师能知道幼儿在社会性、语言或其他方面的发展情况，了解幼儿的习惯、兴趣和学习需要，设计出符合幼儿的教育活动，从而保证教育的适宜性和有效性。

借助观察，支持幼儿的学习。教师在观察的基础上进行指导，能促进幼儿向更高水平发展。根据最近发展区理论，教师需要适时为幼儿搭建发展支架，帮助幼儿跨越最近发展区，向更高水平发展。通过观察幼儿活动，教师能发现幼儿遇到的问题，基于幼儿现有水平，适当进行引导。此外，在对幼儿观察、了解的基础上，教师可以兼顾幼儿的个体差异性，实施个别化指导，让不同水平的幼儿都有发展能力的机会。

学习故事和叙述性观察记录是教师观察、解读幼儿的主要方式，使教师从“教师立场”转向“儿童立场”，在活动中尊重幼儿、相信幼儿、走近幼儿、认识幼儿，为幼

---

① 王惠来：《奥苏伯尔的有意义学习理论对教学的指导意义》，载《天津师范大学学报(社会科学版)》，2011(2)。

儿的学习与发展提供更适宜有效的支持。学习故事是在真实情境中完成的结构性观察和记录，能提供一种反映儿童发展的持续性画面，能用来记录儿童学习的复杂性。

为了提升教师的观察能力，幼儿园开展系列教研和培训，通过阅读专业书籍、专家进园讲座等活动，帮助教师学习一些观察、记录、分析和解读幼儿的科学方法，提高教师观察、解读幼儿的专业能力。第一，增强观察的目的性。真实的教育情境是复杂的，为了避免迷失方向，教师可结合教育教学内容或幼儿发展过程中存在的问题制订观察计划。观察前，明确观察目的、对象，围绕幼儿知情意行等找准观察要点。教师只有厘清为什么观察、观察什么的问题，才能找准问题的来源，从而使教育工作有的放矢，更好地支持儿童发展。第二，灵活采取多样化的观察方法和记录方法。教师可以根据不同的观察内容选择不同的观察方式，如定点观察、扫描观察、追踪式观察等。由于经验和观察能力不同，教师可以灵活选择拍照记录、视频记录、逸事记录、叙事记录等不同的记录方法，或者组合使用几种方法，循序渐进地增强观察与记录的能力。第三，聚焦科学的分析。依据科学理论和幼儿发展关键经验解释幼儿的行为，并结合幼儿的发展背景及当时所处的具体情境，对幼儿进行科学、全面的分析。

5. 重视合作和反思

在幼儿阶段，社会化是幼儿学习与发展的中心任务之一，教师帮助幼儿建立相互关系，鼓励同伴合作和相互学习，能支持幼儿习得更多知识和技能，向更高水平发展。随着年龄的增长，幼儿与同伴的联系愈加紧密，经常会自发选择游戏区域和同伴，自然地与他人建构社会关系。教师通过适宜的组织，创设合适的机会，可以促进幼儿间的合作学习。在“扎草龙”项目活动中，小组遇到稻草太硬编不动的问题，乐童小朋友联想到奶奶编稻草跳绳时会先往稻草上洒点水的经验。于是，大家试验将稻草泡水，解决了稻草太硬的问题。在“客家凉帽”主题活动中，教师创设编织角，提供了大量竹篾和大型编织架，让幼儿合作编织。在这样的活动中，编织技巧熟练的幼儿可以带领同伴进行游戏，并示范、教授一些编织的方法。所以，基于幼儿的学习经验和发展水平，考虑小组内幼儿的分工和合作，可以促进集体内的交流互动和经验共享，有利于创建学习共同体。

反思和回顾是幼儿学习活动中必不可少的环节。教师引导幼儿对其学习活动的情况进行反思，对所运用的知识和经验进行回顾，总结活动中出现的问题及解决办法，有助于幼儿确定下一步的行动，明确应该注意哪些问题，促进幼儿深入思考。一日生活的各类游戏和活动都伴有回顾的环节，其本质是促进幼儿自我反思和自主学习。回顾和反思的形式也是多样的，有一对一倾听、小组讨论、集体讨论、绘画表征回顾等，幼儿用语言、绘画、动作等形式表现自己的想法和经验，就是思维活动外显的过程。在这一过程中，教师可以通过提问一些开放性问题来支持幼儿进行反思，如“在今天的活动中，你感觉怎么样?”“其中，哪些(活动)让你感到满意?”“你遇到了什么问题，是怎么解决的?”“你认为，为什么……”“思考一下，下次你还可以怎么做?”等。好的反思性问题能推动幼儿进行分析和思考，通常不会指向某些教师已经知道的、确定的答案。

教师的合作和反思同样重要，既能促进自身专业能力的提升，也能促进幼儿的深度学习。家长、同事、幼儿都是教师的合作伙伴，与他们建立密切联系，有助于教师获得多方支持，更好地开展活动。每学期初，幼儿园开展课程审议活动、环境观摩活动、课程故事分享会，搭建起交流和分享的平台，促进教师之间的合作和反思。在课程审议活动中，教师回顾一周的活动进展情况，听取其他人的建议，通过集体智慧，判断活动的价值，解决共性问题，把握活动的进展。在环境观摩活动中，按照“找亮点—提建议—研收获—明方向”四步，大家在走班观摩的过程中，借鉴好的做法，吸收他人建议，思考改进方向，既能借助集体智慧帮助班级改进，也能在相互交流中促进教师个人反思。每学期末，幼儿园举行课程分享会，促使教师总结和反思，通过梳理课程故事，教师对幼儿的学习过程、学习方式和成果以及教师的支持策略、教育理念等进行回顾，以便能积累经验，发现问题，在下个阶段开展高质量活动。

(四)主题活动与项目活动

主题活动又称“单元主题活动”，是一段时间内围绕一个中心内容(主题)来组织的教育教学活动，形成具有一定时间跨度、相互连接的一系列教学活动的集合体。主题活动强调教师对活动的预设，关注幼儿的兴趣和多领域完整经验的获得。项目活动是指幼儿在教师的支持引导下，围绕生活中某个感兴趣的“课题”或认知中的“问题”进行研究探讨，在共同的探究中发现知识、理解意义、建构认识，强调活动的生成。

主题活动和项目活动各有利弊，相辅相成。在实践中，教师应将二者优势互补，开展主题活动和项目活动相融合的综合活动，考虑活动的预先计划，让幼儿围绕主题或者问题情境生成一系列项目活动。主题活动和项目活动旨在让幼儿积极主动、持续专注、深入探究，获得理解，增长技能，并发展学习品质。

1. 主题活动

确定主题后，在活动规划中，教师应考虑主题开展的整体性，考虑幼儿在五大领域发展的可能性，考虑幼儿的实际生活经验、兴趣爱好、周边课程资源等，并进行前期的调查、收集资料和材料等。基于系统的思考，教师制定主题活动目标，设计活动，形成主题活动预设网络图。在活动实施阶段，教师应将预设计划与生成活动有机结合，因势利导，进行多样的探究活动，使幼儿在这些活动中尽情探究、体验、交往和表现，丰富幼儿的探究学习过程。环境是支持幼儿学习的重要因素，环境创设伴随活动实施的全过程。在活动实施前期，教师要在教室里布置主题建构物，在各个区域投放主题相关材料，打造凸显主题氛围的浸润式环境，激发幼儿的兴趣，丰富幼儿的经验。随着活动的发展，环境在与教师和幼儿互动中不断进行丰富、改变，教师要阶段性地更换材料，动态支持幼儿探究的需要。在活动结束后，教师要整理主题展板、材料等，形成课程资料。活动结束后的评估和反思是一项重要工作。教师对活动进行整体回顾，梳理活动实施的主要内容，形成主题网络图(预设＋生成)，从幼儿学习与发展、教师收获与反思、家长参与和改变几个方面，对活动进行整体性的反思和评价。

“感知—探究—展示”三阶段式是实施主题活动的基本模块。感知阶段是导入阶段，主要目的在于激发兴趣，铺垫经验。教师可以围绕主题内容，组织幼儿开展调查、实地参访、阅读绘本故事等活动。探究阶段是围绕主题内容展开学习的阶段。这一阶段，教师按照计划内容，按照适合幼儿知识水平和心理特点的方式组织活动，兼顾五大领域，灵活运用集体教学、小组活动、个别教学、区域活动、亲子活动等组织形式，开展主题活动，帮助幼儿获取知识、增长经验、发展解决问题能力，同时，注意回应幼儿的问题，灵活生成探究活动。在展示阶段，教师注意充分调动幼儿的想象力和创造力，以多种形式回顾、表征自己的学习经验，展示和分享学习成果。主题活动的主要内容和实施流程如图 2-2-5 所示。

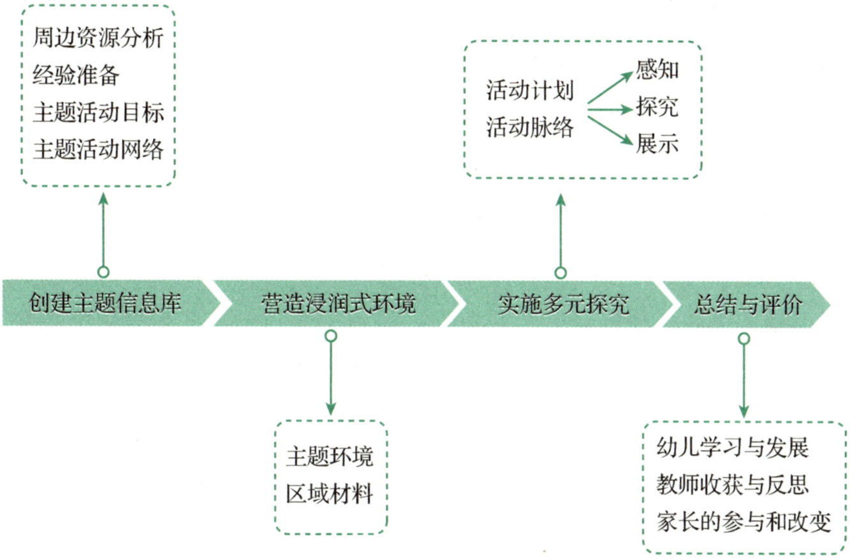

图 2-2-5　主题活动的主要内容和实施流程

2. 项目活动

在项目活动三阶段五策略①的特征基础之上，遵循幼儿的学习特点和学习过程，结合幼儿园课程实施的特点，我们提出“活动缘起—情境感知—问题讨论—体验探究—分享提升”浸润式学习五部曲(图 2-2-6)，并将其作为实施项目活动的过程。探究五部曲，就是围绕一个核心话题，师生共同发掘可以探究的问题，运用讨论、实地考察、表征、调查等方法，支持幼儿亲身体验、操作、表达，持续解决问题，经历“观察与感知、探索与发现、操作与习得、运用与练习、内化与迁移”的探究学习过程，积累新经验，获得经验增长。

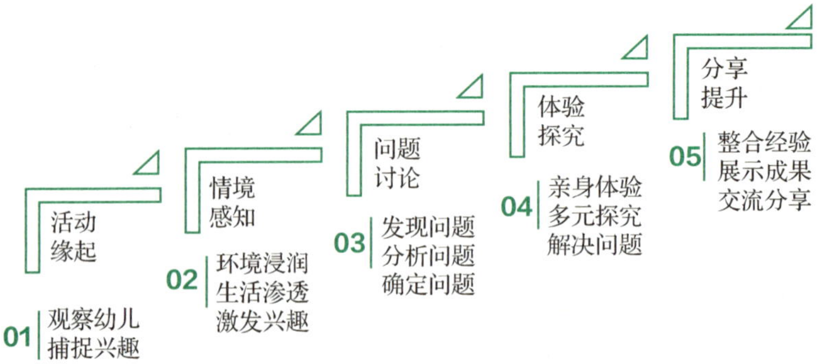

图 2-2-6 浸润式学习五部曲

活动缘起阶段主要是科学地选择生成项目活动的题目，在幼儿选择或对一个题目表示出兴趣时，教师要计划活动的内容，用网络图的形式列举关于项目主题的核心概念和关联内容，判断项目的可行性。情境感知阶段重在激发兴趣，建立共同经验，发展幼儿的问题意向，教师通过实地参访、绘本阅读、视频学习、区域游戏等方式创设情境，加强主题知识与幼儿的生活场景之间的联系，促使幼儿对学习产生兴趣，发展幼儿关于主题的新经验。这一阶段的感知学习丰富了幼儿的经历和知识，为探究学习做好了准备。在问题讨论阶段，教师通过团体讨论，发掘出幼儿的相关知识，和幼儿一起列出要解决的问题，共同生成项目活动的网络图。体验探究阶段主要围绕问题，开展各种各样的学习活动，运用小组讨论、实地考察、调查、表征等方法进入深度探究。分享提升是结束阶段，主要是回顾和反思活动，教师引导幼儿回顾自己的探究历程，展示自己的学习成果和学习经验，可以利用制作故事书、口头汇报、展览、表演等各种形式，通过汇报活动，为项目活动画上句号。教师评

① [美]丽莲·凯兹、[美]西尔维亚·查德:《开启孩子的心灵世界：项目教学法》，胡美华译，61～66页，南京，南京师范大学出版社，2007。

价幼儿的学习和发展，留存学习档案资料，并反思活动设计与实施，思考自己在活动中收获了什么，怎样更好地开展活动等。

第三节 文化与课程融合的实践策略

各类文化资源如何加以创造，在具体的课程实践中如何得以传承？围绕“文化资源如何融入园本课程”这一问题，我们在实施课题的过程中探索出多元融入策略，将客家文化融入课程的各个部分，全面渗透、有机融合，形成了和谐统一的、融入文化特色的课程体系，如图 2-3-1 所示。

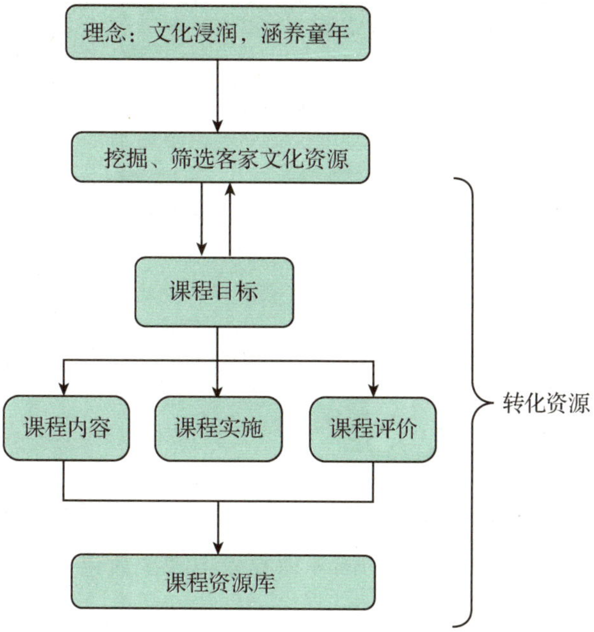

图 2-3-1 客家文化融入园本课程的实践路径

一、目标融入，以发展适宜性为指引

我们以发展适宜性为指引，考虑文化适宜性、年龄段适宜性、幼儿个体适宜性，以“价值判断—目标细化—活动落实”的思路，重构课程目标体系，对文化资源中适宜的精神文化进行筛选和转化。比如，我们首先对精神文化的价值判断内容进行挖掘，将勤劳孝顺、团结友善、文明礼仪、家国情怀的精神特质与培养目标结合，确立“文化浸润，涵养童年”的课程理念，将“培养有中华底蕴的幸福儿童”的总目标概

括为健康、乐学、善良、自信四个特质，形成幼儿发展领域目标。其次，依据《3—6岁儿童学习与发展指南》等文件，遵循目标设计的连续性原则和各年龄段幼儿的典型发展特征，我们把各领域目标细化为小班(3～4岁)、中班(4～5岁)、大班(5～6岁)的年龄阶段发展目标，每个年龄段的各领域目标涵盖认知、技能、情感态度三个方面的内容。

最后，我们建构了“课程总目标—领域发展目标—各年龄段目标—主题目标”层层细化的完整的课程目标体系，通过四层目标体系将客家文化中优秀的精神特性落实在具体的活动中。客家文化主题活动中渗透的“乐学”目标如表2-3-1所示。

表2-3-1 客家文化主题活动中渗透的“乐学”目标

小班“客家味道”	中班“客家凉帽”	大班“客家围屋”
1. 了解客家传统美食，如酿豆腐、艾粄、糍粑、腌菜、擂茶等。 2. 动手制作美食，在操作中感受不同食物的特性。 3. 了解各类烹饪工具的名称和用途，初步学习使用常见烹饪工具的方法，提高动手能力。 4. 种植作物，认识各种植物，感知植物的外形特征。	1. 认识客家凉帽，探索发现客家凉帽的结构特征。 2. 探索运用不同的编织材料，学会简单编织凉帽的方法。 3. 能够大胆运用各种材料进行凉帽艺术创作。 4. 体验客家凉帽在生活中的运用。	1. 探索客家围屋的布局结构、建构工艺及结构特点。 2. 能用建构、绘画、讨论等方式表征对客家围屋的发现。 3. 了解客家围屋与客家人生活的关系，增强对客家文化的感受。

二、环境融入，在整体氛围中凸显

环境是教育的一部分，“好环境是会说话的老师”，是不可忽视的隐性课程。为了让以传统文化和本土资源为依托的园本课程取得理想效果，我们尽力在园内创设具有本土文化特色的环境，以对幼儿进行潜移默化的熏陶。

(一)打造文化集中地，尽显客家风情

幼儿园打造“一馆两廊”，作为集中凸显客家文化的场所。“一馆两廊”分别是指新建客家博物馆，改造客家风情走廊，创设客家游戏长廊。客家博物馆集活动、展示、收藏功能于一体，整体风格古色古香，设置了擂茶区、表演区和操作区，陈列了花轿和客家传统工艺品，安装了现代多媒体设备，是客家文化在环境中最突出的体现；客家风情长廊陈列着收集来的客家器具、器皿等古老物件，点缀客家风情；客家游戏长廊是一条蜿蜒的廊亭，是专门的游戏场所，幼儿在这里可以体验古井打水、推石磨、舞麒麟、扎草龙等各种民俗活动。

(二)室内外一体联动，浸润文化氛围

1. 改造本土化的公共环境，拓展学习空间

一所幼儿园首先吸引人们的是其整体的公共环境，而这恰恰是课程建设的重要内容之一。我们对一楼大厅、走廊墙面和楼梯转角等空间进行系统规划，利用美术作品、探究活动展板、学习成果等进行装饰，将文化融入开放的公共区域，努力创设浓郁的本土文化氛围。例如，用自然和生活材料创设“客家围屋”“二十四节气”的大厅展示区，在楼层走廊上陈列造型各异的本土景观模型和陶泥、草龙、凉帽等幼儿作品，在墙面上展示幼儿创作的客家文化主题的水墨、现代画等不同风格的作品。这些富有童真童趣的布置，既具有教育性和艺术性，也使幼儿园弥漫着浓浓的乡土气息和生活情趣。

2. 创设主题式班级环境，凸显文化风格

为了创设主题背景式班级环境，我们以一间教室、一面墙、一个角为切入口，对班级整体空间、美术作品墙和主题角进行规划和打造。班级作为幼儿经常性活动和学习的场所，其本土文化环境营造对幼儿有着直接的熏陶作用。各班紧紧围绕主题活动这一课程载体，布置班级环境，力求凸显本土化、参与性和互动性，适应班级幼儿的年龄特点和学习需求。为此，教师既可以结合客家文化主题，按照时间顺序(课程活动发展)，根据班级不同区域的功能，按照空间顺序结合客家文化形态布置班级环境。

3. 打造自然生态的户外游戏环境，渗透文化特色

在户外环境创设中，我们巧妙地融入传统文化，创建了客家长廊、泥水区、木工区、陶泥坊、擂茶区等，投放材料，形成材料投放索引。另外，我们还开发课程资源，收集民间游戏作为教学内容，整理民间游戏材料，如竹子系列、绳子系列、稻草系列，形成户外活动资源包，给户外活动增添文化内涵。

总之，幼儿园通过给幼儿营造出浓厚的地域文化氛围，让幼儿随时可以受到文化的熏陶；通过发挥幼儿园环境文化的力量，让幼儿加深对地域文化的认识和了解，增强文化自信。

三、内容融入，基于多种资源整合

将资源与课程内容编制有机结合，使资源成为课程的一部分，是保证客家文化资源有效利用的途径之一。

课程内容与资源相互生成。资源可以引发课程、充实课程内容，同时，课程的

实践过程也是一个对资源再认识、再开发、再挖掘并促进资源的丰富和改造的过程。一方面我们挖掘、筛选各种资源，将不同资源转化为课程内容；另一方面，我们结合幼儿发展的关键经验、课程目标、幼儿兴趣和需要，多角度探寻、挖掘园内外各种资源，使之为课程内容服务。

(一)转化文化资源，重构内容板块

如何有效利用有组织的资源生成活动，将资源应用于不同的课程实施方法，探索资源的多样性特征，将资源与活动和环境有机结合，创造丰富多样的活动，是教师需要思考的问题。

依据《幼儿园教育指导纲要(试行)》和《3—6 岁儿童学习与发展指南》目标，结合涵养课程理念，经过挖掘、筛选，我们整合客家文化资源，通过审议对传统文化内容进行了重新划分，转化为四个板块的内容：客家风情、坊间艺创、心灵本色和童游童戏。“客家风情”板块包含客家的衣食住用及民俗活动方面的内容；“坊间艺创”板块包含传统艺术文化的内容；“心灵本色”板块挖掘中华优秀传统文化中的精神特质，并将其转化为适宜幼儿园的内容：勤劳孝顺、团结友善、文明礼仪、家国情怀；“童游童戏”板块主要是一些适宜幼儿玩耍的经典民间游戏。四个板块的内容分布在特色主题活动、区域活动、生活活动、游戏中展开，注重内容分布的内容与形式的匹配性，增强了课程内容的“文化味”，也丰富了课程内容。客家文化四个板块的内容如图 2-3-2 所示。

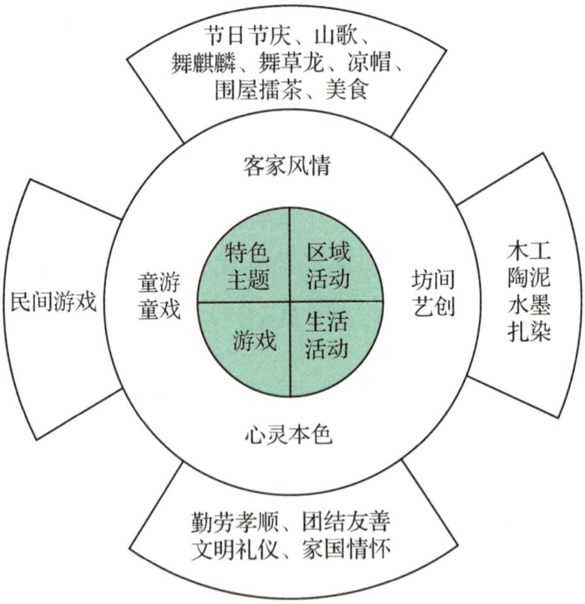

图 2-3-2 客家文化四个板块的内容

（二）整合各类资源，丰富课程内容

1. 拓展自然生态资源

在幼儿园的生态环境中，既有人类文化的产物，也有自然的融合。我们打造了生态式、园林式环境。幼儿园户外场地宽敞，具有丰富的自然资源，花草树木、沙石泥土、虫鱼乌龟、小溪流水都是幼儿喜欢接触、乐于探究的事物。

我们利用园内丰富的自然资源和环境优势，开展了“幼儿园的树”“石头”等主题活动。大量本土自然资源的利用，不仅增加了课程的生活气息和本土情感，而且丰富了幼儿园课程的内容。除此之外，我们在开展客家文化主题活动时，也注重对自然资源的挖掘和利用。在主题活动开始阶段，教师会从文化资源、自然资源、现代人文资源、人力资源等角度分析开展活动可用的资源，创建主题信息库。比如，在开展“客家围屋”主题活动中，教师生成了“夯土墙”制作、“客家瓦”制作等项目活动，就主要使用了沙、水、泥等自然材料，探究夯土墙和做瓦的传统技艺。

2. 巧用人力资源

人力资源既是一类资源，也是建设课程资源的支持性条件。灵活创造性地利用教职工、家长、社区人士等人力资源，是开展活动要考虑的条件。我园地处客家人的聚居区，有的教师是客家人，有的家长来自客家人家庭，社区中有老一辈手艺人、非遗传承人和其他专业人士，这些都可以作为可靠的课程资源，为幼儿园开展各类活动提供帮助。比如，在主题活动“客家围屋”中，利用社区的客家民俗博物馆资源，教师进馆参观学习，家长和幼儿多次走进鹤湖新居，进行直接感知和实地考察。在项目活动“夯土墙”中，退伍老兵爷爷为幼儿讲解、演示土墙的结构和工艺。家长和社区等人力资源弥补了班级教育资源的不足，丰富了教育内容，扩大了教育范围，提高了教育效果，使课程变得更生动、更具体、更生活化。

3. 结合现代人文资源

幼儿园所在社区周边的现代设施设备、活动场所、社会活动等也是重要的课程资源，是可以与文化资源、自然资源相补充的资源。我园地处深圳这座现代化都市，深圳以其“开放、包容、创新、智慧”的气质影响着城市中的每个人，其先进的现代设备和场所，如地铁、科技馆，为幼儿的学习发展提供了更丰富的资源和空间。我园所在的龙岗区建设有“十馆一城”，包含青少年宫、科技馆、龙岗书城、公共艺术馆等，还有龙岗大剧院、文化馆、影城、图书馆等，社区还时常举办音乐节、人文素养讲座等惠民文化活动，这些现代人文资源适合青少年和学龄前儿童接受文化和艺术熏陶，为拓展幼儿学习提供了便利。幼儿园与社区建立积极的沟通与合作关系，通过开展亲子活动、社区实践活动等，促进家园社的有机结合，全面挖掘社区资源，营造良好的园内外环境，拉近幼儿与社会的距离，为幼儿广泛接触文化资源打好协同育人的基础。我园自然、社会类课程内容如表 2-3-2 所示。

表 2-3-2 我园自然、社会类课程内容

课程资源	课程内容	活动类型	各年级主题(项目)活动		
			小班	中班	大班
自然生态资源	动植物(果树、草地) 自然物质(石头、沙子、水资源、泥土) 自然风光	主题活动	探秘幼儿园	幼儿园的树	石头、幼儿园的树
		项目活动	石头拼画、趣味小山坡、树叶小船、趣玩沙水	大树名牌、统计幼儿园的树	滚动的石头、树的分布图
现代人文资源	现代设施，如图书馆、超市、消防队、交通工具；标志性建筑；文体活动；现代科技等	主题活动	我爱我家	我生活的社区	深圳，我的家
		项目活动	光盘行动，爸爸、妈妈	消防站	建地铁站、探秘小学

四、过程融入，以多元活动为载体

文化资源融入课程，真正落实到幼儿的发展上，必须通过一定的组织形式。“幼儿园课程是一切有意义的教育活动的总和”，因此我们将融合性活动作为文化融入课程实施的主要手段(图 2-3-3)。

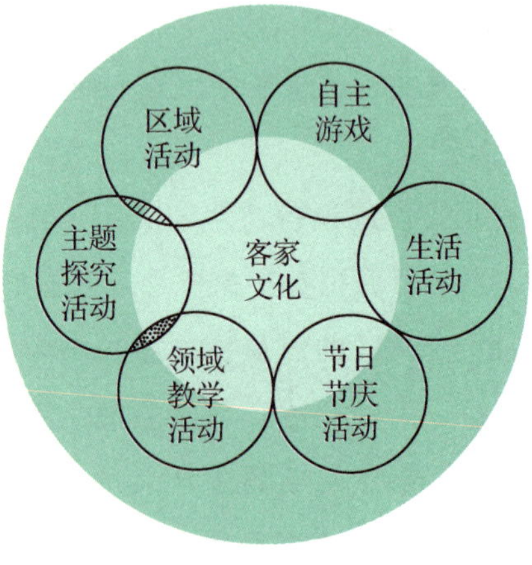

图 2-3-3 客家文化融入性活动

在融合性活动中，我们重视文化与课程活动的融合，达到保基本、融特色的效果，主要有以下几点。

(一)区域活动

一方面，开展"主题背景下的区域活动"是文化融入区域活动的主要形式。在主题活动开展过程中，教师根据幼儿探究的需要，创设区角，投放材料，将区域活动与主题活动紧密联系，支持幼儿的探究学习，拓展学习体验。比如，在"客家凉帽"主题活动中，教师打造了凉帽编织角，投放制作凉帽的原材料——竹篾、麻绳及稻草等其他编织材料，幼儿可以自选材料进行活动。

另一方面，拓展文化外延，以游戏化的方式建构课程活动，有意识地融入更广泛的优秀传统文化资源。在室内外一体化建设中，我们打造了室内外联动延伸的富有文化特色的区角，支持幼儿的活动。室内既有凉帽小剧场等专门区域，也有皮影戏剧场、木工区、陶泥角，户外有扎染坊、陶泥坊、木工坊等学习区。幼儿在室内外联动的区角活动中积累整合的学习经验，潜移默化地受到文化的浸润。

(二)主题探究活动

主题探究活动是融合主题活动与项目活动的综合活动，既考虑活动的预先计划，也让幼儿围绕主题或者在问题情境中，经过教师画龙点睛的预设，生成一系列微项目活动的综合活动。可以说，主题探究活动既有主题活动的预设，也有项目活动的生成。

经过资源筛选、整理、分类，我们利用幼儿身边的本土客家文化资源，形成了富有客家文化特色的活动主题，如客家美食、客家围屋、凉帽与编织等。我们挖掘客家文化资源中的关键价值，比如，客家凉帽是客家人劳作时佩戴的头饰，具有独特的编织技艺，蕴含了客家人的劳动智慧。我们利用幼儿在生活中耳濡目染的事与物，将探究学习与幼儿的生活经验相关联，设计各领域相应的活动内容，围绕一个主题展开系列活动，经历"感知—探究—展示"的流程，以促进幼儿全面发展，增强幼儿的文化素养。

在开展主题活动过程中，教师根据幼儿的经验、特点、兴趣，挖掘值得进一步探究的内容，以问题线索纵向深入开展项目活动，深化文化探究。结合幼儿园课程实施的特点，我们以浸润式学习五部曲实施项目活动，并将其作为支持幼儿深度学习的有效路径，在"活动缘起—情境感知—问题讨论—体验探究—分享提升"的进程中，由浅入深、螺旋递进地深入探究，关注幼儿积极投入的学习状态，发展幼儿解决问题、主动探究的学习品质。

我园客家文化主题探究活动如表 2-3-3 所示。

表 2-3-3 我园客家文化主题探究活动

课程资源	活动类型	各年级主题探究活动		
		小班	中班	大班
客家文化资源（衣食住用）	主题活动	客家味道	客家凉帽编织	客家围屋 客家蓝衫
	项目活动	探秘客家腌面 制作客家糍粑 豆子与豆腐	扎草龙 竹编凉帽 编织吊床	搭建鹤湖新居 遇见泥瓦 遇见拱门 夯土墙

(三)领域教学活动

文化融入领域教学活动要深入挖掘文化背后的精神内涵和价值，选取适宜幼儿学习和理解的内容，按照领域特点和幼儿年龄特点，匹配适宜的组织形式开展。领域教学活动既具有文化特色，又使教学活动更具丰富性和适宜性。

我们选取民间故事、绘本故事等，如《舞龙的传说》《会飞的小凉帽》《歌仙刘三妹》等，开展语言领域教学活动，教师和幼儿一起听故事、讲故事、演故事，发展幼儿的语言能力，使幼儿领会故事中蕴含的文化特点和传统的民俗风情，丰富幼儿的文化认知。

挖掘艺术文化资源，开展教学活动。《月光光》《二十四节气歌》等，都是内容简单、旋律朗朗上口、幼儿乐于吟唱的歌谣。我们以客家童谣等为素材，开展音乐教学活动，丰富幼儿的艺术体验。我们以客家围屋、凉帽编织、客家服饰为内容题材，发掘其中蕴含的建筑美和工艺美。班级开展画素描、制作拼贴画、制作刮画等形式的美术教学活动，丰富幼儿的艺术创作形式，使幼儿深入感受文化美；开展与陶泥、水墨画、扎染这类传统艺术形式相融合的活动，在美术室，专门的教师进行教学活动，使幼儿在艺术与文化碰撞中，提高审美能力，支持幼儿体验更具文化特色的艺术创作。

文化传承中凝聚着古人的智慧。皮影戏、建筑中的榫卯结构、泥瓦材料、竹篾防水，蕴含着光影现象、结构功能、物质科学等科学领域的经验，我们利用幼儿身边的资源，让幼儿直接感知、动手操作，进行小组科学探究活动，发展幼儿的探究能力，增长幼儿的科学经验。

踢毽子、跳绳、扔沙包等都是代代流传的民间游戏，深受幼儿喜爱。我们将这些民间游戏融入幼儿园体育教学，并对其进行改编、创编，增强活动的趣味性，发展幼儿的体能。

（四）节日节庆活动

节日是传统文化的重要体现，幼儿生活与节日联系紧密。在开发本土文化资源的时候，我们以节日为契机，通过“全园庆祝活动＋年级体验活动＋班级特色活动”的形式，以感受节日精神、领悟节日艺术、体验节日生活为内容，利用客家民俗传统和传统习俗开展节日体验活动，使幼儿感受我国传统节日文化的魅力。我们开展了“承传统风韵”元旦运动会活动、“走进传统文化”中秋节活动、“客家庙会迎新年”活动。在庆新年活动中，师幼一起制作各种客家年味美食，体验过年舞麒麟、挂红灯笼、贴对联等传统风俗活动。

（五）生活活动

一日生活皆课程，我们以生活渗透和拓展教育两种途径，挖掘中华优秀传统文化中的勤劳孝顺、团结友善等精神特质，通过生活活动融入客家文化。一方面，在生活环节渗透，在过渡环节和生活环节鼓励幼儿进行生活自理活动，渗透劳动教育，培养幼儿的自理能力；另一方面，开展拓展活动，加强教育，幼儿园开展校园小卫士、文明小礼仪、升旗礼仪队等活动，培养幼儿的优秀品质。

（六）自主游戏

自主游戏是教学活动的延伸，一方面，挖掘民间游戏资源。我们把广泛收集来的民间游戏，根据各年龄班的特点进行分类，如小班，开展揪尾巴、赶小猪、丢手绢、骑竹马等；中班开展滚铁环、跳房子、跳皮筋、丢沙包、舞龙等；大班开展踢毽子、舞草龙、跳大绳、跳竹竿舞等。丰富多样的民间游戏激发了幼儿参与游戏的兴趣，使幼儿各方面的体能也得到了锻炼。

另一方面，通过区域与游戏相融合，让幼儿在自主游戏时，结合传统文化习俗进行游戏活动，增强感受体验，增长知识、技能。例如，在户外表演区，幼儿穿着客家服饰走秀，体验舞龙、舞狮表演；在室内娃娃家，幼儿在“客家小铺”买卖特产，编织凉帽工艺品、泡茶品茶，体验客家的风俗。

实践篇

第三章 主题探究活动：客家味道(小班)

第一节 主题活动

龙岗区是客家人的聚居区，龙岗街道的客家文化底蕴尤为深厚，作为位于其中的一所老园，我园会聚了大量的客家宝宝，在这里居住的幼儿无时无刻不在感受着客家文化。《3—6岁儿童学习与发展指南》中指出："幼儿的学习是以直接经验为基础，在游戏和日常生活中进行的。"小班幼儿不能直观地去发现客家祖先的勤劳和聪明智慧，于是，教师决定从幼儿喜爱的美食入手，让幼儿了解客家食品的种类、味道和制作过程，从而对客家饮食文化产生兴趣。带着这份情感，教师以"客家味道"为主题，引导幼儿去发现博大精深的客家文化，让幼儿通过直接感知、亲身体验、实际操作对客家味道有进一步的了解，让本土文化在幼儿身上传承和发扬。

一、创建主题信息库

(一)周边资源分析

龙岗街道中心幼儿园地处客家人集聚地，有着丰厚的客家本土资源，近年来，我们也一直努力让客家文化在幼儿园落地生根，给幼儿营造浓郁的客家文化氛围。我园有一片菜地，幼儿可以在菜地里锄地、播种、除草、浇水、施肥等，观察蔬菜的生长变化，感受劳作带来的快乐。我园还有一个烹饪室，幼儿可以去种植园摘下自己种的蔬菜，化身为小厨师在烹饪室里择菜、清洗、切菜等，还可以制作擂茶、糍粑、艾粄、酿豆腐等客家美食，让大家大饱口福，让幼儿回味无穷。我园还有一个客家小镇，客家小镇具有浓浓的客家风情，幼儿可以在井边打水、洗衣服、推石磨、磨豆浆，在热闹的集市上舞麒麟、唱山歌、演奏乐器，还可以进行传统的手工活动，在欢乐的游戏中体验着旧时客家人生活劳作的场景。在主题课程的实施过程中，我们会充分利用这些资源，融入勤劳本色、感恩情怀等元素，让客家味道在幼儿心里落地生根。“客家味道”主题活动资源分析图如图 3-1-1 所示。

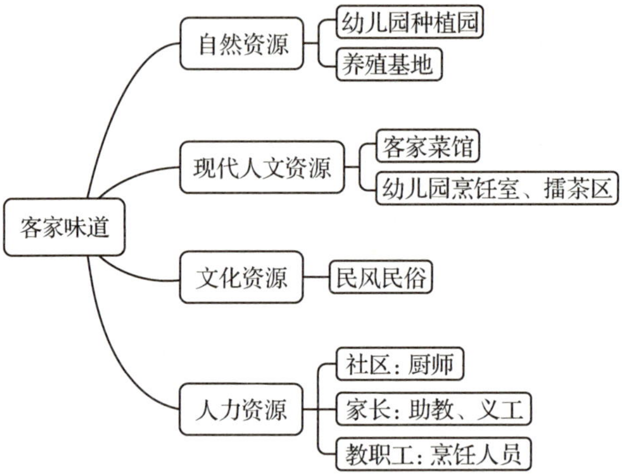

图 3-1-1　“客家味道”主题活动资源分析图

（二）经验准备

客家文化是中华优秀传统文化的重要组成部分，也是我园涵养课程的重要内容。我园小班组以“客家味道”为主题，让幼儿在直接感知、亲身体验、实际操作中了解客家美食的种类、味道和制作过程，培养幼儿的动手能力，让他们体验劳作的乐趣。我们了解客家传统美食相关知识和经验，让幼儿加深对客家传统美食文化的认知，萌发传承客家传统美食的意识。

1. 亲子活动：“客家味道”主题活动致家长的一封信

级组主题活动确定下来后，我们要为主题活动的顺利开展做好前期的准备，教师要对客家美食有比较深入的了解，争取家长的积极配合，带领幼儿查找资料、实地寻访，积累一些前期经验，为幼儿的后期探索提供有力的帮助。

“客家味道”主题活动致家长的一封信

尊敬的家长：

客家美食是客家人共同的文化财富，是客家人舌尖上的共同记忆。客家菜保留着中原传统的生活习俗特色，传承了中原饮食文化。本学期我们将围绕“客家味道”主题开展探究活动，充分挖掘有价值的学习活动，让幼儿直接感知、亲身体验客家美食的特色文化，从各方面促进幼儿的学习与发展，提高幼儿的生活自理能力、动手能力。我们邀请作为家长的您和我们老师一起携手，为幼儿的学习之旅提供有力的支持和帮助，一起来感受客家味道带来的快乐。请家长配合以下工作。

①利用周末带领幼儿寻访周边的客家菜馆、客家特产店，让幼儿初步了解客家美食有哪些，有什么特色。

②配合收集关于客家美食的绘本、照片、视频等。

③协助幼儿以图文并茂的形式完成主题调查表，于下周一带来分享。

谢谢大家的配合！

小班组

2022 年 9 月 12 日

2. 亲子活动："客家味道"主题活动调查

有的班级中有部分幼儿是客家人，他们会经常在家中吃到客家美食，对客家美食有一些感官上的经验，而班级中来自其他地区的幼儿可能没有接触过客家美食。教师通过亲子调查活动让家长带领幼儿参与主题活动的探究，去附近的客家菜馆或者客家朋友家里，也可以带领幼儿在自家制作、品尝客家菜和特色小吃等，使幼儿初步了解其制作流程、所用食材、工具等，对客家美食有初步的认识，为幼儿的后期探索积累经验。"客家味道"主题活动调查表如表 3-1-1 所示。

表 3-1-1 "客家味道"主题活动调查表

姓名		班级	
你吃过或者你知道的客家美食有哪些？			
画出你喜欢的客家美食，并写出它的名称、味道和所用食材等。			

在调查后的交流与分享中，幼儿总结以下经验。

①客家美食有：酿三宝(酿豆腐、酿苦瓜、酿鸡蛋)，糍粑，擂茶，腌面等。

②客家人的菜偏咸，没有辣的味道。

③客家美食的制作过程比较复杂。

3. 收集素材

①协助幼儿收集与客家美食相关的绘本、照片、视频等。

②通过寻访和查找网络资源，让幼儿了解客家美食的文化。

4. 亲子活动：寻找身边的客家味道

(1)材料准备

相机、纸、笔。

(2)指导要点

①引导幼儿发现并了解客家美食的种类、味道和制作过程等。

②鼓励幼儿和家长一起用图文并茂的方式或用相机拍摄等方式，记录自己所了解到的客家美食。

(3)获得经验

①让幼儿初步了解客家美食。

②让幼儿直观了解丰富多样的客家美食，体验制作美食过程，获得成功的喜悦。

(三)主题活动目标

1. 教育目标

①通过各种途径让幼儿初步了解与客家传统美食相关的知识和经验，萌发幼儿传承客家传统美食的意识，加深幼儿对客家传统美食文化的认知。

②鼓励幼儿积极参与客家美食的制作，让幼儿感受和探索原材料与客家美食之间的密切联系，培养幼儿的动手能力。

③通过开展客家美食活动，让幼儿在品尝的过程中感受传统客家美食的魅力，引导幼儿懂得谦让、分享，培养幼儿的餐饮礼仪。

2. 学习目标

①了解与客家传统美食，如酿豆腐、艾粄、糍粑、腌面、擂茶等相关的知识，初步萌发对客家传统美食文化的热爱之情。

②愿意参与客家美食的制作过程，感受制作的快乐气氛。

③初步了解各类烹饪工具的名称和用途，学习正确使用烹饪工具的方法，提高动手能力。

④乐于听故事、阅读绘本等，了解客家美食的来源，丰富知识和经验。

⑤参与并体验与客家传统美食相关的艺术创作活动，提高想象力和创造力。

⑥尝试自己种植黄豆、艾草、红薯等相关植物，愿意连续观察，感知植物生长的变化，感受种植活动带来的快乐。

(四)主题活动网络图(预试活动与生成活动)

"客家味道"主题活动网络图如图 3-1-2 所示。

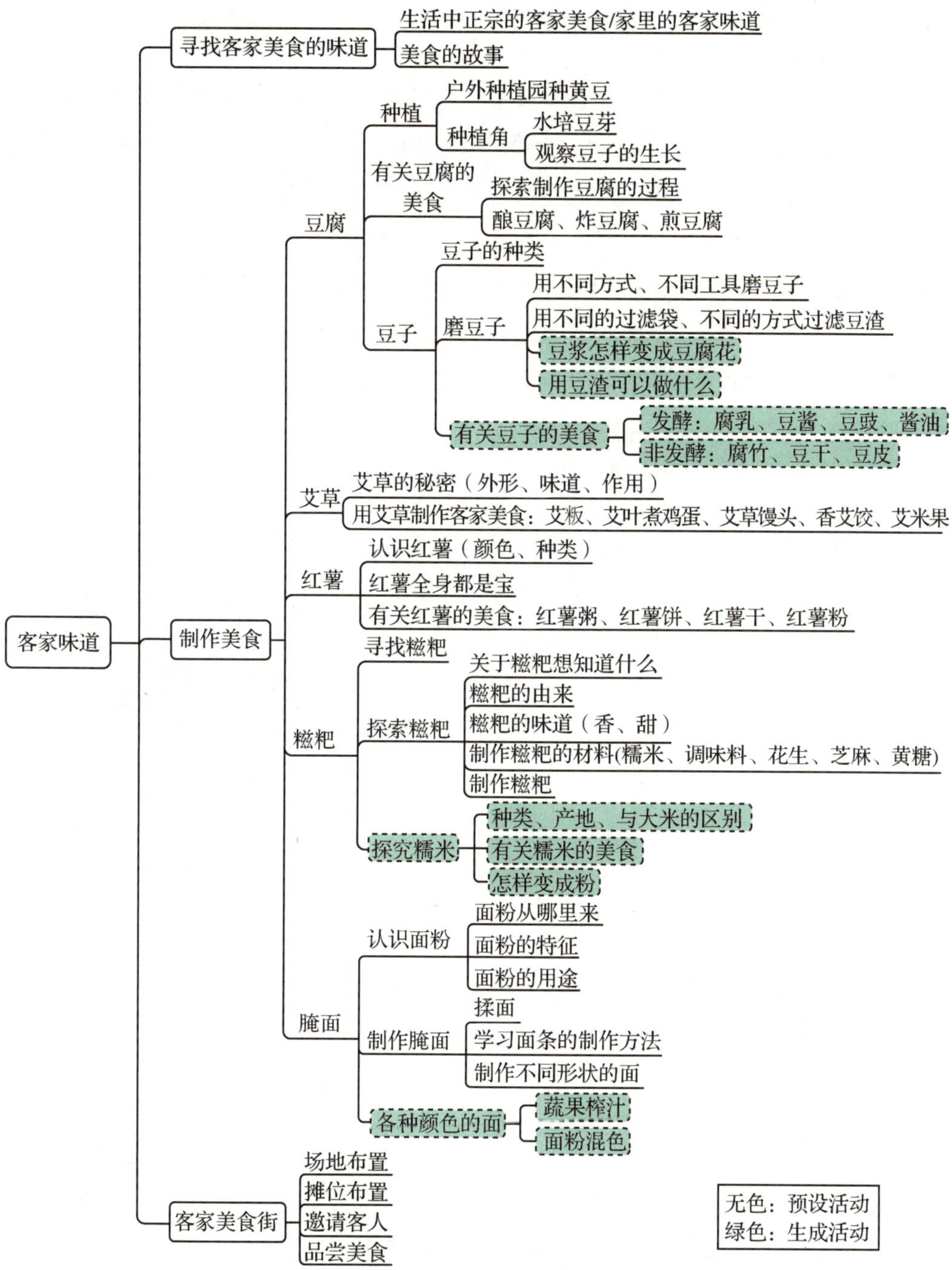

图 3-1-2　"客家味道"主题活动网络图

二、营造浸润式环境

(一)主题环境

1. 班级整体环境

为开展“客家味道”主题活动，班级每一个区角都创设了与美食相关的环境，教师根据主题的开展有计划地创设主题角、投放区域操作材料。例如，教师在美工区的墙面、作品展示架、柜子上面展示幼儿不同形式的美术作品，把主题活动的探究过程做成展板。在制作展板过程中，教师会注重幼儿的表征和参与，布置一系列主题墙，让幼儿在环境中进一步学习，与同伴分享，增强幼儿的社会交往和语言表达能力，打造浓厚的主题环境氛围，让幼儿在有价值的学习环境中感受客家美食的文化。班级整体主题氛围和环境如图 3-1-3 和图 3-1-4 所示。

图 3-1-3　班级整体主题氛围和环境(1)

图 3-1-4　班级整体主题氛围和环境(2)

2. 主题角

教师在主题角(图 3-1-5、图 3-1-6)里提供师幼自制的客家美食模型、收集的艾草和红薯等，让幼儿与环境中的材料互动，与同伴交流，引发幼儿的探究兴趣。

图 3-1-5　主题角(1)

图 3-1-6　主题角(2)

3. 区域环境

教师结合主题打造相关操作角(图 3-1-7、图 3-1-8)，引发幼儿的兴趣，幼儿在进行区域活动时可制作相关美食，品尝美食的味道。

图 3-1-7　主题操作角(豆腐坊)

图 3-1-8　主题操作角(面粉坊)

4. 幼儿表征与作品展示

(1)美术作品

幼儿的美术作品(图 3-1-9、图 3-1-10)有撕贴、绘画等不同创作形式，有合作完成的，也有独立完成的。作品的展示形式也应有所不同，丰富多样且富有童趣的展示形式能给幼儿不一样的视觉感受。

图 3-1-9　美术作品：客家美食宴会(1)

图 3-1-10　美术作品：客家美食宴会(2)

(2)主题墙

在主题学习过程中，教师应积累幼儿学习记录、活动照片及幼儿作品等，提供一面墙，充分展示幼儿的学习成果，体现幼儿的成长过程。主题活动展示墙(豆腐坊)如图 3-1-11 所示。

图 3-1-11　主题活动展示墙(豆腐坊)

(二)区域材料

“客家味道”主题下区域材料一览表如表 3-1-2 所示。

表 3-1-2　“客家味道”主题下区域材料一览表

区域	名称	照片	目标	玩法
表演区	糯米、豆子乐器	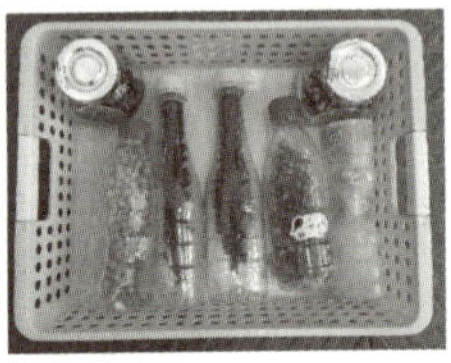	1. 感受糯米、豆子相互碰撞发出的不同声音。 2. 尝试用乐器跟着音乐一起演奏。 3. 体验演奏的乐趣。	跟着音乐节奏摇晃瓶子。
	节奏谱	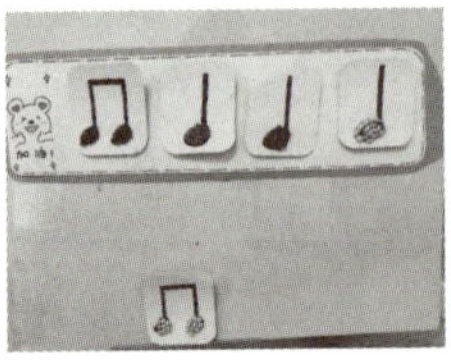	1. 看节奏谱结合不同的乐器进行演奏。 2. 在打击乐活动中感受与同伴合作演奏的快乐。	根据节奏谱进行打击活动。
	猜猜我是谁		1. 初步掌握用丝巾遮住半张脸的方法。 2. 跟着音乐和同伴一起体验表演的乐趣。	玩法一：用丝巾遮住半张脸，跟着音乐进行表演。 玩法二：用丝巾遮挡自己，和同伴一起体验“猜猜我是谁”的乐趣。

续表

区域	名称	照片	目标	玩法
	面粉影子		1. 感知面粉的特性。 2. 具有动手操作的欲望。	玩法一：把自制的图卡放在黑色板块上，用筛子过滤面粉，使面粉落在图卡上，形成图案。 玩法二：把面粉放在黑色板块上，用手或棍子进行绘画。
	面粉混色		1. 感知两种颜色混合后变出新颜色的现象，体验发现的乐趣。 2. 能仔细观察并发现颜色的变化，能用简单的语言进行表达。	两种颜色进行混合，观察颜色的变化。
	糯米对对碰	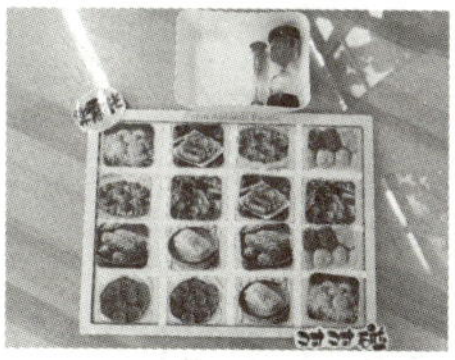	1. 认识不同种类的糍粑。 2. 发展手眼协调能力和记忆力。	玩法一：选择沙漏，为自己设定挑战时间，将糍粑卡片摆在任意 16 方格内，依次找出相同的糍粑；可与同伴轮流玩。 玩法二：根据记忆翻卡片，找出相同的糍粑；可与同伴一起比赛，看谁找得更多。
	“毛毛虫”的美餐		1. 尝试运用不同的工具给“毛毛虫”喂食。 2. 发展手部精细动作、手眼协调能力，并积累生活经验。	运用不同的工具给“毛毛虫”喂食。用勺子舀“水果”或用夹子夹取“水果”放到“毛毛虫”嘴里。

续表

区域	名称	照片	目标	玩法
操作区	看图形摆豆子		1. 提高手眼协调能力。 2. 发展手部小肌肉动作。	玩法一：根据各种图形把豆子有序地摆在轮廓线上。 玩法二：自己画喜欢的图案，根据所画图案摆豆子。
	按数取物、颜色对应		1. 学习按数取物，根据 5 以内的指定数量取出相等数量的物体。 2. 能区分红色、黄色、黑色、白色、绿色，根据颜色的标记分类。 3. 提高手眼协调能力。	玩法一：用勺子或夹子根据瓶子上的数字放入相应数量的豆子。 玩法二：用勺子或夹子根据颜色的标记将豆子分类。
	豆子排序	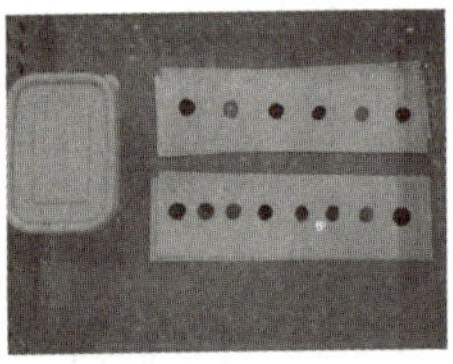	1. 尝试有规律地交替排序，培养逻辑推理能力。 2. 提高思维能力及动手操作能力。	根据排序卡进行排序。
	红薯皮肥料	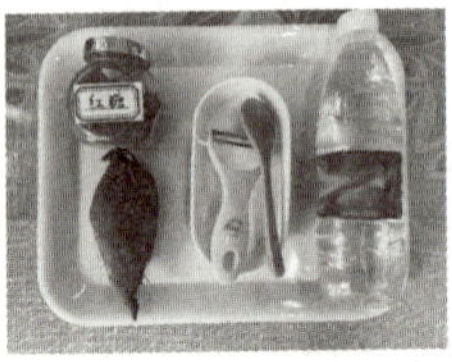	1. 自选工具和材料，将红薯皮弄碎。 2. 尝试自制红薯皮肥料。	把红薯皮放进矿泉水瓶，加入水和红糖，观察和感知红薯皮的变化。
	红薯淀粉的秘密		1. 感知红薯淀粉遇碘水变蓝黑色的现象。 2. 通过操作初步了解红薯中含有淀粉的秘密。	把红薯切开，在红薯上滴一些碘水，观察碘水颜色的变化。

续表

区域	名称	照片	目标	玩法
生活区	穿豆子		1. 尝试有规律地穿项链。 2. 提高手眼协调及动手能力。	玩法一：运用手链绳子穿豆子手链、项链。 玩法二：运用软铁丝绳结合珠子、小铃铛一起穿手链、项链。
	装豆子	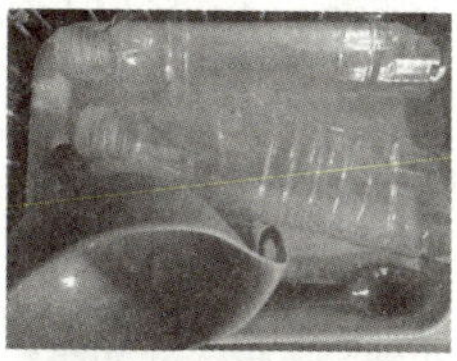 	1. 感知豆子的流动性。 2. 提高手眼协调的能力。	玩法一：运用漏斗把豆子装进瓶子里。 玩法二：运用勺子把豆子装进瓶子里。
	刮、切红薯		1. 掌握刮皮的使用方法。 2. 发展动手操作能力和自我服务能力。	玩法一：尝试用刮皮刀给红薯刮皮。 玩法二：将红薯切成块状。
	榨汁	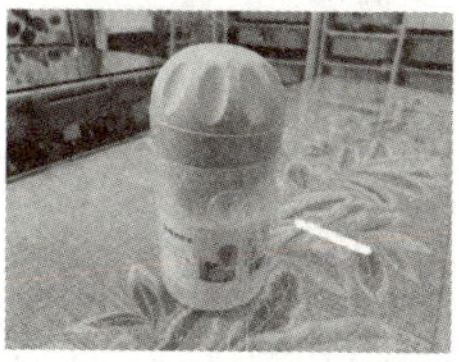 	1. 尝试运用不同工具进行榨汁，感知不同工具榨汁的方法。 2. 具有大胆探索的欲望。	玩法一：用刀把蔬菜、水果切碎，放入手动榨汁机。 玩法二：使用捣盅捣碎蔬菜、水果，用过滤袋挤出汁。
	压面机		1. 运用压面机制作面条。 2. 具有大胆探索的欲望。	玩法一：运用压面机制作面条。 玩法二：运用擀面杖、刀、磨具等工具制作面条。

续表

区域	名称	照片	目标	玩法
	打糍粑		1. 尝试用擀面杖、锤子打糍粑，用模具给糍粑做印花。 2. 发展手眼协调能力和小肌肉动作。	玩法一：用擀面杖、锤子打糍粑。 玩法二：探究如何将打好的糍粑放在压花板上压制。
	石磨		1. 尝试运用石磨磨豆子，观察豆子被磨碎的过程，感知豆子的特性。 2. 具有大胆探索的欲望。	运用石磨磨豆浆。
	过滤艾绒	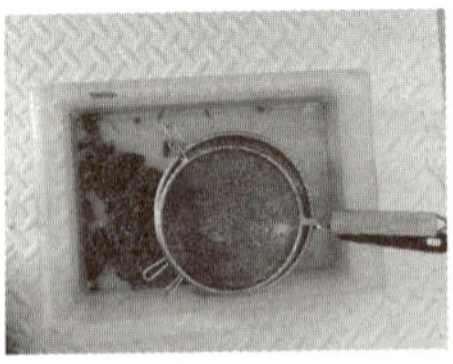	1. 认识过滤网，了解它的用处及使用方法。 2. 提高手眼协调能力。	将干艾叶放在过滤网上摩擦，将艾叶碾碎，过滤出艾绒。
美工区	红薯娃娃		1. 认识红薯，根据红薯的形状进行手工创作。 2. 萌发初步的艺术表现力与创造力。	根据红薯的形状，用松散材料创作出各式各样的红薯娃娃。
	红薯藤项链		1. 探索、讨论如何将红薯藤变成“链子”，锻炼捏的技巧。 2. 体验玩红薯藤带来的乐趣，并能自信大胆地展示自己的作品。	在种植园采摘新鲜的红薯藤，捏成红薯藤项链、耳环等，并进行佩戴。
	红薯叶拓印	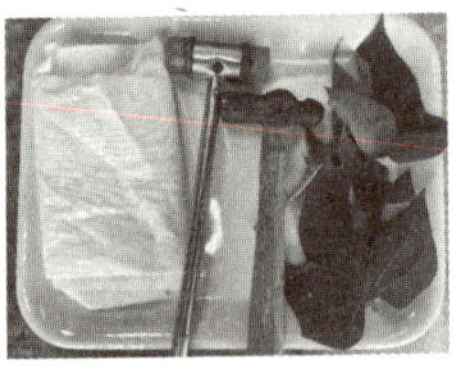	1. 学习在红薯叶上较均匀地涂色并拓印的技能。 2. 具有初步表现美的能力，提高动手操作能力。	把红薯叶平整地放在纱布上，并用小锤子均匀地敲打出颜色。

续表

区域	名称	照片	目标	玩法
	红薯叶喷画		1. 学习在红薯叶上较均匀的涂色、喷画的技能。 2. 萌发初步的艺术表现力与创造力。	把红薯叶平整地放在纸盒上，用颜料进行喷画。
	客家喜粄	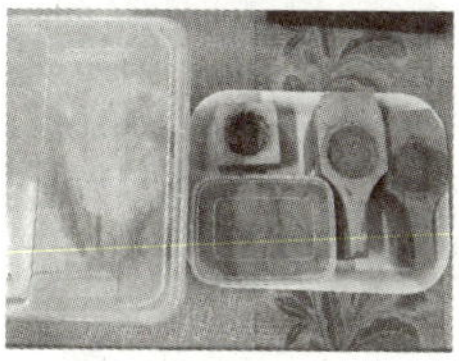	1. 学习压模的技能。 2. 尝试用多种材料进行压印活动，初步感知肌理效果。	把陶泥或者超轻黏土放在模具上，制作出客家喜粄。
	剪面条		1. 增强手指动作协调能力，体验剪纸的乐趣。 2. 喜欢参加艺术活动，并能大胆地表现自己的情感。	按直线或曲线剪出面条的形状，并进行粘贴。
	糯米饭团	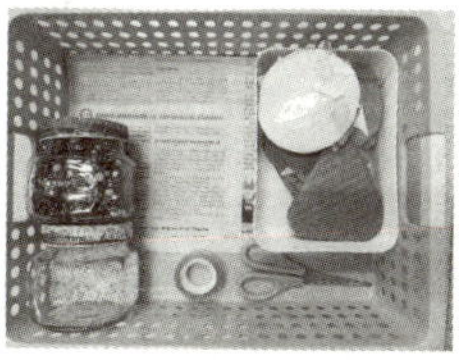	1. 尝试揉报纸，初步掌握使用双面胶和透明胶的方法。 2. 发挥想象力，运用各种材料制作糯米立体饭团，发展手眼协调能力。	玩法一：(糯米平面饭团)在纸板上贴上双面胶，运用各种材料丰富饭团。 玩法二：(糯米立体饭团)在纸板上贴上双面胶，将报纸揉成一团，放在两个纸板中间，用双面胶缠绕固定。运用各种材料丰富饭团。
	豆宝宝		1. 了解超轻黏土的特性。 2. 初步掌握超轻黏土制作的基本知识和技能、过程和方法。	玩法一：用超轻黏土结合豆子捏出黄豆夹。 玩法二：根据主题活动的开展，用超轻黏土捏一些客家美食。

续表

区域	名称	照片	目标	玩法
语言区	故事操作盒		1. 想象故事情节并大胆讲述，乐意表达。 2. 有大胆想象与讲述故事的欲望。	用故事操作盒讲述故事。
	小剧场		1. 想象故事情节并大胆扮演，乐意表达。 2. 大胆绘画创想。	选择自己喜欢的头饰或者玩偶进行故事扮演，然后记录下来。
	豆豆旅行记	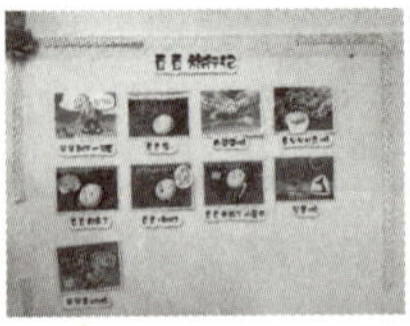	1. 了解豆豆的生长顺序。 2. 发展幼儿的语言能力。	根据豆豆生长顺序进行配对活动，并用语言表达出来。

三、实施多元探究

(一)活动计划

“客家味道”主题活动计划一览表如表 3-1-3 所示。

表 3-1-3 “客家味道”主题活动计划一览表

领域	活动内容
语言	餐具总动员、一个红薯的秘密、我最爱吃的客家美食、擂茶、贪吃的变色龙、我制作的客家美食
科学	科学：厨房电器、食物的旅行、红薯淀粉的秘密、糯米变成粉、酿豆腐、客家腌面、艾粄、客家美食街 数学：吃拉面、面食家族大分类
艺术	音乐 律动：吃货进行曲、厨房音乐会 歌曲：《小厨师》《小厨师忙呀忙》
	美术 绘画：我最爱吃的客家美食 手工：热气腾腾的面条、客家美食宴会、制作宣传海报 装饰画：餐盘

续表

领域	活动内容
社会	中国的传统美食、餐桌礼仪、选举宣传小能手
健康	吃健康的食物

(二)活动脉络

1. 感知(第一阶段)

教师了解幼儿关于客家味道的前期经验。幼儿通过分享、谈话、实际操作了解客家美食的多样性、制作过程，熟悉烹饪工具，在家长的带领下尝试制作一份客家传统美食。

“客家味道”主题活动感知阶段概览图如图 3-1-12 所示。

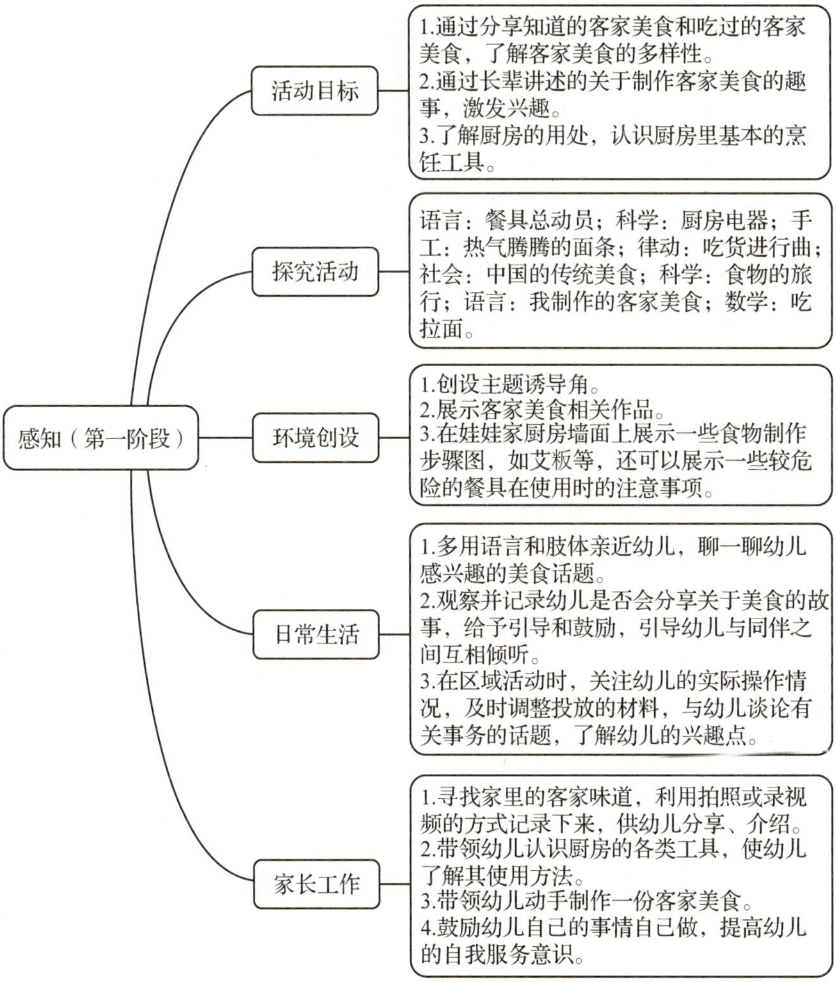

图 3-1-12 “客家味道”主题活动感知阶段概览图

“客家味道”主题活动感知阶段活动实施一览表如表 3-1-4 所示。

表 3-1-4 “客家味道”主题活动感知阶段活动实施一览表

序号	领域＋名称	活动内容	组织形式
1	语言：餐具总动员	引导幼儿认识常用的餐具，知道这些餐具的作用。	集体活动
2	科学：厨房电器	引导幼儿认识厨房常用的电器，如电饭煲、消毒柜、烤箱等，让幼儿知道不正确使用电器会有危险，有初步的安全意识。	集体活动
3	手工：热气腾腾的面条	引导幼儿使用剪刀剪纸，剪出长短不一的面条的形状，用粘贴、添画的方式丰富作品。	小组活动
4	律动：吃货进行曲	引导幼儿在有伴奏的情况下用简单的动作表现歌曲内容。	集体活动
5	社会：中国的传统美食	准备一些关于中国传统美食的实物或图片，引导幼儿认识传统美食。	集体活动
6	科学：食物的旅行	引导幼儿熟悉人体的主要消化器官，了解食物在身体内消化的过程。	集体活动
7	语言：我制作的客家美食	结合图片或视频、记录单，让幼儿分享自己在家制作的客家美食。	集体活动
8	数学：吃拉面	运用不同粗细的拉面，让幼儿比较粗细。	集体活动

活动案例精选：

活动 1 语言：餐具总动员

设计意图：

《餐具总动员》这一绘本的故事内容简单，形象鲜明突出，能够激发幼儿的兴趣，特别是把餐具拟人化后，可爱的形象特别吸引幼儿，能让幼儿从故事中了解餐具的正确使用方式、用途等。

活动目标：

1. 乐意尝试各种餐具的使用方法。

2. 体验使用餐具品尝美味食物的成就感及乐趣。

3. 具有敏锐的观察能力。

活动准备：

一个幼儿扮演小兔、生日蛋糕玩具、各种食物、餐具、空盒子、小毛巾。

活动过程：

(一)开始部分

师：你们看，小兔为我们准备了什么？它们是怎么样的？(引导幼儿自由观察食物及各种餐具，说说它们的名称、形状。)

(二)基本部分

引导幼儿尝试用各种餐具品尝不同形状的食物，探索各种餐具的使用方法。

1. 引导幼儿自由交流、探索：刚才吃了什么？是怎么吃的？使用了什么餐具？

2. 幼儿说说餐具的使用方法并用肢体语言来表示，教师引导幼儿正确使用动词。

3. 教师从幼儿的操作情况中发展幼儿的发散性思维，使幼儿知道同一种食物可以用不同餐具来食用。

(三)结束部分

小兔推出生日蛋糕，全体幼儿为小兔唱生日歌庆祝生日。

教师让幼儿在已有经验的基础上再次探索。幼儿在已有的感性经验基础上使用不同餐具，品尝食物。

活动延伸：

教师把相关绘本投放到语言区，供幼儿在区域活动时阅读。

活动小结：

活动设计环环相扣、衔接流畅、层层递进，在讲述故事的时候幼儿能专注听讲，仔细观察画面并大胆提出问题、回答问题。幼儿的动作协调性和灵活性得到发展，独立进餐的兴趣被激发起来。

活动实录：

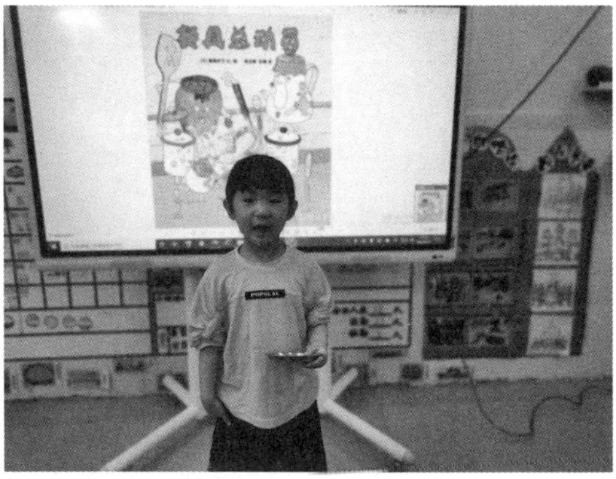

图 3-1-13　认识餐具

活动 2　手工：热气腾腾的面条

设计意图：

在品尝过客家腌面后，幼儿对客家腌面的兴趣很高，我们决定做一些作品供幼儿欣赏。小班下学期开始，幼儿对使用剪刀的需求增大，尤其是在做各种手工作品时。于是，教师开展了制作“热气腾腾的面条”这一活动。

活动目标：

1. 学习并尝试使用剪刀按直线或曲线剪出面条的形状。

2. 发展手指动作协调能力，体验剪纸的乐趣。

3. 探索、发现生活中面条的多样性及特征，尝试利用多种材料和方式进行创作。

活动准备：

图片、彩纸、剪刀、水果泡沫网、彩泥、盘子等。

活动过程：

(一)开始部分

师：小朋友们，今天我们班来了一位客人，你们看一看，是谁来了？

师：小猪是个小吃货，你们看他的肚子，小猪告诉老师他今天吃了很多好吃的面条，所以肚子吃得饱饱的。你们爱吃面条吗？请小朋友们说一说你们喜欢吃什么面条。

(二)基本部分

1. 出示各种各样的面条的图片，引导幼儿观察并思考。

师：请小朋友看一看，这些面条都是什么形状的？

引导幼儿发现并表达出“长长的、短短的、宽宽的、扁扁的、圆形的”等面条的特征。

2. 利用儿歌示范剪面条的制作要点。

幼儿边学说儿歌边做“剪，剪，剪，剪面条的动作”。

附儿歌：

剪，剪，剪，剪出长长的面条，请谁吃呀！请布娃娃吃。

剪，剪，剪，剪出宽宽的面条，请谁吃呀！请某某(说一个幼儿的名字)吃。

剪，剪，剪，剪出短短的面条，请谁吃呀！请某某(说一个幼儿的名字)吃。

剪，剪，剪，剪出弯弯的面条，请谁吃呀！请某某(说一个幼儿的名字)吃。

3. 引导幼儿动手剪面条，并向幼儿强调剪刀的使用规则和注意事项。

幼儿开始动手操作。

4. 注意引导幼儿思考制作面条的其他方法。

师：除了用剪纸制作面条的方法以外，还有哪些方法可以制作面条呢？

(三)结束部分

作品分享与教师小结。

延伸活动：

教师把材料投放到美工区，让幼儿在区域活动时可以继续制作面条。

活动小结：

在教学过程中幼儿参与的兴致很高，基本目标已经达到。但是也存在一些不足的地方。例如，教师给幼儿提供的材料和工具不够丰富；在活动中，针对剪面条剪得慢的幼儿，教师要给予特别指导，或者引导幼儿互相帮助。

活动实录：

图 3-1-14　制作面条

2. 探究(第二阶段)

在活动过程中，教师教幼儿认识各种食材，使幼儿通过不同的感官感知食材的基本特征，探索食材的来源，如豆腐是怎么来的，黄豆的生长过程是怎么样的。教师带领幼儿在种植园或班级的种植角种植黄豆，观察黄豆的生长过程并让幼儿用自己喜欢的方式记录下来。教师运用集体活动、分组活动、小组活动等不同的活动形式带领幼儿深入探索客家美食，让幼儿在主题操作角或烹饪室尝试动手制作美食，在活动中体验制作美食的快乐。幼儿在实际中感受食物的来之不易，从而懂得珍惜粮食；了解客家美食的由来，对客家饮食文化产生兴趣，并愿意交流自己的发现和经验。

“客家味道”主题活动探究阶段概览图如图 3-1-15 所示。

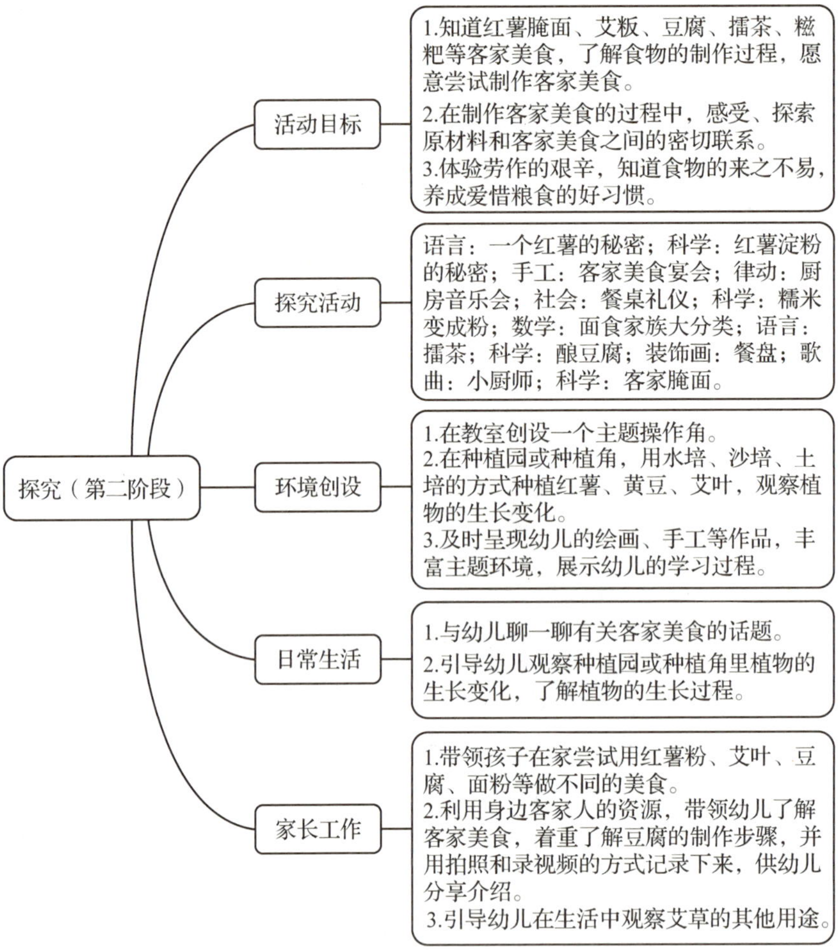

图 3-1-15 “客家味道”主题活动探究阶段概览图

“客家味道”主题活动探究阶段活动实施一览表如表 3-1-5 所示。

表 3-1-5 “客家味道”主题活动探究阶段活动实施一览表

序号	领域＋名称	活动内容	组织形式
1	语言：一个红薯的秘密	让幼儿通过故事了解红薯长在泥土里，知道红薯的基本结构及特征。	集体活动
2	科学：红薯淀粉的秘密	指导幼儿把红薯切开滴上碘水，引导幼儿感知红薯淀粉遇碘水后变蓝黑色的现象。	小组活动
3	手工：客家美食宴会	让幼儿运用超轻黏土、松散材料手工制作客家美食，并用蛋糕碟或小碟子摆盘。	区域活动
4	律动：厨房音乐会	带领幼儿跟着音乐尝试使用厨房用品。	集体活动

续表

序号	领域＋名称	活动内容	组织形式
5	社会：餐桌礼仪	引导幼儿学习基本的餐桌礼仪，如坐姿端正、不随便翻菜、不敲打碗筷等。	集体活动
6	科学：糯米变成粉	让幼儿用自己的方法尝试用不同的工具研磨糯米。	小组活动
7	数学：面食家族大分类	让幼儿观察收集的面食，并根据不同的特征进行分类。	集体活动
8	语言：擂茶	让幼儿通过听故事了解擂茶的由来及基本制作方法。	集体活动
9	科学：酿豆腐	引导幼儿学习酿豆腐的方法并亲身体验。	集体活动
10	装饰画：餐盘	引导幼儿运用不同的材料装饰餐盘。	区域活动
11	歌曲：小厨师	引导幼儿用动作和表情表演歌曲内容。	集体活动
12	科学：客家腌面	引导幼儿运用擀面杖、压面机等各种工具探索制作面条的方法。	小组活动

活动案例精选：

活动 1　科学：红薯淀粉的秘密

设计意图：

一次，幼儿在红薯坊刮红薯皮、切红薯的时候，发现红薯会流出一种白色的黏液，幼儿纷纷猜想这是什么。于是，教师设计了这次活动，让幼儿探索红薯淀粉的秘密。

活动目标：

1. 感知红薯淀粉遇碘水变蓝黑色的现象。

2. 通过操作初步了解红薯中含有淀粉的秘密。

3. 能简单说出自己的发现和感受。

活动准备：

不同种类的红薯、刮刀、砧板、滴管、碘水。

活动过程：

(一)开始部分

师：今天老师准备了一些红薯、碘水，我们把红薯切开，然后用滴管往红薯上滴一些碘水，会发生什么现象呢？

幼儿猜想、讨论。

（二）基本部分

1. 请幼儿分享自己的猜想。

2. 交代操作方法和安全注意事项。

3. 让幼儿自由操作、探索，观察红薯遇碘水后的变化。引导幼儿比较不同种类的红薯遇碘水后，颜色上有什么差异。

（三）结束部分

1. 引导幼儿讨论，说出自己的发现与感受。

2. 提问幼儿用的是什么种类的红薯，是如何操作的，哪一种红薯遇碘水，颜色变得最深。

3. 进行总结。

延伸活动：

教师将相关材料投放在红薯坊的操作角，供幼儿继续探究。

活动小结：

在活动前，教师请幼儿观察了碘水的颜色，有些幼儿说碘水像厨房里的酱油一样，有些幼儿说像可乐一样。幼儿在红薯上滴了碘水后，发现碘水的颜色变成了黑紫色，而且还发现不同种类的红薯在滴上碘水后其颜色的深浅也不一样，其中白心红薯遇碘水后的颜色最深，这说明白心红薯的淀粉含量是最高的。

活动实录：

图 3-1-16　红薯淀粉实验(1)

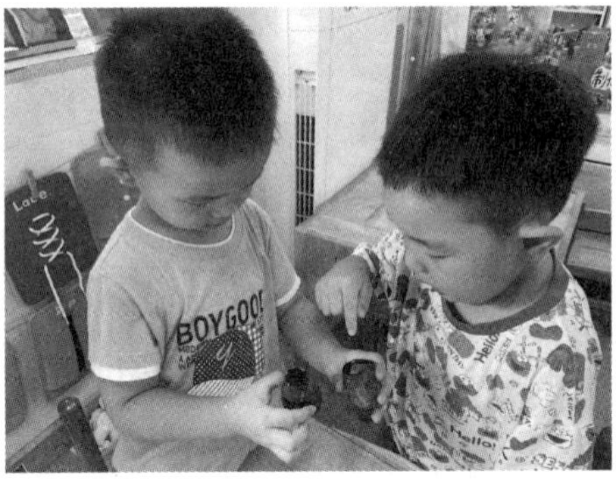

图 3-1-17　红薯淀粉实验(2)

活动 2　科学：糯米变成粉

设计意图：

通过上周对客家糍粑的了解，幼儿知道了糍粑的原材料主要是糯米和糯米粉。幼儿对糯米怎么变成糯米粉产生了好奇。于是，教师通过工具石磨、石臼开展糯米变成糯米粉的科学小实验活动。

活动目标：

1. 认识几种不同的制作工具。

2. 能够用自己的方法，尝试用不同的工具对糯米进行研磨。

3. 愿意与同伴分享、交流自己研磨糯米粉的经验，体验磨糯米的乐趣。

活动准备：

石臼、石磨、糯米、锤子。

活动过程：

(一)开始部分

1. 教师提问："你们知道糯米是怎么变成糯米粉的吗?"

2. 幼儿讨论让糯米变成粉的方法。

(二)基本部分

1. 教师介绍石臼、石磨、锤子的使用方法。

2. 幼儿将糯米放入石磨或者石臼中，探索将糯米变成粉的过程。

3. 教师请幼儿讨论如下两个问题。

(1)在磨米的过程中，你发现了什么?

(2)糯米变成粉后，你想做什么?

(三)结束部分

教师鼓励幼儿将自己的发现与同伴、老师分享，总结活动的经验。

活动延伸：

请幼儿回家继续探索糯米变成粉的实验。

活动小结：

幼儿乐于尝试用不同的工具将糯米变成粉的方法。幼儿发现要把糯米变成粉需要先把米泡一下，在磨米的时候需要合作，这些体验都为下一次活动做了铺垫。

活动实录：

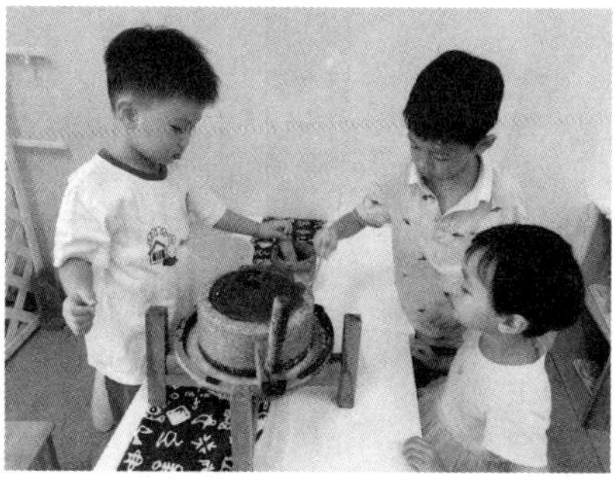

图 3-1-18　用石磨磨糯米

活动3 科学：酿豆腐

设计意图：

在主题背景下，幼儿对豆腐有了越来越多的感情，并有了探究欲望，酿豆腐是客家美食中的一道家常菜，也是一道名菜，美味又营养。教师决定让幼儿尝试一下制作酿豆腐，并在制作过程中学习安全地使用工具，培养良好的卫生习惯。

活动目标：

1. 知道制作酿豆腐的流程、方法和所需食材。

2. 在活动中提高动手能力。

3. 体验品尝自制美食的乐趣。

活动准备：

1. 食材：油豆腐、肉馅、香葱、香菇、萝卜、调味品(油、盐、酱油)。

2. 工具：勺子、塑料小刀、切菜板、盆子、电磁炉、锅。

活动过程：

(一)活动开始

师：小朋友们吃过酿豆腐吗？它是怎么做的呢？

(二)活动过程

1. 介绍酿豆腐的制作方法：切萝卜、香葱、香菇，拌肉馅再酿豆腐。

2. 请幼儿自由选择加入小组，准备材料，教师巡回观察指导。

3. 请个别幼儿把萝卜放在锅的底部，再把豆腐放进锅内，用电磁炉焖煮。

4. 小组分享制作过程，感受食物的来之不易。

(三)结束部分

幼儿一起品尝酿豆腐，分享自己品尝的味道。

活动延伸：

幼儿可以回家和家人一起尝试制作酿豆腐，分享在园学习的制作过程。

活动小结：

在活动过程中，幼儿表现出高昂的兴致，亲手体验美食的制作过程，幼儿品尝到自己制作的美食是非常开心的。这一活动提高了幼儿的动手能力、学习能力。

活动实录：

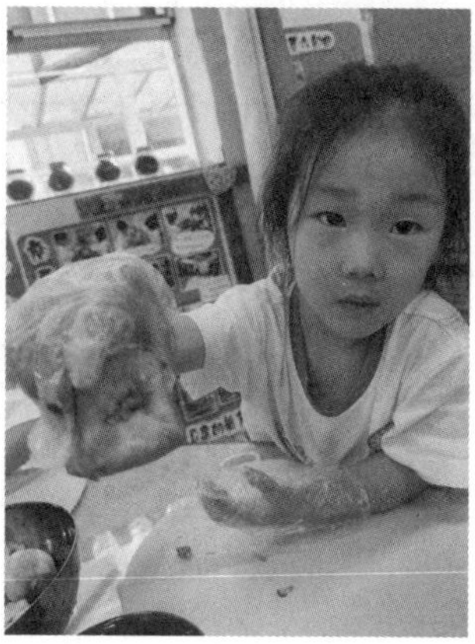

图 3-1-19 酿豆腐(1)

图 3-1-20 酿豆腐(2)

3. 展示(第三阶段)

教师通过照片、视频、网络图等形式让幼儿展示主题活动探究过程。年级组举行客家美食街活动，各班与幼儿一起讨论美食街环境的布置，班级美食街摊位需要准备什么，教师协助幼儿一起创设美食街环境。在活动中，幼儿邀请老师、客人品尝美食，介绍客家美食的种类、制作方法、所需食材和工具等，宣传客家饮食文化。

“客家味道”主题活动展示阶段概览图如图 3-1-21 所示。

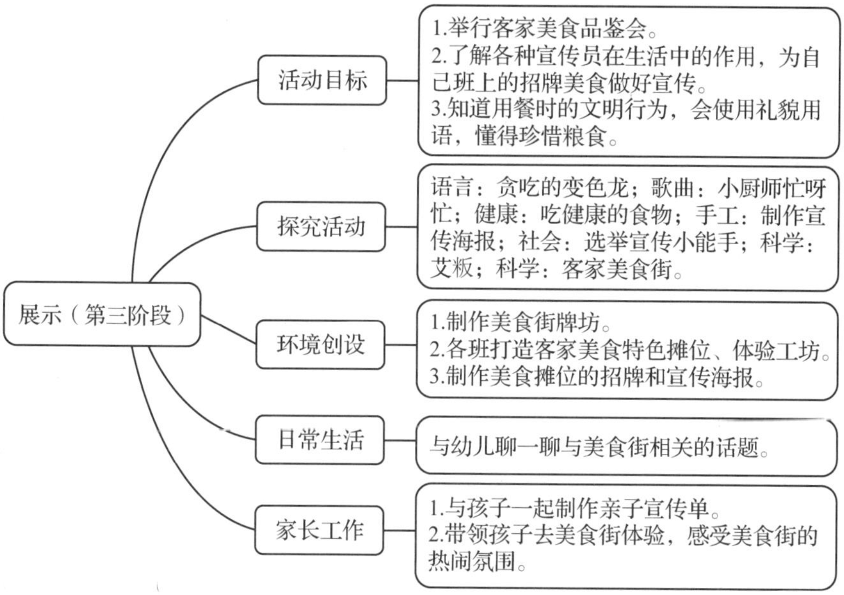

图 3-1-21 “客家味道”主题活动展示阶段概览图

“客家味道”主题活动展示阶段活动实施一览表如表 3-1-6 所示。

表 3-1-6 “客家味道”主题活动展示阶段活动实施一览表

序号	领域+名称	活动内容	组织形式
1	语言：贪吃的变色龙	让幼儿倾听故事，复述变色龙吃了哪些东西，自由地在变色龙玩具模型身上涂染颜色。	集体活动
2	歌曲：小厨师忙呀忙	让幼儿知道歌词中故事的内容，跟随音乐表演故事。	集体活动
3	健康：吃健康的食物	让幼儿认识健康食品，激发幼儿喜欢吃水果蔬菜类的食物。	集体活动
4	手工：制作宣传海报	引导幼儿与同伴合作，一起制作客家美食的宣传海报，并让幼儿用自己喜欢的方式进行装饰。	小组活动
5	社会：选举宣传小能手	让幼儿通过讨论投票的形式选举出宣传客家美食街的小能手。	集体活动
6	科学：艾粄	引导幼儿洗、切艾叶，将艾叶汁与糯米粉、大米粉、白砂糖混在一起和面，揉搓成艾粄。	集体活动
7	科学：客家美食街	以级组形式举行客家美食街，每个班一个美食摊位，互相介绍、分享自己制作的美食。	集体活动

活动案例精选：

活动 1　科学：艾粄

设计意图：

在主题背景下，幼儿在谈话中了解到艾叶可以制作成各种美食，所以教师决定让幼儿尝试一下制作艾粄，并让幼儿在制作过程中学习安全地使用工具，培养良好的卫生习惯。

活动目标：

1. 知道制作艾粄的流程、方法和所需食材。

2. 提高动手能力。

3. 体验品尝自制食物的乐趣。

活动准备：

1. 食材：新鲜艾叶、白砂糖、大米粉、糯米粉。

2. 工具：榨汁机、油纸、铁盆、铁锅、铲子。

活动过程：

(一)开始部分

师：小朋友们知道艾粄是如何制作出来的吗？

(二)基本过程

1. 介绍艾粄的制作方法，并介绍所需材料和工具。

2. 请幼儿自由选择加入各个小组，分拣艾叶、清洗艾叶、榨艾叶汁，准备材料。

幼儿自主制作，教师巡回观察指导。

3. 引导幼儿将艾叶汁与糯米粉、大米粉、白砂糖混在一起和面，分成四份让幼儿自主揉搓艾粄成型，用蒸锅蒸熟。

4. 幼儿分享制作过程，感受食物的来之不易。

(三)结束部分

幼儿自主品尝艾粄，分享自己品尝到的味道。

活动延伸：

教师鼓励幼儿在美工区绘画“美食图册”。

活动小结：

在活动过程中，幼儿是非常乐意和积极参与的，亲手体验美食的制作过程，幼儿品尝到亲手制作的美食是非常开心的。这一活动提高了幼儿的动手能力、学习能力。

活动实录：

图 3-1-22　和面

活动 2　科学：客家美食街

设计意图：

在主题活动的第三阶段，教师与幼儿一起讨论决定开展美食街的结题活动，幼儿动手制作客家美食，各班级之间互相介绍、分享自己制作的美食，级组之间共享经验，体验一起合作的乐趣，感受客家人的热情以及客家文化。

活动目标：

1. 能运用不同的形式制作环境中所需的招牌、邀请函等，提高动手能力。

2. 认识特色的客家美食，并能亲手制作客家美食。

3. 感受客家美食街带来的热闹氛围，增强对客家美食的喜爱之情。

4. 敢于在集体面前大胆发言、表现自己。

活动准备：

1. 烹饪工具、客家美食。

2. 布置美食街摊位、牌坊、邀请函。

3. 桌子、椅子。

活动过程：

（一）布置客家美食街

1. 与幼儿一起讨论客家美食街在哪里开展，需要布置什么，和幼儿一起准备相关物品。

2. 根据幼儿讨论的结果带领幼儿一起布置美食街环境。

（二）制作美食

1. 各班准备食材、烹饪工具，制作客家美食：酿豆腐、糍粑、艾粄、腌面、红薯粉、擂茶。

2. 把美食制作好后摆放在自己班级的摊位上。

（三）品尝美食

1. 幼儿邀请园内中、大班的哥哥姐姐、老师前来参加美食会，让他们品尝客家美食。

2. 幼儿向客人介绍客家美食的名称、所需食材、制作方法等，让大家了解并喜欢客家美食。

3. 互相品尝其他班级的客家美食。

（四）交流与分享

教师引导幼儿交流与分享自己在美食街活动中品尝到了什么食物，它的味道怎么样，自己的感受是什么样的。

活动实录：

图 3-1-23　美食街环境

图 3-1-24　幼儿自主分享美食

四、总结与评价

(一)幼儿学习与发展

我园开展了“客家味道”主题探究活动。在感知阶段，教师让幼儿了解客家美食有哪些，自己吃过的客家美食是什么味道的，认识厨房里的烹饪工具，初步培养幼儿安全使用厨房电器的意识，引导幼儿逐渐喜欢厨房。在探究阶段中，教师及时抓住幼儿的兴趣，开展了一系列对客家美食的探究活动，对幼儿来说吃和玩就是他们生活中最重要的事情。在活动中，幼儿通过一边吃一边玩不断积累操作经验、物理经验、化学经验等。在制作美食的过程中，幼儿了解食物的制作过程，通过与食材的亲密接触，可以全方位地促进运动、情感、创造、想象等多种能力的发展；幼儿通过事前准备，体验到通过自己的劳动获得美食的味道是一种幸福；美食成品就是幼儿创作的艺术品。在操作体验中，客家饮食文化在幼儿幼小的心灵中萌芽。

教师在班级创设相应的烹饪角，让幼儿在进行区域活动时也能自主选择制作美食，练习洗、切、削、磨、搓、煮等技能，提高幼儿的动手能力；创设主题环境让幼儿在与环境的互动中感受客家饮食文化，与同伴产生语言交流，提高社会性交往能力，感受美的环境能给自己带来愉悦的心情，促进身心全面和谐发展。

1. 学习故事

学习故事示例如表 3-1-7 所示。

表 3-1-7　捏糖环

幼儿：逸珣	教师：林伊苹	日期：2022 年 11 月
今天的区域活动时间，你(逸珣)来参加了我们的小组活动“捏糖环”。在老师的介绍和引导下，你开心地参与到活动中来。在小朋友分组进行和糯米面团后，负责创作糖环花型的你早已迫不及待地动手尝试啦！你把先分到的糯米团剂子放在手上，用一双小手不断搓揉，揉成了圆圆的小球，一边开心地说道：“老师快看！这是一个大胖小子面团，哈哈！”你发出了爽朗的笑声。接着你把揉好的面团放到了砧板上，双手放在面团上前后搓动，圆圆的面团变成了胖胖粗粗的短条。你学着专业老师的模样，双手一边前后搓动着一边从里向外推开，不一会儿，圆圆的面团在你手里变成了长长的面条状。这根“面条”好长好长，你拿起其中一端，在砧板上绕出了个小圆圈，连接好圆圈两头后，		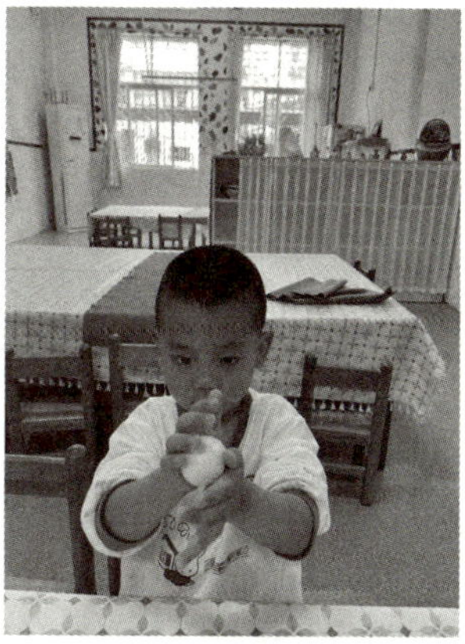

续表

把多余的长条捏断，再把长条一点一点地分开，用于制作“车轮”中间镂空的花纹，把圆圈中空的地方连接了起来，这样一个完整的“车轮饼”就创作完成啦！创作完第一个糖环后，你并没有停下手里的活儿，而是用剩下的长条继续围成小圆圈、分小段制作花纹、制作糖环。你在不懈努力下，成功地做了5个“小车轮”糖环。你激动地与老师和小朋友们分享着，期待着下锅油炸后的糖环美食出炉。 在这里我看到了什么样的学习？ 亲爱的逸珣宝贝，今天在“捏糖环”小组活动中，老师看到你能够积极参加活动，愿意动手通过揉、搓、团、捏等技法来创作自己的糖环，虽然这些步骤有些烦琐且不容易做，但是你没有害怕困难，坚持将糯米团捏揉成了漂亮的糖环造型，并且乐在其中。对于糖环的造型你有自己的想法，主动思考解决问题的策略，在整个游戏过程中你专注且认真，老师为你点赞！

2. 观察记录

观察记录示例如表3-1-8所示。

表3-1-8 观察记录示例

观察日期	2022年11月	观察对象	烹饪室
观察对象	泽煦	观察教师	林伊苹
情况记录	今天泽煦来参加小组活动“我会捏花型”，老师邀请泽煦来负责加入干糯米粉，他笑着来到动手操作区准备开始工作。泽煦到厨具区拿了一个长勺子，从大大的糯米粉罐子里舀出了一大勺糯米粉，接着继续舀第二勺，这时旁边的逸珣喊道：“泽煦，不用下太多糯米粉，不然等一下太干啦！”泽煦听完逸珣的话，把手中的第二勺糯米粉放回原处，开始用手揉起了面团。当手按下去几下后，泽煦说道：“咦，好黏呀！”接着用拳头在面粉里揉了几下，把粘在手上的糯米粉用手刮掉，在盆子里加入了一小勺糯米粉，继续揉着。不一会儿，散散的糯米粉成型了，变成了一个小面团，但周围还散落着许多面屑。这时逸珣再次说道：“这旁边的面屑要捡起来”，说着把手放进盆子里捡起面屑，按压在泽煦的面团上，很快，一块面团制作完成了。泽煦继续分成小剂子，准备制作糖环花型。泽煦手上拿着小面团剂子，放在砧板上学着老师的样子搓长条，搓成一个粗细不一的长条后，把两端连接，面条粘在了一起。泽煦把做好的糖环拿起，这时最细的地方断开了，他慢慢地把糖环放下，用大拇指和食指在断开处捏了捏，进行“缝合”。随后叫来老师协助他把糖环拿到油锅里炸。		

续表

情况分析	泽煦在用糯米粉和面的活动中，敢于动手操作，在操作时能够听取同伴的建议，及时调整糯米粉的含量。当加了水的糯米粉黏稠且粘住双手和把面条搓成糖环造型断开时，他通过添加面粉、搓手刮开，以及把面条断开处进行连接。他能运用生活经验，寻找策略把粘在手上的面粉揉成团，说明他在生活中有此类相关经验，并且能够将其运用到自己解决问题的过程中。
教育策略	1. 教师及时鼓励幼儿，使幼儿体验成功的喜悦，表扬幼儿在活动中不放弃、调整策略解决问题的学习态度。 2. 让幼儿讲述操作技巧和过程，促进同伴之间相互学习。 3. 在接下来的活动中提供给幼儿更多的材料支持，激发幼儿的学习兴趣。
教育效果	经过良性的师幼互动，教师鼓励幼儿与同伴分享经验，提供更多的材料支持，使幼儿能够更自主地在主题活动和项目活动中进行操作和探究，提升了幼儿的自信心和能力。

(二)教师收获与反思

教师在主题活动的开展前期做了充分的调查和了解，制定了主题目标和活动流程，在主题的实施阶段，能及时捕捉幼儿的兴趣，根据实际情况调整活动计划，跟着幼儿的兴趣挖掘有深度的活动，激发幼儿的探究欲望，力求从各方面增强和丰富幼儿的能力和经验。教师能从幼儿的角度出发，结合主题创设主题操作角、主题展示角，根据幼儿的年龄特点和发展目标投放适宜的、有层次的、富有趣味性的区域操作材料，满足不同能力和兴趣的幼儿需求。在活动中，教师也会注重观察幼儿与环境和材料的互动，发现不适宜或者不受幼儿喜欢的材料，与幼儿进行谈话，讨论如何调整改进，让材料和环境发挥有效的作用。

(三)家长的参与与改变

家长在主题活动的开展中提供了重要的支持，无论是寻访调查还是亲子制作美食，家长都能认真带领幼儿参与活动，做好家园配合，在主题活动的不同阶段中提供相应的支持。幼儿能在主题探索的激发下有所改变和成长，从不喜欢进厨房到能积极主动地进厨房要帮忙，家长也更加愿意参与活动，主动报名参与美食助教，提供烹饪工具、原材料，录制美食介绍视频等，为主题活动的深度探究提供有效的支持。“客家味道”主题活动中家园共育活动一览表如表 3-1-9 所示。

表 3-1-9 “客家味道”主题活动中家园共育活动一览表

阶段	活动名称	活动内容	参与形式
感知阶段	寻访客家餐馆	家长带领幼儿寻访客家餐馆，了解客家美食。	家长义工
	去客家朋友家做客	家长带领幼儿去身边的客家朋友家里做客，品尝客家菜，感受客家人的待客礼仪。	亲子活动
	做客家菜	家长和幼儿在家尝试做客家菜。	亲子活动
探究阶段	超轻黏土：我喜欢的客家美食	家长与幼儿一起用超轻黏土制作客家美食。	亲子手工
	客家美食	家长协助班级开展烹饪活动，制作客家美食。	家长助教
	再次参访客家腌面馆	家长利用假期的时间，带幼儿再去寻访客家腌面馆，采访厨师制作腌面的方法。	家长义工
	客家话	邀请客家家长带领幼儿一起学讲简单的客家话。	家长助教
展示阶段	结题活动	家长协助收集结题活动用到的材料和布置结题活动的场地、拍摄活动掠影、制作视频等。	家长义工

第二节　项目活动

一、制作糯米糍粑

（一）活动缘起

在“客家味道”的主题探讨下，幼儿积极讨论着客家有哪些美食，寻找客家味道。在幼儿的激烈讨论下，他们发现客家美食有不同的种类，有酿三宝、糍粑、盐焗鸡、腌面等。

裕森：我喜欢吃大鸡腿！

乔雅：我最爱吃棒棒糖味道的糍粑，甜甜的！

诗琪：我吃过奶奶做的芝麻糍粑，圆圆的！

哪一种客家美食最受幼儿欢迎呢？经过投票，糯米糍粑深受幼儿欢迎。糯米糍粑是客家的传统美食之一。为支持幼儿继续了解客家糯米，一场以糯米糍粑为载体的美食探索之旅就此展开。根据幼儿的兴趣点，教师预设了“制作糯米糍粑”网络图(图 3-2-1)。

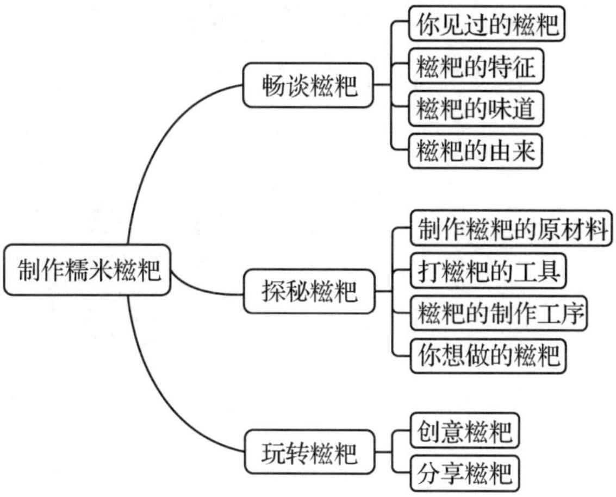

图 3-2-1 “制作糯米糍粑”网络图

1. 价值分析

生活中有各种各样的美食，每一种美食都有其美妙的传说，都是某一历史文化的缩影，所谓一种美食，一方文化，代代相传。在深入探究糯米糍粑的过程中，幼儿学习客家人勤劳实干的精神，实现对客家优秀传统文化的传承。陶行知先生曾说，教育只有通过生活才能产生作用，并真正成为教育。在探究糯米糍粑的过程中，幼儿通过亲身体验、直接感知食物的制作过程，了解糯米等食物的特征，锻炼动手操作能力，体验美食的来之不易。

2. 可行性分析

龙岗区蕴含深厚的客家文化，从餐桌到大街小巷，都有浓浓的客家味。班级里有不少客家人，糍粑是他们的传统美食，幼儿对糍粑有一定的前期经验。同时，幼儿也能便利地从日常生活中获取对糍粑的直接经验。其次，小班幼儿的思维处于具体形象阶段，食物的色香味牢牢抓住了幼儿的感官。“制作糯米糍粑”活动符合小班幼儿的年龄特点，幼儿能通过多种感官获取对糯米糍粑的了解。最后，教师对可利用资源进行分析。例如，丰富的家长资源，家长助教可来园与幼儿一起探索糍粑的制作；幼儿园内丰富的客家传统工具，可供幼儿进行美食制作。这些都为幼儿的下一步探究提供了支持。

(二)情境感知

1. 探味

在晨谈活动时，教师和幼儿一起讨论“你喜欢吃什么味道的糍粑”，幼儿纷纷举手，基于自己的已有经验进行分享，并用绘画的形式记录。

晨谈结束后，幼儿没有结束对糍粑的讨论，而是继续兴奋地与教师分享：“我妈妈会做红糖糍粑，我可以带过来给你们吃！”“我想让爸爸买芝麻糍粑给我吃！”于是，“糍粑”成了班级里的热门词语。

教师思考：

在讨论中，幼儿纷纷举手，畅想不同口味的糍粑，幼儿的话题延续到了一日生活中，可见他们对糍粑已经产生了较浓的兴趣。讨论结束后，幼儿进行了表征(图 3-2-2)。教师用文字标注，并展示到一日环境中，及时留下痕迹，支持幼儿后续的探究与学习。

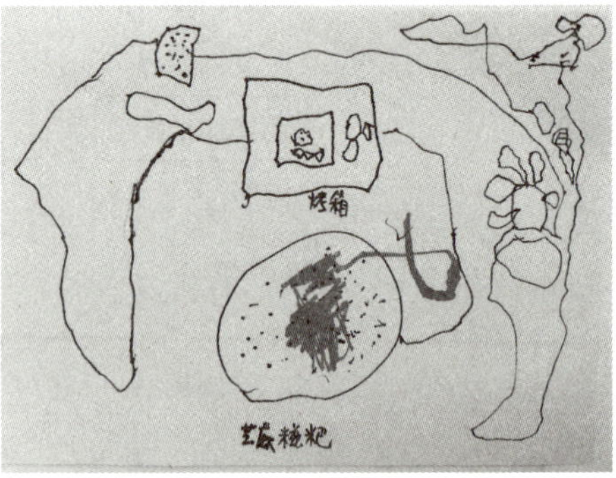

图 3-2-2　幼儿表征喜欢的糍粑

2. 寻味

(1)实地参访、亲身体验，寻找身边的糍粑

利用周末时间，幼儿和家长通过实地参访、亲身体验了解糍粑的制作过程，在家体验打糍粑的乐趣。

乔安、乔雅：我们在鹤湖新居见过糖油糍粑。

梓航：我昨天晚上和好朋友一起做了糍粑！

本一：奶奶教我打糍粑！

皓麟：妈妈和我一起制作糍粑。

体验了制作糍粑的幼儿将制作步骤画了下来：洗糯米、煲糯米饭、捶糯米等(图 3-2-3)。他们能大方地向同伴分享每个步骤的内容。

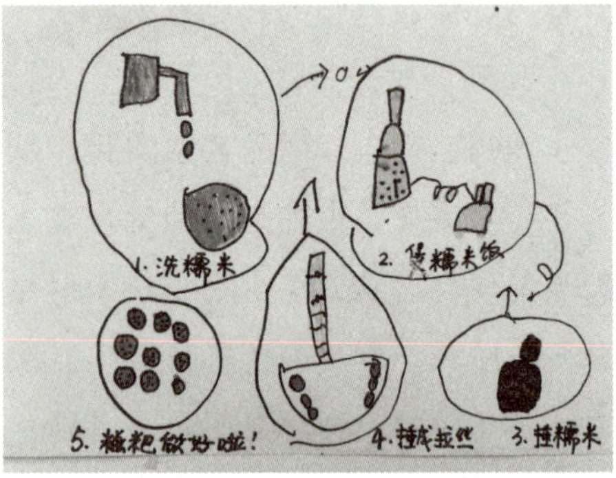

图 3-2-3　幼儿绘制糍粑制作步骤图

(2)从书中寻找答案

“我爷爷说糍粑是过节吃的！”“为什么糍粑要打得这么拉丝？”“为什么客家人要吃糍粑？”幼儿对糍粑的故事越发好奇，教师和幼儿一起阅读伍子胥建城墙的历史故事和绘本《打糍粑的大将军》(图 3-2-4)，初步了解

糍粑的由来和传统制作方式，感受人与人之间的浓浓友情、亲情和温情。同时，教师和幼儿一起观看客家糍粑节的相关视频，了解糍粑所蕴含的团圆之美和丰收之喜。

图 3-2-4　一起阅读《打糍粑的大将军》

教师思考：

在寻味之旅中，幼儿拉近了与糍粑的距离，大家纷纷化身为一个个小厨师亲自体验打糍粑。在活动中，教师充分利用社区资源和家长资源支持幼儿的学习。幼儿通过回忆和想象加深对糍粑的了解，在情境中感受客家传统味道与历史文化。同时，教师鼓励幼儿操作，给予幼儿分享与展示的机会，增强其自信心。在经历了实际操作、分享和交流后，幼儿对糍粑的制作步骤都有了一定的了解。

3. 品味

在寻味之旅后，幼儿分享着糍粑的美味，“我妈妈做的红糖糍粑很好吃！”“我想和你一起吃！”教师与家长分享近期的活动及幼儿的想法，提出将在班级内开展“糍粑品尝会”。接下来几天，幼儿带来了各种糍粑进行分享，通过看一看、闻一闻、摸一摸、尝一尝了解糍粑。

亦可：我的是红糖糍粑，要加红糖才美味(图 3-2-5)。

曦莹：我感觉有榴梿的味道。

圣依：我的糍粑是用艾叶做的，好苦呀。

在品尝了美味的糍粑后，幼儿记录自己吃的糍粑形状，为糍粑的味道打分，并且猜想糍粑是用什么做的、加入了哪些食材等。

图 3-2-5　亦可正往糍粑上倒红糖

教师思考：

教师注意到了幼儿的兴趣与需求，及时与家长沟通，家园携手为幼儿的探究提供支持。直接感知是幼儿的学习方式之一。在品尝时他们能真实地看到、闻到、触摸到，用多种感官直接感知糍粑，建立对糍粑的认识。幼儿带来糍粑与同伴分享，互相品尝、一起讨论，也促进了友好的同伴交往及社会性发展。

（三）问题讨论

随着活动的展开，班级环境的创设也围绕糯米糍粑进行了调整。教师将生活角变为糍粑角，初步投放了石臼、大米、糯米、花生等。幼儿在糍粑角自主地使用工具捣碎食材。同时，家长和幼儿在家一起体验打糍粑，不会做的家长还主动向经验丰富的家长学习，班级里打糍粑的热情一度高涨。随着经验的积累，幼儿对糍粑产生了新的问题和想法，教师通过具体、层层递进的提问，引导幼儿提出探究性问题——“关于打糍粑，你想知道什么？”并最终形成问题清单（图 3-2-6）。

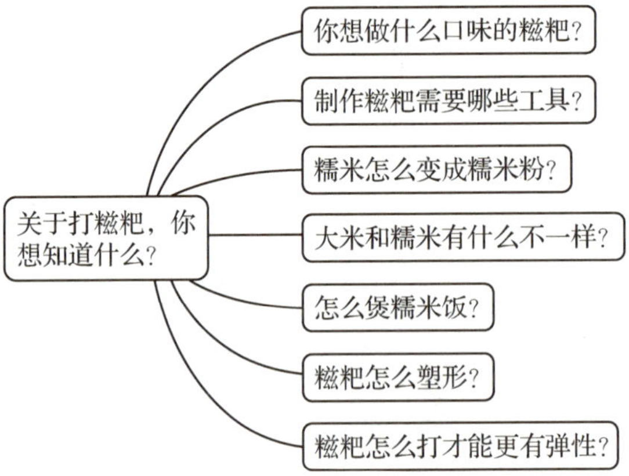

图 3-2-6　关于打糍粑的问题清单

（四）体验探究

1. 准备制作糍粑的工具和材料

幼儿对糍粑已经积累了一定经验，制作糍粑需要哪些材料？还需要用到哪些工具？每种工具是怎么用的？幼儿和家长通过查找资料找寻答案，一起完成调查表（图 3-2-7），并完善班级糍粑角的材料和工具。

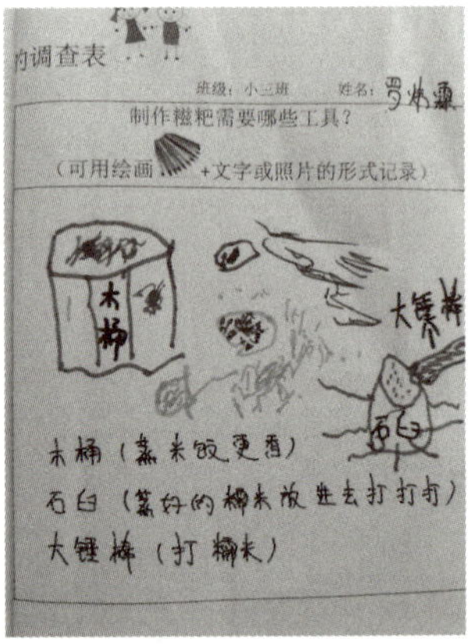

图 3-2-7　“制作糍粑需要哪些工具”亲子调查表

宇森：妈妈说把糯米蒸熟才能打糍粑。

可可：我家里有迷你电饭煲，可以带到幼儿园来。

炜霖：制作糍粑要用黄豆粉和糖。

梓航：糍粑可以用糯米粉做，也可以用锤子打糯米饭。

曦莹：用石臼打出来的糍粑会更拉丝。

教师思考：

在完成调查表的过程中，幼儿不仅提高了问题解决的能力，而且丰富了对糍粑的认知经验。通过亲子小调查，幼儿了解到制作糍粑还需要用到黄豆粉、糖、石臼、电饭煲等材料和工具。

2. 探究糯米

(1)大米和糯米的区别

①观察大米和糯米的外形。

幼儿在糍粑角操作时发现糯米和大米长得很像，怎么区分大米和糯米呢？它们有什么不同？通过观察与操作，他们的问题得以解决。

裕森：我发现大米是透明的，糯米是白色的。

诗琪：大米更长一点，糯米更短一点。

在分辨了大米和糯米的外形特征后，幼儿提出了新的问题：煮好之后的糯米和大米又怎么区分呢？

②了解煲糯米饭的方法，比较煮熟的糯米和大米有什么不一样。

通过视频幼儿了解到糯米提前泡一晚蒸出来更加软糯，下午放学后，幼儿进行了洗米和泡米的工作。第二天，教师利用晨谈时间请电饭煲的小主人——可可分享经验。可可向大家介绍如何煲糯米饭：洗糯米、把糯米放入电饭煲、加水、插电、打开开关。幼儿在可可分享后还是有些疑惑："我们要加多少水呢?""小朋友不能玩插头！很危险。"幼儿通过观看视频了解了电饭煲的水位线及煲糯米饭的安全事项。

在糍粑角中，幼儿紧锣密鼓地开始行动起来。加水时一人看着水位线另一人掌握水龙头的开关，加好水后，他们用抹布擦干锅表面的水，并请教师插电……终于，电饭煲顺利"工作"(图 3-2-8)。"长针指到 10 的时候，糯米饭就煲好了!"空气中飘来阵阵糯米香，他们围着时钟，关注着长针的位置，"糯米饭蒸好了吗?""长针指到 6 了!""我闻到香味了!"盼望着，盼望着，糯米饭熟了，幼儿笑了。

图 3-2-8　幼儿按下电饭煲开关

裕森：我发现大米闻起来没什么太大的味道，糯米闻起来更香一些。

安安：煮熟的糯米更黏，它看起来是透明的。

可可：糯米黏糊糊的。

教师思考：

在糍粑角，幼儿有了新的兴趣点——了解糯米和大米的不同。在活动过程中，教师明确观察者、支持者及记录者的角色，跟随幼儿的兴趣，及时给予支持。同时，教师将安全放在首位，在安全的前提下重视幼儿的参与，培养其动手操作能力。

(2)科学小实验：糯米变成粉

在区域小结时，一个幼儿分享了自己的发现：可以用石臼将糯米弄碎。但糯米粉是很细腻的，有什么办法能让糯米变成糯米粉呢？于是，幼儿在班级和家里寻找各种工具进行"糯米变成粉"的科学小实验，他们找的工具有石磨、石臼、擀面杖等，并在实验后进行记录。幼儿发现，石磨加水能把糯米磨得很细腻。石臼和擀面杖只能把糯米捣碎。诗琪觉得擀面杖是木头做的，不够坚硬。洋洋结合工具的特点提出大家可以合作，先把糯米在石臼里捣碎再倒入石磨中磨成粉(图 3-2-9)。

教师思考：

陶行知说过，生活无时不变，生活无时不含有教育的意义。班级的环境和材料不应一成不变，而应根据幼儿需要投放和更换。教师新投放了石磨、擀面杖等材料，以追随幼儿的兴趣与探究欲望，供幼儿自主探索、自主合作，尝试将糯米变成粉。

图 3-2-9 幼儿将加了水的糯米倒入石磨中

3. 决定制作黄豆粉糍粑

晨谈时，诗琪向大家分享了自己在家吃的黄豆粉糍粑。幼儿纷纷表示也想品尝。"我妈妈会做！""我家有好多黄豆粉！"幼儿回家后很快集齐了食材。接下来几天，班级里飘着米香和豆香，幼儿沉浸在打糍粑的乐趣中。

(1)第一次尝试：糍粑怎么打才能更有弹性

一入园，幼儿便关心何时煲糯米饭，何时打糍粑。于是，我们利用早晨餐后时间将糯米饭煲上。区域活动开始，进入糍粑角的幼儿今日的计划便是打糍粑。

尚舒打到糯米紧紧黏在一起时有些吃力，提出想要糍粑更拉丝可以加水，她拿着量杯接水，尝试后发现，加了水的糯米团变成了面糊。川川没有加水，他一直捶打糍粑直到拉丝(图 3-2-10)，悄悄尝了一口糍粑后他说："糍粑好有弹性呀！"区域小结时，大家一起总结经验：打糍粑时加水糯米团会变成面糊，糍粑要一直捶打到拉丝才会有弹性。

图 3-2-10 川川捶打糍粑直到拉丝

教师思考：

要想糍粑打得更有弹性，就要有力气和耐心，幼儿在糍粑角能锻炼自己的手部肌肉力量和专注力。教师发现教育契机，鼓励幼儿实践自己的想法，并让他们在小结中将经验分享给其他幼儿，提升幼儿的自信心和主动性。

(2)第二次尝试：糍粑塑形

①运用模具塑形。

心妍带了一些模具，想做出不同形状的糍粑。在一次区域活动中，幼儿将打好的糍粑放入模具里面塑形。但他们遇到了问题：糍粑脱不了模。于是，教师带领幼儿一起回顾制作糍粑的视频，并且现场进行试验。

诗琪：我觉得得用力把糍粑敲出来！

珹轩：加点水试试！

幼儿按照提出的方法进行尝试，都没能将糍粑顺利脱模。于是，幼儿决定回家求助家长。第二天幼儿再次聚在一起讨论解决办法，并一一试验。

炜霖：把糍粑放冰箱！

曦莹：妈妈说在模具里刷一层油糍粑就能脱模！

在教师的帮助下，幼儿将糍粑放入冰箱，并说道："明天就可以拿出来了！"第二天，幼儿从冰箱里拿出冷藏了一夜的糍粑，他们发现：冷藏后的糍粑能够脱模，但糍粑失去了弹性，切开后变成了碎渣。曦莹继续在区域里进行刷油试验，她先往模具里刷油，再将打好的糍粑放入模具，她发现刷油能让糍粑脱模，但脱模后糍粑的形状不漂亮了。

②用手塑形。

在糍粑怎么塑形的讨论中，有幼儿提出："我在家是用手做糍粑的！"于是深深和奕凡在区域里进行尝试。在搓糍粑的过程中，他们发现糍粑一直黏手，无法搓圆。深深努力张开双手说："我的手被糍粑粘住了！"

奕凡提出解决办法："我们往手上抹油！"抹油后幼儿发现糍粑可以在手上搓圆了！实践结束后，教师请幼儿在小结时与大家分享。

教师思考：

"糍粑塑形"是幼儿在与材料互动过程中产生的活动，将糍粑放入模具是幼儿的想法。在家长和教师的支持下，幼儿在动手操作过程中摸索糍粑脱模的小窍门，如刷油、加入适量的水、放入冰箱冷藏等。在用手塑形时，幼儿发现糍粑黏手的问题，于是将糍粑脱模的经验进行迁移，提出往手上抹油。幼儿在试误中提升了解决问题的能力。

(3)第三次尝试：制作成功

经过不断尝试与经验总结，满怀信心的幼儿带着食材和工具踏进了烹饪室，穿上厨师服，戴上手套制作黄豆粉糍粑。打糍粑的声音环绕在烹饪室，久久未消。

教师思考：

在探究糍粑的过程中，幼儿产生了新想法，想要制作口感更丰富的糍粑——黄豆粉糍粑。经过多次尝试，幼儿终于成功做出了黄豆粉糍粑。在制作过程中，他们维持着对糍粑的兴趣，产生了很多新想法，也遇到了新问题。教师认真倾听幼儿的想法，放手让幼儿实践，发展其动手操作能力和创造性思维。

(五)分享提升

1. 水果糍粑

幼儿成功制作出第一道客家美食——糍粑后，对制作糍粑的热情持续高涨。在晨谈“你还想制作什么口味的糍粑”时，可可提出制作水果糍粑。水果糍粑吸引了幼儿的注意力，它是什么样的呢？通过观看视频和查阅绘本，幼儿发现了水果糍粑的制作方法：糯米粉加牛奶搅拌成糊，上锅蒸熟后加入黄油，揉搓成糯米皮，将水果包裹住。第二天，可可带来了水果、牛奶、黄油等食材，和同伴一起在烹饪室大展身手(图 3-2-11)。

图 3-2-11　幼儿分工合作，将牛奶倒入糯米粉中，搅拌成糊

教师思考：

幼儿总有许多奇思妙想，在不了解如何制作水果糍粑时，教师及时给予支持，帮助幼儿通过观看视频和查阅图书了解制作方式。好看又好吃的水果糍粑制作完成，幼儿对于做糍粑的经验越来越丰富。

2. 彩虹糍粑

在制作出水果糍粑后，梓航也提出了自己的想法——制作彩虹糍粑，用火龙果做的糍粑是红色的，用杧果做的糍粑是黄色的，把所有颜色的糍粑放在一起就变成彩虹糍粑了。想法一提出，其他幼儿马上你一言我一语地讨论起来。

俊霖：彩虹糍粑很漂亮！

珹轩：我觉得各种口味放在一起更美味。

老师：彩虹糍粑到底怎么做呢？

裕森：彩虹糍粑就像汉堡一样叠在一起！

安安：放一层火龙果味道的糍粑，再放一层蓝莓味道的糍粑。

在“怎么做有颜色的糍粑”的问题上，幼儿遇到了困难，他们回家询问家长，得到了答案，并且绘制了制作彩虹糍粑需要的材料、工具及步骤图。

集齐材料就可以制作彩虹糍粑了。在烹饪室里，幼儿穿好服装和戴手套后进行清洗、切水果、择菜、榨汁、和面、创意塑形等一系列操作，彩虹糍粑终于进锅蒸熟。幼儿将彩虹糍粑分享给其他老师和小朋友，向他们介绍着彩虹糍粑的由来和制作方法，传递着彩虹糍粑所蕴含的美好寓意。

视频资源

糯米糍粑香

教师思考：

制作彩虹糍粑是幼儿糍粑制作的新体验，在实践中教师能看到幼儿经验积累的过程。幼儿在主动地实践自己的想法，传承客家味道，收获劳动和分享喜悦。

(六)活动回顾

教师与幼儿通过照片、视频、作品等，一同回顾、梳理探究制作糯米糍粑的全部过程(图 3-2-12)，使幼儿巩固经验，提升自信。

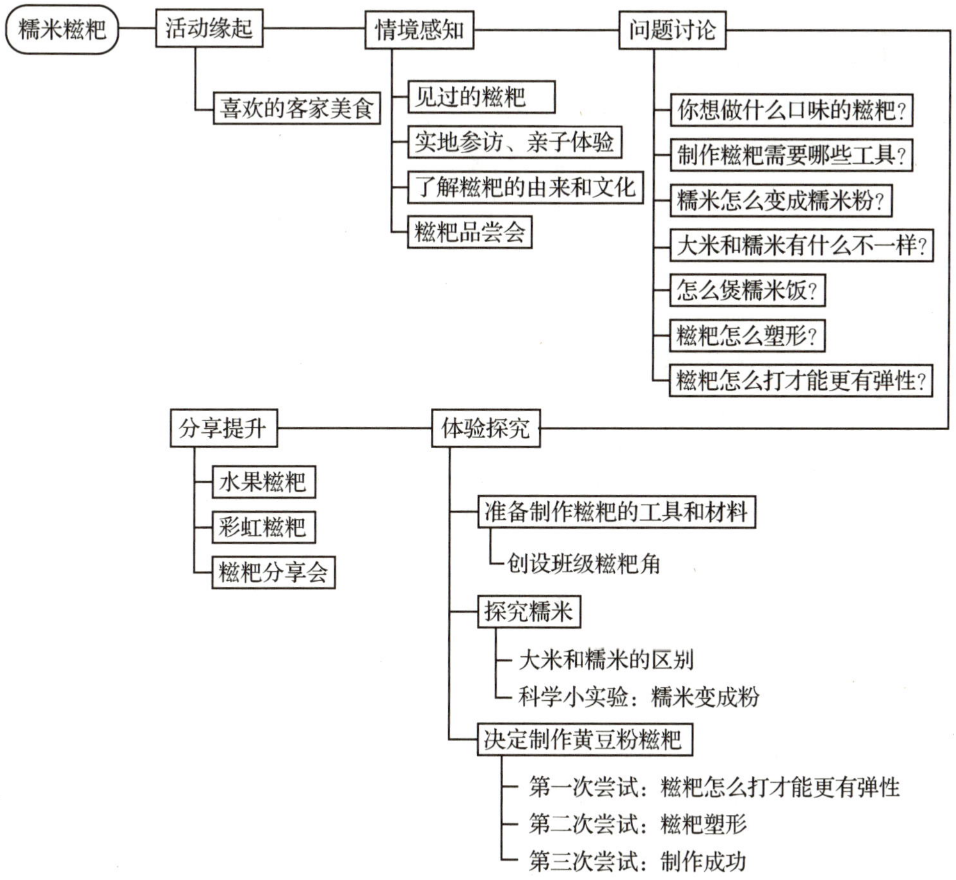

图 3-2-12　“制作糯米糍粑”活动回顾

(七)幼儿发展分析

“制作糯米糍粑”是客家味道主题下产生的项目活动。幼儿从班级的糍粑角打糍粑，到烹饪室制作各种口味的糍粑，体验了制作糍粑美食的全过程。从传统的黄豆粉糍粑，到新式水果糍粑，再到创新的彩虹糍粑，每一种糍粑都有不同的制作方式，都有幼儿的主动探究、亲身实践。每个幼儿都全身心投入，在做做玩玩中体验合作的快乐，积极、主动、专注……这些良好的学习品质也在实践中自觉产生。

儿童核心经验的发展主要表现在以下方面。

1. 思维能力

幼儿在亲身体验中构建对糯米糍粑的认知，保持好奇心和探索精神，充分发挥想象力制作心中的糍粑，创造性思维得到发展。解决问题的过程实际上是幼儿发展思维的过程，教师和家长实现双轨并行，丰富幼儿打糍粑的体验。同时，教师提供互动环境，鼓励幼儿发现问题，参与解决问题的过程。

2. 动手能力

打糍粑需要持续地捶打蒸熟的糯米，直到糯米拉丝成团，这一过程能使幼儿的手部肌肉得到充分锻炼，手眼协调能力得到发展。苏霍姆林斯基说过，儿童的才智反映在他的手指尖上。[①] 幼儿在动手操作中了解工具的使用方式、糍粑的制作过程等，动手能力有很大提升。

3. 语言能力

在每次的谈话、讨论活动、区域小结中，幼儿肯说敢说，能用简单的语言分享自己的发现，语言表达能力得到发展。在活动中，幼儿在教师的鼓励下能用简单的图画记录自己的想法，表征能力得到提升。

4. 学习品质

在探索与制作糯米糍粑的活动中，幼儿能保持积极、专注的状态，不轻言放弃。在打糍粑中遇到了一些阻碍，幼儿能通过回家咨询父母、阅读丰富自身认知经验，能在教师的鼓励下大胆提出自己的想法，并且在保证安全的前提下一一尝试，在试误中发展问题解决的能力。

5. 社会性发展

教师打造轻松、温馨的班级氛围，创造同伴交往的机会，鼓励幼儿友好待人、互帮互助。幼儿能在活动中保持积极的情绪，乐于分享、交流，促进自身社会性发展。

---

① [苏联]B. A. 苏霍姆林斯基：《给教师的一百条建议》，周蕖、王义高、刘启娴等译，89页，天津，天津人民出版社，1981。

同时，幼儿在打糍粑中感受中国人的聪明才智，传承客家文化，获得民族自豪感。

(八)活动总结与反思

食育课程的本质是让幼儿与食物亲密接触，掌握工具的使用方法，积累生活经验。陈鹤琴曾指出，大自然、大社会是知识的主要源泉。在幼儿的眼中，糯米糍粑有着无穷的吸引力。正因为糍粑是源于幼儿身边的资源，来自幼儿的日常生活，所以极大地激发了他们对于糍粑探究的浓厚兴趣。幼儿在从认识材料和工具、蒸糯米、打糍粑到制作糍粑美食的过程中遇到了不少问题，他们在教师的鼓励下积极寻找资源，并在不断尝试中一个个解决。在最终品尝到劳动成果时，幼儿非常激动，“太美味了！”“我想再吃一个！”饱含幸福的声音此起彼伏。幼儿在活动中不仅丰富了认知经验，而且获得了成功的体验。

在活动中，教师及时抓住幼儿的问题，鼓励幼儿提出自己的想法，不断激起幼儿进一步探究的欲望，根据幼儿的需要提供帮助，一步步跟随着幼儿的问题产生新的活动。教师大胆放手，让幼儿更多地参与从食材准备到制作完成后现场清理的全过程，促进幼儿动手操作能力和物品整理能力的发展。食品涉及卫生安全，教师在糍粑角中投放手套和口罩供幼儿使用，同时在健康活动中让幼儿学习食品安全相关知识，实现各领域间的相互渗透。家长是幼儿的共同学习者，教师及时更新活动近况，家园相互配合促进幼儿主动性和自信心的提升。教师关注幼儿的参与过程，重视幼儿的发现和想法，呵护幼儿的好奇心，让客家的传统饮食文化在幼儿的心中萌芽。

二、探秘客家腌面

(一)活动缘起

随着“客家味道”主题探究活动的开展，幼儿和家长一起走街串巷地寻找客家味道，发现了酿豆腐、梅菜扣肉、三杯鸭、盐焗鸡、擂茶……幼儿在家动手制作客家美食，探寻独特的客家风味，并乐于在班级分享。

瑾瑜：我和妈妈在家做了酿苦瓜，好苦啊！

铭晨：我们做了酿豆腐，豆腐很软，很容易碎。

皓驹：我们去小吃街买了盐焗鸡。

糯米：我和妈妈看到了好多小店，里面都有客家美食，我最想吃客家腌面。

在班级分享的过程中，薇诺分享自己和妈妈一起找到了客家腌面的店铺，但由于当天店铺没有营业因此并没有品尝到。其他幼儿也都很好奇什么是客家腌面。于是，第二天教师准备了客家腌面请幼儿品尝，幼儿纷纷表示客家腌面很好吃，并产生了一系列的对话："老师，它闻起来好香啊！""回去我想叫我妈妈做。""这是怎么做的呢?"。结合幼儿的兴趣，教师初步预设了网络图(图 3-2-13)，明确活动的探究方向。

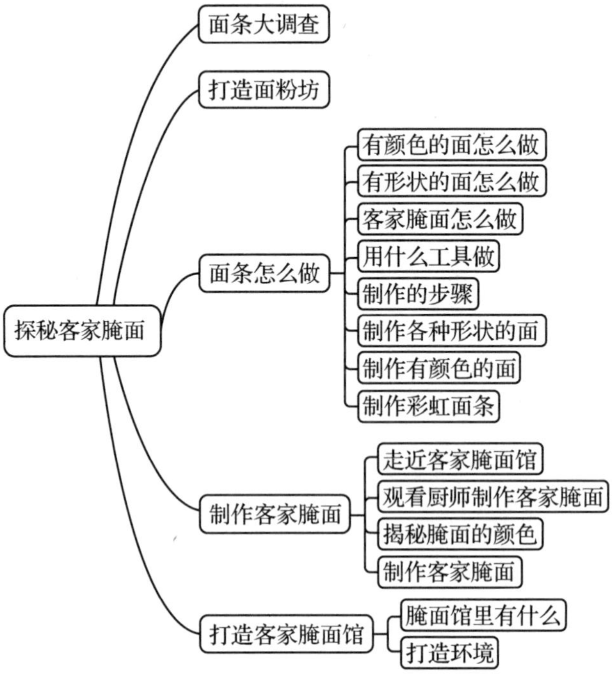

图 3-2-13 "探秘客家腌面"网络图

1. 价值分析

陶行知说："全部课程包括全部的生活：一切课程都是生活，一切生活都是课程。"①教育与生活是一体的，一日生活中处处蕴藏着教育。"探秘客家腌面"是一项富有生活性、趣味性、操作性和探究性的活动，这个活动更贴近生活实际，幼儿能够借鉴生活经验获得间接经验，去推进活动的开展，保持持久的探究热情和兴趣，在实际操作、亲身体验、直接感知的过程中获得更丰富的经验，并能促进动手操作能力、想象力、合作能力等多方面的发展，满足好奇心和求知欲。

开展"探秘客家腌面"活动可以丰富幼儿园的活动内容，幼儿可以参与腌面制作的各个环节，如搅拌面粉、揉面、擀面皮等，在此过程中促进思维的发展，提高动手合作能力。这一活动既能满足幼儿探索面粉的兴趣，又能增加幼儿对客家文化的认知和了解，激发幼儿对传统文化的兴趣，使幼儿萌发传承客家美食文化的意识，

① 方明：《陶行知全集》第 2 卷，297 页，成都，四川教育出版社，2009。

懂得节约粮食。

2. 可行性分析

开展此活动有丰富的资源支撑，幼儿园所处地域的客家人较多，周边有大量的客家美食小馆，可供幼儿探访了解；客家人家长资源以及幼儿园的教师、厨师可给予技术上的指导。客家腌面是一种以面粉为主要原材料的美食，对于幼儿来说，面粉是一种可塑性较大，探索性较强的物品，制作面条拥有无穷无尽的乐趣。面粉是怎么来的？怎么把面粉搓成团？怎样制作面条？怎样制作各种形状的面？怎样制作有颜色的面？……这些问题的产生足以支撑幼儿对活动的探究热情；在日常活动中已获得的烹饪的相关经验为幼儿探秘客家腌面打下基础，幼儿园的烹饪室为幼儿提供专业的操作场地；班级创设的特色区角为幼儿在日常活动中进行持续、有深度的探索提供条件。

(二)情境感知

1. 客家腌面馆大探访

幼儿想做一碗客家腌面，但对客家腌面的了解并不多，为了丰富幼儿的经验，教师请家长利用周末时间带幼儿一起走进客家腌面馆进行实地探访，并让幼儿与同伴分享自己在腌面馆的见闻。

澜澜：我看到有很多的工具。

以希：我看见的腌面是金黄色的。

轩轩：我看见里面有大蒜、葱和肉末。

立维：我看见板子上有很多白白的东西，是面粉。

曦茗：妈妈说面粉可以做面条。

2. 打造烹饪角

通过实地探访、谈话分享及观看视频，幼儿对怎么制作面条、需要什么工具及材料有了初步的经验。教师创设了一个探秘客家腌面的烹饪角，请幼儿和家长一起收集需要用的材料。通过讨论投票的方式，幼儿为该区角取名为“小小面点师”。

3. 有趣的面粉

通过探访调查，幼儿了解到制作腌面要用到面粉，他们对面粉表现出极大的兴趣，于是和爸爸妈妈一起查阅资料、观看视频，了解面粉的由来，尝试用原始的方法把小麦变成面粉，并将过程记录下来，呈现在“小小面点师”区角里。

在各种感官和工具(筛子、镂空图卡、黑色卡纸、动物模型)的帮助下，幼儿通过看、摸、捻、闻、揉等动作，感知到面粉具有光滑、细腻、轻、无味等特征，对探究面粉的兴趣越来越浓厚。

教师为了提升幼儿对面粉的进一步感知，投放了水、滴管和水杯等材料。幼儿发现面粉加水会发生神奇的变化，面粉会结成小块状，揉搓时会有黏性。教师趁机提出问题："怎样把面粉变成面团呢?"幼儿开始进一步探索。

羽熙：我先在面粉中间挖了一个小洞，然后倒水进去，搅拌一下，后面再一点一点地加水。

澜澜：我是一点一点加水的，但是好像水太多了，面团好黏。

立维：我刚刚试了一下，再加点面粉就不黏了(图 3-2-14)。

图 3-2-14　立维和澜澜给面粉加水后发现很黏手

幼儿互相分享经验，水太少面团不能成形，水太多面团会变得黏手，要一点一点地加水，当面团太黏时，需要再加点面粉进去，经过不停揉搓，面粉最终就会团在一起。幼儿跃跃欲试，想要用面粉制作出面条。

教师思考：

幼儿亲身感知面粉的特征与特性后，对制作面条产生了更加浓厚的兴趣。教师及时给予了活动的支持，投放不同的材料，让幼儿在实际操作、亲身体验的过程中感受到面粉与水结合后产生变化的特性。

4. 面条大调查

为了让幼儿发散思维，更好地探究面条，教师发动家长，请家长利用周末和幼儿一起去实地考察，收集各种各样的面条，并让幼儿在班级对找到的面条进行了分享。

皓驹：我带的是碱水面，它是黄色的。

澜澜：我的面是用刀切的，叫刀削面。

阳翊：我的是动物面，因为它是动物的形状。

琪琪：我带的是蔬菜面，它有好多种颜色。

幼儿通过看、摸、闻、听等直接感知的方式发现了面的不同特性，并用绘画的方式记录下来。森源发现蝴蝶面是五颜六色的，刀削面是平行四边形的；梓旭发现有的面条很粗，有的很细；曦茗摸到螺丝面的上面有条纹；艺馨把面条放在耳边用手掰开听面的声音，发现干面的声音听起来很脆；立维发现湿的面摸起来软软的。

教师思考：

教师充分利用家长资源和社区资源支持幼儿的学习。幼儿通过实地考察运用直接感知的方式发现面有很多种并将自己的发现记录下来与同伴分享，进一步激发了对做面条的兴趣。

(三)问题讨论

幼儿收集了各种各样的面，一起分享、讨论，并尝试制作。在制作的过程中，幼儿发现自己做的面条没有颜色，形状也只有一种……根据这一发现，教师和幼儿一起聚焦问题进行讨论，并形成了问题清单(图 3-2-15)。

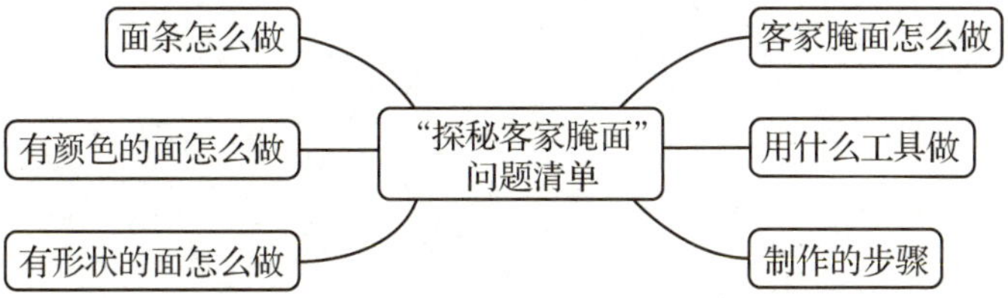

图 3-2-15　“探秘客家腌面”问题清单

睿睿：为什么我们的面都是白色的呢？

梓旭：有颜色的面怎么做？

曦茗：有形状的面怎么做？

立维：客家腌面怎么做呢？

……

(四)体验探究

1. 尝试制作面条

(1)制作各种形状的面

在制作面条的过程中，幼儿运用揉、搓、压、切等方式，利用工具探索制作各种形状的面的方法。幼儿知道用擀面杖可以做出长长的、扁扁的面条，用模具可以做出有形状的面，用手搓或者揉可以做出长长的、圆圆的面。睿睿提出如果可以吃自己做的面条就好了，于是教师发起了第一次烹饪活动。

幼儿与家长一起探讨制作面条的步骤，并在班级进行分享，交流已有经验，进行总结、展示。幼儿分工合作，自主选择接水、和面、揉面、擀面、下面条等任务，并尝试用各种工具和不同的手法制作出各种形状的面条(图 3-2-16)。

图 3-2-16　睿睿和浩然在用模具制作有形状的面

星遇：自己做的面好好吃哦！

睿睿：老师，为什么我们的面都是白色的呢？

瑾瑜：我们家吃的面就有绿色的。

教师思考：

幼儿在制作和品尝的过程中发现自己做的面条没有颜色，于是对制作有颜色的面产生了兴趣。教师在此过程中敏锐地捕捉到幼儿的兴趣，肯定幼儿的想法，提供材料和活动的支持，鼓励他们大胆尝试，自主寻找答案。

(2)制作有颜色的面

教师通过谈话的方式组织幼儿对“面条的颜色是怎么来的”进行了猜想和探讨，幼儿结合自己的生活经验表达自己的想法。

铭成：用颜料把它染上色！

睿睿：可以用我带来的色素，但是色素不可以吃哦！

伊伊：用胡萝卜，我妈妈说橘色的是用胡萝卜汁做出来的。

曦茗：嗯！绿色的是用青菜汁做出来的。我们怎么把蔬菜、水果里的汁弄出来呢？

艺馨：可以用捣盅，弄出汁来。

立维：我看我妈妈经常用榨汁机榨水果汁出来。

个别幼儿结合生活经验，提出加了果蔬汁的彩色面才是可以吃的。教师及时为幼儿准备了青菜、胡萝卜、火龙果、西红柿、橘子等蔬果，并投放了捣盅、手动榨汁机、儿童小刀、刨子、勺子、过滤袋等工具，让幼儿可以自由探索做果蔬汁的方法。

幼儿迁移了上学期捣叶子的学习经验，尝试运用捣盅把蔬果里的水分捣出来，再倒在过滤袋中用手挤压出汁水的方法(图 3-2-17)，以及运用儿童小刀先把蔬菜切碎，再借助榨汁机，他们发现后者更容易出汁。

图 3-2-17 森源把捣碎的萝卜用纱布过滤，用力地挤汁

幼儿尝试把榨好的蔬果汁一点点地加入面团里，面团真的有了颜色，幼儿高兴地欢呼鼓掌，兴致满满地继续操作。有幼儿惊呼：“老师，你看这个面团不知道是什么颜色了。”原来幼儿把榨出的所有蔬果汁都倒在了面里，使面团颜色混合了。教师组织幼儿开展了面团混色科学小实验，引导幼儿了解不同的颜色相混合会变成其他的颜色，从而“解锁”了更多的面团颜色。

(3)制作彩虹面条

有了制作面条和榨汁的经验，幼儿提出想制作有更多颜色的彩虹面条，于是教师开展了第二次烹饪活动。这次幼儿提出去菜地里采摘蔬菜，将蔬菜榨汁制作绿色面条的想法，幼儿还从家里带来自己喜欢的蔬菜、水果制作出自己喜欢的面条颜色，彩虹面条的尝试宣告成功，但是他们做出的面条没有和客家腌面一样的颜色。

教师思考：

在整个活动过程中，幼儿兴致高涨，通过摘菜、洗菜、榨汁、和面、制作面等实际操作，能够用自己的方式方法进行知识的重新建构和迁移，并对经验进行梳理和分享，将自己的直接经验与同伴分享。在此过程中，幼儿也发现了新的问题——“客家腌面的颜色如何做?”此问题将推动活动持续进行。

2. 尝试制作客家腌面

(1)探秘客家腌面的颜色

对于客家腌面的金黄色是怎么来的，幼儿提出了自己的猜想(图 3-2-18)。

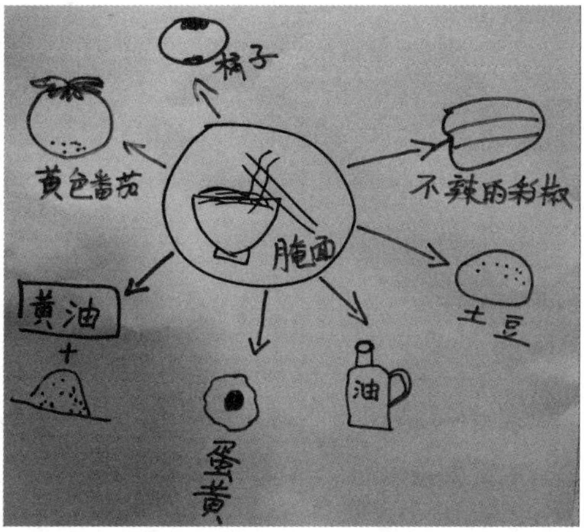

图 3-2-18 谈话讨论：客家腌面的颜色是怎么来的

针对这些材料大家进行了讨论，幼儿觉得橘子酸酸的会把面变成酸的，最终幼儿选了土豆、食用油、鸡蛋进行尝试。

幼儿在尝试的过程中发现把食用油加进去，面粉很难揉成团，做出来的颜色也不是金黄色的。于是，幼儿想到先把土豆煮熟，再用捣盅捣碎，发现有一点淡淡的黄色，接着又加入鸡蛋，面团的颜色变成了橘黄色，但也不是金黄色。经过操作探索之后，幼儿发现自己的猜想并不正确，但是他们并没有气馁，想继续探究和验证的兴趣反而变得越加浓厚，对制作客家腌面的兴趣也更浓了。

(2)请厨师伯伯来助教

幼儿想到厨师伯伯的厨艺非常厉害，做的面非常美味，于是就去请教幼儿园的厨师伯伯如何做客家腌面，厨师伯伯也很愿意配合，为幼儿现场制作客家腌面

(图 3-2-19)。

铭辰：黄色的是什么东西？是油吗？

凌霄：你看面团变成金黄色的了。

星遇：里面加了一个鸡蛋。

蔡蔡：加的这个粉叫什么？

幼儿认真地观看制作的每一个步骤，厨师伯伯也认真地和幼儿一一讲解着：黄色看起来像油的是黄栀子的水，加的粉是碱粉，碱粉加多了会把面变酸，加入一个鸡蛋可以使面更加光滑、好吃。

图 3-2-19　厨师伯伯在教幼儿制作腌面的和面环节

(3)揭秘客家腌面的颜色

幼儿很好奇黄栀子是什么，怎么能做出黄色的水。通过和爸爸妈妈查阅资料，幼儿了解到这是一种可以给食物染色的植物，在平时吃的盐焗鸡中也会用到。家长为幼儿购买了一些黄栀子，幼儿带到了幼儿园，通过闻一闻、摸一摸、看一看感知黄栀子。有的幼儿说黄栀子闻起来像茶叶，有的幼儿觉得臭臭的，有的幼儿闻着像坚果；有的幼儿摸着感觉扎人、硬硬的、粗粗的，旁边还有花纹；还有的幼儿发现它的颜色像棕色，有点灰灰的还带一点红色。幼儿观察得非常仔细，也很好奇它到底会不会把水变成黄色，于是采用了加水煮的方式进行验证。

图 3-2-20　立维和梓墨在煮黄栀子水

立维：我来慢慢地搅拌，它的颜色就出来了。

梓墨：老师，你看，颜色出来了，是黄色的哦！

梓墨：我们可以拿这个水做面条了，很烫，小心不要烫到手了(图 3-2-20)。

(4)客家腌面制作与分享

视频资源

制作客家腌面

了解了制作客家腌面的步骤和所用材料，幼儿提前申请了食材，尝试自己动手制作客家腌面。用黄栀子水和面—制作面条—洗切辅料—烹饪煮面—炒辅料—搅拌面条，幼儿全程自己动手操作(图 3-2-21、图 3-2-22)。制作好以后，幼儿还邀请了隔壁班小朋友品尝了自己亲手制作的腌面。

图 3-2-21　幼儿制作客家腌面

图 3-2-22　幼儿炒辅料

教师思考：

幼儿在了解面粉、制作面条、探秘颜色等一系列活动中获得了制作客家腌面的经验，并借助幼儿园的资源，请厨师伯伯来演示客家腌面的制作过程，通过实际感知、亲身操作的方法揭秘腌面的颜色，一步一步地深入探究客家腌面，直至成功做出客家腌面。在此过程中，幼儿拓展了经验，感受到了成功的喜悦与分享的乐趣。

(五)分享提升

1. 打造客家腌面馆

(1)腌面馆里有什么

客家腌面成功制作出来了，但幼儿还意犹未尽，他们想打造一个真实的客家面馆，无论什么时候都可以制作腌面给小朋友们品尝。于是，教师带幼儿一起回顾客家腌面馆里面都有哪些东西，如价目表、餐桌、调料、厨具、工具等，并让幼儿进行表征(图 3-2-23)。

图 3-2-23　幼儿回顾、表征客家面馆里的东西

(2)打造环境

教师充分利用家长资源，与幼儿一起收集工具，幼儿制作了店铺的招牌，打造了烹饪区和用餐区，还通过小组讨论绘画出想要的环境(图 3-2-24)。面馆打造好后，幼儿举行了开业仪式，还邀请了一些“客人”，准备了花篮、糖果、一个抽奖的大转盘、漂亮的气球。这些都来源于幼儿日常的生活经验，幼儿也作为客家腌面馆的小主人，积极投身于环境的打造中。

图 3-2-24　幼儿表征打造厨房和餐厅要分开

教师思考：

幼儿从实地考察中，知晓制作腌面的相关物品。教师根据幼儿的需要，尊重幼儿的想法，充分利用家长资源，把幼儿所观察到的客家面馆中的实物搜寻过来，根据幼儿的意愿打造幼儿心中的客家腌面馆，让幼儿有更真实的体验。

2. 回顾分享

幼儿布置好了客家腌面馆的环境，把亲手制作的腌面送给每个班级的小朋友品尝，他们开心地介绍自己是如何制作客家腌面的，并画了制作腌面流程图供进入客家腌面馆的幼儿参考。

教师思考：

从幼儿为班级打造面馆，到现场的环境布置，这都体现出幼儿的生活经验是非常丰富的。从一开始的畅想亲手打造布置环境，到实际动手操作，幼儿成为活动的主角，将经验进行应用和迁移，这是幼儿的成长蜕变。

（六）活动回顾

“探秘客家腌面”是在探寻客家美食主题探究活动下生成的项目活动，在从发现客家腌面到探秘客家腌面再到真正制作出客家腌面的整个过程中，幼儿从一个个探究活动中获得经验，从感知面粉的特征和特性到探究和面的方法，再到制作有形状、有颜色的面，最终成功制作出客家腌面。教师充分地利用本土社区资源和家长资源，为幼儿提供探究所需的物质和环境，与幼儿一同打造特色区角环境，充分支持幼儿的探索活动。“探秘客家腌面”活动回顾如图 3-2-25 所示。

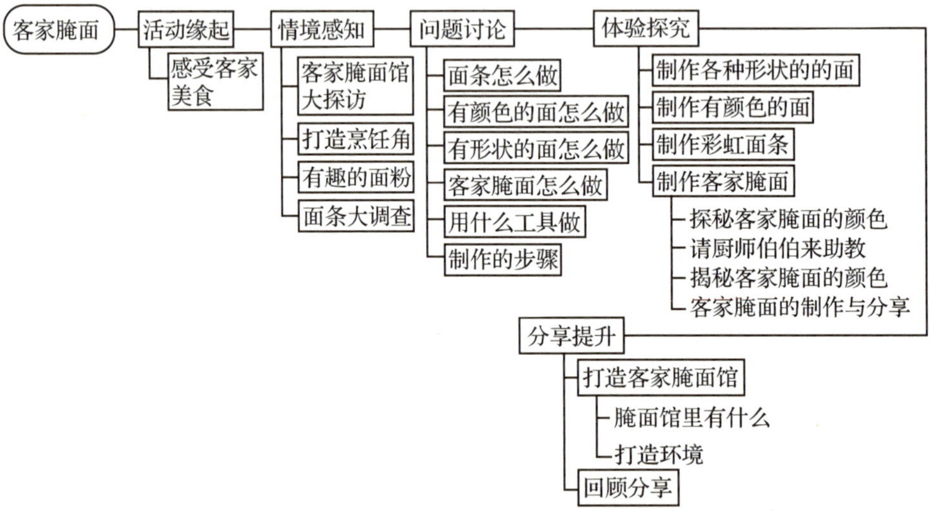

图 3-2-25 “探秘客家腌面”活动回顾

幼儿的想法总是新奇的，小小的脑袋里仿佛有十万个为什么，“为什么我们做的面是白色的?”“为什么客家腌面是金黄色的?”“怎么做出有颜色的面?”“怎么做出有形状的面?”“客家腌面是怎么做的?”……一个个问题推动着活动的发展，幼儿也在解决一个个的问题中收获了友谊、感受了成功的喜悦，获得了各方面能力的发展，为促进身心全面和谐发展打下良好的基础。

(七)幼儿发展分析

幼儿从班级寻找美食到发现美味的客家腌面，在对面粉的特征与特性进行感知、探索，对面条的制作进行探究之后，积累了丰富的制作面条的前期经验，再次回归到制作客家腌面活动中，对客家腌面的制作方法进行了深入的探究。幼儿亲身体验了制作客家腌面的整个过程，经历了从面粉到面条，从街市到厨房再到餐桌，幼儿在生活中感受着自然的神奇与馈赠。在整个过程中，幼儿表现出非常积极的态度且全身心投入，无论是自主探究学习能力还是合作探究学习能力都获得了极大发展。

儿童核心经验的发展主要表现在以下方面。

1. 思维能力

在探索客家腌面的过程中，幼儿的动手能力和手眼协调能力得到发展，幼儿仔细观察食材的特征和特性，注意到每个步骤的细节，观察力和注意力得到发展。除此之外，幼儿在探索过程中自由发挥、大胆想象，创造力和想象力也得到了发展。幼儿在发现问题时并没有气馁，而是迎难而上，探寻解决问题的方法，在发现问题、解决问题的过程中发展了创新思维和解决问题的能力。

2. 动手能力

在探索、制作的过程中，幼儿在和面、擀面、揉面等活动中手部肌肉得到了锻炼，提高了手指的灵活性，发展了精细动作能力，还习得了和面和制作面条的技能。

3. 语言能力

幼儿在每次讨论活动、分享活动和解决问题的过程中都非常积极地表达自己的想法，并尝试进行简单的表征记录，语言表达能力得到一定的提升。

4. 学习品质

烹饪活动尤其需要耐心和专注，“探秘客家腌面”活动培养了幼儿良好的耐力、意志力，使幼儿能够更加专注地投入活动的探索中，进行持续有深度的探索。

5. 社会性发展

在项目活动中，教师为幼儿提供合作探究的机会，促进幼儿社交能力和合作能力的发展。在活动过程中，幼儿愿意与同伴分工合作，共同完成探究任务，培养了初步的合作意识和沟通能力。

6. 安全意识

幼儿的安全意识有了一定的提升，对厨房用具的正确使用方法有一定的了解，并且懂得在烹饪活动中注意安全，保护自己。

(八)活动总结与反思

一碗面引发了幼儿浓浓的探究兴趣。俗话说："民以食为天。"对幼儿来说，吃和玩就是他们生活中最重要的事情。制作客家美食对幼儿的核心经验发展有着积极的影响。幼儿在探秘客家美食的过程中了解了烹饪所需要的工具、感知了面粉的特征与特性、体验了烹饪的乐趣。在活动中，幼儿通过一边吃一边玩不断积累经验。在制作美食的过程中，幼儿通过与食材的亲密接触，全方位地促进多种能力的发展，体验到通过自己的劳动获得美食的味道是一种幸福。幼儿在活动探索中充分体现了主人翁的身份，在探索中发现问题，进行思考，想办法解决问题，具有探索精神。创设环境让幼儿更加贴近生活，接触更加真实的自然和社会，有更加丰富多彩的体验，为他们的全面发展奠定了良好的基础。

第四章　主题探究活动：编织(中班)

第一节　主题活动

编织艺术是我国来源于生活的一门古老而传统的艺术。编织既是一种游戏，又是一门艺术。它把教育与游戏结合起来，是一种实用性强、表现力丰富的艺术。幼儿可以在玩中做、在玩中学，编织活动能使幼儿的手部小肌肉得到锻炼，手指的灵活度与精细度得到提高。它包含了“编”和“织”的技艺，品种繁多，编织方法多样、形式多变，图案形象、美观。为了提高中班幼儿感受美、欣赏美和创造美的能力，促进幼儿各方面能力的发展，让幼儿对本土民间编织文化产生认同感，继而使编织文化得到传承，绽放传统民间手工艺的风采，帮助幼儿从小树立民族自豪感，教师开展了以“编织”为主题的活动。

一、创建主题信息库

立足幼儿编织活动的开展及教育价值的探究，我们把编织活动作为培养幼儿感受美、欣赏美和创造美的教育途径，通过活动，让幼儿懂得欣赏、大胆尝试、学会分享、懂得创新以及表现，从而促进幼儿的动手动脑能力，锻炼和发展幼儿的小肌肉，培养幼儿的探索和创新能力。在提高幼儿的审美能力和萌发幼儿热爱家乡的情感、促进幼儿各方面能力发展的同时，培养幼儿独立、专注、耐心、坚持性的良好个性。

(一)周边资源分析

主题活动的开展离不开周边资源的支持，我们要充分挖掘周边的教育资源，共创幼儿探索的空间。首先，活动前我们就如何利用周边资源进行了相关解读，实地调查，对园所周边的资源有了更深层的了解，并梳理出了周边的核心资源，从自然资源、现代人文资源、文化资源、人力资源四个维度进行阐述与分析，深入挖掘资源中蕴含的教育价值。其次，教师结合周边资源、本园的实际情况和本年龄段幼儿的学习和认知特点，对幼儿园周边资源进行开发式挖掘和筛选。

“编织”主题活动的开展，源于我园拥有丰富的客家资源。我园所处地区有客家民间编织特色手艺，客家小镇随处可见：渔民捕鱼用的虾笼、渔网、渔捞、网床；农民用的篮子、谷筛、簸箕、扫帚；美化家居用的钩花桌布、窗帘……这些都是幼儿最常见、最熟悉，且贴近生活的“活教材”。我园周边还有自然生态“送”给我们的资源，如草绳、树皮、树藤、玉米皮、竹篾等材料，这些都可以拿来编织，因此我园有着得天独厚的优势。每年十月，我园举办的“客家文化节”都会现场展示当地居民编织的物品，并且园内设有体验角，让人们参与编织活动，传承编织文化。“编织”主题活动资源分析图如图 4-1-1 所示。

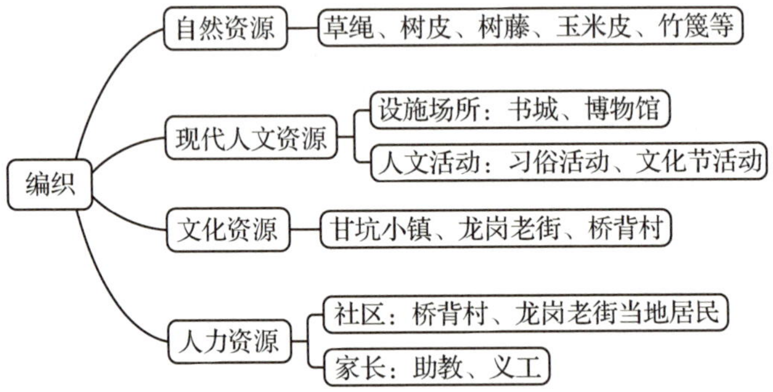

图 4-1-1 “编织”主题活动资源分析图

(二)经验准备

基于中班上学期幼儿已有了编织凉帽的经验，教师带领幼儿打开了了解、学习编织的大门。在日常生活中，幼儿比以往更善于发现存在于生活中的编织物品，也更乐于主动尝试自制一些编织物品。他们发现不同的编织物品所用的编织材料不同，编织花纹也多种多样。对不同材质的编织物品和不同的编织技法，幼儿充满了强烈的探索欲望，并且经常拿身边能获得的材料进行编织，一根绳、几张纸条，都能玩得不亦乐乎。教师也经常被幼儿的作品所吸引。

“老师，我需要一些竹篾，我要继续编织客家凉帽。”

“老师，你看我奶奶给我编织的粉色毛衣，我太喜欢了。”

“老师，我想把我们家的编织挂毯拿来装饰我们的美工区。”

在和幼儿的日常交流中，教师发现幼儿对传统的编织物品有了更多的认识和了解，他们不仅能一一叫上它们的名字，而且对每一个编织的物品都充满了特别的情谊，这离不开他们对客家凉帽的认识和已有经验。幼儿需要更多能亲自尝试、体验的编织机会，从而将自己的编织想法一一实现。

1. 亲子活动："编织"主题活动致家长的一封信

"编织"主题确定下来后，我们要为"编织"主题活动准备些什么呢？教师和幼儿一起做了计划：收集各种各样与编织相关的书籍、参观周边的编织作品展、查找民间编织活动的相关资料以及收集编织实物等。我们结合幼儿梳理的前期准备工作写了致家长的一封信，让家长了解我们要开展的主题活动，以及要配合的事项，与家长联动进行幼儿经验的准备。

"编织"主题活动致家长的一封信

尊敬的家长：

您好！民间编织是我国诸多民间艺术瑰宝中一个亮丽的种类，它包含了"编"和"织"的技艺，品种繁多，方法多样、形式多变，图案生动、美观。本学期我们将开展编织主题活动，提高幼儿的审美能力，促进幼儿各方面能力的发展，让幼儿对本土民间文化产生认同感，从小树立民族自豪感，继而传承编织文化。

本学期我班将和幼儿开展以"编织"为主题的探究活动，为了主题活动的顺利开展，更好地发挥家园共育的作用，请家长和幼儿一起完成调查，并利用周末带幼儿寻找编织物品，激发幼儿对编织的兴趣。请家长协助收集的材料如下。

①不同材质的编织物品，如绳编物品、藤编物品、竹编物品、草编物品。

②与编织相关的绘本、杂志等。

③与幼儿一起收集可以进行编织的材料和工具，如竹篾、各种线和绳、纸藤、编织机、棒针、钩针、编织架和编织框等。

感谢您的支持与配合！

中班组

2022 年 9 月 12 日

2. 亲子活动："编织"主题活动调查

班级开展"编织"主题调查亲子活动，让幼儿对编织的相关知识有所了解，并通过查阅书籍、实地参访、网络搜索等方式，使幼儿认识各种各样的编织物品，了解其结构特征和制作方法，激发幼儿对编织的兴趣。"编织"主题活动调查表如表 4-1-1 所示。

表 4-1-1 “编织”主题活动调查表

姓名		班级	
你见过的编织物品是用什么材料做成的?			
你喜欢的编织物品有哪些?			
你知道编织物品是怎么做出来的吗?			

在调查后的交流与分享中，幼儿总结以下经验。

①见过的编织物品有：绳编物品(吊床)、竹编物品(篮子)、藤编物品(背包)、草编物品(篓子和坐垫)。

②大部分幼儿对篮子非常感兴趣，因为这是他们经常接触的物品。幼儿观看了编织手艺人是如何编织篮子的，知道了经纬编织法、十字编织法和三股辫编织法。

3. 收集素材

①协助幼儿收集与编织相关的资料，如绘本、杂志、图片、编织的实物，还有编织用的材料(绳子、竹片、竹条、玉米皮、树藤等)。

②通过网络查找资料，让幼儿了解民间编织的艺术活动。

③带着幼儿一起参观身边的编织展览馆(南山博物馆)和甘坑小镇里的编织作坊。

4. 亲子活动：寻找编织物品

(1)材料准备

手机或相机、录音笔、纸、笔。

(2)指导要点

①带领幼儿到聚集了各式各样编织物的龙岗老街，协助并鼓励幼儿采访编织手艺人，用纸和笔记录关于编织的信息。

②拍下各式各样的编织实物，并录下手艺人编织物品的视频。

(3)获得的经验

让幼儿初步了解编织，接触编织，并了解了编织的魅力，激发他们的兴趣。

(三)主题活动目标

1. 教学目标

①通过开展编织活动，让幼儿感受编织艺术的丰富和优美，弘扬民族文化。

②鼓励幼儿动手动脑，提高幼儿的动手操作能力，开发幼儿的创造潜能。

③在活动中，激发幼儿对编织艺术的审美情趣。

2. 学习目标

①能够积极地寻找、观察、探究、生活中各种各样的编织物品，了解编织材料

的多样性。

②知道编织在生活中的作用，丰富对编织的认识。

③认识简单编织工具，初步了解编织物品是用哪些方法做成的。

④探索运用不同的编织材料进行简单编织的方法。

⑤能运用编织来进行艺术创想活动，提高审美感受能力、想象力和创造能力。

⑥利用自己的编织作品进行表演，建立自信心和收获成功的喜悦。

(四)主题活动网络图(预设活动与生成活动)

"编织"主题活动网络图如图 4-1-2 所示。

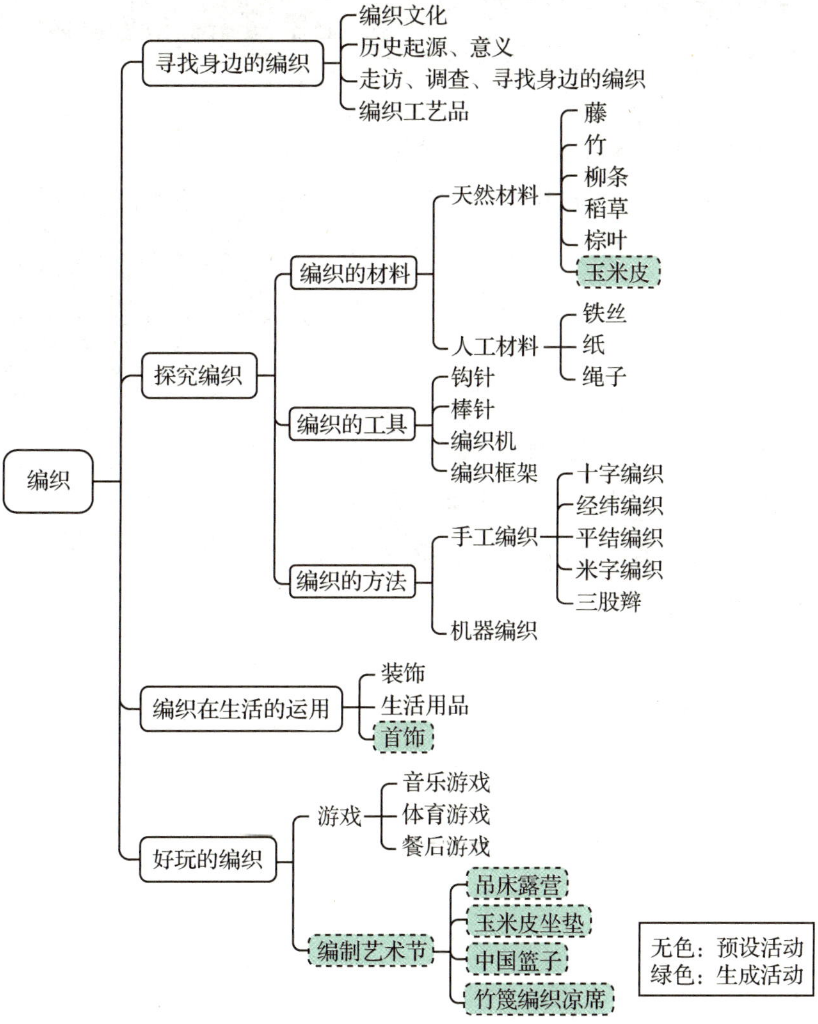

图 4-1-2　"编织"主题活动网络图

二、营造浸润式环境

(一)主题环境

1. 班级整体环境

班级整体环境是幼儿与教师一起打造的，有空间悬吊着幼儿编织的“捕梦网”，有墙壁展示幼儿编织的凉帽，桌面上摆放着幼儿编的篮子等，每一处都突出“编织”的浓浓氛围，让幼儿充分地与主题互动，从而感受美、欣赏美、创造美(图 4-1-3)。

图 4-1-3 “编织”主题下的班级整体环境

2. 主题角

通过亲子活动实地参访，幼儿对编织活动产生了兴趣及欲望，非常想在教室里进行编织。为了满足幼儿的愿望，教师在主题角里提供了身边生活常见的编织物品、编织相关书籍和可编织的自然材料(图 4-1-4)，引发幼儿的关注和兴趣，让幼儿与材料充分互动，并从中发现幼儿的兴趣点，倾听幼儿，及时抓住幼儿的热点话题，从而开展主题活动。幼儿在与材料互动的过程中不断生成新的活动，从而使主题活动更加丰富、生动有趣。

图 4-1-4 “编织”主题角

3. 区域环境

在“编织”主题活动中，根据幼儿的年龄特点和兴趣，师幼一起设计主题特色区域——编织角(图 4-1-5、图 4-1-6)。幼儿在编织角里学习常用的编织技巧，如三股辫编织法，体验编织的乐趣。在区域活动中，教师鼓励幼儿动手动脑，注重提高幼儿的动手操作能力，开发幼儿的创造潜能。

图 4-1-5 以毛线为主要材料的编织角

图 4-1-6 以竹篾为主要材料的编织角

4. 幼儿表征与作品展示

(1)美术作品

在主题活动背景下，师幼共同创作了各式各样的关于编织的美术作品。幼儿运用多种方式进行自主创作，并选择自然材料，如竹篾、玉米皮、树藤、草等，创作出的美术作品有立体的、平面的，还有手工绘画，各式各样，丰富而有趣(图 4-1-7、图 4-1-8)。

图 4-1-7 美术作品：客家凉帽

图 4-1-8 美术作品："箩"的创意

(2)主题墙

在主题学习过程中，教师应积累幼儿的学习记录、活动照片及幼儿的作品等，提供一面墙，充分展示幼儿的学习成果，体现幼儿的成长过程。主题墙是幼儿学习、探索轨迹的呈现，活动的内容以展示幼儿的兴趣为主，展示幼儿自己的疑问、探索、发现。在主题展示墙上，幼儿活动的痕迹、探究学习的过程都被教师细心珍藏，呈现在一块块主题板上，它们保存了幼儿弥足珍贵的成长印记(图 4-1-9、图 4-1-10)。

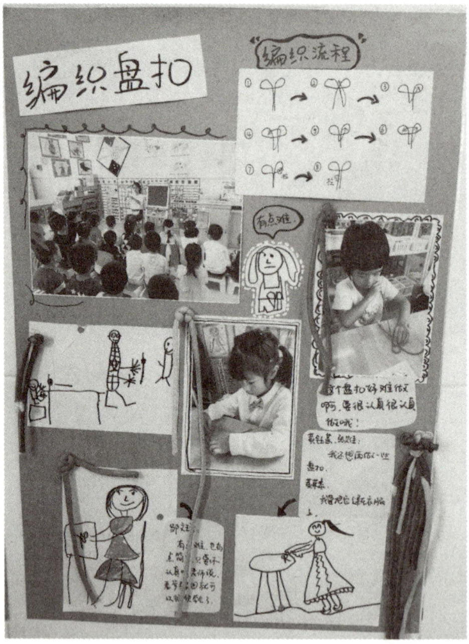

图 4-1-9 “编织”主题活动展示：盘扣记录(1)

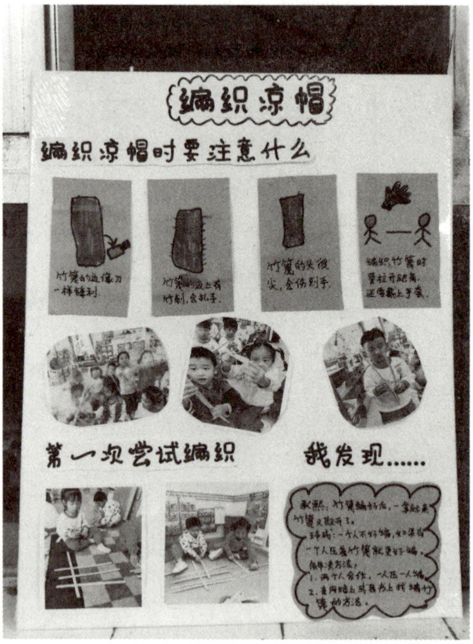

图 4-1-10 “编织”主题活动展示：编织凉帽记录(2)

(二)区域材料

“编织”主题下区域材料一览表如表 4-1-2 所示。

表 4-1-2 “编织”主题下区域材料一览表

区域	名称	照片	目标	玩法
表演区	舞绳		1. 通过把身边常见的彩带制作成舞绳，感受舞绳的飘逸轻柔感，从而感受美、创造美。 2. 探索舞绳的多种玩法。	根据音乐的节奏舞动彩带，自由创编舞蹈动作。
	稻草环		1. 感受不同材质的舞蹈道具带来的表演效果。 2. 激发对艺术大胆表现的欲望。	装扮材料，根据音乐的需要戴上草环进行表演。

续表

区域	名称	照片	目标	玩法
操作区	数字绳		1. 认识数字，会安全独立使用毛根和儿童剪刀。 2. 能大胆地表述操作的过程和结果。	玩法一：用绳子按照图片提供的数字模型拼摆数字。 玩法二：用绳子自由拼贴数字或简单文字。
	摩擦起电		1. 体验在不同材质的绳子上进行摩擦，感受摩擦吸纸的乐趣。 2. 初步感知静电现象。	用塑料棍子在不同材质的绳子上来回摩擦，将被摩擦后的绳子放在吸纸盘上方，观察吸纸情况，分辨哪种材质的绳子才能使塑料棍子产生静电。
积木区	编织网	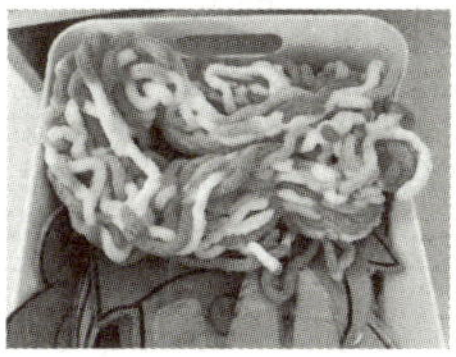	1. 利用编织网进行搭建，锻炼想象力和创造力。 2. 能运用编织网和同伴探索创新搭建游戏。	玩法一：在搭建过程中，结合同伴的角色需要，提供搭建辅助材料。 玩法二：结合生活经验，和同伴们合作游戏。
	绳子和木棍		1. 利用绳子进行搭建，锻炼想象力和创造力。 2. 能运用绳子和木棍与同伴探索，创新搭建游戏。	玩法一：在搭建过程中，结合同伴的角色需要，提供搭建辅助材料。 玩法二：结合生活经验，和同伴们合作游戏。
角色区	打包		1. 学习用包装纸来打包礼盒，发展动手能力。 2. 尝试用各种绳子打包礼物，学习打结方法。	选择用不同颜色的包装纸来包装礼盒并用绳子进行捆绑，即打包。

续表

区域	名称	照片	目标	玩法
美工区	打结		1. 通过练习绳子打结，发展动手能力。 2. 感受不同绳子的材质。	将不同的绳子系在铁架上，练习打结。
	纸盘编织		1. 通过编织纸盘材料，锻炼动手能力。 2. 体验绳子的不同玩法。	将绳子穿过纸盘中的小孔，编织成一个网格。
	编辫子	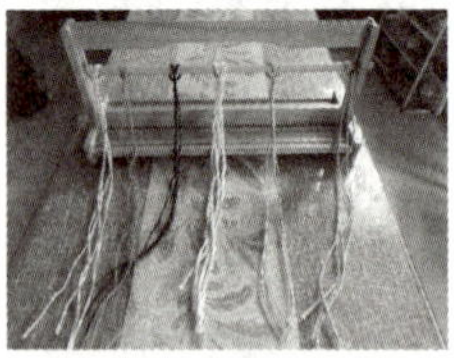	1. 练习编织的技能技巧，促进手部精细动作的发展。 2. 体验多样编织的乐趣。	尝试利用已提供的现有发绳材料，进行编织。
语言区	绘本阅读《打了七个结的长绳子》		1. 知道一个星期有七天，掌握时间概念。 2. 能根据故事情节来用绳子打结。	绘本阅读并根据故事情节给绳子打结。

三、实施多元探究

（一）活动计划

“编织”主题活动计划一览表如表 4-1-3 所示。

表 4-1-3 “编织”主题活动计划一览表

领域	活动内容
语言	谈话：分享主题活动调查表、我见过的编织物品、什么材料可以编织、编织物品的作用、我知道的编织方法、我见过的编织工具、我最喜欢的编织材料、我最想编织的物品、绳子可以怎么编织、树藤可以怎么编织、植物叶子的编织方法 绘本：《神奇的编织高手史丹利》《花格子大象艾玛》《大树的毛衣》《织毛线的多多》《织毛线的猫》《编织在衣服里的奥秘》 儿歌：《编花篮》《六角星》 故事：《打了七个结的长绳子》

续表

领域	活动内容
科学	科学：统计带来的编织物品、给编织物品分类、不一样的编织材料、有趣的十字编、好玩的编织工具、好看的辫子、翻绳游戏真好玩、手指尖上的编织、编绳游戏 数学：测量篮子的身体，测量小床，测量小溪，比较粗细、长短，测量工具——绳子，比较高矮
艺术	美术 欣赏：美丽的编织物品 线描画：我喜欢的编织物品 手工：指尖上的小围巾、经纬编织、米字形绕编、给小动物穿衣服、花格子大象艾玛、线绳粘贴画、编花篮、编一只毛毛虫、编格子、一串红 绘画：我设计的中国结 剪贴画：毛线团团
	音乐 歌曲：《纺织歌》《编织歌》《织布机》《声音编织的故事》《会飞的凉帽》《编花篮》 律动：童年的梦想 打击乐：绳子俱乐部 舞蹈：竹篮子响起来 欣赏：编织梦想
社会	编织与生活、收集编织的实物、收集编织的材料、系鞋带、美丽的蝴蝶结、参观甘坑小镇

(二)活动脉络

1. 感知(第一阶段)

进入“编织”主题活动前，教师开展了亲子调查活动，有的家长带幼儿去参观龙岗老街，引导幼儿观察老街艺人现场编织，并进行采访活动。在实践过程中，教师能了解幼儿的已有经验，引发幼儿的学习动机。此外，教师还鼓励幼儿分享已有经验，提出想探究的问题。有些幼儿还会收集与编织有关的物品，并把它们带来分享，教师根据幼儿的已有经验，制定相应的概览图(图 4-1-11)。

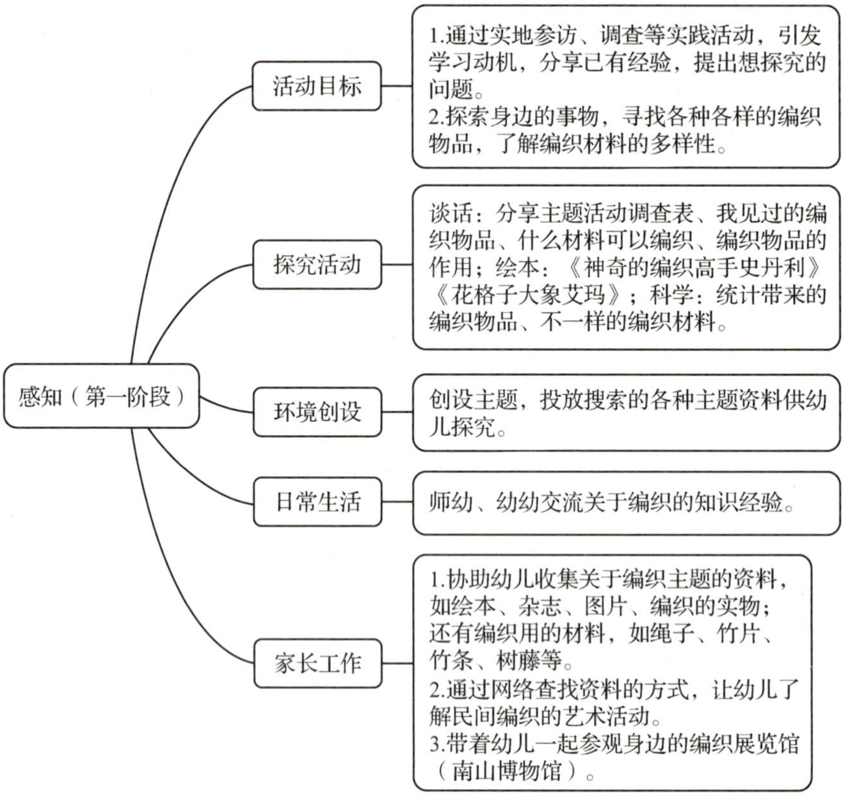

图 4-1-11 “编织”主题活动感知阶段概览图

“编织”主题活动感知阶段活动实施一览表如表 4-1-4 所示。

表 4-1-4 “编织”主题活动感知阶段活动实施一览表

序号	领域＋名称	活动内容	组织形式
1	社会：编织与生活	通过寻找、观察生活中的编织物品，让幼儿进行观察、比较，探究编织物品，了解编织物品在生活中的价值。	集体活动
2	社会：参观甘坑小镇	引导幼儿参观、回顾分享。	集体活动
3	科学：给编织物品分类	让幼儿谈谈自己带来的物品，并分类记录物品。	小组活动
4	美术：美丽的编织物品	让幼儿观察实物编织物品，发现编织物品身上的线条，并让幼儿画出自己的发现。	小组活动
5	语言：编织物品的作用	组织幼儿把自己收集的物品分享给同伴，并让幼儿介绍此物品的作用。	集体活动
6	科学：不一样的编织材料	引导幼儿认识各种各样的编织材料。	集体活动

续表

序号	领域+名称	活动内容	组织形式
7	歌曲：《编织歌》	引导幼儿有节奏地进行歌唱，体验歌中编织活动的快乐气氛。	集体活动
8	绘本：《神奇的编织高手史丹利》	通过绘本阅读，让幼儿了解主人公编织了许多的物品，激发幼儿编织的兴趣。	集体活动
9	手工：编格子	引导幼儿学习上下编织技巧。	个别活动
10	数学：比较粗细、长短	引导幼儿将收集来的编织材料进行比较，比较它们的粗细、长短等特征。	分组活动

活动案例精选：

活动1 社会：编织与生活

设计意图：

为了让幼儿进一步了解编织物品的作用，知道编织物品给生活带来的便利，教师通过开展寻找、观察生活编织物品的活动，让幼儿进行观察、比较，使他们在观察、探究编织物品的过程中，更全面、具象地了解编织物品在生活中的价值，从而进一步激发幼儿对编织物品的认识。

活动目标：

1. 了解不同编织物品的特征与作用，知道编织物品给生活带来的便利。

2. 寻找及认识生活中的编织物品。

活动准备：

手工编织和机器编织的物品若干、图片、视频课件。

活动过程：

(一)开始部分

1. 谈话导入，鼓励幼儿分享自己在生活中寻找的编织物品。

2. 请幼儿看一看、摸一摸，说说编织物品的材质与作用，并说说这些编织物品可以给生活带来哪些便利。

(二)基本部分

播放图片、视频课件，让幼儿了解不同编织物品的作用与价值。

1. 播放图片。

依次播放手工编织和机器编织成的藤编物品、竹编物品、线编物品、草编物品的图片，让幼儿观察，并说一说这些编织物品在生活中的作用与价值。

2. 播放视频课件。

播放关于藤编物品、竹编物品、线编物品、草编物品的视频，通过视频让幼儿更直观地了解人们用这些编织物品来做什么。

3. 讨论：如果你要编织一个物品，你最想编织什么样的物品，用它来做什么？请幼儿大胆发表见解，并说出理由。

（三）结束部分

师幼总结不同编织物品的在生活中的作用：竹、藤、草类编织物品通常用作家具，如用来做桌椅、书架、橱柜、席、屏风等；线类编织物品通常用来装饰环境、穿戴等。编织物品给生活带来了各种便利。

活动延伸：

教师鼓励幼儿继续从生活中寻找更多的有用的编织物品，并将自己的发现记录下来，将收集的编织物品展示到编织角，供同伴观察、欣赏。

活动小结：

活动的开展使幼儿更加深刻地了解到了生活中编织物品的作用，知道不同编织物品给生活带来的便利和价值，提高了幼儿的观察、探究能力，进一步激发了幼儿对编织物品的认识。

活动实录：

图 4-1-12　我带来的生活编织物品

活动 2　科学：给编织物品分类

设计意图：

编织物品各式各样，在主题活动初期，教师让幼儿收集了各种编织物品，并带来分享。在分享过程中，幼儿能说出物品的名称，接着就摆在活动室供大家欣赏。为了让幼儿进一步了解各种编织物品的特征与材质，培养幼儿观察、探究、分类的能力，教师与幼儿开展了“给编织物品分类”的活动。

活动目标：

1. 探究各种编织物品的特征并根据编织物品的不同特征进行分类。

2. 通过观察和归类，学习基本的统计方法。

3. 乐于与同伴交流探索的过程与结果，体验科学活动的有趣。

活动准备：

收集不同材质、不同花纹的编织物品，统计分类记录表人手一份，笔人手一支。

活动过程：

(一)开始部分

谈话导入，让幼儿说说自己带来的编织物品，激发幼儿分享的热情。

师：在生活中你见过哪些编织物品？

师：它是用什么材料编织的？

师：它有什么作用呢？

(二)基本部分

1. 出示幼儿收集的各种编织物品，引导幼儿学习用编织的材质进行分类。

师：今天我们一起来为这些编织物品进行分类吧！按照这些编织物品的不同材质进行分类，你会怎么分类呢？

2. 讲解分类探究记录表，引导幼儿把相同材质的编织物品记录下来，并进行统计。

3. 幼儿自由探究、观察、记录，教师巡回观察幼儿的操作情况并适当指导，鼓励幼儿互相交流自己的探究过程和结果。

(三)结束部分

1. 请小组代表在全体幼儿面前分享自己的探究记录过程和分类统计的方法。

2. 师幼一起总结分类统计的方法，提升幼儿的分类统计经验。

活动延伸：

教师创设编织物品展览角，提供相应的记录表。在区域活动时，或在餐后，幼儿可以自主进入展览角触摸、观察编织物品。

活动小结：

本次活动的开展让幼儿了解到了各种编织物品的特征，大部分幼儿都能围绕编织物品的不同材质进行分类。本次活动发展了幼儿的观察力和归类能力，同时激发了幼儿对探究编织的乐趣。

活动实录：

图 4-1-13　给编织物品分类

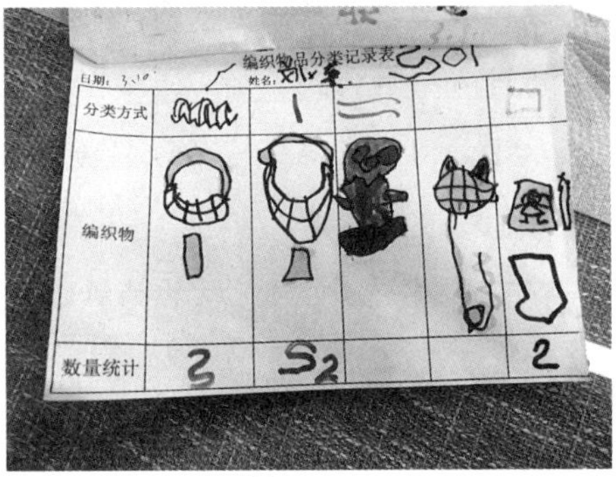

图 4-1-14　给编织物品分类——幼儿记录表

活动 3　美术：美丽的编织物品

设计意图：

结合编织活动的开展，幼儿对编织物品有了更进一步的了解。编织物品的颜色、结构、花纹等，都吸引了幼儿。为了让幼儿在“编织”主题活动中感受编织艺术的美，教师开展了美术活动“美丽的编织物品”，来培养幼儿的观察能力、创意和审美的情趣。

活动目标：

1. 欣赏各种创意编织物品，感受编织物品的艺术美。

2. 尝试用不同的材料、线条来装饰自己喜欢的编织物品。

3. 能有兴趣、积极参与绘画编织活动。

活动准备：

生活中常见的编织物品图片、手工作品，如篮子、围巾、垫子、衣服、帽子等。

活动过程：

(一)开始部分

引导幼儿欣赏各种精美的编织物品，让幼儿感受编织物品所带来的美感，了解编织物品在生活中的妙用。

(二)基本部分

1. 启发幼儿说一说所看到的编织物品是由什么东西制作的，并猜一猜是怎么做出来的。

师：小朋友看到了哪些编织物品，它们是怎么做出来的？

引导幼儿分小组讨论，告诉同伴自己知道的编织物品。

2. 示范用各种材料和线条装饰简易的编织物品，引导幼儿大胆创意。

(1)简单讲解活动中材料的使用方法。

(2)教师小结，鼓励幼儿从编织材料的种类、花纹中大胆创意，并绘画自己喜欢的编织物品。

3. 幼儿动手绘画自己喜欢的编织物品。教师巡视观察幼儿的操作情况，适当给予指导和帮助。

(三)结束部分

1. 让幼儿分享自己创意绘画的编织物品。

2. 引导幼儿欣赏同伴绘画的编织物品，并分类摆放展示。

活动延伸：

教师展示幼儿的绘画作品，并在绘画角投放相应的材料，供幼儿在区域活动时继续画各种各样的编织物品。

活动小结：

活动的开展让幼儿初步了解到了各种编织物品的特征，使幼儿能够结合自己的观察、发现，根据不同的美工材料、线条大胆地创作自己喜欢的编织物品，促进了幼儿积极参与、自主创意。

活动实录：

图 4-1-15　绘画：美丽的编织物品

2. 探究(第二阶段)

本阶段运用不同组织形式开展活动，开展了集体活动和小组活动，特别是小组活动，给予幼儿充分的时间和自主权，让幼儿了解编织的秘密和编织物品的作用，探索编织方法，尝试制作编织物品。教师鼓励幼儿运用不同的方式进行表征，并生成有价值的深度探究活动。

“编织”主题活动探究阶段概览图如图 4-1-16 所示。

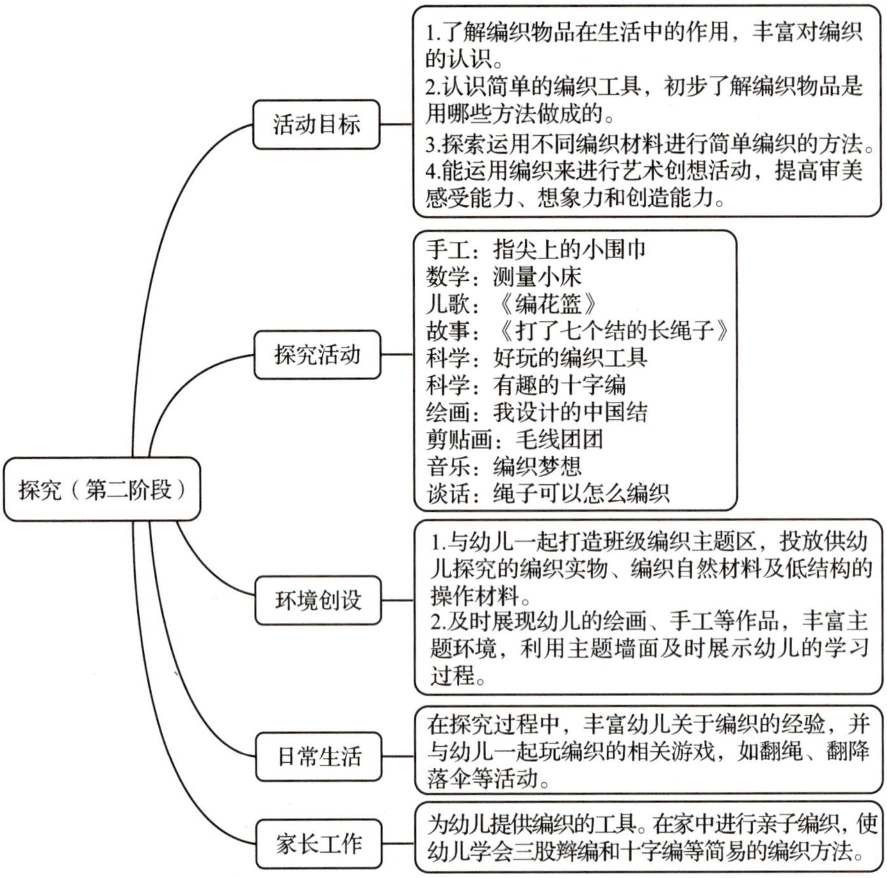

图 4-1-16 “编织”主题活动探究阶段概览图

“编织”主题活动探究阶段活动实施一览表如表 4-1-5 所示。

表 4-1-5 “编织”主题活动探究阶段活动实施一览表

序号	领域+名称	活动内容	组织形式
1	手工：指尖上的小围巾	播放视频，引导幼儿了解围巾的特征，动手编织，分享评价。	小组活动
2	数学：测量小床	引导幼儿学习首尾相接的测量方法，让幼儿选择自然材料测量小床，并学习用自己的方法记录。	集体活动
3	儿歌：《编花篮》	引导幼儿创编儿歌。	集体活动
4	故事：《打了七个结的长绳子》	引导幼儿学习用打结的方法记录时间。	集体活动
5	科学：好玩的编织工具	引导幼儿通过图片认识多样的编织工具。	集体活动
6	科学：有趣的十字编	引导幼儿学习编织方法：十字编。	小组活动

续表

序号	领域＋名称	活动内容	组织形式
7	绘画：我设计的中国结	组织幼儿收集各种中国结，引导幼儿设计自己的中国结。	集体活动
8	剪贴画：毛线团团	引导幼儿运用毛线进行剪贴画活动。	集体活动
9	音乐：编织梦想	引导幼儿感受音乐优美的旋律。	集体活动
10	谈话：绳子可以怎么编织	引导幼儿使用绳子进行编织物品。	集体活动

活动案例精选：

活动1　手工：指尖上的小围巾

设计意图：

编织物品在生活中无处不在，幼儿对它们的作用和价值有了一定了解。为了让幼儿了解更多编织的技能，提升幼儿对简易编织物品的认识，教师开展了手指编织活动——“指尖上的小围巾”，来提高幼儿的手指灵活性。

活动目标：

1. 了解围巾在生活中的作用，丰富对编织的认识。

2. 在编织的过程中提高手指的灵活性和编织的技能。

3. 通过活动培养专注力和动手能力。

活动准备：

彩色毛线、儿童剪刀。

活动过程：

(一)开始部分

教师播放与围巾有关的视频和图片，引导幼儿说说围巾在生活中的作用，并说说围巾的编织方法。

(二)基本部分

1. 出示一条用手指编织的小围巾，引导幼儿欣赏。

师：这是什么？跟我们生活中常见的小围巾有什么不一样？它是用什么材料编织的？用到了哪种编织方法？

2. 引导幼儿学习用手指编织小围巾的基本方法。

(1)请幼儿摸一摸、看一看，并说一说毛线的特征。

(2)演示编织小围巾的方法，再播放提前拍好的编织视频，以便幼儿更清楚、直观地学习编织小围巾的方法。

(3)请幼儿动手编织小围巾，教师观察并适当进行指导。

3. 引导幼儿学习给手指围巾收针的方法。

教师演示给编织好的围巾进行收针的方法，幼儿观察后操作。

(三)结束部分

幼儿带上编织好的小围巾，师幼共同欣赏。教师请幼儿说说编织小围巾给自己带来的感受，并说说编织好的小围巾可以如何装饰环境。

活动延伸：

教师将幼儿编织好的小围巾投放到角色区，供幼儿进行表演创编游戏。

活动小结：

在整个活动的开展中，幼儿能够积极地参与，做到认真观察、专注编织。本次活动既丰富了幼儿对编织的认识，也提高了幼儿的手指灵活性和编织的技能，让幼儿在编织的过程中收获了成功的喜悦。

活动实录：

图 4-1-17　手工：指尖上的小围巾(1)

图 4-1-18　手工：指尖上的小围巾(2)

活动 2　数学：测量小床

设计意图：

在谈话活动“我最想编织的物品”中，幼儿通过讨论决定编织一张幼儿园午睡床大小的席子，他们说有了席子炎热的夏天躺在床上睡觉时就不会太热了。可是席子要编织多大呢？幼儿说：“我们先去测量一下睡觉的小床的长和宽吧！”于是，教师开展了测量小床的活动。

活动目标：

1. 能用自然工具或者标准测量工具测量小床的宽度和长度。

2. 体验合作测量的快乐。

活动准备：

自然测量物(绳子、吸管、小木棍)，卷尺一把，记录表，笔，视频，小床一张。

活动过程：

(一)开始部分

谈话导入，激发幼儿测量小床的热情。

请幼儿说说中午睡觉的小床是什么形状的。

师：午睡的小床有多宽、多长呢？你会用什么方法测量？

(二)基本部分

1. 引导幼儿寻找测量小床的方法。

(1)询问幼儿用什么来测量，怎么测量。引导幼儿回忆测量土豆苗的经验。

(2)请不同幼儿演示自己测量小床的方法，并引导幼儿在测量后想办法记录下来。

2. 引导幼儿测量小床。

(1)教师讲解测量小床需要注意的事项。

——幼儿以两两合作的方式完成测量小床的任务，同时要将自己使用的测量方法与测量结果记录下来。

——运用自然测量物进行测量时要首尾相接，每测量一次画一个记号，最后数一数画了多少个记号，汇总出测量结果。运用尺子测量时一定要将尺子拉直，将尺子的“0”刻度对齐小床一端的边缘，尺子拉直后，观察小床边缘的另外一端对齐的刻度尺寸，就可以得到小床的尺寸了。

(2)幼儿操作，教师观察，对测量和记录有困难的幼儿进行指导。

(3)交流：小组分享自己测量小床的方法和测量的结果。

(4)引导幼儿从结果不同的小组中发现问题并讨论：为什么各小组用同样的工具测量小床，量出来的结果却不一样的呢？

(5)结合幼儿分享，师幼讨论使用不同测量工具的正确测量方法。

(三)结束部分

(1)小组代表在全体幼儿面前分享自己测量小床的方法和统计的结果。

(2)师幼一起总结测量方法，丰富幼儿的测量经验。

活动延伸：

教师在科学区投放各种测量的工具，鼓励幼儿在日常生活中使用不同的测量材料，大胆地去探究、观察、体验测量的游戏。

活动小结：

因为是幼儿自己想要做的事，所以他们的兴致非常高。在实践过程中，幼儿能与同伴一起测量，测量了还能以自己的方式记录，最大的进步是能在集体面前分享小组的测量方法，活动效果比较好。

活动实录：

图 4-1-19 数学：测量小床

3. 展示(第三阶段)

在“编织”主题活动展示阶段，教师与幼儿共同商讨结题活动方案，并一起打造环境，如有凉帽秀、编织作品展、篮子秀等。凉帽秀、编织作品展、篮子秀、吊床露营各具特色，通过不同方式的展示活动，呈现主题的学习，幼儿可以充分地参与到活动中来，体验成功的喜悦。

“编织”主题活动展示阶段概览图如图 4-1-20 所示。

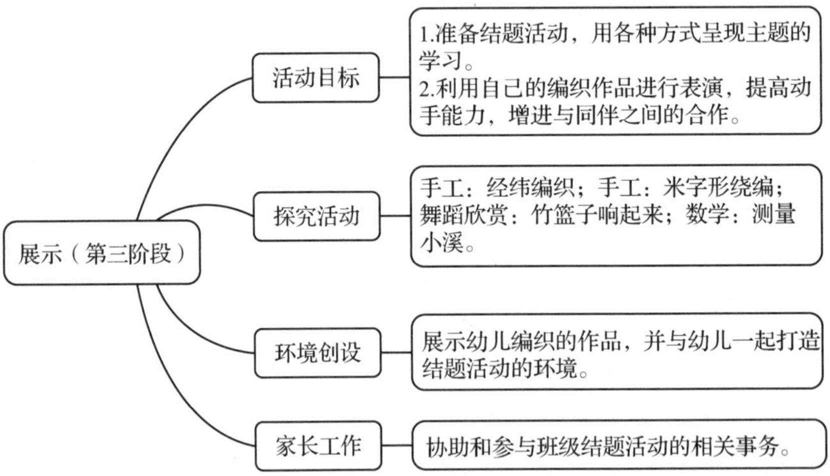

图 4-1-20 “编织”主题活动展示阶段概览图

“编织”主题活动展示阶段活动实施一览表如表4-1-6所示。

表4-1-6 “编织”主题活动展示阶段活动实施一览表

序号	领域+名称	活动内容	组织形式
1	手工：经纬编织	引导幼儿认识经纬编织，学习上下直线编织技巧。	个别活动
2	手工：米字形绕编	引导幼儿学习米字形绕编。	小组活动
3	舞蹈：竹篮子响起来	和幼儿欣赏运用竹篮子跳舞的视频，使幼儿感受篮子舞蹈的美。	集体活动
4	数学：测量小溪	引导幼儿测量生态园里小溪的宽度，为下一步制作篮子做准备。	小组活动
5	各班结题活动	和幼儿一起设计凉帽秀、编织作品展、篮子秀、吊床露营等活动。	集体活动

活动案例精选：

活动1 手工：经纬编织

设计意图：

通过编织活动的开展，幼儿对简易编织有了初步了解。本活动主要是让幼儿结合自己的已有经验，进一步提升对编织技能认识，了解更多简易编织的方法，尝试用自己喜欢的编织材料进行经纬编织活动。

活动目标：

1. 探究自己喜欢的编织材料并进行操作，学习经纬编织方法。

2. 通过动手操作，萌发对编织的乐趣。

活动准备：

经纬编织物品、线、纸材料若干，经纬编织器两个，纸盒编织四个。

活动过程：

(一)开始部分

出示各种经纬编织物品，引导幼儿观察经纬编织的外形特点。

师：看看老师今天带来了什么编织物品？

师：仔细观察这些编织物品的花纹、材质、编织的方法，它们有哪些特点？

师：这些物品都是怎么编织的呢？

(二)基本部分

1. 示范经纬编织方法，重点讲解上下直线编织的方法。

步骤：

(1)选择自己喜欢的经纬编织材料。

(2)将线或纸条以上下直线编织的方法进行穿绕。

(3)每编织一条经纬花纹都要往上推挪一次，保证经纬编织花纹紧紧相扣。

(4)经纬编织完成后固定四周的编织口即可。

2. 幼儿动手编织。教师巡回观察幼儿的操作情况，适当给予指导和帮助。

(三)结束部分

1. 让幼儿分享自己在制作经纬编织作品中用到的材料及编织的感受。

2. 引导幼儿欣赏同伴的编织作品，并分类摆放展示。

活动延伸：

教师将幼儿编织好的作品展示出来，并在编织角里投放各种各样的编织材料，供幼儿餐后或区域活动时操作。

活动小结：

在活动中，教师提供了多种材料供幼儿选择编织，教师的操作示范清晰、明了，幼儿能够较好地掌握经纬编织的技能。在编织过程中，大部分幼儿结合经纬编织的操作步骤积极参与、不懂就问，进一步发展了手眼协调能力和编织技能，也提高了对编织的兴趣。

活动实录：

图 4-1-21 手工：经纬编织

活动 2 手工：米字形绕编

设计意图：

通过编织活动的顺利开展，幼儿渐渐对展示在班级区域的竹篮子感兴趣。为了抓住幼儿对竹篮子的兴趣点，提升幼儿的认知经验和编织技能，教师结合幼儿的年龄特点，设计了米字形绕编的小组活动，从易到难不断帮助幼儿积累编织经验。

活动目标：

1. 了解米字形编织支架的外形特点，尝试用不同的编织材料进行米字形绕编。

2. 体验编织的乐趣，提高动手能力。

活动准备：

米字形编织物品若干、各类编织材料。

活动过程：

(一)开始部分

出示各种米字形编织物品，引导幼儿观察米字形编织物品的外形特点。

师：看看老师今天带来了什么编织物品?

师：仔细观察这些编织物品的花纹、材质、编织的方法，它们有哪些特点?

师：你们想知道这些物品是怎么编织的吗?

(二)基本部分

1. 示范米字形绕编的编织方法，重点讲解米字形绕编的方法。

步骤：

(1)选择一根编织材料，从中间对折。

(2)将对折好的编织材料套在米字形编织支架的任意一个分支处。

(3)通过一根一根绕编米字形的方法或者两根一起绕编的方法，对米字形编织支架进行绕编。(此处教师运用拟人化的手法，将编织材料拟人化，通过将绕编过程拟人化、形象化，使讲解过程更加生动有趣，更能吸引幼儿的注意力，也能让幼儿更好地理解，帮助幼儿在接下来的实际操作中更好地进行绕编活动。)

(4)将绕完的编织材料留下的线头塞进编好的纹路里。继续接编织材料或者换编织材料绕编，直到完成。

2. 幼儿动手操作编织。教师巡回观察幼儿的操作情况，适当给予指导和帮助。

(三)结束部分

1. 让幼儿分享自己在制作米字形编织作品中用到的材料及编织的感受。

2. 引导幼儿欣赏同伴的编织作品，并分类摆放展示。

活动延伸：

教师将幼儿未完成的作品投放在编织角，幼儿可以自主进入完成，并摆放在美工区置物架上。

活动小结：

在活动中，教师的操作示范能很好地吸引幼儿的注意力，幼儿能做到专注倾听、大胆操作，并在同伴面前说出编织的操作步骤，学会一边编织一边念上下缠绕的口令，来掌握米字形编织的技能。本次活动发展了幼儿的手眼协调能力和编织技能，也让幼儿体验到了编织的乐趣，提高了幼儿的动手能力。

活动实录：

图 4-1-22　手工：米字形绕编

活动 3　结题活动：吊床露营

设计意图：

“编织”主题活动已经接近尾声，幼儿想把活动的过程展示给其他班的小朋友看。于是，教师和幼儿一起设计了一次吊床露营活动，活动计划在幼儿园的生态园里，并邀请园长、其他班的老师、大班的哥哥姐姐来参观。一场富有天然氧吧的露营活动开始了。

活动目标：

1. 学习用不同的方式展示主题活动的过程。

2. 能够大胆、主动地表现自己，并自信地进行表演，感受活动的快乐、自由的愉悦情绪。

活动准备：

1. 设计邀请函，邀请园长、其他班的老师、大班的哥哥姐姐来参加露营活动。

2. 准备活动的节目和音乐。

3. 交代活动的注意事项。

4. 布置活动场地。

活动过程：

(一)开始部分

1. 与幼儿一起选址，思考幼儿园哪里可以开展露营活动。

幼儿在园内寻找适合的地方，最后确定活动的场地，把吊床挂在生态园的树上。

2. 写邀请函，讨论邀请谁来参加活动。教师与幼儿一起设计邀请函。

(二)基本部分

1. 教师和幼儿共同商讨活动环境和节目。

(1)设计活动场地。

(2)寻找装扮场地的材料。

(3)设计节目。

2. 活动进行。

(1)小主持人介绍今天的露营活动。

(2)小组表演《童话梦想家》。

(3)主持人分享编织吊床的过程。

(4)请观众体验吊床是如何编织的。

(5)幼儿与观众一起露营：吹泡泡、阅读绘本、编织吊床、体验吊床、画画等。

(三)结束部分

幼儿、教师、嘉宾一起合影留念。

活动延伸：

教师通过和幼儿商讨，决定把吊床放在生态园里，并宣传玩法，强调注意事项，让其他班的小朋友都来体验。

活动小结：

通过一系列活动的探索，幼儿对制作吊床是非常感兴趣的，学会了多种编织方法，特别是幼儿与他人合作的能力有了显著提升。在结题活动时，幼儿能大胆地表现自己，非常自信。

活动实录：

图 4-1-23　结题活动：吊床露营

四、总结与评价

编织既是一种游戏，又是一门艺术。通过开展“编织”主题活动，幼儿从观察、欣赏、探究中了解到了生活中不同的编织物品，知道不同编织物品的材质、形状、花纹以及编织的技法是不同的。在探究的过程中，幼儿大胆尝试学习简易的编织技法，如十字编、经纬编、三股辫编、手指编等。这一过程发展了幼儿的观察力、想象力、创造力及审美的能力。幼儿还能结合自己喜欢的编织物品、编织技法，运用一些适宜的编织材料，把自己心中想要编织的物品在与同伴合作和教师的引导下编织出来，如编织席子、篮子、围巾等，从中获得感受美、欣赏美、创造美的能力，绽放传统民间手工艺的风采。

(一)幼儿学习与发展

“编织”主题活动让幼儿获得了以下方面的发展。

①能够积极地寻找、观察、探究生活中各种各样的编织物品，了解了编织材料的多样性。

②知道编织物品在生活中的作用，丰富了对编织物品的认识。

③认识了常见的编织工具，初步了解了编织物品是用哪些方法做成的。

④尝试探索运用不同编织材料进行简单编织的方法，提高了动手能力，增进了与同伴之间的合作。

⑤能运用编织来进行艺术创想活动，提高了审美感受能力、想象力和创造能力。

⑥能够在集体面前大胆利用自己的编织作品进行表演，建立了自信心，获得了成功的喜悦。

1. 学习故事

学习故事示例如表 4-1-7 所示。

表 4-1-7　学习故事示例

幼儿：琪琪	教师：罗琼瑶	日期：2022 年 11 月
冬日里的温暖莫过于一张甜甜的笑脸、一个大大的拥抱、一句简单的问候，还有你用心为班级小伙伴制作坐垫的身影。每天餐后，你都会和小伙伴用毛根把玉米皮连成长长的绳子，这是你非常喜爱的活动。		

续表

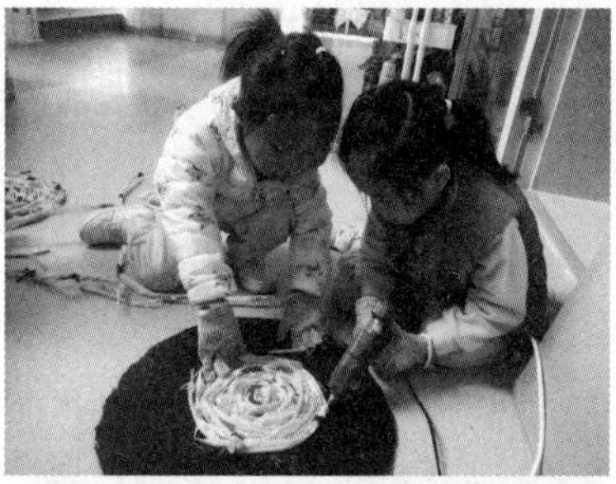

今天你来到活动区域，你的目标明确，那就是要完成第一块坐垫。你在班级找到了一块KT板，在小伙伴的建议下，你想将它裁成和编织角的坐垫一样大小。可是，KT板太大，怎么裁剪？很快，你想出了一个好办法，把坐垫放在KT板上，对比着在KT板上画一个圆，然后用剪刀剪下来。动作飞快的你，马上执行自己的想法。沿着坐垫的边画出线条，在小伙伴的帮助下，和坐垫一样大小的板成功被剪下来了。粘贴玉米皮绳子的时候你们费了好大劲，从一开始用透明胶粘贴到用双面胶、固体胶粘贴，这些方法都以失败告终，因为玉米皮绳子很容易松开，卷不成一个圆圈。这时，你提出用老师的热熔胶，热熔胶可以稳稳地将绳子卷好。有过使用胶枪经验的你从其他班级借来手套，穿戴好，在老师的指导下圆圈慢慢成形。终于，一张属于自己的玉米皮坐垫做好了。

在这里我看到了什么样的学习？

宝贝，我看见你和小伙伴合作的身影。你积极思考，你在编织、在裁剪、在粘贴的样子，证明了你的成长，一步一个脚印，不管是深还是浅，都让老师感到欣慰。

2. 观察记录

观察记录示例如表4-1-8所示。

表4-1-8 观察记录示例

观察时间	2022年11月	观察地点	语言区
观察对象	乔沐	观察教师	罗老师
情况记录	在“小凉帽”故事创编中，孩子们用老师提供的材料把小凉帽的故事反映在了自己的作品上，孩子们讲述的兴致很高。我选择了几幅孩子们的作品张贴在语言区的“故事集”上。早上就有几个孩子来到了语言区，于是出现了这样的对话。乔沐指着墙上的画说：“呀，快看呀，这是我的，我的小凉帽到草地上玩了，还有小草呢，蝴蝶也飞来了，蝴蝶身上的颜色很漂亮，五颜六色的。”乔沐边说边学着蝴蝶飞起来。佳泽说：“小凉帽看见了小朋友，还有滑滑梯的阿妹也去玩了。”佳泽说着还拍起了小手。就这样，孩子们在你一言我一语中分享着快乐。		

续表

情况分析	看着孩子们开心的样子，我不禁反思：为什么孩子们会对这些材料产生强烈的阅读兴趣呢？我觉得主要有以下几点原因。 一是这些阅读材料是孩子们自编的，因此，他们已经从感情上接纳了这些阅读材料。而且阅读的过程也是他们再次重温和体验成功的过程。 二是孩子们自编图书的内容比较贴近他们的生活，使他们能够独立理解，所以这些材料能非常容易地引发孩子们的阅读兴趣。 三是孩子们在阅读自己或同伴自编的材料时，思维的自由度相对较大，且不受约束，故而阅读的难度相对降低了。
教育策略	在非正式的阅读活动中，教师在为幼儿提供阅读材料时应更加注重贴近幼儿的生活。例如，可以提供幼儿的绘画作品，将幼儿在幼儿园的生活照片制作成系列图书等。
教育效果	这类阅读材料更易引发幼儿的情感共鸣，促进幼儿之间的交流以及发展幼儿的人际交往技能。通过对同伴图画符号的破译，幼儿的阅读能力也能得到提高。

(二)教师收获与反思

通过“编织”主题活动的开展，教师能够真真切切地带领幼儿从生活中去观察、探究，丰富了幼儿对编织文化的认识，让幼儿了解了编织物品的多样性，知道编织物品给生活带来的便利。教师能在整个主题活动过程中看到幼儿的积极参与、大胆探究，让幼儿亲身体验编织带来的乐趣，进一步提升幼儿的自主学习能力和合作能力，让幼儿在各方面都得到发展。教师在教学活动中做到了认真、耐心、有计划、有目的地结合幼儿的兴趣点去开展每一个编织活动。

(三)家长的参与与改变

在主题活动开展的过程中，家长提供了重要的支持，如主动收集、提供与主题活动相关的书籍和材料等，通过不同方式参与到幼儿的主题活动中来，与幼儿共同学习、体验课程。主题活动给家长和幼儿提供了很多亲子相处的机会，让亲子关系更加紧密。“编织”主题活动中家园共育活动一览表如表 4-1-9 所示。

表 4-1-9 “编织”主题活动中家园共育活动一览表

阶段	活动名称	活动内容	参与形式
感知阶段	寻找编织物品	家长利用周末带领幼儿在周边寻找编织物品。	家长义工
探究阶段	亲子编织	家长与幼儿在家中一起编织篮子。	亲子手工
	有趣的十字编	家长为幼儿录制视频，引导幼儿学习十字编织法。	家长助教
展示阶段	结题活动	家长协助布置结题活动场地、拍摄活动掠影。	家长义工

第二节　项目活动

一、扎草龙

(一)活动缘起

视频资源

扎草龙

在户外活动时，幼儿随着角色表演区的音乐兴高采烈地舞着一截一截的草龙，子慕举着“龙珠”忽左忽右地引逗龙头，可是龙身、龙尾和龙头时前时后交替奔跑着，不一会儿举龙尾的幼儿跑到举龙头的幼儿前面了，龙身和龙头也缠绕在一起了，引得台下观众议论纷纷。幼儿初次舞龙如图 4-2-1 所示。

李深：龙身应该跟着龙头走啊，我都分不清楚哪个是龙头，哪个是龙身了。

奕凡：我在电视里面见过的龙是完整的、长长的，小朋友舞的草龙分开了，所以舞得乱乱的。

图 4-2-1　幼儿初次舞龙

在回顾时间，教师让幼儿发表舞龙的感受。子慕发现跑的时候会和小朋友“打架”。李深有点疑惑：为什么龙身和龙尾都一样？嘉霖提出小朋友可以做一条不一样的草龙，身体可以连接在一起的。乐童说龙头要有龙角。教师从幼儿的对话中感受到他们对扎草龙的兴趣和热情，决定尊重他们的想法，并让他们带着关于扎草龙的问题兴致勃勃地展开了调查。

第二天，幼儿带着调查记录和有关草龙的图片来园，教师与幼儿进行了第一次讨论。通过访谈、交流，幼儿了解到草龙是客家非物质文化遗产项目，主要的制作材料是稻草，并以竹竿为支撑。于是，教师立足传承本土的传统文化，在不断追随幼儿探寻草龙的脚步中，支持幼儿、陪伴幼儿，逐步提升幼儿对草龙的传统文化的认同感与归属感，并完成了预设网络图(图 4-2-2)。

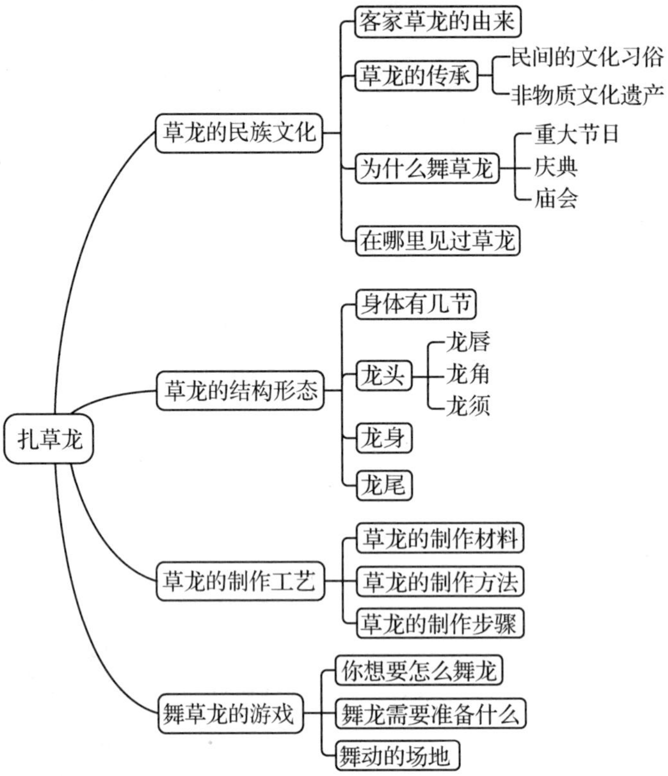

图 4-2-2 “扎草龙”网络图

1. 价值分析

为了支持幼儿的活动，教师对“扎草龙”中所隐含的关键经验及幼儿的学习价值进行了分析。

《幼儿园教育指导纲要(试行)》明确提出，幼儿园要“充分利用社会资源，引导幼儿实际感受祖国文化的丰富与优秀，感受家乡的变化和发展，激发幼儿爱家乡、爱祖国的情感”。我园地处客家人的聚居区，而客家草龙历史悠久、源远流长，如今已被列入广东省第二批省级非物质文化遗产名录，为了让更多幼儿了解客家文化的精髓，挖掘和弘扬本土客家文化，教师结合幼儿对草龙的兴趣，培养幼儿的本土意识，善于发现、挖掘其中的价值。

在扎草龙活动中，教师对幼儿的引导、支持、评价不仅仅在技能上，还聚焦在幼儿的学习品质上，如主动性、计划性、专注性、问题解决、资源利用及幼儿对自己经验的反思。

2. 可行性分析

我园秉承“涵养课程”的理念，把客家的文化特色与户外游戏相结合。客家游戏区青砖灰瓦，古色古香，不仅有客家人日常生活用具、劳动工具，而且有民间游戏的材料，舞狮舞龙也是幼儿常玩的游戏。结合幼儿前期在博物馆、科技馆看到的草龙，他们对龙蜿蜒的形态有了一定的了解，区域里面常常见到幼儿捏龙、画草龙的创意。为了让幼儿更自主地进行扎草龙探究活动，家长提供了大量的稻草，让幼儿在直接感知、亲身体验、实际操作中感受扎草龙非遗文化的传承。

(二)情境感知

1. 实地参访

幼儿讨论着关于草龙的结构及民俗文化，为了近距离接触，发现草龙的秘密，他们利用周末时间和爸爸妈妈一起去博物馆参观了各种形态的草龙。参观前，幼儿根据自己感兴趣的问题制订了参观计划(图 4-2-3)，为有目的地参访做好了准备。

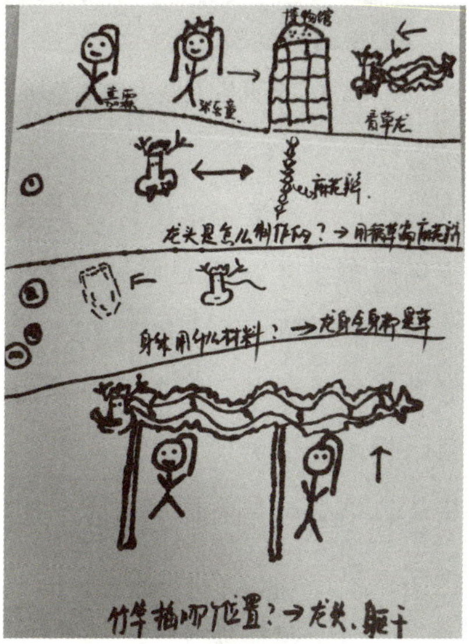

图 4-2-3　参访草龙计划

在博物馆里，幼儿惊喜地发现草龙是用农民伯伯收割完的稻草做的，制作工艺是用稻草和麻绳编织而成。这次零距离的参访也给幼儿带来了快乐。

教师思考：

《3—6 岁儿童学习与发展指南》强调：“要珍视游戏和生活的独特价值……最大限度地支持和满足幼儿通过直接感知、实际操作和亲身体验获取经验的需要。”此次非物质文化遗产亲子参访活动，不但让幼儿了解了传统文化知识，激发起他们对传统文化的兴趣，而且增强了他们的文化自信。幼儿第一次近距离接触草龙，他们在自由、宽松的环境中记录着有趣的发现和问题，通过多元感知、参与体验、调查实践，获得了对草龙文化的认知，同时萌发了扎草龙的想法。想要制作一条怎样的草龙，需要有初步的设计。在扎草龙的过程中，教师期望幼儿不断发现问题、分析问题、解决问题，积累扎草龙的相关经验。在操作过程中，幼儿需要不断克服困难，与同伴合作，调动更多的同伴参与到活动中。

2. 画草龙、捏龙

参访过后，晨谈书写记录板旁、陶泥区、美工区随处可见幼儿画草龙的身影

(图 4-2-4)。安安绘声绘色地讲述他设计的龙，龙身要很长，还需要很多小伙伴一起舞才会热闹。皓麟捏的龙精巧别致，创意十足，充满着童真童趣(图 4-2-5)。

图 4-2-4　幼儿在晨谈书写记录板上画草龙

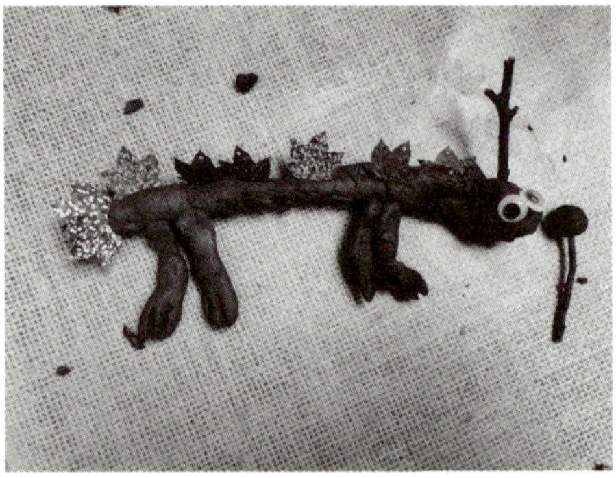

图 4-2-5　皓麟用陶泥捏的龙

教师思考：

幼儿用画画和捏泥的方式设计草龙模型。结合前期参访的经验，他们运用简洁的线条描绘出龙的基本结构特征，如龙头、龙唇、龙须、龙角、龙身、龙尾，语言表达清晰，这都说明幼儿对龙的认知经验比较丰富。同时，教师也能看出他们对自己想要制作一条什么样的龙进行了大致的思考，有比较明确的目标。画草龙、捏龙的情境包含着幼儿对探究材料的准备、分工与合作以及探究实施的学习结晶。小小的画龙活动，让艺术从指尖传递到心灵，让幼儿感受中国传统文化的魅力。

(三)问题讨论

班级投放了《龙的故乡》《舞草龙》绘本，幼儿在分享阅读后了解了草龙。为了让幼儿更加直观地了解草龙，教师和幼儿又一起观看了扎草龙的视频。观看视频后，幼儿对如何扎一条长长的草龙产生了浓厚的兴趣。

教师捕捉到幼儿的兴趣点，和幼儿聚焦问题进行讨论，并形成了问题清单(图 4-2-6)。

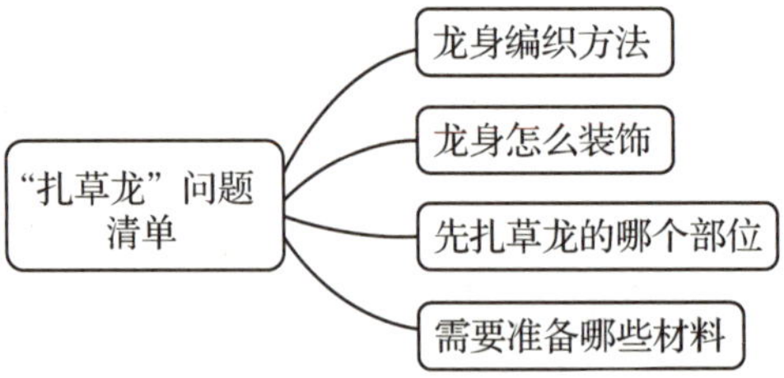

图 4-2-6　“扎草龙”问题清单

(四)体验探究

幼儿通过参访、网络调查和讨论，已对草龙的基本结构有了一定的了解。自主游戏的时间，他们按照讨论的问题清单制订了共同的计划。轩轩提出扎草龙按照从前到后、从上到下的顺序，应该先扎龙头，于是他们很快成立了一个项目小组，在这里共同商讨、计划构思、分工合作。

1. 怎样才能扎一条可以舞动的草龙

如何扎一条可以舞动的草龙？从哪里开始？“龙的身体很长，我觉得要按照从前到后，从上到下的顺序来做。”思维活跃的轩轩说。“要不，我们先扎龙头，然后再扎龙身。”嘉霖的这个提议得到了大家的一致赞同。第二天，幼儿迅速投入扎龙头的工作中。

(1)怎样扎龙唇

龙唇怎么扎？李深拿着草龙的图片观察了一会儿对乐童说：“我觉得这个龙唇有点难！龙唇需要把很多稻草绑在一起。”接着，乐童、安安拿了一束稻草，把它们对折后用麻绳捆起来，奕凡把同伴捆绑好的每一小束稻草用麻绳绕在一起，这时捆好的稻草总是移动，还会掉出来。当幼儿困惑时，子慕思索了一会儿说：“我觉得扎龙唇要像我爷爷扎扫帚那样才对。”大家好奇地问：“那你爷爷是怎么扎扫帚的？”“我看见我爷爷把高粱秆都对齐，先绑一小把高粱，然后再拿一小捆放中间绑起来，一捆一捆地绑，不是全部绑一起的。”子慕接着说，“我奶奶也会扎，但是我老家才有高粱。”“我有个主意，你把稻草当高粱带回去，然后叫你奶奶拍个怎么扎的视频给我们看看就知道了。”活动的开展需要家园协同，子慕奶奶的支持也成了幼儿扎龙唇的动力。

第二次扎龙唇，奕凡、子慕学着奶奶扎扫帚的方法把同伴捆绑好的小束稻草依次往上一把、两把、三把……直到把十几把全扎在一起，捆绑成两大把(图 4-2-7)，在大家的齐心协力下，一根根细扁的稻草秆，在幼儿揉拧、编扎、捆绑中逐渐化身为草龙的唇。为了防止稻草脱落，他们还打上了热熔胶。

图 4-2-7　奕凡、子慕合作扎龙唇

(2)龙角立不起来怎么办

龙唇的基本结构逐渐成形，子慕从美工区拿了两根毛根粘在龙头上当龙角，李深看了看说：“不对，龙角应该立起来，你这个毛根太软了，好像龙须。”“我觉得龙角要用硬一点的材料。”嘉霖附和着。于是，他们到幼儿园里寻找制作龙角的材料，乐童发现了开杈的树枝，说道："用这根树枝做龙角怎么样?"嘉霖："好是好，但我们要找两根差不多长的。""这个比较合适。"经过对比后，他们发现两根树枝的长度还是不一样，于是决定去木工区锯一下。木工区，子慕当起了工匠手，嘉霖、乐童按住树枝，在三个小伙伴的默契配合下，锯好的开杈的树枝经过一次次尝试终于安装在了龙头上(图 4-2-8)。雅雅拿来了泡沫球画上了眼睛，俊霖用黏土制作了龙珠。在幼儿的分工合作下，龙头的结构已见雏形(图 4-2-9)，他们脸上洋溢着成功的喜悦。

图 4-2-8 木工区锯树枝做龙角

图 4-2-9 龙头制作完成

教师思考：

《3—6 岁儿童学习与发展指南》指出："幼儿的社会性主要是在日常生活和游戏中通过观察和模仿潜移默化地发展起来的。"幼儿将从子慕奶奶那里学来的扎扫帚的技能迁移到扎龙唇上，见识了扎扫帚的民间手艺，开阔了眼界。他们的捆绑技能，小肌肉发展、动手动脑的能力都得到了提高。在制作龙头过程中，教师一直静静观察与等待，给予他们充足的思考和讨论时间。子慕制作的龙角不能立起来，但幼儿能发表自己的见解，并能根据自己的想法调整材料。这充分说明游戏中幼儿的学习是相互启发、相互促进的。

2. 如何用稻草扎草龙

龙头扎好后，幼儿按照制订的计划开始筹备扎龙身的活动。围绕龙身怎么扎和需要哪些材料，教师又进行了亲子调查。

宇森：做龙身，可以用稻草编成大绳的样子。

子慕：我和妈妈查过资料，扎龙身有两种方法，一种是可以用竹子做龙骨，另一种是可以用一条长的辫子做龙骨，再沿着龙骨一节节把稻草往后扎。

乐童：我奶奶教过我编辫子，把草分成三等份，像编麻花辫一样。

嘉霖：龙身比较长，我们要分段扎。

梓航：最后用藤条或者麻绳把稻草固定在一起。

从幼儿的分享中，教师发现他们对如何扎龙身有了自己的想法。制作一条长长的龙身要运用草编的技艺，幼儿不仅要学会编麻花辫，而且要学会固定稻草。于是，教师给幼儿提供材料，鼓励他们自己去尝试，探索运用稻草编织麻花辫。

(1)稻草太硬了怎么办

图 4-2-10　幼儿正在进行稻草泡水实验

嘉霖整理好一束稻草后用麻绳捆紧稻草的一端，然后将稻草分成了左、中、右三等份，并捆上了橡皮筋进行固定。接着，将左边和右边的稻草交叉向下编，她把一份稻草用大拇指使劲压下去，发现稻草总是非常蓬松。她用求助的眼神望着教师说："老师，这稻草有点硬，我编不动。"正当教师犹豫要不要介入时，乐童说："我好像想起来了，奶奶为我编稻草跳绳时会先往稻草上洒点水。""那我们赶紧试一试。"幼儿迫不及待地把稻草秆放入桶中，静置一会儿，乐童把一把把稻草从水里捞出来后放在竹篓里沥干水分(图 4-2-10)。幼儿果然又有了新的发现。

嘉霖：我们泡稻草用的是清水，现在水变成黄色了。

安安：那是稻草秆褪色了，把稻草的黄色泡出来了。

雅雅：没有浸泡到的稻草是硬的，浸泡过的稻草比较柔软，容易对折。

嫣然：我发现用手捏一下，浸泡过的稻草容易变弯。

教师思考：

生活中许多熟悉的现象往往蕴含着丰富的科学原理，吸引着幼儿去发现、去探究。当他们的好奇心被激起时，科学探索随时随地都会发生。在进行稻草泡水的实验过程中，教师和幼儿一起等待与发现，并及时互动与分享。在稻草秆经过水浸泡的探究过程中，幼儿不仅获得了有关稻草泡水会褪色、泡水后逐渐变软、有韧性的科学现象，而且学会了观察、耐心、细致地等待，大胆合理地猜测，科学地记录等，体验到了探究发现的快乐。

(2)探究三股稻草绳

①第一次探究三股稻草绳。

稻草秆经过水的浸泡后变得湿润、柔软。幼儿在制作龙身的亲子调查表中已初步了解了三股辫编织法：分成三等份，交叉编，草不够要添草，用剪刀修剪。但是，要将了解到的知识转化成实际行动时，他们的问题也接踵而至。于是，通过亲身感知和一次次的体验，幼儿的问题也逐渐浮现出来(表 4-2-1)，在这些问题的引领下，他们对三股稻草绳的探究不断走向深入。

表 4-2-1　幼儿遇到的问题及解决办法

姓名	遇到的问题	解决的办法	我的记录
嘉霖	编得不紧凑，有的凸起来。	1. 浸泡稻草的时间再久一点。 2. 把稻草放桌子上，需要三人合作。	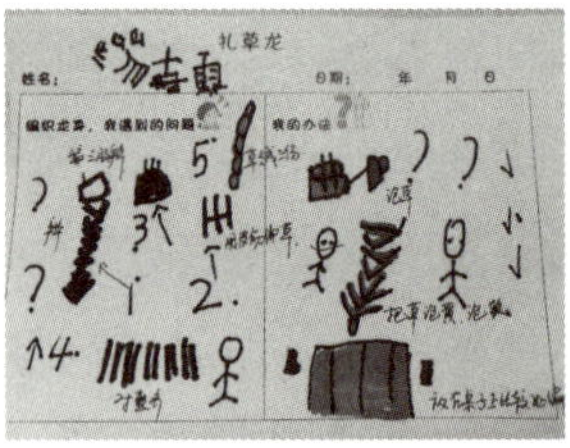
乐童	左右向下交叉，把右边的拿到左边，左边的拿到中间，不断重复。	需要小朋友合作牵住稻草。	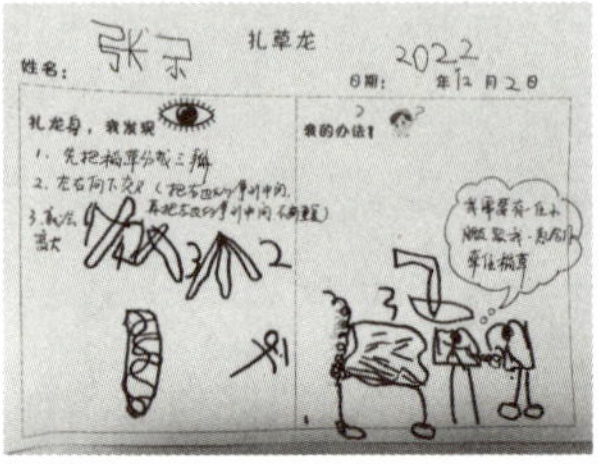
奕凡	稻草太硬了，容易掉出来。	把稻草放水里吸收水分，捆麻绳时需要小朋友合作。	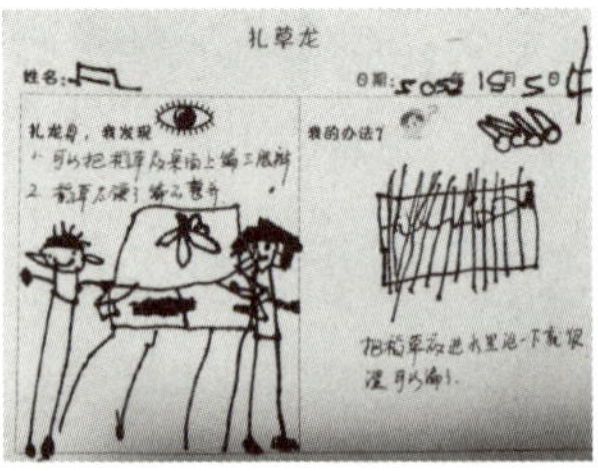
安安	草有长有短，想编长长的三股辫。	1. 用皮筋扎紧。 2. 泡软稻草。	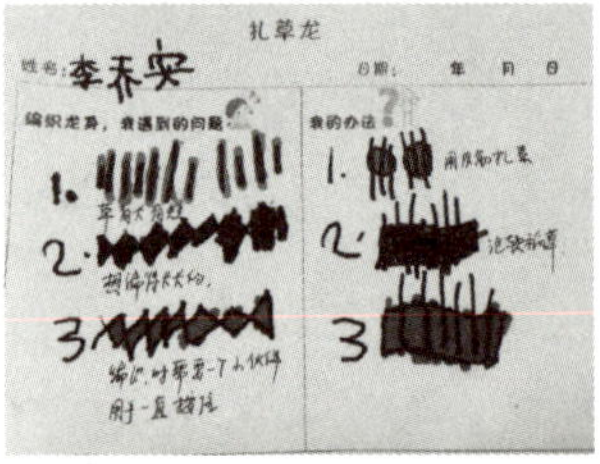

②第二次探究三股稻草绳。

幼儿第二次来到客家长廊，他们井然有序地围在一起。嘉霖熟练地编扎起了稻草绳，嫣然用手按住已编织好的稻草绳，乐童随时固定好移动的一束稻草，在三人的默契配合下，稻草秆相互交叉，仿佛在跳一段欢快的稻秆舞(图 4-2-11)。

图 4-2-11　制作稻草绳

奕凡和子慕两个小男生的编织技能一点也不输小女生，在编织的过程中，奕凡不仅找到了独特的方法，而且能独立编成一条稻草绳呢！只见奕凡将一束稻草分成三股后平放在桌面上，一边念着口诀："左边插中间，右边插中间。左边插完轮到右边插。"偶尔出现不紧凑时，他还会请子慕在交叉点上用手压一压。

③第三次探究三股稻草绳

所谓熟能生巧，乐童觉得向下压稻草的编织方法更合适，嘉霖喜欢向上提的方法，奕凡把稻草浸泡后直接放桌子上进行编织，子慕把稻草放地上用脚踩住一端，然后双手不停地编织。不一会儿，一截稻草就编到头了，而幼儿还想继续往下编，嘉霖把教师叫到身边主动问："老师，稻草编到头了，您能告诉我们怎么添草吗?"《幼儿园教育指导纲要(试行)》指出："教师应成为幼儿学习活动的支持者、合作者、引导者。"当幼儿寻求帮助时，教师要追寻他们的节奏，支持他们的学习。于是，教师和幼儿一起查找相关资料，乐童迫不及待地说："好了，老师，我知道怎么加草了。"只见她用长的稻草搭在尾端稻草的上面，然后依次交叉地添加一截又一截稻草，最后织成一条长长的稻草绳(图 4-2-12)。他们拿着长长的稻草绳想试试它的韧性，一边欢快地甩动一边唱着："丢，丢，丢手绢……"活泼的童谣在客家长廊里回荡，幼儿宛如一群可爱轻盈的精灵在大自然中嬉戏，可爱极了！

图 4-2-12　加长后的稻草绳

(3)龙身怎么连接

在幼儿的努力下，他们把合作编织好的所有稻草绳连在一起变成了长长的龙身，并兴奋地穿梭在客家长廊里。也许是因为幼儿太激动了，在甩草龙时，编好的三股辫从中间断开了，幼儿面面相觑。嘉霖推测着："应该是我们的龙身太细了，我们应该再编多一些，然后重新连接。”“那你们知道怎么连接会比较结实吗?”教师问幼儿。奕凡：“用麻绳捆住连接处。”“或许你们可以试试!”教师继续鼓励着幼儿。

于是，幼儿三五成群地围在一起进行龙身的连接。奕凡无意发现了竹篮里的扎带，然后他们开始研究怎么样用扎带和麻绳结合扎出牢固的龙身(图 4-2-13)。

图 4-2-13 扎带捆龙身

乐童：我发现扎带有正反面，一面有锯齿纹路，另一面是光滑的。

奕凡：粗的接口有两个洞口，将有锯齿纹路的一面朝里弯曲。尖的一头穿过孔，就能把龙身连接在一起了。

扎带的功能成为幼儿再次投入做龙身的新动力。通过幼儿坚持不懈的努力，龙身已见雏形。他们高高举起龙身，在室内欢快地“盘旋”着，子慕拉着未扎进去的绳子发出哔哔的声音说：“我在放舞龙的音乐。”

(4)龙身与龙头怎么连接

幼儿用连接龙身的方法把龙身与龙头连接在一起，虽然有了前期的经验，但是连接龙身与龙头的工艺比较烦琐，第一次尝试龙身与龙头相接时，刘洋发现龙身总是往下滑，嘉霖边扶着龙头边着急地说：“你这样不行的，扎带太短了，应该用一根长一点的扎带捆中间。”奕凡说：“我们把龙头放桌上，大家使劲捏紧，刘洋就能绑了。”在奕凡的建议和团队的力量下，刘洋聚精会神地找到了平衡点，龙身和龙头终于连接在一起了(图 4-2-14)。幼儿沉浸在喜悦中，欢天喜地地举着稻草龙穿梭在古香古色的客家长廊中(图 4-2-15)。

图 4-2-14 连接龙头和龙身

图 4-2-15 幼儿举着草龙游戏

教师思考：

幼儿运用已有的经验去连接龙身和龙头，经过尝试却失败了。值得庆幸的是，幼儿发现龙头难以固定是因为太重了，于是他们借助桌面的力量支撑龙头。嘉霖善于发现问题，奕凡见过爸爸在家用扎带捆绑物品，所以想到了用扎带替换麻绳。他们凭借各自的智慧和生活经验完成了龙身与龙头的连接，并模拟配乐生成了游戏的情节。

3. 龙头举着太累了

2023年，新春伊始，万物复苏，在这个充满希望的季节里我们依然延续着幼儿对扎草龙的热情。幼儿踏着春的气息，绕着生态园跑了几圈后便坐在枯树上休息了起来。

嘉霖：举着龙头太累了，我手好酸。

奕凡：我是男生，还是让我来举龙头吧！

乐童：龙头要举得高一点才好看，你都没有嘉霖高。

奕凡：我拿着竹竿插进去不就可以了吗？

教师：你们可以改进改进。

安安：去哪儿找竹竿呢？

教师：客家长廊的柜子里就有舞草龙的杆子，以前的哥哥姐姐留下的。

还没等教师说完，幼儿就纷纷朝客家长廊跑去。当嘉霖把竹竿插在龙身下面时，竹竿跑出来了，乐童说："咦，怎么像坐电梯啊，一上一下的。"安安把竹竿插在龙头下，发现龙头不能立起来，一边看着龙头一边说："唉，龙头怎么垂下来了？"于是，安安叫来雅雅、李深一起扶住龙的脖子，她开始调整竹竿的位置，把竹竿插在了龙头与龙身的连接点上(图4-2-16)。

图4-2-16　插竹竿遇到的问题

幼儿初次尝试插竹竿并未成功，于是教师引导幼儿又进行了分析："为什么会这样呢？"接着幼儿纷纷发表了自己的看法。

乐童：我觉得稻草太干了，我们应该在龙身上喷点水。

嘉霖：竹竿一个人插不行，需要两个人合作。

安安：我觉得是因为时间久了，龙身变松了。

奕凡用一根竹竿撑起下垂的龙说："这样不行，先喷水再上胶枪。"乐童回应着：

“对，竹竿总是上去，应该把竹竿卡住，让竹竿固定住。”从幼儿的谈话中，教师意识到这是一个很好的探索机会，幼儿为了不让龙珠被水打湿，喷水的时候都是小心翼翼的。

由于加热胶枪需要插电，因此幼儿把草龙移动到了室内。李深拿着加热好的胶枪小心翼翼地往竹竿的周围打上胶，并提醒正在扶竹竿的奕凡：“我要打胶枪了，小心烫到你的手。”奕凡边观察边说：“你要在竹竿上打多一点。”李深：“这草龙里有二氧化碳。”我问李深怎么知道的，他幽默地说他有智能探测器。子慕解释着：“不是这个原因，胶枪里有胶水，里面应该有气体。”(图 4-2-17)

图 4-2-17　幼儿尝试用胶枪

教师思考：

没有舞龙杆支撑的舞龙活动持续不了多长时间，对于幼儿来说，他们更知道自己需要什么，所以教师决定继续观察。在真实的问题情境中，实际困难更能激发他们内在的学习动力。因为用手举着草龙，手臂很酸，增加舞龙杆成了当下的需求。但是竹竿插进去，草龙并不能在上空“盘旋”，而是耷拉着脑袋。竹竿就像幼儿口中所说的像坐电梯一样，一上一下的；草龙太干了，身体应该保持湿润。多次试误后教师始终站在幼儿的身后，给予他们最大的支持与鼓励。幼儿不断调整方法和策略，最后获得了成功。

4. 别忘了龙鳍和龙尾

(1)参观布龙

竹竿固定好了，幼儿举起来试了试，嘉霖打量了一下草龙后对同伴说：“唉，我们的龙鳍和龙尾还没有做呢。”李深：“我知道龙鳍怎么做，龙背上的龙鳍像三角形一样。”“龙尾怎么做?”嘉霖问李深。李深思索了一会儿：“龙尾巴好像一个大火球。”“我们幼儿园不是有那个布龙吗？去看看那个布龙不就知道了吗?”乐童的回应又激起了小朋友们更多的思维碰撞。于是他们来到客家长廊，仔细观察布龙的构造后，便三五成群地围坐在一张方桌上，设计了龙鳍和龙尾的造型。

(2)制作龙鳍和龙尾

有了龙鳍和龙尾的造型后，幼儿开始用红棉布裁剪龙鳍和龙尾，有的画，有的裁剪，有的粘贴，他们各司其职，配合默契。裁剪完成后，大家把插竹竿的经验用在安龙鳍和龙尾身上，并用胶枪进行了固定(图 4-2-18、图 4-2-19)。

图 4-2-18　裁剪龙鳍

图 4-2-19　胶枪固定龙鳍

(五)分享提升

1.“复活”草龙

龙鳍和龙尾制作完成后，幼儿迫不及待地要尝试他们的劳动成果，于是，他们来到操场进行了舞龙的初尝试。回到班级后，教师播放他们初次舞龙的视频进行回顾，辉辉说：《会飞的小凉帽》里面的稻草龙的眼睛一亮，它就会“复活”然后飞起来。在小伙伴的建议下，如何让草龙“复活”又成了幼儿探究的对象。第二天，幼儿对草龙进行了改造，子慕说把灯泡捆在龙角的两边，嘉霖觉得不美观，灯泡要放在龙眼睛里面。奕凡用剪刀在泡沫球上扎了两个小孔，再把灯泡藏在龙眼的中间，拨动开关，龙眼就亮了起来，看上去很有灵气，也让草龙栩栩如生(图 4-2-20)。

图 4-2-20　安装发光的龙眼睛

2. 制作扎草龙的宣传海报

舞草龙既是 项民俗文化表演活动，也是关于丰收庆典的活动。在客家围屋落成仪式上，扎草龙的小朋友决定为客家围屋进行舞龙表演，幼儿筹备扎草龙的宣传海报(图 4-2-21)。

图 4-2-21　幼儿制作宣传海报

3. 龙腾客家围屋

2023 年 3 月 13 日上午，幼儿园迎来了龙腾客家、欢聚一堂的时刻。这时，锣鼓咚咚咚，草龙在园长妈妈的点睛下发出了自己的独特光芒(图 4-2-22)。龙身跟着龙头有节奏地舞动着，时而“排山倒海”，时而“蛟龙漫游”。台下的观众兴奋地说：“草龙眼睛真的会发光！”草龙被幼儿舞活了，他们的脸上都挂着成功的喜悦(图 4-2-23)。

图 4-2-22　园长妈妈在为草龙点睛

图 4-2-23　幼儿庆祝客家围屋落成仪式

(六)活动回顾

“扎草龙”活动回顾如图 4-2-24 所示。

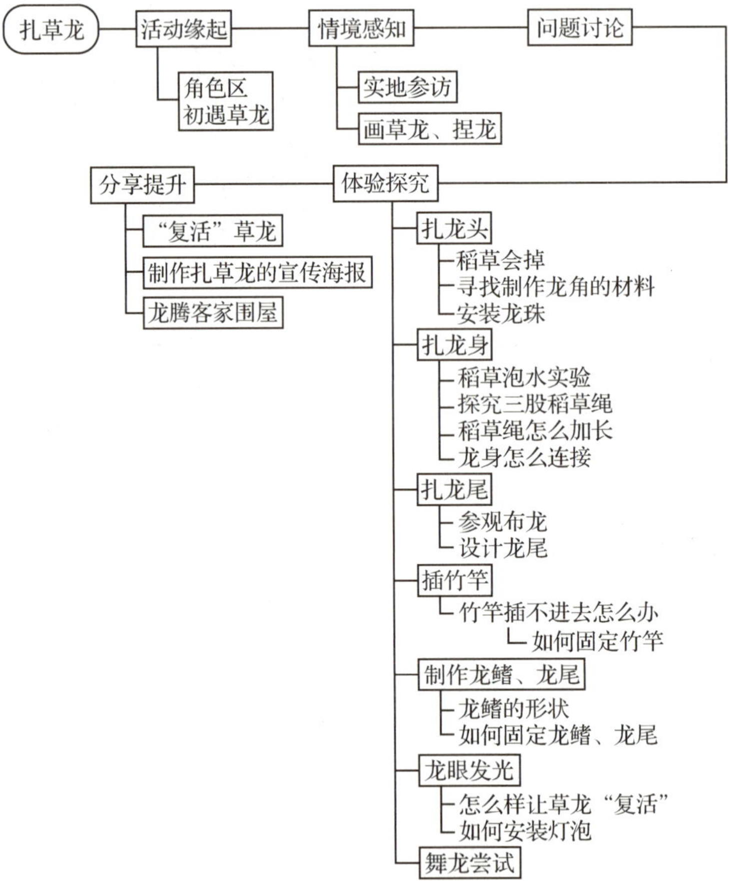

图 4-2-24　“扎草龙”活动回顾

（七）幼儿发展分析

“扎草龙”项目活动是基于幼儿的兴趣生成的。在认识草龙、扎草龙、舞草龙的过程中，每一个幼儿都能感受到传统文化和非遗文化的魅力。“扎草龙”项目活动既积累了幼儿解决问题的经验，也构建了幼儿对自我的认知，树立了幼儿是有能力的学习者的形象。在探究学习的过程中，幼儿也在以下方面获得了提升。

第一，幼儿的社会性得到发展，同伴间的交往与合作能力显著提升。

第二，幼儿的经验迁移与运用能力增强。幼儿想到扎龙唇和用水浸泡稻草是出于以往对生活经验的积累和借鉴。幼儿产生的新经验用以解决现实遇到的问题。

第三，幼儿自主探究的能力有了很大提升。在探索扎草龙的游戏中，他们面对问题，能够协商、讨论，进而反思、调整，实践自己的想法，从而获得成功的愉悦感。

（八）活动总结与反思

中华文明源远流长，民俗文化传承千年绵延至今。草龙作为客家的非物质文化遗产，影响了一代又一代客家人，它不仅是客家文化的象征，而且是对客家丰富历史文化和民间艺术传承的反映。在探究扎草龙的活动中，教师要帮助幼儿发现、明确自己的问题。例如，稻草太硬怎么办？三股稻草绳怎么编？如何使龙身加长？竹竿怎么插？教师通过鼓励幼儿想一想、试一试，并一起讨论，引导幼儿分析、推测、验证，让幼儿的经验有了一次又一次的增长，并一次次解决了他们面临的新问题，使他们敢于面对新的挑战。在活动中，教师和幼儿平等对话，形成一种良好、和谐、宽松、自由的师幼关系。教师鼓励幼儿与同伴相互交流、共同活动、共同构建知识。在装饰草龙时，幼儿自由表达、相互倾听、相互启发，教师为幼儿充分地表达与合作提供了机会。

整个项目活动不仅使幼儿感受了民间工艺的质朴和实用，而且传承了旧时的手艺。相信这种传统文化的情愫随着编、捆、缠、绕被结结实实地“扎”进了草龙里。教师让这项独具特色的非遗文化在幼儿心中生根、发芽、开花。

二、竹编凉帽①

（一）活动缘起

随着班级客家凉帽主题活动的深入探究，幼儿对凉帽的认识越来越深入，教师也在班级创设了与凉帽相关的环境并提供了相应的操作材料，幼儿对此非常喜欢，常常沉浸在关于凉帽的各种创想之中。在一次谈话活动中，佳泽小朋友提出了自己

---

① 活动实录见“龙岗街道中心幼儿园”视频号，“课程精选合集”之《非遗之编——客家凉帽》。

的想法："我们也可以自己编一顶客家凉帽呀！"该提议立即得到其他幼儿的赞同。结合幼儿的兴趣出发点，根据大班幼儿好学、好问、喜欢挑战的年龄特点，教师认为创设竹编凉帽的真实情境，可以提升幼儿解决真实问题的能力，促进幼儿的深度学习。为了帮助幼儿实践自己的想法，于是班级项目活动"竹编凉帽"正式启动，幼儿开启了一段竹编旅程。教师预设了"竹编凉帽"网络图(图 4-2-25)。

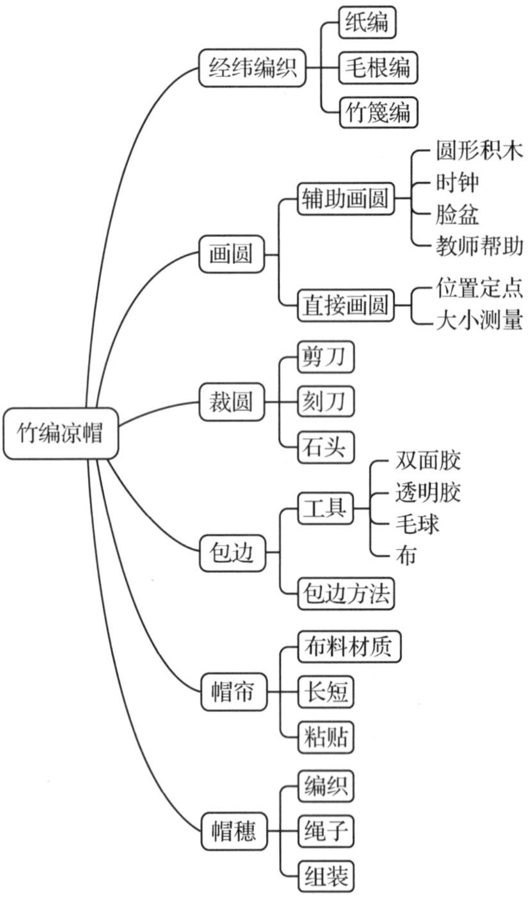

图 4-2-25 "竹编凉帽"网络图

1. 价值分析

竹编凉帽在开展的过程中会遇到许多问题，如如何编织帽壳、如何裁圆、如何装饰帽帘、如何编帽穗等一系列问题，这些问题能促进幼儿的深度学习，使幼儿在制作的过程中，逐渐养成认真、耐心、合作分享等优秀学习品质，获得解决问题的能力。

同时，竹编凉帽作为我国一项重要的非物质文化遗产，历史文化源远流长，是具有重要传承价值的传统手工艺术。以客家凉帽为载体，将竹编凉帽加入幼儿的课程中，能够让幼儿了解传统民间工艺，体验客家人民的辛勤，更好地传承客家传统文化。

2. 可行性分析

幼儿经验：本班幼儿在中班已经开展了编织项目活动，具备了一定的编织技能和经验。在开展客家相关主题活动中，幼儿对凉帽进行过多次参观，对客家凉帽也有了一定的直接认知。

资源分析：龙岗是客家凉帽的发源地，我园地处龙岗客家人的聚居区，幼儿园周边有许多关于客家凉帽的资源，比如本土资源甘坑客家小镇、鹤湖新居、大田世居等和本地传播较广并在国际上获奖的动画片——《小凉帽》。同时，幼儿园拥有多个以客家凉帽为主题的环境角落。这些资源可以方便收集、整理各种有关资料，很好地支持幼儿开展竹编凉帽的探究学习活动。

(二)情境感知

在编凉帽前，幼儿通过视频资料，了解帽壳的简单编法——经纬编织。

梓越：经纬编织就是一上一下这样编。

梓晴：看起来就像围栏一样，整整齐齐的。

秋名：就像编织角绳子穿洞洞的材料一样，上下上下这样编。

为了更好地掌握经纬编织技巧，幼儿开始利用餐后活动、区域活动、小组活动学习编织，先尝试用纸、毛根等编织，再过渡到用竹篾编织。同时，教师鼓励家长在家里多让幼儿练习编织技能，将遇到的编织问题、获得的编织经验以视频或照片的形式发送到班级群里，供大家一起探讨、学习与借鉴。

教师思考：

第一次用纸编，幼儿发现在编织过程中纸总是移动。第二次编织幼儿能够有针对性地解决问题，每一次编织幼儿都能积累新经验。学习编织对于幼儿来说相对困难，他们在编织过程中也不断产生新的问题，但教师挖掘不同的材料，利用游戏化的教学形式、多样化的编织方法等来让幼儿练习和巩固编织技巧，支持和引导幼儿不断地调整编织策略，通过不同的途径解决问题。除了在园学习，教师还积极引导家长参与到课程的实施中来，鼓励家长在家与幼儿一起协作编织，家园联动，共同营造良好的编织氛围。同时，在初步掌握编织技巧后，教师鼓励幼儿总结经验，用表征符号记录自己的编织发现(图 4-2-26)，与同伴分享经验，从而获得良好的情感体验。

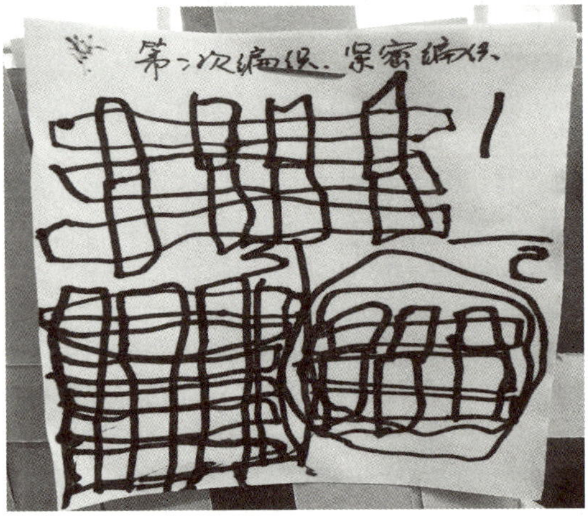

图 4-2-26　经纬编织表征

(三)问题讨论

熟练掌握经纬编织后，幼儿提出要学习编织真正的凉帽，请教师提供竹篾材料。教师对幼儿的要求给予充分的支持，在凉帽体验角和餐后自选材料中投放了竹篾，供幼儿编织使用。在了解了竹篾的特性后，幼儿还提醒同伴在编织竹篾的时候要注意安全，不要扎到眼睛、不要划到手等。

在前期经验的铺垫下，幼儿对凉帽的编织有了初步的想法，在幼儿提出新的问题后，教师聚焦了几个问题进行讨论，形成了问题清单(图 4-2-27)。

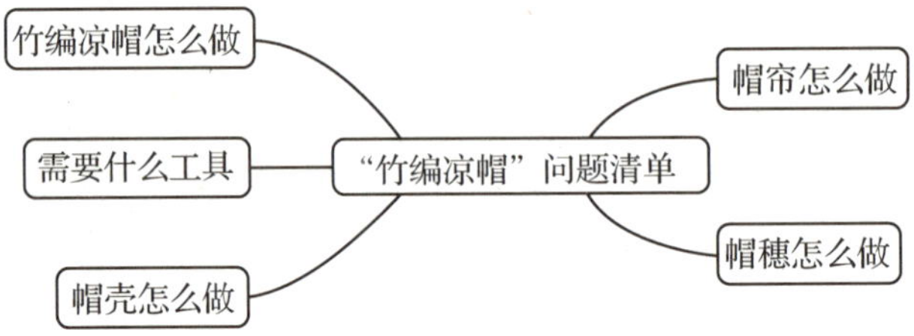

图 4-2-27　"竹编凉帽"问题清单

(四)体验探究

视频资源

当编织遇上竹篾

1. 凉帽怎么编

(1)竹编帽壳

在总结多次竹编经验后，幼儿决定三人一起分工合作，用透明胶多次固定一边，每根纵向摆放的竹篾要紧凑。一人负责按住贴有透明胶的一边，另外两人负责编织(图 4-2-28)。随着竹篾的增加，幼儿动用了工具来帮忙，用较粗的树枝把横向编织的竹篾往上推，这样横向和纵向的竹篾看起来非常紧凑，不易松动。

在不断尝试之后，幼儿有了新的发现：将竹篾有规律地挑起，把横向竹篾再放进去，这样编织起来速度更快，也不易出错。教师帮助幼儿总结了编织过程中使用竹篾遇到的问题及解决方法清单，如表 4-2-2 所示。

图 4-2-28　幼儿合作编帽壳

表 4-2-2　使用竹篾遇到的问题及解决方法清单

问题	解决方法
竹篾长短不同，编织时会移位。	统一长度，用双面胶固定经纬向其中的一边。
固定一边编的时候还是会移动。	固定两边。
固定两边后，横向竹篾穿不进去。	用透明胶多次固定其中一边。
竹篾编织稀疏，空隙很大。	多人合作，纵向竹篾紧密排序，使用辅助材料将横向竹篾往上推。

在解决了竹篾编织的问题后，幼儿主动提出将编织的技巧绘制成一本小册子(图 4-2-29)，供班级同伴翻阅借鉴，巩固竹篾编织的技能。

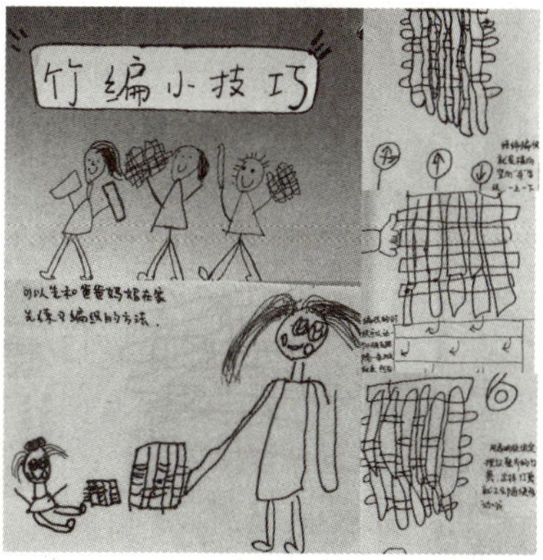

图 4-2-29　竹编小技巧画册

教师思考：

在竹篾编织的过程中，教师持续关注幼儿的表现，给幼儿提供发现问题、解决问题的机会。竹篾的编织对于幼儿来说很难，但幼儿通过不断摸索，反复讨论和总结，解决了遇到的难题。幼儿在一起坚持克服困难、深入探究和分享努力成果的过程中，也养成了积极主动、认真专注、坚持合作的良好品质。

(2)帽壳画圆

编织好后，幼儿发现凉帽的帽壳是同心圆。怎样才能画出来同心圆呢？对此，幼儿做出了不同的思考和尝试：直接在纸上画同心圆；用尺子测量同伴的头围，按照纸上的数字画圆；用圆形的材料比对着画同心圆。在多次操作后，幼儿发现直接把客家凉帽放在竹编上比对着画圆的方法更精准(图 4-2-30)。

图 4-2-30　帽壳画圆

教师思考：

凉帽编织活动与数学的整合，拓宽了幼儿的探究思路。数学帮助幼儿在探索中解决了画同心圆的问题，这样的学习不但激发了幼儿学习制作凉帽的兴趣，获得了对数学同心圆概念的理解，而且使幼儿的数学学习变得真实且有意义。在画帽壳的过程中，教师肯定了幼儿的想法，鼓励他们对自己的想法进行实践，并为他们的活动提供材料上的支持。

(3)帽壳剪圆

竹编的帽壳很硬，怎么剪下来呢？教师请幼儿讨论后带着问题回家与爸爸妈妈进行探讨，并让他们把需要的工具带回来。

贺杰：妈妈说帽壳很硬，可以用美工刀把不要的部分割掉(图 4-2-31)。

琳贻：我和爸爸讨论也是用美工刀，不过爸爸说在割的时候要注意安全，不要割到手。

国锦：我们可以用那种很锋利的剪刀剪掉，我家里有。

教师引导幼儿将与爸爸妈妈讨论的方法在班上进行尝试。幼儿发现帽壳的外圆用小剪刀能轻松剪下来，但是内圆即使换大剪刀、美工刀也没办法弄下来。于是，幼儿求助了班里的孙老师(图 4-2-32)。在剪裁内圆时，幼儿充分发散自己的思维，讨论出先用剪刀伸到内圆经纬编织的缝隙处开始剪，虽然没有成功剪下内圆多余部分，但是在这过程中，幼儿敢于积极挑战，能够从不同角度思考问题。

图 4-2-31　剪圆的方法

图 4-2-32　教师帮助使用美工刀

教师思考：

从活动开展前的讨论、提供工具，到后来的问题解决和分享经验等，家长在这些环节中都给予了幼儿极大的支持。有了家长的助力，幼儿也更加积极地投入活动中，进一步提升了语言表达和解决问题的能力。活动的开展也让家长更直观地了解了幼儿在园的学习动态，提高了家园共育质量。

(4)帽壳包边

完成帽壳的裁剪后，幼儿发现帽壳的边缘摸起来扎手，不安全，怎样改进更安全呢？带着这个问题，幼儿又进行了新一轮的探讨，冠冠说用纸包，智霖说用双面胶粘贴，秋名说用透明胶把扎人的地方包起来……讨论过后，幼儿开始选取材料，实践自己的猜测。结果，他们发现这些方法都不合适：双面胶对折贴在边缘还是会扎人；毛球容易掉，还粘头发；麻绳绕竹篾还是会漏出来。怎么办呢？幼儿又进行了第二次讨论，欣渝和子贻都觉得要用软软的东西来包边，联想到竹编体验角有以琳带来的软布和胶水，她们决定用软布和胶水来试一试(图 4-2-33)。

图 4-2-33　练习包边

教师思考：

探究科学活动的真谛就是反复试验，反复推论，以找到最适宜的方法。幼儿应用在观察中讨论和在观察中探索的方法学习给帽壳包边。教师抓住机会，鼓励幼儿互相提问、讨论。幼儿的讨论激发了思维的不断碰撞，他们在讨论中能联系到自己的生活经验，在与同伴的交流互动中激发了新的灵感。

(5)做帽穗

在做帽帘的同时，另一小组已经开始做帽穗了。他们把绳子放在头上比一比，看看大概要用多长的绳子。在中班上学期的“好玩的绳”主题活动中，幼儿已经掌握了三股辫的编织技巧，经验的积累和迁移让幼儿在编织帽穗时得心应手。在确定帽穗的长度时，他们直接用绳子在头上比画，拉出想要的长度，再进行三股辫编，但是在编完后发现绳子变短了。于是，他们讨论后决定将绳子剪得比第一次更长一些，再进行三股辫编，编织完成时绳子的长度刚好合适。

教师思考：

在确定帽穗长度时，教师不追求幼儿是否制作得精准，而是关注幼儿能否迁移自己的已有经验去理解长度单位的含义，引导幼儿用自己的方式去感受和探究，让幼儿在一种宽松、自由的氛围中探究凉帽。教师发现在编织过程中，幼儿不仅巩固了三股辫编织的技能，而且掌握了一些新的编织技巧。

(6)贴帽帘

在区域活动前，四个小女生已经做好了各自的任务分工：子涵和楠楠担任起了选择帽帘的任务，子贻和欣渝需要把布装饰在帽壳上。楠楠拿来一块背面是银色、正面装饰了很多花纹的漂亮布料放在眼睛前，想要透过布料看清周围的事物。很明显，这块布料不透视，她又拿起手电筒，放在布料的背面，“咔哒”一声，光透过布料变得微弱。手电筒移出布料，强烈的光便一下尽收眼底。“子涵，你看！这块布不透，但是可以透出一点点的光。”楠楠和小伙伴分享自己的新发现。

子涵也兴冲冲地从区域里拿出一条粉色纱布，放在眼前，左看看右看看，接着把纱布放在手上左摸摸右摸摸，又用手掌搓一搓，兴奋地冲着楠楠说：“你看，这个粉色的纱布颜色很漂亮，而且还能透光，我觉得可以用来做帽帘。”两人一致决定用纱布做帽帘，并把纱布交给另外两个小伙伴。

接到任务的子贻和欣渝拿过布料放在帽壳上比对着，但对于要怎么装上去还没有头绪。布料很大块，做帽帘要多长呢？两人一下子犯难了。“我们用尺子量一量吧。”子贻说。“要量哪里呀，帽帘不能很长，不能挡住整张脸。”“那我们就量从额头到鼻子这里，然后把这么长的纱布剪下来。”两人讨论完后，一人端正坐好，另一人拿起尺子开始测量，并记录下结果，然后用尺子在纱布上量出相同的长度，并用剪刀裁剪下来，直接用胶水粘贴在外圆的边缘上(图 4-2-34)。

在初步完成凉帽后，幼儿在观察中发现，他们制作的凉帽和收集回来的客家凉帽在帽帘上有很大的区别：客家凉帽的帽帘上有有规律的褶皱，自制的帽帘是没有的。于是，幼儿通过观看视频资料和反复讨论，了解了帽帘上褶皱的制作方法，再加上不断尝试，最后终于完成了心仪的凉帽制作。

图 4-2-34　粘贴帽帘

教师思考：

在探索制作帽帘的活动中，教师支持幼儿实践自己的想法，鼓励幼儿主动寻找材料，并验证材料的适宜性，从而不断积累自己的经验，这也使幼儿形成了善于思考和反复论证的严谨态度。

2. 凉帽不防水，怎么办

凉帽做好了，幼儿兴高采烈地戴着自己制作的凉帽参加户外活动，在菜地里松土、浇菜，在客家长廊里演唱客家童谣，在足球场上走平衡木等，兴奋之余还将自己的感想和小伙伴分享。在浇菜时，秋名发现自己戴着凉帽，头顶却湿了。自制的凉帽不防水，怎么办呢？幼儿议论纷纷，最后大家商讨决定制作一顶防水的凉帽。教师抓住这个有价值的问题，鼓励幼儿思考、讨论改造一顶能防水的凉帽。对于防水材料的选择，他们有的说用保鲜膜，有的说用雨伞布。于是，大家纷纷将自己认为合适的材料带来，决定试一试。

(1)贴保鲜膜

在区域活动中，帆帆、秋名拿着剪刀、双面胶等材料，琳贻拿着保鲜膜在帽壳上，一边比画着，一边和小伙伴说道："你们看这个保鲜膜横着贴在帽壳上刚刚好，我们直接这样铺上去吧。"说着帆帆和秋名帮忙把保鲜膜的一边伸到帽壳的边缘，琳贻慢慢地将保鲜膜往后拉，直到铺完整个帽壳。为了让凉帽防水效果更好，她还将正反两面都铺上了保鲜膜。三个小伙伴用双面胶围着边缘贴紧，以防翘边(图 4-2-35)。秋名迫不及待地想将新帽壳戴在头上感受，可是被内圆上的保鲜膜卡在头顶上，帆帆看见立马提议把内圆的保鲜膜剪掉。三人立马动手，秋名再次将凉帽戴在头上，左右摇晃试了一下，凉帽戴得稳稳的。

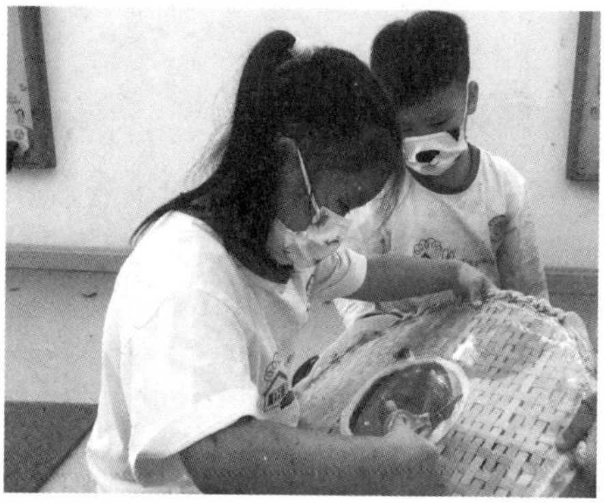

图 4-2-35　贴保鲜膜

“我们来试试看这个凉帽防不防水吧，我去植物角拿个喷壶装点水过来。”帆帆说道。帆帆将细细密密的水往下喷洒，画出一道道不明显的弧线，落在凉帽上，汇聚在一起变成小水滴，凉帽下的秋名开心地喊道：“没有水喷到我。”小水滴越来越多，秋名伸手一摸，头发已经湿了一些，原来内圆的缝隙处不能起到防水的作用，而且边缘也已经翘起来了，这样贴不够牢固。“我觉得上面要做一个圆圆的盖子，像我们平时戴的那样，也可以防水，这样头顶就不会被弄湿了。”琳贻谈了自己的想法。“对，但是用什么来做呢?”“可以上网找答案。”几人将自己在区域活动中的收获和遇到的困难分享给了班级其他小伙伴。

(2)贴雨伞布

用同样的方法，幼儿把雨伞布粘贴在帽壳上，鉴于第一次用双面胶粘贴保鲜膜失败的经验，他们穿戴好装备，用黏性更强的热熔胶粘贴雨伞布(图 4-2-36)，显然这次效果更好。幼儿还对贴雨伞布的过程进行了表征(图 4-2-37)。教师帮助他们总结了制作防水凉帽遇到的问题及解决方法清单(表 4-2-3)。

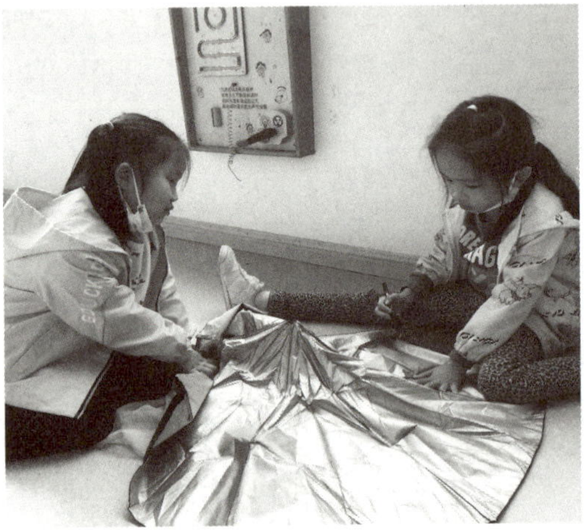

图 4-2-36 贴雨伞布

图 4-2-37 贴雨伞布表征

表 4-2-3 制作防水凉帽遇到的问题及解决方法清单

问题	解决方法
在雨天戴出去不防水。	在帽壳的正反两面贴上保鲜膜。
保鲜膜容易脱落。	用雨伞布剪成同心圆，贴在帽壳的正反两面。
内圆的位置还是不防水。	制作一个防水的帽盖，这样雨天也能戴着出门了。

(3)3D打印帽盖

教师与幼儿一起在网络上搜集关于用热熔枪做帽壳的知识，了解了3D打印这项新型技术。接下来，幼儿决定模仿3D打印技术制作帽盖，直接在画好线的帽盖上有规律地打上热熔胶(图4-2-38)，晾一晚上，等干了再脱模。但是，在操作过程中，幼儿发现很难完整脱模。

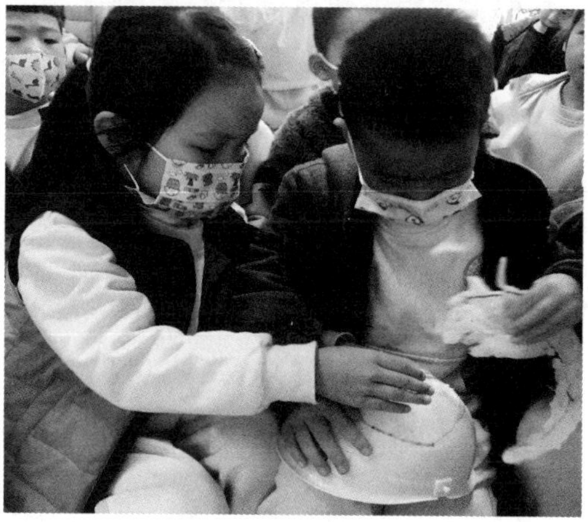

图4-2-38　用热熔胶模仿3D打印

在第一次脱模失败的基础上，幼儿讨论后总结了几个原因。在已有经验的基础上，他们决定在帽子和热熔胶的中间用陶泥隔起来，他们认为陶泥是湿软的，能很好地降低热熔胶的温度，还不会破坏帽盖的形状。经过不断尝试，大家完成了防水凉帽的制作。

教师思考：

什么样的凉帽可以防水，哪些材料可以防水，3D帽盖怎么制作等问题的出现，推动着幼儿进入活动的深入探索、实践的新阶段，这些问题从情感上也更激发了幼儿参与的意愿。这是幼儿共学习、共探究的过程，也是幼儿之间相互启示、彼此分享的过程。科技感十足的3D打印技术被运用到凉帽帽盖的制作中，将抽象概念转化为幼儿可以亲身操作的活动，让幼儿在富有挑战性的活动中了解前沿的科学技术，进一步增加了幼儿对科学探究的兴趣，也提升了幼儿的科学实践能力。

3. 什么样的凉帽才舒服

防水的凉帽做好了，幼儿又提出想要做一顶更加舒服的凉帽，戴一整天也不会觉得累的。什么样的凉帽戴起来会更舒服呢？经过大家的投票表决，大部分幼儿选择先用海绵尝试加工制作更舒服的凉帽。那要怎样做呢？

一大张海绵铺在眼前，小手放在上面轻轻一按，海绵往下陷，形成一个深深的手掌印，小手一松，海绵往上回弹恢复原样。“软软的，真舒服!”梓晴感叹道，其他小伙伴也纷纷体验了一番。梓晴把竹编帽壳放在海绵上，按着帽壳的形状画出一个圆，剪下来。锦轩提议：“要画两个圆，在帽壳的正面和反面都贴一个海绵，这样会更舒服。”两个如同帽壳一样的圆被剪下来。那怎样贴在帽壳上呢？幼儿对此已经有了丰富的经验，他们直接从美工区拿来了双面胶和热熔胶枪，先用双面胶固定，再用热熔胶枪来封边，这样即使用力扯海绵也不怕掉下来。内圆的缝隙还有点扎手，怎么封住呢？“我们再剪一条细细的海绵，围着内圆贴住就可以了。”帆帆说道。“要多长呢?”梓晴问。“嗯，可以用这个撕掉的透明胶纸绕着内圆量一下，在重叠的地方做个记号，然后比着海绵画出来，再剪。”锦轩不慌不忙地回答。帆帆说：“那外圆也要封一条这样的边。”幼儿你一句我一句，发表着自己的意见，然后埋头动起手来。团结力量大，每个人都有自己的分工，一人剪，一人画，一人扶，一人贴，很快就完成任务了(图 4-2-39)。

图 4-2-39　剪贴海绵

4. 凉帽，我来创新

班级里除了幼儿自制的凉帽，还有家长提供的客家凉帽，幼儿沉浸在自制凉帽的兴奋劲儿里，还表示想创新、改造这些客家凉帽，让它们变得更加时尚、好看。幼儿利用区域活动、餐后时间不断创新自己想要的凉帽，一时间班级的凉帽创新氛围浓厚，他们每天都沉浸在自己的改造世界中(图 4-2-40、图 4-2-41)。

图 4-2-40　改造凉帽（1）

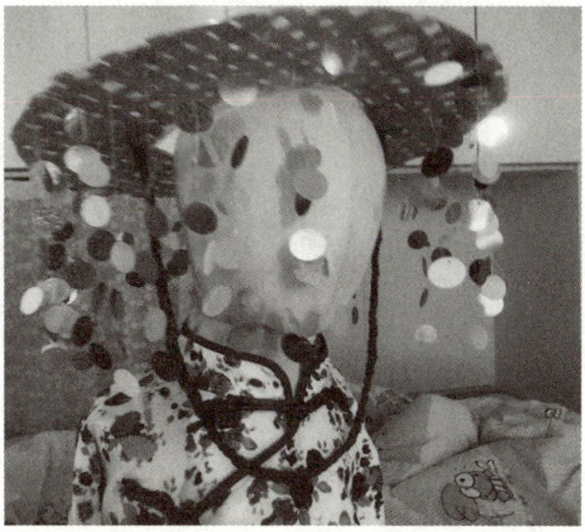

图 4-2-41　改造凉帽（2）

教师思考：

在讨论创新凉帽时，教师会播放关于帽子的时尚走秀视频，让幼儿从视频中感受，启发和拓宽他们的思维。同时，教师也支持幼儿天马行空的想法，鼓励他们运用身边的各种材料进行创造，并提供必要的辅助。从在帽帘上粘贴超轻黏土、海绵球，到穿亮片流苏、穿铃铛，再到给凉帽设计名牌等，这些都使幼儿的动手能力和想象力得到提升。

（五）分享提升

创作了这么多漂亮的凉帽用来做什么呢？怎么让其他班的小朋友知道我们的创新凉帽？有的说拿着凉帽去其他班级里宣传，有的说把凉帽的制作过程画下来，还有的说拿凉帽来表演节目等。经过协商讨论，幼儿最终决定举办一场客家凉帽大会来宣传自己创新的凉帽，并邀请一些嘉宾参加。

从讨论凉帽大会该邀请谁来参加、怎样制作和呈送邀请函，到怎样布置会场，幼儿自由讨论，各抒己见，遇到意见有分歧时，幼儿自主商议，通过民主投票的方式来决定每一项活动的开展。通过一系列筹备工作，期待已久的客家凉帽大会如火如荼地展开了。大会当天，幼儿穿上客家服饰走秀，展示自己亲手制作的客家凉帽，动情地演唱客家童谣，尽情演绎着客家人的风采。

教师思考：

从提议举办活动到大会顺利开展，幼儿始终是活动的主导者。教师充分鼓励每一个幼儿积极参与，激发出了幼儿无限的潜能，体现了幼儿主动学习、自我成长的过程。活动结束后，幼儿提到自己的现场表现：有的说自己很大胆，勇敢地表现了自己；有的反思自己不够大方，以后还得多锻炼；有的说要分享给爸爸妈妈听，让他们更多地了解我们的竹编凉帽活动。

（六）活动回顾

“竹编凉帽”活动回顾如图 4-2-42 所示。

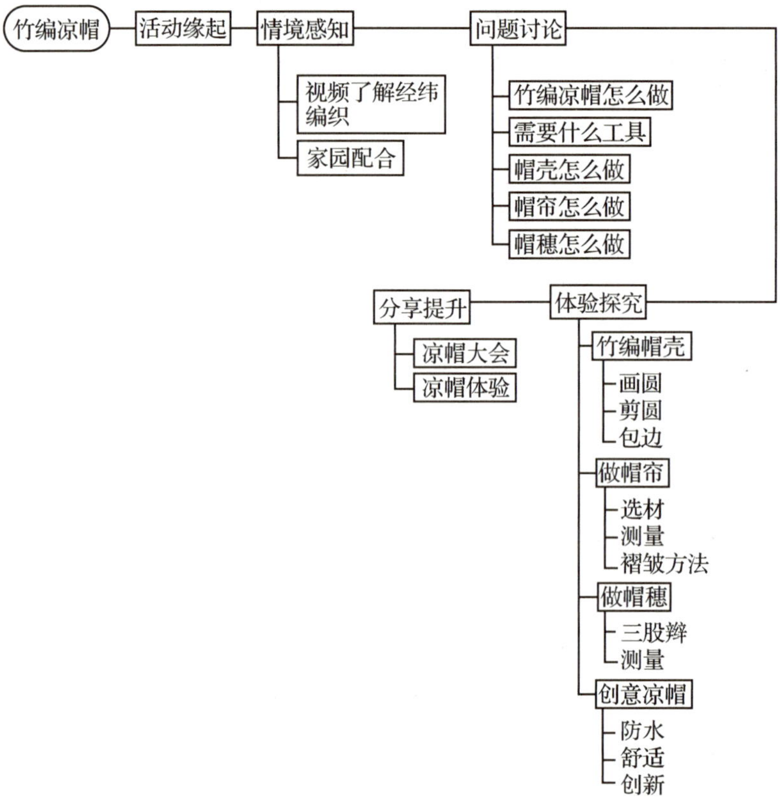

图 4-2-42 “竹编凉帽”活动回顾

（七）幼儿发展分析

在活动实践中，幼儿积极主动地建构有关凉帽的经验，并一直保持着浓厚的兴趣和探究学习的欲望，这充分体现了幼儿主动的、有能力担当的自我成长过程。

幼儿阶段是成长认知的关键启蒙阶段，客家凉帽背后蕴含的中华优秀传统文化是幼儿教育的重要资源。在对客家凉帽传承与创新的实践活动中，幼儿近距离地感受和体验了客家凉帽的独特魅力，加深了对传统文化精神的认知和理解，增强了对民族传统文化的认同感、民族的自信心和自豪感。通过一系列的竹编凉帽探究活动，幼儿真正成为中华优秀传统文化的参与者、传播者、传承者。

（八）活动总结与反思

竹编凉帽活动是幼儿不断深入探究的过程，从活动生成，纸编、毛根编织、竹篾编织，到制作帽壳、帽帘、帽穗，再到装饰凉帽、创新凉帽，幼儿是整个探究活动的主体。幼儿通过小组合作，共同收集信息，解决问题，分享经验，完成探究，形成成果，促进了合作能力、动手能力、思维能力的提升，使情绪情感向更高层次发展。

幼儿探究和解决问题的方式多样，教师应支持和鼓励幼儿运用观察、测量、比较、验证、调查等多种策略去解决问题。教师应扮演好观察者和倾听者的角色，不要急于介入，不要去打扰幼儿的自主探究，更不要直接告诉幼儿答案，鼓励幼儿不怕尝试错误，按自己的方式和速度去探索、寻找答案，相信幼儿能通过同伴间的交流互动不断调整自己的认知与操作方式，最终使问题得到解决。

苏霍姆林斯基说过，没有家庭教育的学校教育和没有学校教育的家庭教育，都不可能完成培养人这一极其细致而复杂的任务。这说明家庭教育在幼儿成长过程中是不可或缺的。在竹编凉帽过程中，我们注重让家长参与到活动实施中来，让幼儿、家长、教师以“三人行”的思想内涵为基础，邀请家长真诚合作，与教师一起激发幼儿积极主动参与探究活动的内在驱动力。实践证明，当善于利用各种资源、充分了解幼儿的生理特点和心理需求时，教师就能有效地组织开展好活动，并在活动中取得可喜的成果，促进幼儿的良好发展。

三、编织吊床

（一）活动缘起

视频资源

编织吊床

国庆过后，大家经常在一起谈论假期去了什么地方，分享趣事，公园野营成为幼儿谈话的焦点。

编织吊床项目活动的开展，使幼儿将美好的野餐活动与吊床关联在一起，他们也对吊床产生了强烈的好奇心和一些猜想，产生了自己做一个吊床的愿望。教师结合幼儿的兴趣，充分利用中班幼儿具有丰富、生动的想象力，对事物的理解能力逐渐增强的年龄特点，思考制作编织吊床的过程是一个很好的学习契机。于是，教师和幼儿预设网络图（图 4-2-43），明确了开展“编织吊床”的活动。

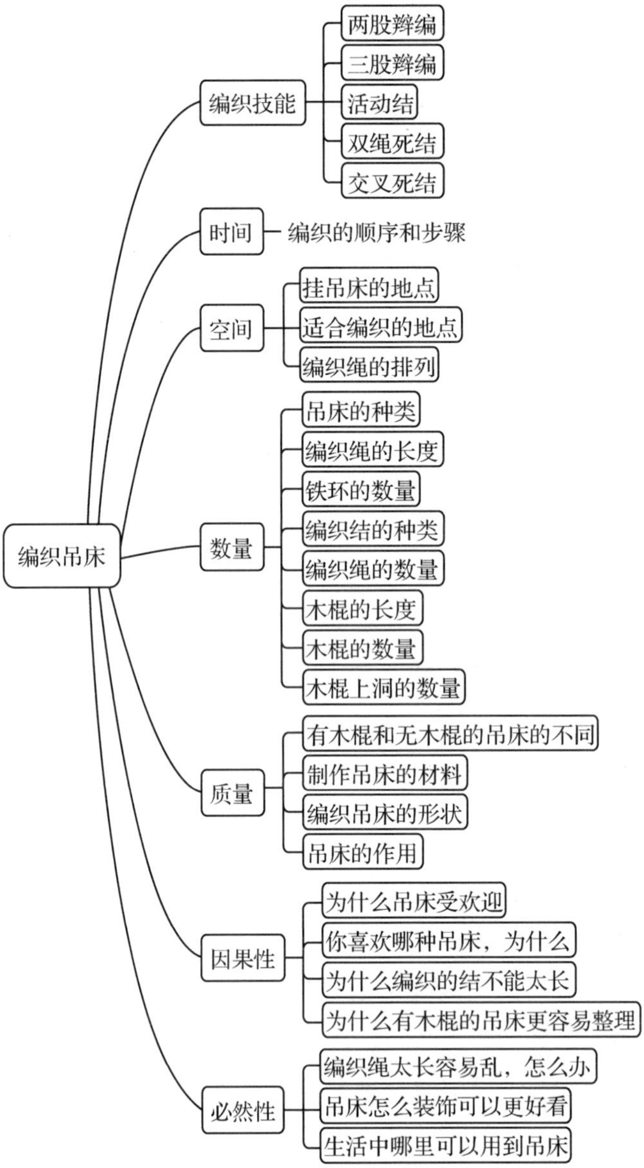

图 4-2-43 “编织吊床”网络图

1. 价值分析

为了支持幼儿的活动，教师对“编织吊床”中所隐含的关键经验及幼儿的学习价值进行了分析。幼儿亲身体验了编织吊床的整个过程，在活动中自由、主动地参与，幼儿的主体性和自主性得到了充分发展。在编织过程中，幼儿展现出了善于观察、勇敢尝试、乐于思考的积极状态，无论是基础性的编织技能练习还是编织吊床的技能练习，对幼儿来说，都是一个既动手又动脑的游戏。通过小组合作，幼儿发现问题，解决问题，分享经验，体验编织成果，促进思维能力、动手能力、合作能力、创造美的能力、社会交往能力向更高层次发展。

编织是一种古老而传统的手工艺，随着科技的发展，生活节奏的加快，手工编织活动逐渐淡出了人们的视线和生活。偶然谈起的编织吊床的话题就像打开了某个开关，幼儿喋喋不休，吊床项目的顺利推进再一次让教师和幼儿走过一段惬意的时光。

2. 可行性分析

幼儿经验：本班幼儿对编织活动很感兴趣，教师根据幼儿的兴趣点开设编织角，师幼经常在区域时间制作精美的编织作品，幼儿的动手能力和编织技能获得了一定的提高。看到真实的编织吊床之后，幼儿对吊床的认识更为具体，对吊床的结构有了一定了解。在编织吊床过程中，幼儿的动手能力有了很大的提升，他们也学习到了丰富的编织技能技巧，编织技法更加熟练、灵活了，同时养成了良好的耐力、意志力。

活动的适宜性：中班幼儿已经具备了一定的编织技能和经验，能够完成具有一定难度的编织任务。同时该活动符合中班幼儿的年龄特点和班级幼儿的兴趣爱好，教师可以通过提供适当的指导、示范和反馈来帮助幼儿更好地开展此活动。

资源分析：家长积极参与，为班级提供了可供幼儿参考的吊床，推动了活动的发展。幼儿园的生态园为幼儿进行直接参观和探究提供了实践场地，幼儿园涵养课程体系中的竹编、草编等中国传统编织课程丰富了幼儿的编织经验。

综上所述，中班幼儿的“编织吊床”项目活动具有较高的价值和充分的可行性。

(二)情境感知

1. 吊床制作初体验

晴晴说她喜欢用小花装饰吊床，诗涵更喜欢用小草装饰吊床，柔柔对彩虹色的吊床很期待。三角形状、爱心形状、长方形状的吊床，小朋友们讨论得非常热烈。教师引导幼儿用画思维导图的方式，将吊床的组成部分一个一个分解出来并画在纸上。随后他们自发在美工区运用各种材料建构出自己的吊床。有的用奶酪棒的小棒围成了吊床的形状，有的用扭扭棒编织吊床，有的用超轻黏土捏出吊床，有的用吸管拼贴吊床。在创作的过程中，幼儿用个性化的表征方式表现着自己对吊床的认知和理解。遇到制作困难时，他们通过不断运用其他材料去替换，或运用新的技能，或寻求教师、同伴的帮助进行探索与解决，非常认真专注。制作吊床遇到的问题及解决方法清单如表 4-2-4 所示。

表 4-2-4 制作吊床遇到的问题及解决方法清单

问题	解决方法
奶酪棒拼出来不太像吊床。	寻找其他材料，选择木棍和纸绳并运用经纬编织的方式编织吊床。
扭扭棒不会打结。	通过扭扭棒教程图找到相似的打结方法。
吸管立不住。	用黏土将吸管和纸杯粘在一起。

回顾前一天的吊床游戏，教师组织了一次关于吊床问题的大搜索。

柔柔：幼儿园能不能做一个吊床呢？

汉阳：吊床是怎么做出来的？

明蕙：我们把做吊床的方法画出来，可以给不会做的小朋友看，这样他们就会了。

梓洋：我见过的吊床是用布做的，半圆形的布。

柔柔：我看过的动画片里面有一个用彩虹布做的吊床。

在看到真实的编织吊床之后，幼儿对吊床的认识更为具体。

戴老师：今天老师把吊床带到了幼儿园，请你们一起来看看吊床由哪些部分组成。

优潼：有绳子，在绳子上打结。

宝仪：有圆形的铁环。

宇焜：每四个结就会围成一个菱形的格子。

阿铖：头尾的绳子像屋顶。

汉阳：头尾的绳子像太阳的光线。

教师思考：

在本次谈话中，教师发现幼儿对吊床的结构有了更进一步的观察和发现。幼儿联系实际生活，用屋顶、太阳的光线来描述对吊床的理解。教师突出了“织网结”的概念，吸引了更多幼儿观察、摸一摸，思考结是怎么连成网的。

2. 打结织网法

幼儿搜集了材料和工具，尝试自己制作吊床，可是凌乱的线团一下就把他们难住了。通过观察幼儿的活动，教师发现有的幼儿知道需要打结，但是缺乏方法，打了结一会儿就会出现空洞；有的只会缠绕、打结也没有成功等。为了巩固幼儿的编织技能，教师为幼儿播放了一段关于制作吊床的视频并向幼儿详细介绍了打结织网的编织方法。

承宇：编织时，绳子太长了，就可以先把绳子变短，这样编织起来更快。

瑾岚：编织的孔是菱形的。

司毅：结尾的编织绳是用交叉叠起来的方法收尾的。

汉阳：收尾后，继续用另一根绳子缠绕绑紧交叉的绳子。

在观看制作吊床的过程中，幼儿有了更多的思考和发现，原来还需要一些铁环、木棍固定编织网，幼儿解决了因为绳子过长而编织困难的问题。打结织网法看起来简单，可是教师通过观察幼儿的操作，发现他们还没有真正理解。

于是，师幼一起给绳子都编了号码，教师现场演示打网结，一步一步地给幼儿讲解。很快，明蕙高高举起自己的小手，迫不及待地告诉老师："我已经会编织网结了。"教师拿出示范的绳子请她上台来编织。其他幼儿为明蕙念起了步骤，明蕙就在台上编织着，她手上的网结从短短的几厘米变成了十几厘米。

教师思考：

教师在幼儿学习编织的过程中给予了他们展示的机会以及充分的肯定，培养了幼儿的自信心和表现力。同时，在同伴的示范下，幼儿学习织网结的兴趣和积极性也被激发起来。

在接下来的操作中，教师给幼儿提供了儿童剪刀和网结编织步骤图。教师介绍了步骤图的使用方法后，幼儿剪出了需要的数量和长度，自由探索吊床打结的方法，并在全班分享经验。教师帮助幼儿总结了打网结遇到的问题及解决方法清单(表 4-2-5)。

表 4-2-5　打网结遇到的问题及解决方法清单

问题	解决方法	活动过程
绳子要多长？	思考自己要做什么东西，比如手绳、项链、发箍等。	
不会编织怎么办？	求助老师，看步骤图。	

（三）问题讨论

幼儿在了解了吊床的组成部分后，又生成了一些问题，并有了新的思考。教师利用晨谈活动给予每个幼儿表达自己对绳编吊床的疑问和思考的机会，捕捉到幼儿的兴趣点，和幼儿聚焦问题进行讨论，从而总结幼儿的关键问题，并形成了问题清单（图 4-2-44）。

汉阳：需要多少绳子才能编好一个吊床？

宇焜：吊床怎么固定？

皓楠：吊床的制作步骤是怎样的？

伊宁：吊床上的圆环从哪里可以找到呢？

图 4-2-44 “编织吊床”问题清单

（四）体验探究

1. 吊床的长度

吊床的长度与两棵树之间的距离有关，用什么方法来测量两棵树之间的距离呢？根据幼儿的问题，教师开展了“你想做多长的吊床”的晨谈活动，幼儿选定地点、测量方式与工具。绮昕联想到要用绳子，阿铖提出用木棍，汉阳提出用尺子，焜焜进一步补充说还有一种可以拉出来很长很长的尺子——卷尺（图 4-2-45）。

图 4-2-45 测量吊床绳子需要多长

汉阳：我想用短、中、长三条绳子来比一比。

泡泡：那绳子要多长呢？

熙熙：我们先剪一条短的，然后把剩下的绳子拉得比上一次的长一点再剪，这样就有短、中、长三条绳子啦。

幼儿在生态园陆续用木棍、绳子等进行测量，然后把短、中、长的绳子拼在一起，继续添加绳子，直到绳子的两端都接触到两棵大树，点数后，一共用了六条长短不一的绳子。把六条长短不一的绳子相连接，用尺子测量出准确的数字：272厘米。

为了获得一样长的绳子，他们先剪出一条长272厘米的绳子，然而每次用尺子测量会很浪费时间，旭和想到了一个“批量制作”的好办法。

旭和：如果想做一个吊床，你已经剪了一条绳子，还想剪一条和它一样长的绳子的话，可以用刚才你剪完的绳子来对比着剪。头对头，尾对尾，这样剪出来就一样长。

教师思考：

教师鼓励、支持幼儿将自己的想法转化为实践，用不同的方法对距离展开测量，并且比较不同方法的优点与缺点，理解测量的概念与方法。

2. 制作吊床

(1)探索木棍与绳子的固定

幼儿在园内搜集了木棍和绳子，阿铖继续研究吊床上的木棍的特点，他用点数的方法，发现木棍上有六个洞，并且要用绳子穿过这些洞，最后固定在铁环上。宇焜想要在木棍上打洞，先后用了打孔机和剪刀，结果可想而知，最后在教师的提示下，请电工何叔叔帮他们把棍子锯成了两段，并在每根木棍上钻了六个洞。

当绮昕试着将绳子穿进洞里时，她发现洞很小，绳子太粗没有办法穿进去(图4-2-46)。彤彤提出把绳子使劲拧紧变细，就能让绳子穿过去，结果发现无论怎么拧也穿不过去。而汉阳则认为，可以拿牙签把它戳进去。他在教室搜索一圈发现没有牙签，而美工区有相对细小的棉签，他把上面的棉花撕掉用棉签棍把绳子使劲往洞里戳，最终把绳子戳进去了，只是太费时间了。

图 4-2-46 尝试用绳子穿木棍上的洞

瑾岚：要是能像缝衣服一样把这根绳子穿进洞里就好了。

第二天她带来了一根细铁丝，将它做成一根针的样子，把绳子穿进“针”里后，把“针”穿进了木棍上的洞里，绳子穿过了洞，这个好方法大大提高了穿洞的效率！再调整一下打结的位置堵住洞口，绳子的固定问题就顺利解决了。

(2)编织吊床

为了让编织更顺利，幼儿通过重复对折的方法，让长长的绳子变短，又用打结的方法固定绳子使其不松散。他们重复对折后打结的步骤，直到把所有的绳子都变短为止。教师帮助幼儿整理了编织吊床遇到的问题及解决方法清单如表 4-2-6。幼儿编织中排列不齐的结如图 4-2-47 所示。

表 4-2-6　编织吊床遇到的问题及解决方法清单

问题	解决方法
上面的结整齐，下面的结很乱。	每一个结就像排队一样，要整齐，它们之间要有距离。
上面的网格比下面的要整齐。	菱形的边长大约是 10 厘米，要观察。
绳子太长会花很长的时间编。	一些小朋友拉紧绳子，另一些小朋友打结。

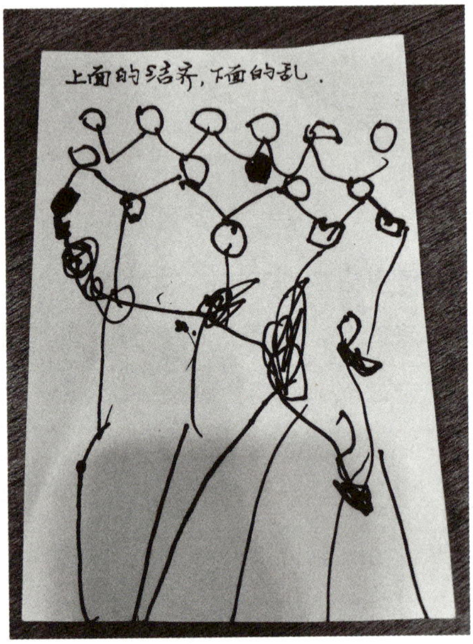

图 4-2-47　排列不齐的结

教师思考：

教师引导幼儿把每次的发现都通过绘画的方式进行表征，让幼儿能够聚焦问题，想出解决方法。

(3)一场游戏重燃制作热情

吊床上的菱形大小不统一，结的排列不整齐，需要返工编织……幼儿逐渐意识到编织吊床并不是一件容易的事情。教师发现参加小组活动的幼儿变少了，幼儿编织吊床的热情慢慢退去。

①教师的支持与策略。

观察到幼儿对编织吊床有了畏难心理，教师马上进行了思考，并和同年级的教师交流与讨论后，对班级活动进行了灵活调整。教师在一个阳光明媚的午后为幼儿安排了一次体验吊床的活动。

②幼儿体验。

在玩吊床的过程中，幼儿发现虽然吊床很好玩(图 4-2-48)，但是班级购买的吊床只有一个，想玩的话需要等待很久。因为想玩的人很多，所以每个人玩的时间也很短。柔柔鼓励同伴继续编织："如果把编织吊床制作好，我们就能实现吊床自由。"

体验吊床后，幼儿惊奇地发现，买来的吊床编织面积很大，而我们自己编织的吊床很小。宇焜特地把吊床放在草坪上，躺上去后发现，他们编织的吊床真小(图 4-2-49)。买来的吊床躺上去还有多余的位置，和他们自己编织的吊床有了明显的大小对比。宇焜数了数买来的吊床，发现编织吊床的绳子一共有 34 条，可是他们吊床上的绳子只有 14 条。通过点数的方法，圳权、梓洋、宇焜得出还需要加 20 条绳子，才能让吊床变得足够大。

图 4-2-48　体验玩吊床的乐趣

图 4-2-49　比较后发现自己编织的吊床太小

幼儿做了个艰难的决定，把之前编织好的结重新拆掉，在原有的绳子上继续加新的绳子，绑在一起后重新编织吊床。通过幼儿的努力，吊床从原来的 14 条绳子加到了 34 条绳子。

梓洋：老师，我编哪两条绳子呀？

宇焜：老师，我编这两条对吗？

芷熙：老师，我和洋洋拿到同一条绳子了。

靖轩：老师，我不知道从哪里开始编啦。

③幼儿遇到的问题。

虽然前期在教师的引导和幼儿的讨论下，他们已经解决了编织结的排列和编织后的菱形大小问题。但绳子数量的增加，使幼儿在编织过程中出现了混乱。

④解决办法。

教师请幼儿将自己在小组编织活动中遇到的问题和同班幼儿讨论，请大家一起来解决我们在编织中遇到的问题。

梓洋：我们遇到的问题是绳子太多，编织的时候我不知道要编哪两条。

楠楠：编织的时候先把绳子都摆整齐。

汉阳：挨着的两条绳子一起编织。

宇焜：先看看两条绳子并在一起能不能和上面的绳子变成一个菱形。

明蕙：我可以把两条绳子编织的方向画出来给大家看一下，这样大家就很清楚了。

幼儿开始将这些方法运用到我们编织吊床的活动中(图 4-2-50)。

图 4-2-50　再编吊床

教师思考：

用游戏和体验重燃幼儿的兴趣无疑是有效的策略，教师关注幼儿在活动中的情绪变化和问题所在，及时给予了活动的支持：为幼儿提供了亲自体验吊床的环境和材料，让幼儿在实际操作、亲身体验过程中获得了对吊床新的认知和体验。因此，在发现编织的吊床不够大，需要拆掉重新编织时，幼儿也能持续专注并坚持挑战编织吊床的任务。幼儿在编织吊床活动中发现问题后，又与同伴交流、讨论，一起发挥自己的智慧，将自己想到的办法说出来，教师帮助幼儿梳理思路，总结经验，幼儿又将这些方法运用到编织吊床的活动过程中。这些都体现了幼儿的主体性和教师在活动过程中的引导作用。

3. 最后的完善

幼儿与教师一同讨论编织好的吊床如何组合，在讨论时，幼儿一边观察悬挂在教室上方的吊床，一边说着自己的观点，并画出组合吊床的步骤。

①编织好的绳子理顺后，分别将临近的绳子打好结。

②打好结后将绳子穿过木棍上的洞。

③将穿过洞的绳子全部合并在一起穿过铁环。

④接着用绿色棉绳将白色编织绳固定。

⑤剪掉多余的编织绳，组合吊床完成。

组合好吊床后，幼儿又有了新的想法，为了让编织的吊床更漂亮，他们用彩带、彩灯、颜料、铃铛等来装饰吊床。幼儿用自己的巧手将彩色的蝴蝶结和发出美妙声音的铃铛结合在一起，固定在编织绳上，装饰吊床。

幼儿非常喜欢幼儿园户外游戏区的扎染区，在扎染区中，他们运用扎染的方法制作手帕、围巾，用喷染的方式制作帽子。对吊床进行第一轮装饰后，幼儿结合自己在扎染区的经验，产生了喷染吊床的想法。他们将扎染颜料倒入喷壶里兑水，往吊床上喷洒不同颜色的扎染颜料，并不断地调整吊床的角度，漂亮的彩虹色吊床诞生啦。

教师思考：

教师充分尊重幼儿的想法，给予幼儿支持和肯定。关于装饰吊床的材料、方法、思路，教师并没有单纯通过讲解让幼儿生成活动，而是通过幼儿园丰富的材料与环境给幼儿启发，他们结合实际生活和已有的实际经验使吊床变得越来越丰富。幼儿在实践活动中思考、探索、获得，他们的每一个想法、每一个环节都体现了学习与成长。

4. 吊床落地

幼儿走过户外野营区，他们思考把吊床放在哪儿：生态园有很多的大树，客家长廊也不错……大树要非常坚固，这样才安全。距离太远的话，绳子不够长；太近的话，人可能会掉下去。

(1)全班进行小组活动回顾，共同讨论把吊床放在哪儿

阿铖：在小蜗牛山坡前悬挂吊床会挡住小朋友去玩小山坡游戏。

明蕙：太细的树没有力气，粗壮的树就很合适。

梓洋：在“歪脖子”树上悬挂吊床，小朋友就会掉下去。

家宝、思齐：我们发现生态园有几棵树非常适合悬挂吊床。因为有一边是两棵

树挨在一起的，它们肯定比一棵树更结实。

家宝：这两棵树下还有草地，感觉好舒服。

通过分享，幼儿都同意在生态园的树上悬挂吊床。

(2)申请场地

幼儿已经选好了在哪两棵树之间搭吊床，经过讨论，他们想向园长申请。幼儿去找了园长，递上了申请书。他们告诉园长想要在生态园挂吊床的想法，并介绍了做吊床的经过。园长同意了他们的申请，回到班里，四个小朋友赶紧把这个好消息告诉了全班同学。

(五)分享提升

选好了悬挂吊床的大树，并通过了悬挂吊床的申请后，幼儿一同把吊床悬挂好了。在玩吊床的过程中，幼儿又产生了利用吊床一起去露营的想法。幼儿开始商讨如何开展热闹、有趣的露营活动，纷纷发表自己的想法：表演节目、讲解吊床指南、准备露营用品和美味的食物……一系列令人期待的盛会有了雏形，他们还列出了谁负责做哪些事情、带哪些物品的清单。

有了明确的任务清单后，幼儿分头行动，在幼儿、教师和家长义工的共同努力下，我园结合生态园的户外优势，打造了一个接近自然、清新活泼的露营游戏区。幼儿在这里表演歌唱节目，为园长妈妈、客人老师和小客人讲解吊床指南，邀请他们体验编织吊床、玩露营游戏和品尝美食，在春日里享受着吊床带给他们的喜悦。

(六)活动回顾

“编织吊床”活动回顾如图 4-2-51 所示。

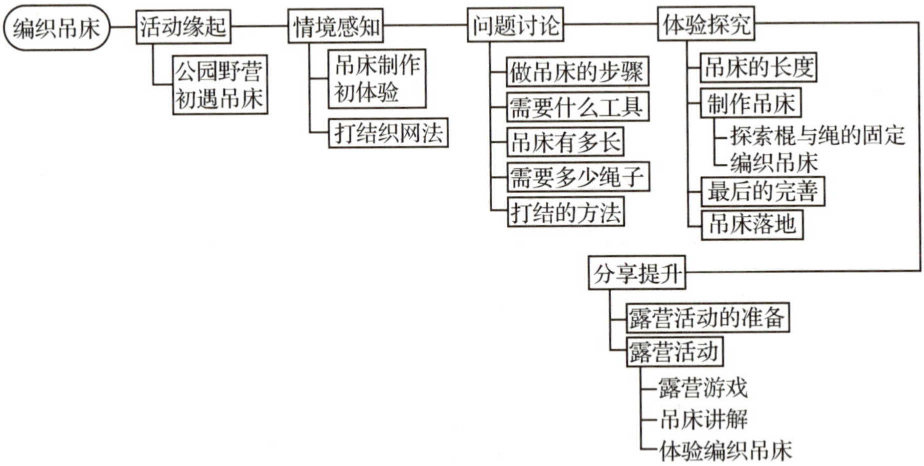

图 4-2-51 “编织吊床”活动回顾

(七)幼儿发展分析

每个孩子都是天生的梦想家，他们无所畏惧、畅所欲言，他们毫无保留地想要体验世界上的所有新奇，也创造了一个个奇迹。从学习打结、织网，到完成一个童趣十足的吊床，幼儿亲身体验了编织吊床的整个过程。从寻找吊床的材料、学习编织技能，到拆吊床加绳、组合吊床、装饰吊床，再到开展吊床露营游戏，幼儿在兴趣中获得动力，在师幼、幼幼的互相影响下，一点点积累了编织经验。幼儿经历从最初的新奇、喜欢、尝试体验，到出现畏难情绪，再到最后投入探索的过程，也锤炼了学习品质。

1. 思维能力

幼儿在编织过程中手脑协调配合，有效学习新的知识并能积极思考解决新的问题。幼儿的观察力、分析问题能力得到了一定的发展，他们能发现编织过程的关键问题，在发现一个个问题、解决一个个问题过程中积极主动地发展思维能力。

2. 动手能力

陶行知说过："人有两个宝，双手和大脑，双手会做工，大脑会思考。"这也就是我们常说的"心灵手巧"。在编织吊床过程中，幼儿的动手能力有了很大的提升，学习到了丰富的编织技能和技巧。

3. 语言能力

在日常的编织问题探讨、编织经验分享、讲解吊床指南等活动中，幼儿逐渐有了自己的想法，并能清楚、明白地讲出自己的观点和思路。每次活动后，幼儿能够运用自己的方式记录活动过程，表征能力得到很大的提升。

4. 学习品质

编织吊床活动培养了幼儿的耐力、意志力。在面对编织干扰、困难甚至失败时，幼儿能够调整自己的情绪并积极应对，任务意识得到增强，能够更持久地做一件事情，更加专注地完成。

5. 社会性发展

幼儿在编织活动中，能与同伴交流沟通、相互帮助完成编织吊床，社会交往能力有了明显的提升。在合作编织的过程中，幼儿感受到了与同伴一同学习、游戏的快乐，体验到了合作的乐趣，明白了合作的意义。

6. 想象与创造

在解决编织问题遇到困难时，幼儿能够结合相关经验利用想象拓展知识，进行新的学习，尝试用其他方法来解决问题。

（八）活动总结与反思

教师放慢脚步，对幼儿的学习过程有着重要意义。教师着眼于幼儿的学习方式与发展目标，从寻找吊床的材料、学习编织技能，到拆吊床加绳、组合吊床、装饰吊床，再到开展吊床露营游戏，使幼儿亲身体验了编织吊床的整个过程，都充分体现了幼儿的主体性和自主性。

从计划到项目实施，教师始终跟随幼儿的脚步，适时地提供支持，丰富幼儿的经验，启发幼儿的思考。每一次的尝试和投入都让幼儿在已有经验的基础上，有所发现和创造。这得益于幼儿园丰富多彩的游戏环境，幼儿在游戏化课程中体验、积累了相关的游戏经验，并且在活动中运用扎染等传统技法，为富有童趣的吊床添上了一抹古朴的色彩。

教师的主导作用与幼儿是学习的主体并不矛盾，教师的主导作用正是通过激发幼儿主动学习，引发和促进幼儿积极地与环境相互作用而体现出来的。当幼儿在编织过程中发现问题时，教师敏锐地接收来自幼儿反馈的各种信息，深入了解幼儿的活动进程，采取适当的、有效的方式引导幼儿进行有意义的学习，并发挥幼儿的主体性，鼓励幼儿实践自己的想法，使自己的主导作用得以实现，促进幼儿能力的综合发展。

第五章　主题探究活动：客家围屋(大班)

第一节　主题活动

建筑作为文化物质的载体，既有高度的审美价值，也有一定文学思想的映照。中国五大传统民居之一的客家围屋，作为客家人独具特色的民居建筑，以其精湛的结构图式表达了客家人底蕴丰厚的精神文化内涵。

龙岗是深圳最大的一个地区，隶属于东部客家地区，有着深厚的客家文化，拥有上规模的客家围屋一百多座，客家特色显著。几百年来，客家人在这里艰苦奋斗，开拓发展，创造了灿烂的文化和辉煌的历史。客家精神是深圳一笔巨大的精神财富，客家文化是深圳文化里不可替代的文化根基之一。

一、创建主题信息库

我们开展“客家围屋”主题活动，希望通过此主题活动的开展，充分开发本土资源，让幼儿了解客家文化、饮食、民俗、风情和建筑等特点，对客家文化精神和地域风俗进行继承和发扬，从而培养幼儿的民族意识和民族自豪感，使他们感受到龙岗的美和文化底蕴，加强幼儿对龙岗的亲切感，增强幼儿的归属感。通过了解客家围屋的建筑特色、历史背景等，对客家围屋进行科学探究，幼儿不仅能获得丰富的感性经验，充分发展形象思维，而且能在动手操作、同伴合作、试验比较、记录表征等方面有不同水平的提升，并将通过活动所获得的知识和经验不断用于新的学习活动，形成受益终身的学习态度和能力。

(一)周边资源分析

依据《3—6 岁儿童学习与发展指南》要求，为有效地开发和利用幼儿园周边各类资源，我园根据当地自然与人文环境丰富幼儿园的课程资源，建立课程游戏化资源库。主题活动的开展离不开周边资源的支持，我们要充分挖掘周边的教育资源，共创幼儿探索的空间。级组教师就如何利用周边资源进行了相关解读，并到实地调查后，对园所周边的资源有了更深层的了解，梳理出来周边核心资源，从自然资源、现代人文资源、文化资源、人力资源四个维度进行阐述与分析，深入挖掘资源中蕴含的教育价值。教师结合周边资源、本园的实际情况和本年龄段幼儿的学习特点和认识，对幼儿园周边资源进行了开发式挖掘和筛选。

作为课程资源，客家围屋蕴含的文化价值和教育价值显著。首先，它的建筑结构和技艺值得探究，如飞檐翘角、四角炮楼是令幼儿惊奇的存在，厅堂围合的结构、坚实的墙体和神奇的防御工事凝聚着客家人的智慧。其次，气派堂皇的围屋体现着精巧的构造艺术，如“国”字形的厅堂结构、房梁大门上的雕刻装饰和门匾、有精美雕花的门窗等。作为民居建筑，客家围屋的历史中还包含着有趣的民俗活动，如新屋落成、乔迁仪式等。围屋的建造是客家人迁徙文化的产物，反映出客家人勇于开拓、天人合一、族群和谐的思想和精神特点。“客家围屋”主题活动资源分析图如图 5-1-1 所示。

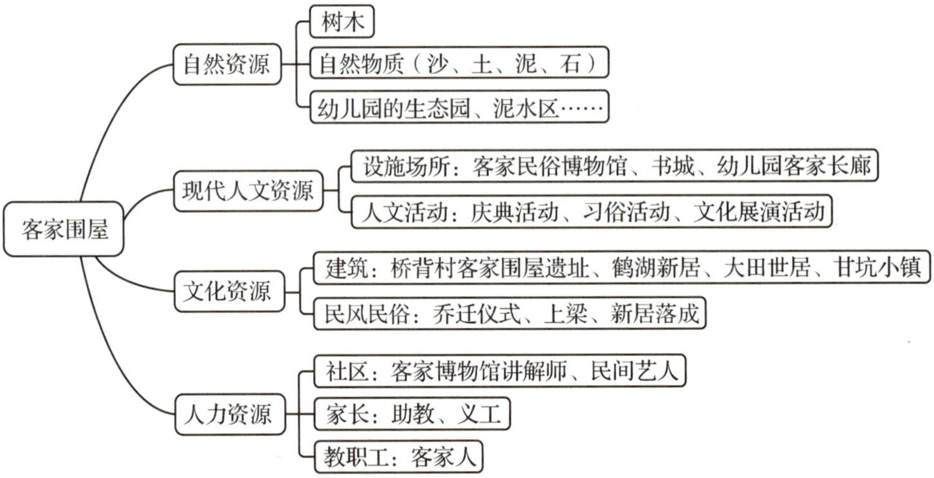

图 5-1-1 “客家围屋”主题活动资源分析图

(二)经验准备

很多幼儿生活在龙岗的客家围屋群落中，但是对客家围屋的认知大多只停留在

“视觉”层面上，没有深入地去了解客家围屋的构造以及客家围屋里的故事。而客家围屋作为龙岗特色建筑，有很多值得幼儿去发现和探索的内容。实际上幼儿都是好奇好学、有探知欲的，尤其是对生活中的新鲜事物，他们总要问个不停，当他们认知中的客家围屋通过自己的探索活动一点一点丰富起来的时候，这种成就感足以支持他们不断地去探索客家围屋，积极参与相关活动，从而不断地提升经验，促进发展。“客家围屋”主题活动让幼儿本能地对本地客家围屋有简单的认知和了解，喜欢客家围屋独特的建筑文化，感受客家人的勤劳与智慧，弘扬客家精神，传承传统文化。该活动既贴近幼儿的生活，选择幼儿感兴趣的事物和问题，又有助于拓宽幼儿视野，丰富幼儿的经验。

1. 亲子活动：“客家围屋”主题活动致家长的一封信

“客家围屋”主题确定下来后，我们要为“客家围屋”主题活动准备些什么呢？教师和幼儿一起做了计划：收集各种与客家围屋相关的书籍、参观周边的客家围屋、查找与客家围屋相关的资料以及有关客家围屋建筑的图片或者模型等。我们结合幼儿梳理的前期准备工作写了致家长的一封信，让家长了解我们要开展的主题活动，以及要配合的事项，与家长联动进行幼儿经验的准备。

“客家围屋”主题活动致家长的一封信

尊敬的家长：

我园地处龙岗客家人集聚地，具有丰富的客家文化资源，客家围屋是客家文化的重要组成部分。本学期我们将充分挖掘客家本土资源——客家围屋，和幼儿一起走进客家围屋，探究客家围屋的奥秘。主题活动能让幼儿获得各方面的发展，同时传承和发扬客家精神，为塑造幼儿健全的人格做好铺垫。家长是幼儿园重要的教育合作伙伴，我们诚挚地邀请家长朋友们和老师一起携手，为幼儿探究客家围屋之旅提供支持和帮助，和幼儿一起学习，感受客家文化的魅力。我们诚挚地邀请家长们参与到幼儿的主题活动中，请家长们配合以下工作。

①利用周末带领幼儿找一找身边的客家围屋，知道周边有哪些客家围屋，让幼儿现场观察客家围屋，引导幼儿发现它和现代房屋的不同，并现场写生。及时用相机拍摄幼儿参观客家围屋、现场写生的视频和照片，上传到班级相册“寻找身边的围屋”里。

②配合收集关于客家围屋的主题资料，如图片、书籍、操作材料、围屋模型等。

③引导幼儿完成主题活动调查表，于下周一带到班级分享。

谢谢大家的配合！

大班组

2022 年 9 月 12 日

2. 亲子活动："客家围屋"主题活动调查

"客家围屋"主题活动调查的目的是让幼儿对客家围屋有所了解，了解客家围屋的结构特征以及建造客家围屋所用到的工具和材料等。为此，幼儿在爸爸妈妈的陪伴下，通过查阅资料、实地参访、阅读书籍等方式，进行了一次客家围屋小调查。"客家围屋"主题活动调查表如表 5-1-1 所示。

表 5-1-1 "客家围屋"主题活动调查表

姓名		班级	
你身边有几座客家围屋呢？你知道它们的名字吗？			
客家围屋有哪些形状？			
画出你见过的客家围屋。			

在调查后的交流与分享中，幼儿总结以下经验。

①客家围屋有很多种形状，如圆形、长方形、半圆形、梯形等。

②搭建客家围屋需要用到泥土、砖块、稻草、瓦片、木条等。

③龙岗的客家围屋建筑有鹤湖新居 、大田世居、大鹏所城、甘坑小镇等。

3. 收集素材

①协助幼儿收集与客家围屋相关的资料，如绘本、杂志、图片、模型等。

②通过网络和书籍查找资料，让幼儿了解客家围屋。

③带着幼儿一起参观周边的客家围屋，如鹤湖新居、桥背村客家围屋遗址、大田世居等。

4. 亲子活动：寻找身边的客家围屋

(1)材料准备

拍照和录音设备、纸、笔。

(2)指导要点

①帮助幼儿明确观察的内容：围屋的形状、建筑材料、围屋的结构。

②鼓励幼儿和家长一起用纸和笔记录，或用相机、录像机等设备，记录所观察到的客家围屋。

(3)获得经验

①让幼儿初步了解客家围屋。

②让幼儿直观了解到客家围屋不仅样式和格局多种多样，而且都高大、严实、坚固与厚重，使幼儿感受到客家匠人的建筑智慧。

(三)主题活动目标

1. 教学目标

①引导幼儿初步了解客家围屋的历史背景、围屋的结构及传统的夯土墙建筑技艺。

②鼓励幼儿积极动手动脑，培养幼儿的探究能力、合作能力及各种表征能力。

③激发幼儿对围屋特色建筑文化的好奇心与喜爱之情，萌发幼儿热爱家乡的情感。

2. 学习目标

①了解客家围屋的格局特点及基本结构，感受客家人的建筑智慧。

②尝试运用计数、测量等方法进行探究，并能用简单的记录表或统计表记录过程。

③喜欢欣赏、朗诵客家童谣和客家山歌，感受客家童谣和客家山歌的魅力。

④尝试运用不同方式搭建、绘画、制作客家围屋，体验创作的乐趣。

(四)主题活动网络图(预设活动与生成活动)

在主题开始前，教师收集相关资料，思考客家围屋与幼儿的联系，进行年级和班级的审议。教师立足幼儿的已有经验，从幼儿感兴趣的角度分析，结合园本特色及周边环境资源等方面综合考虑，筛选“客家围屋”主题中蕴含的有价值的内容。教师对主题进行了比较系统、全面的思考，最终围绕主题制定了“围屋初印象”“探秘围屋”“围屋的畅想”三大块的预设活动，形成预设主题活动网络图(图5-1-2)，基本遵循了感知—探究—创造性表达的探究学习脉络。

在开展活动的过程中，教师捕捉幼儿的兴趣和问题，在与幼儿的不断互动中，发现教育契机，从而拓展生成有价值的主题活动内容。

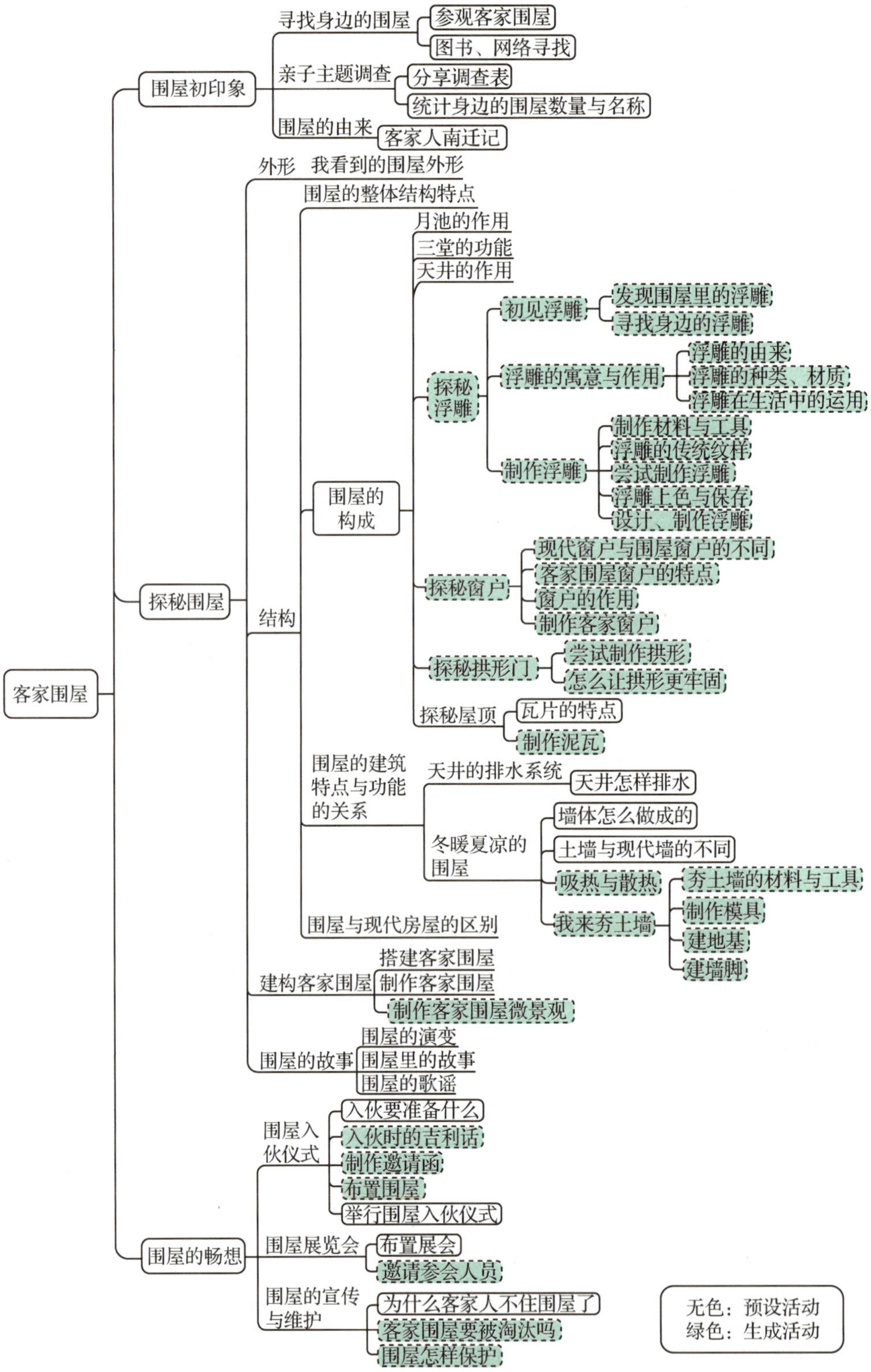

图 5-1-2 “客家围屋”主题网络图

二、营造浸润式环境

(一)主题环境

1. 班级整体环境

在主题活动开展初期及过程中，师幼共同创设主题环境。在创设中，师幼充分利用自然材料、中国传统文化和客家围屋的瓦片、木条、窗、竹等元素，在教室的各个区域投放主题相关材料。在这个过程中，教师与幼儿共同打造了集科学性、动态性、互动性和观赏性于一体的客家围屋环境。班级的每一个空间都散发出浓浓的客家氛围，墙壁上的围屋建筑，角落里的水墨文化，为幼儿提供自主探索的空间和机会，让幼儿在浓厚的主题氛围中充分感受客家文化，同时激发幼儿与环境的互动和对话(图 5-1-3 至图 5-1-6)。

图 5-1-3　“客家围屋”主题下的班级整体环境(1)

图 5-1-4　“客家围屋”主题下的班级整体环境(2)

图 5-1-5　“客家围屋”主题下的班级整体环境(3)

图 5-1-6　“客家围屋”主题下的班级整体环境(4)

2. 主题角

在主题开展过程中，主题角的作用非常重要。在创设主题角前期，教师会提供与主题相关的丰富材料，如客家围屋模型、客家围屋相关绘本、客家农具、瓦片等，引发幼儿的关注和兴趣，让幼儿与材料互动，发现幼儿的兴趣点，倾听幼儿的对话，捕捉幼儿感兴趣的主题活动。后期，教师根据幼儿的兴趣点和生发的活动，不断地提供相关材料给予支持，让幼儿与主题角不断互动，生成有趣、有价值的故事。师幼共同创设的“客家围屋”主题角如图 5-1-7 至图 5-1-10 所示。

图 5-1-7 “客家围屋”主题角(1)

图 5-1-8 “客家围屋”主题角(2)

图 5-1-9 “客家围屋”主题角(3)

图 5-1-10 “客家围屋”主题角(4)

3. 区域环境

区域环境能够为幼儿提供多视角、多广度的学习活动，拓展幼儿的学习空间，促进幼儿的多元发展。在“客家围屋”主题活动中，根据幼儿的年龄特点和兴趣，师幼一起设计和打造主题特色区域(图 5-1-11 至图 5-1-14)，幼儿在区域里模仿客家人的生活、劳作等，从而更好地支持主题活动的深入开展。

图 5-1-11 “客家围屋”主题区域(玩泥坊)

图 5-1-12 “客家围屋”主题区域(客家小铺)

图 5-1-13　“客家围屋”主题区域(凉帽体验角)

图 5-1-14　“客家围屋”主题区域(客家茶馆)

4. 幼儿表征与作品展示

(1)美术作品

幼儿的美术作品形式多样，有立体的有平面的，有手工有绘画。幼儿用多种方式进行自主创作，创作出有关主题活动的丰富有趣的美术作品。同时，幼儿与同伴分享、展示自己的创作，教师随主题进展动态更新幼儿的美术作品，体现墙面与幼儿的互动(图 5-1-15 至图 5-1-18)。

图 5-1-15　美术作品：舞龙

图 5-1-16　美术作品：客家围屋

图 5-1-17　美术作品：客家小镇的故事

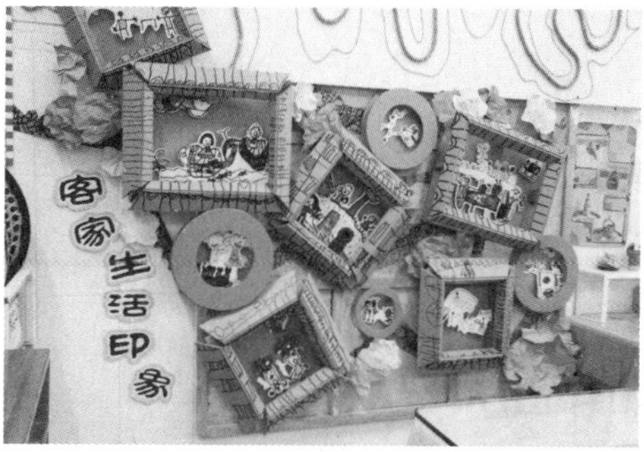

图 5-1-18　美术作品：客家生活印象

(2)主题墙

在主题学习过程中，教师应积累幼儿的学习记录、活动照片及幼儿作品等，提供一面墙，充分展示幼儿的学习成果，体现幼儿的成长过程。主题墙是幼儿学习、探索轨迹的呈现，活动的内容以展示幼儿的兴趣为主，展示幼儿自己的疑问、探索、发现。在主题墙上，幼儿活动的痕迹、探究学习的过程都被教师细心珍藏，它们保存了幼儿弥足珍贵的成长印记(图 5-1-19 至图 5-1-22)。

图 5-1-19 “客家围屋”主题墙(1)

图 5-1-20 “客家围屋”主题墙(2)

图 5-1-21 “客家围屋”主题墙(3)

图 5-1-22 “客家围屋”主题墙(4)

(二)区域材料

“客家围屋”主题下区域材料一览表如表 5-1-2 所示。

表 5-1-2 “客家围屋”主题下区域材料一览表

区域	名称	照片	目标	玩法
表演区	舞蹈筷子		1. 探索花棍发出的强弱声音，感知节奏。 2. 根据图谱利用花棍为音乐伴奏。 3. 共同表演，体验与同伴游戏的快乐。	玩法一：花棍互相敲击，感受声音强弱和声音节奏的不同。 玩法二：利用各类图谱进行多人花棍表演。

续表

区域	名称	照片	目标	玩法
	瓦片敲击乐器		1. 探索敲棒与各种不同的瓦片碰撞发出不同的声音。 2. 感受乐曲的欢快旋律，能用瓦片乐器拍打出简单的节奏。	玩法一：自主探索瓦片在敲击各种不同材料时发出的不同声音。 玩法二：听音乐，尝试用瓦片乐器伴奏。
	客家服饰	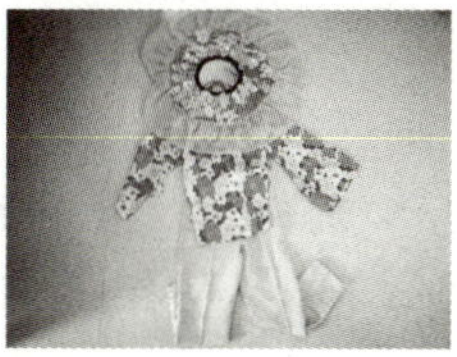	1. 感受、了解、发现客家服饰的独特设计。 2. 根据客家童谣和客家山歌等音乐进行表演，体验与同伴游戏的快乐。	玩法一：穿上客家服饰，可进行多人自由表演。 玩法二：创设情境，利用民族传统音乐进行情景表演。
操作区	搭建围屋模型		1. 通过使用彩泥捏瓦片，感知瓦片的形状。 2. 通过盖瓦片活动，深刻体会客家围屋屋顶的瓦片一正一反的规律。 3. 乐意动手操作，享受盖瓦片的乐趣和成就感。	玩法一：通过观察教师已经完成的部分瓦片，模仿着用彩泥捏造瓦片并按规律盖上去。 玩法二：使用小胶枪将雪糕棒按房梁结构粘好。
	制作土砖	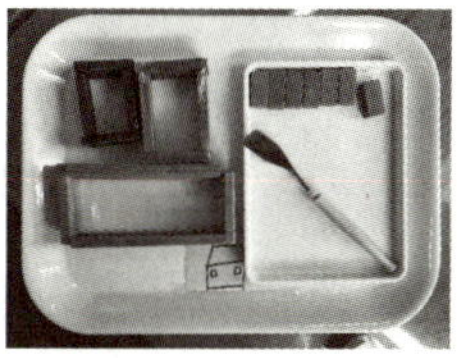	1. 对不同的泥土加同等比例的水后，发现泥土的吸水性。 2. 通过观察、比较、操作等不同的方式，探索不同材料做成的土砖，在硬度、形状、颜色等方面的区别。	玩法一：提供各种泥土供幼儿探索泥土的物理属性。 玩法二：在不同的泥土材料中加入适量的水、稻草、蜂蜜等材料，用不同的土砖模具夯成土砖。
	泥瓦模具		1. 通过使用模具和用积木作为模型来制作瓦片，了解瓦片的制作过程。 2. 通过亲手操作，锻炼动手能力和探究能力。	使用模具和用积木作为模型，在模具上覆盖均匀的泥巴来制作瓦片、切割瓦片。

续表

区域	名称	照片	目标	玩法
	夯土墙模具		1. 在利用夯土墙模具制作土墙时，能积极主动地合作与交流。 2. 通过观察、比较、操作等不同的方式，探索不同材料做成的土墙，硬度、形状、颜色的区别。	玩法一：提供各种泥土供幼儿探索泥土的物理属性。 玩法二：在不同的泥土材料中加入适量的水、稻草等材料，探索加入了哪些材料的土墙更加结实和坚硬。
	红沙土、陶泥		1. 通过和泥来制作瓦片，感受玩泥巴的有趣之处。 2. 增强动手操作能力，培养探究的能力。 3. 积极与材料互动，体验玩泥活动的乐趣。	玩法一：通过和泥来感受玩泥巴的乐趣。 玩法二：和好泥巴后使用模具来制作瓦片。
	围屋建筑模型	 	1. 促进空间认知的发展，更加系统地了解房屋、客家围屋的结构和特征。 2. 在搭建小积木的过程中，锻炼手部的小肌肉群，培养操作能力。	玩法一：按照操作材料的示意图，按顺序从内到外搭建别墅、阳光房子等。 玩法二：幼儿先在记录单上画好自己的设计图，然后按照自己的设计图搭建客家围屋。
角色区	客家茶具茶叶		1. 通过用开水泡茶叶、洗茶等泡茶步骤，了解客家茶文化。 2. 通过泡茶，了解泡茶的学问与魅力。 3. 扮演茶艺师角色，增强与同伴的合作能力。	根据“客人”的要求，选择相应的茶叶，按照泡茶的步骤进行泡茶。
	凉帽		1. 发展语言表达能力和社会交往能力。 2. 能自主选择角色进行情景表演。	戴着凉帽扮演客家人，和同伴进行角色扮演游戏。
	客家碗		1. 发展语言表达能力和社会交往能力。 2. 能自主选择角色进行情景表演。	与同伴进行客家小铺的角色扮演游戏。

续表

区域	名称	照片	目标	玩法
美工区	旗袍书签		1. 通过在旗袍形状的卡纸上面用笔装饰，锻炼创造能力和想象能力。 2. 运用盘扣等多种方式来表现自己的艺术审美。 3. 在创作旗袍的过程中感受创作的乐趣。	玩法一：在旗袍形状的卡纸上画一些花纹来装饰旗袍。 玩法二：通过剪裁来设计自己喜欢的旗袍书签。 玩法三：用喜欢的盘扣来装饰旗袍书签。
	客家围屋模型		1. 认识并了解房子的组成结构。 2. 通过泥条和泥片结合的陶艺手法来塑造房子的结构。	玩法一：用陶泥塑造出客家围屋的结构，再涂上不同的颜料。 玩法二：在玩法一的基础上不断给客家围屋丰富场景。
	瓦当拓印	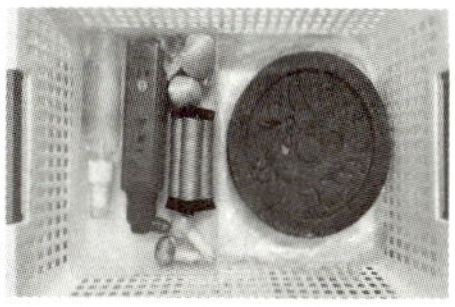	1. 了解瓦当的文化意义。 2. 通过拓印的方式，体验不同的艺术形式。	均匀地刷上颜料，拓印瓦当。
	瓦片画		1. 欣赏瓦片画，感受自然物的多种玩法。 2. 有兴趣尝试使用彩色画管，在瓦片上作画。 3. 拓宽美术视野，感受创意画给生活带来的美好。	根据已有经验在瓦片上进行不同形式的作画。
语言区	活字印刷材料		1. 认识印刷术，了解印刷的方法，感受传统文化的神奇之处。 2. 尝试动手操作印刷自己喜欢的字。 3. 感受印刷术的乐趣。	玩法一：根据活字印刷材料的步骤图，完成活字印刷。 玩法二：与同伴交流自己印刷的内容，并能大胆分享。
	图书		1. 专注地观察画面，倾听故事，了解故事内容。 2. 了解围屋的构造以及围屋的那些人、事、物。	玩法一：阅读绘本，了解围屋的构造以及围屋的那些人、事、物。 玩法二：进行故事创编。

三、实施多元探究

(一)活动计划

“客家围屋”主题活动计划一览表如表 5-1-3 所示。

表 5-1-3 “客家围屋”主题活动计划一览表

领域	活动内容
语言	谈话：关于客家围屋我知道、我看到的客家围屋、客家围屋调查表、客家围屋由哪些部分组成的、月池有什么作用、客家人在围屋里怎么生活、天井的作用、土墙和现代墙的不同、客家围屋窗户的种类、浮雕图案的寓意、不同材质的瓦片、怎样搭建客家围屋 绘本：《围屋》《屋檐翘角》 诗歌：《客家土楼》 故事：《窗内和窗外的世界》 客家民间故事：《石古大王》《田伯公的来历》 谜语：《客家民间谚语集》 客家童谣：《小郎读书》《阿鹊子打盘车》《排排坐》《骑竹马》《洗白白》 客家民间故事传说：《云宿山中玉垒城》《石人石马》
科学	科学：客家围屋的历史来源、统计身边的客家围屋、客家围屋的结构、客家围屋的形状与地域分布、不同形状的围屋、夯土墙的方法、和泥、客家围屋窗户的结构、客家围屋窗户的建筑材料、客家围屋窗户花纹雕刻的方法、屋顶的作用、屋顶的结构、浮雕的制作方法、客家围屋的天井、天井的作用 数学：测量窗户、测量墙体高度与宽度、测量客家长廊屋顶的长和宽、统计身边的围屋、量量天井的口、围屋展览会的设计、测量客家围屋的门、丈量客家长廊屋顶的长和宽、统计浮雕的款式
艺术	美术 绘画：客家印象、我设计的围屋 水墨画：客家围屋 线描画：我眼中的客家围屋、鹤湖新居、不同形状的屋顶 拼贴画：客家围屋 手工：装饰我喜欢的浮雕、我设计的浮雕、制作猫头瓦 陶泥：客家围屋、制作泥瓦、屋檐上的雕花 刻板画：客家围屋的窗户 剪纸：客家围屋窗户花纹 美术欣赏：屋檐上的艺术 音乐 歌曲欣赏：《马灯舞》

续表

领域	活动内容
艺术	舞蹈欣赏：围屋里的故事 童谣：《涯系缺牙耙》《月光照莲塘》《月光光》《月光娃娃》 舞蹈：阿妹爱唱歌、食茶 律动：小姑娘、榕树阿伯 歌曲：《崖系客家人》
社会	走进鹤湖新居、勤劳的客家人 视频欣赏：《客家围屋民俗文化》《客家人南迁记》《客家围屋里的故事》《寻找不一样的屋顶》《客家围屋窗户建筑中的工匠精神》《布置围屋》《入伙要准备什么》《保护客家围屋》《布置围屋展览会》 辩论赛：现代房屋好还是客家围屋好

(二)活动探究

1. 感知(第一阶段)

在了解幼儿关于客家围屋的前期经验的基础上，教师引导幼儿通过实地参访、观察客家围屋的特征，激发探究客家围屋的兴趣。结合本土客家文化资源，家园共同引导幼儿从周围环境和生活中搜集、获取有关客家围屋的信息和物品。教师制定出相应的概览图(图 5-1-23)。

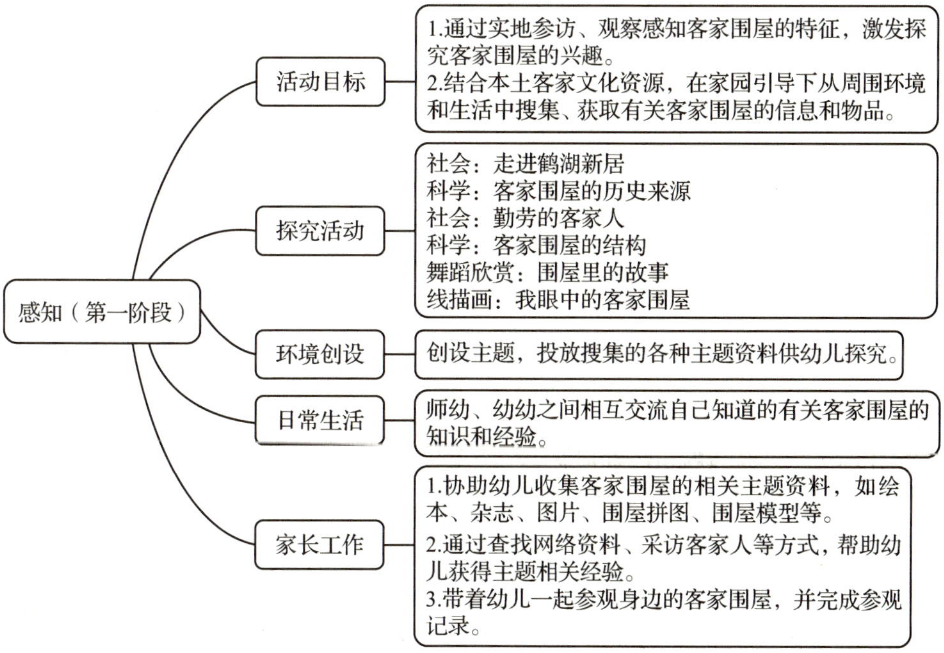

图 5-1-23　“客家围屋”主题活动感知阶段概览图

“客家围屋”主题活动感知阶段活动实施一览表如表 5-1-4 所示。

表 5-1-4 “客家围屋”主题活动感知阶段活动实施一览表

序号	领域＋名称	活动内容	组织形式
1	社会：走进鹤湖新居	组织幼儿准备、参观、回顾分享。	集体活动
2	科学：客家围屋的历史来源	引导幼儿就客家围屋与现代房屋进行对比，知道它们的不同之处。向幼儿介绍客家围屋建筑的来源，感受客家人的建筑智慧。	集体活动
3	社会：勤劳的客家人	通过实地参访、多媒体介绍等方式，让幼儿了解客家人的生活、工作，使幼儿懂得客家人的辛勤劳作。	小组活动
4	科学：客家围屋的结构	引导幼儿了解客家围屋的外形特点及内部构造，发现围屋对称的特点。	小组活动
5	舞蹈欣赏：围屋里的故事	用舞蹈的形式表现客家人南迁的整个过程，让幼儿通过欣赏来初步了解客家人的故事。	集体活动
6	线描画：我眼中的客家围屋	引导幼儿运用线描的方式，将自己看到的客家围屋表现出来。	个别活动

活动案例精选：

活动 1　社会：走进鹤湖新居

设计意图：

客家围屋是龙岗的特色建筑，很多幼儿虽生活在客家围屋群落中，但对围屋的了解不够深入。《幼儿园教育指导纲要(试行)》指出：“环境是重要的教育资源，应通过环境的创设和利用，有效地促进幼儿的发展。”教师组织幼儿实地参访鹤湖新居，探寻客家围屋，帮助幼儿了解围屋的基本结构和布局，让幼儿近距离接触和体验客家文化，感受客家建筑的独特之美，领略客家人的建筑智慧。

活动目标：

1. 参观鹤湖新居，了解客家围屋的建筑结构特征。

2. 通过拍照、视频录制、写生等方式记录自己的发现和探究过程。

3. 体验活动乐趣，感受围屋建筑的独特之美。

活动准备：

1. 教师联系鹤湖新居工作人员，确定具体参观时间、内容及流程。

2. 教师与家长委员会共同讨论活动方案、行车路线。

3. 幼儿准备写生用具。

活动过程：

(一)开始部分

1. 教师介绍本次活动内容，提出外出活动的安全、文明礼貌等方面要求。

2. 到达目的地，幼儿认真听工作人员介绍参观内容、注意事项。

(二)基本部分

1. 组织幼儿有序参观鹤湖新居。

(1)引导观察、讨论鹤湖新居微景观，对围屋有初步印象。

(2)参观围屋，使幼儿了解围屋的历史背景、围屋建筑的基本结构及格局特点。

(3)让幼儿在工作人员的指导下，摸一摸、试一试客家凉帽、石磨磨豆浆、杵臼捣年糕等，体验围屋里客家人的生活。

(4)让幼儿了解客家人的传统习俗。

(5)组织幼儿观看客家人传统节目表演。

2. 引导幼儿表征和写生。

(三)结束部分

1. 集体在鹤湖新居前合影留念。

2. 组织幼儿回忆、分享：

(1)你在鹤湖新居看到了什么？

(2)你体验了哪些活动？

(3)参观完鹤湖新居，你的感受是什么？

(4)我们要怎么保护客家围屋呢？

活动延伸：

1. 教师在语言区投放《客家围屋》绘本、《龙岗客家文化》杂志等供幼儿阅读。

2. 请家长利用周末带领幼儿寻找身边的客家围屋，丰富幼儿对围屋的认知。

活动小结：

在参观过程中，幼儿通过仔细观察、同伴讨论、对比分享，多元表征自己的发现，对围屋有了初步的了解和探索。在真实生动的环境中，幼儿感受到了客家围屋的文化内涵和建筑之美。

活动实录：

图 5-1-24 参观鹤湖新居(1)

图 5-1-25 参观鹤湖新居(2)

活动 2 科学：客家围屋的历史来源

设计意图：

在“客家围屋”主题活动中，幼儿经常谈论关于围屋的话题。很多幼儿对客家围屋是怎么来的感到十分好奇，他们热烈讨论，进行各种猜想。针对幼儿的兴趣，家园配合，教师鼓励幼儿通过不同方式查找资料，或者采访本地客家老前辈，记录搜集到的信息并带回班级分享。

活动目标：

1. 了解客家围屋的历史来源。

2. 发现客家围屋和现代房屋的不同。

3. 知道围屋是客家特有的民居。

活动准备：

关于客家人南迁的课件、图片、纸、笔。

活动过程：

(一)开始部分

1. 提出讨论内容。

师：你们知道客家围屋是怎么来的吗？

2. 请幼儿将调查结果与同伴进行分享，帮助幼儿梳理，记录幼儿的语言，鼓励幼儿大胆表达。

(二)基本部分

1. 播放课件，引导幼儿仔细观察画面。

师：你看到了什么情景？

师：你觉得战乱年代，当地的老百姓是怎么生活的？

师：中原人被迫南迁到了什么地方？

2. 出示中国地图。请幼儿分成三个小组，在地图上找一找江西、福建、广东的位置，引导幼儿分辨地图上的“东、西、南、北”方位。

3. 继续播放课件，鼓励幼儿积极思考。

师：客家人在哪里建围屋？为什么要在这样的地方建围屋？

师：客家人用什么材料建造围屋？

师：为什么要把屋子围起来？

幼儿分组讨论，教师倾听记录。

(三)结束部分

师：了解了客家围屋的历史来源，你们觉得客家人具有什么样的优良品质？

活动延伸：

教师在美工区投放不同材质的纸张、各色马克笔、水粉颜料、自然材料等，供幼儿进行艺术创作——“我喜欢的围屋”。

活动小结：

了解了客家围屋的历史来源，幼儿发现围屋的建造特点和历史是有关联的。住在山上的客家人为了抵御外敌和野兽，建造了具有坚固性、安全性、封闭性、聚居性的围屋。幼儿感受到了客家人自强不息、团结进取的精神，对客家围屋有了更强烈的好奇之心。

活动实录：

图 5-1-26　实地考察

图 5-1-27　教师讲解客家围屋的历史来源

活动3 科学：客家围屋的结构

设计意图：

在实地参访客家围屋时，幼儿对围屋的结构特点有了初步的印象。在区域活动时，幼儿自主尝试搭建客家围屋，围屋形状不一。搭好围屋围墙后，幼儿讨论还能搭建什么、怎么搭建。为了帮助幼儿更加清晰地了解客家围屋的结构特点，感知围屋的建筑文化特色，教师设计了本次活动。

活动目标：

1. 了解本地客家围屋的外形特征。

2. 发现围屋的对称特点及基本结构。

3. 喜欢围屋建筑，感受客家人的勤劳本色与智慧。

活动准备：

围屋照片若干、围屋课件、记录表、纸、围屋拼搭材料。

活动过程：

(一)开始部分

出示参观时拍摄的围屋照片，引导幼儿回顾。

师：上次我们去参观了客家围屋，你们看到的围屋是什么样子的？

师：围屋有哪些部分？

师：你参观了围屋的哪些地方？

幼儿自由表达，教师倾听并记录。

(二)基本部分

1. 播放课件，引导幼儿了解本地围屋的外形特征及基本结构。

师：这些是建造在深圳的围屋，它们都有哪些形状呢？

师：围屋的屋前和屋后有什么不一样？为什么呢？

师：围屋前面都有什么？有哪些作用呢？(月池、禾坪)

师：上次去参观围屋时，我们进了三个堂，是哪三个堂？(上堂、中堂和下堂)我们一起看看其他围屋里有没有？

2. 展示客家围屋模型，师幼一起观察围屋模型内的建筑特点。

师：我们看看围屋模型，大门在围屋的哪个地方？

师：以大门为中心，大门两边的建筑有什么特点？

师幼梳理小结：围屋都是前低后高，大门前面有月池，围屋前面或者旁边会有个大禾坪；围屋的结构是对称的；围屋有三个堂，从大门开始往里依次是下堂、中堂、上堂。

3. 幼儿将发现的围屋建筑特点及结构记录下来。

(三)结束部分

1. 幼儿自由分组，使用材料尝试拼搭围屋，教师巡看、适当指导。

2. 小组分享自己拼搭的围屋作品。

活动延伸：

教师在美工区投放围屋半成品，供幼儿动手操作，完善围屋的结构，并贴上结构的名称。

活动小结：

在活动中，幼儿积极参与，乐于和同伴分享自己的发现。在小组拼搭客家围屋环节，幼儿亲身体验、实际操作，对客家围屋的结构特点有了更直观的认知和更多的了解。

活动实录：

图 5-1-28　观察、讨论客家围屋的结构

图 5-1-29　画客家围屋

2. 探究(第二阶段)

在本阶段，教师引导幼儿探究客家围屋的建筑布局、结构、功能等，鼓励幼儿运用不同的方式进行表征，捕捉幼儿的兴趣点，生成有价值、有深度的探究活动，如开展墙、窗、浮雕、屋顶等项目探究活动，发展幼儿在探究、合作、表征等各方面的能力，培养他们良好的学习品质。本阶段能很好地激发幼儿对客家围屋特色建筑文化的兴趣和喜爱之情，使幼儿感受客家人的建筑智慧。“客家围屋”主题活动探究阶段概览图如图 5-1-30 所示。

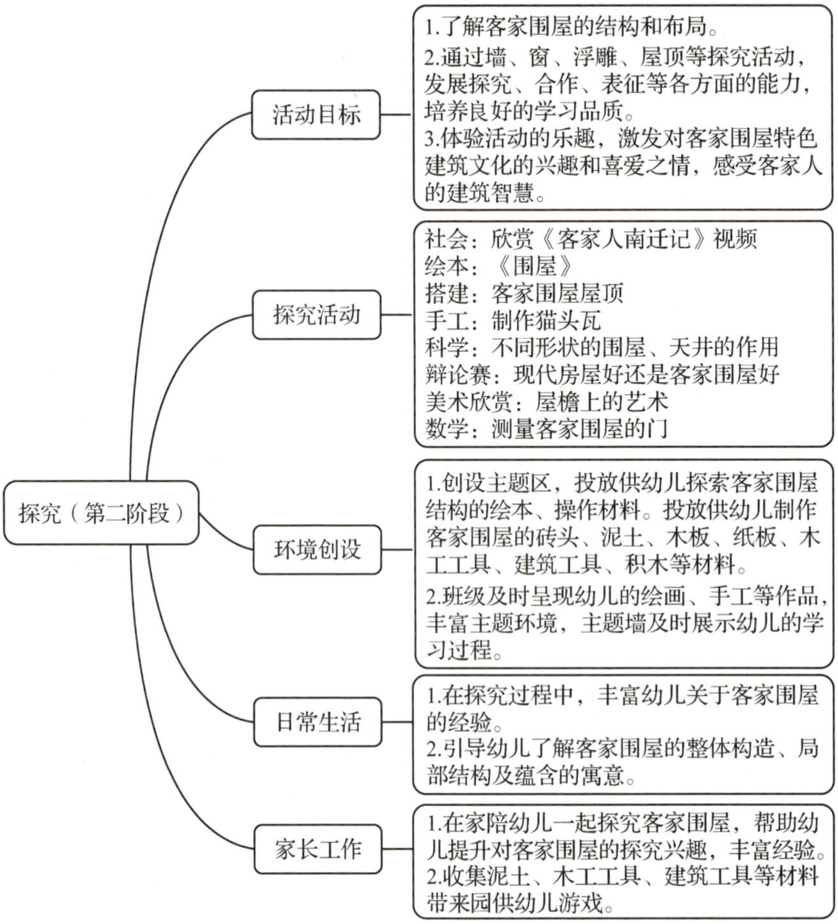

图 5-1-30 “客家围屋”主题活动探究阶段概览图

“客家围屋”主题活动探究阶段活动实施一览表如表 5-1-5 所示。

表 5-1-5 “客家围屋”主题活动探究阶段活动实施一览表

序号	领域＋名称	活动内容	组织形式
1	社会：欣赏《客家人南迁记》视频	通过课件和视频欣赏，使幼儿了解客家人南迁的过程。	集体活动
2	绘本：《围屋》	通过音乐和课件的引入，引导幼儿跟着主人公走进客家围屋，感受绘本中故事情节的发展变化。	小组活动
3	搭建：客家围屋屋顶	引导幼儿进一步了解屋顶的结构，运用多种材料搭建客家围屋的屋顶。	小组活动
4	手工：制作猫头瓦	引导幼儿运用摔、揉、压、印、搓等陶泥技能制作猫头瓦。	小组活动

续表

序号	领域＋名称	活动内容	组织形式
5	科学：不同形状的围屋	通过对比图片、观看视频等方式，引导幼儿了解客家围屋有多种形状。	集体活动
6	辩论赛：现代房屋好还是客家围屋好	通过辩论的方式，引导幼儿进一步了解现代房屋和客家围屋的基本优缺点。	集体活动
7	美术欣赏：屋檐上的艺术	提供视频、实物，让幼儿欣赏屋檐上精美的纹饰。	集体活动
8	科学：天井的作用	邀请客家人爷爷进班助教，通过图片和视频向幼儿讲述天井的作用。	集体活动
9	童谣：月光光	引导幼儿用客家话来唱一唱朗朗上口的客家童谣。	集体活动
10	数学：测量客家围屋的门	提供卷尺、木棍、绳子、木板等自然材料，让幼儿测量客家围屋的门的宽度和高度。	小组活动

活动案例精选：

活动1　绘本：《围屋》

设计意图：

随着“客家围屋”主题活动的开展，幼儿对围屋建筑的了解逐渐丰富，谈论的话题也从围屋延伸到围屋里的客家人的生活。有的幼儿是土生土长的客家娃，有时会和同伴分享客家人的一些生活习俗，如吃糍粑、擂茶等。住在现代房子里的幼儿感到很惊奇，那么多客家人住在一起，吃饭的时候一起吃吗？吃饭的桌子有多大呀？客家人还有哪些习俗呢？通过阅读绘本《围屋》，教师帮助幼儿了解更多围屋里的客家人生活。

活动目标：

1. 理解故事内容及发展情节，了解特定地区乡土文化中的故土意识、家国情怀。
2. 关注相应画面，有认真听的规则意识，并能大胆表述自己的想法。
3. 感受小女孩的心理变化以及她对围屋的情感。

活动准备：

1. 物质准备：PPT课件、《客家围屋》音乐。
2. 经验准备：幼儿对客家围屋建筑和客家人有一定的了解。

活动过程：

（一）开始部分

师幼共唱歌曲《客家围屋》。

师：在围屋里，客家人是怎么生活的呢？

幼儿自由谈论。

（二）基本部分

1. 带领幼儿欣赏故事。

师：小朋友们，今天老师想和你们分享一个故事，叫作《围屋》。故事里发生了什么呢？让我们一起听一听。

幼儿表达，教师记录。

2. 播放故事PPT，引导幼儿仔细观察、理解故事内容。

（1）画面上是谁呀？两幅图中的小女孩有什么不同？

（2）看着围墙很高、幽深层叠的围屋，小女孩的感受是怎样的呢？

（3）面对热闹的春节，小女孩的心情是怎样的呢？你是怎么看出来的？

（4）小女孩的心理变化是怎样的呢？为什么呢？

师：高墙大宅的围屋、幽深层叠的庭院、阴冷肃穆的祠堂、喜庆热闹的春节、笑语盈盈的众人……这一切都让刚上一年级的小女孩既感受到了节日特有的快乐、欢畅的氛围，也体会到了自己被无视的委屈、郁闷，感受到了高墙围屋、肃穆祠堂带来的压抑感。

3. 教师小结。

小女孩既感受到了节日的氛围，又因为围屋的旧制度而感到委屈和压抑，我们传承客家文化的同时，也要适当改变，做出调整，只有这样才能更好地宣传客家文化。

（三）结束部分

1. 请幼儿简单复述故事。

2. 请个别幼儿上来表演自己最喜欢的故事片段。

活动延伸：

1. 在语言区投放绘本《围屋》供幼儿阅读。

2. 在表演区投放故事人物的头饰，鼓励幼儿表演故事角色。

活动小结：

通过阅读绘本《围屋》，幼儿了解了客家人的独特习俗，也知道了客家人在围屋里是怎样生活的。对于故事里的小女孩，幼儿印象深刻，能辩证地看待习俗的两面性，并能结合自身的实际情况，思考怎样才能更好地保护和宣传传统习俗。

活动实录：

图 5-1-31　故事分享《围屋》

图 5-1-32　创编故事

活动 2　搭建：客家围屋屋顶

设计意图：

幼儿园为班级提供了各式各样的瓦片，幼儿看到后非常惊喜，纷纷讨论瓦片的用法。有的幼儿提出搭建有三角形屋顶的客家围屋，用瓦片去盖屋顶，其他幼儿都赞同这个想法。追随幼儿的脚步，尊重幼儿的想法，教师提供更多木板、木条等材料支持幼儿的游戏，鼓励幼儿大胆尝试和操作。

活动目标：

1. 了解围屋屋顶结构及盖瓦的方法。

2. 大胆选择材料并能运用排列、架空、连接等技能进行搭建。

3. 在共同建构过程中促进协商、合作能力的增强。

活动准备：

客家围屋的图片、各种形状的积木、瓦片、宽敞的场地。

活动过程：

(一)开始部分

出示客家围屋的图片，引导幼儿观察、讨论。

师：客家围屋的屋顶是什么形状的？由哪些部分组成？

师：瓦片是怎样盖的？

师：瓦片属于易碎物品，盖瓦时要注意什么？

(二)基本部分

1. 幼儿自主分工，讨论并绘画围屋设计图。

2. 幼儿进行搭建活动，教师在旁边观察。

3. 当幼儿遇到问题和困难时，教师适当引导幼儿思考解决的方法。

（三）结束部分

1. 幼儿围坐在搭建的作品周围。

2. 教师请参加搭建活动的幼儿分享搭建作品。

师：如何搭建的屋顶？

师：运用了哪些材料和搭建方法？

师：盖瓦片时是怎么排列的？

师：遇到了什么困难？怎样解决的？

3. 师幼讨论。

师：搭建三角形的屋顶还有哪些方法？

师：班级的瓦片不够盖屋顶怎么办？

活动延伸：

教师引导幼儿在进行区域活动时继续建构客家围屋，丰富搭建经验。

活动小结：

幼儿对新投放的各种瓦片、木板和木条很感兴趣，搭建时积极搬运材料，运用架空的方法将木板架在搭建的三堂上，在教师的提醒下能够轻轻地搬运瓦片盖瓦，遇到问题时能积极思考、寻找方法。通过这一活动，幼儿的合作能力有所提高，搭建技巧也有很大进步。当盖好顶、围屋搭建成功时，幼儿十分高兴，拉着其他小朋友观看，并分享搭建过程。

活动实录：

图 5-1-33　搭建围屋屋顶

图 5-1-34　客家围屋屋顶搭建成功

活动 3　手工：制作猫头瓦

设计意图：

泥工活动是幼儿园美术活动中的一个重要组成部分，具有形象性、可操作性、富有变化性等特点，不仅深受幼儿的喜爱，而且能提高幼儿的动手能力、想象力和创造力。在体验了制作瓦当和筒瓦后，班级幼儿发现围屋的猫头瓦是由一个瓦当和一块筒瓦组合而成的，发现“新大陆”的幼儿想尝试制作猫头瓦。结合幼儿的兴趣，教师开展了体验制作猫头瓦的活动。

活动目标：

1. 了解猫头瓦的形状与结构。

2. 能够运用捧、揉、压、印、搓等陶泥技能进行创作。

3. 学会分工合作、积极思考解决问题，体验陶泥活动的乐趣。

活动准备：

猫头瓦、陶泥、泥工刀、擀泥杖、尺子、圆柱体积木及PVC水管。

活动过程：

(一)开始部分

师：你看到的猫头瓦是怎样的?

师：你想怎样制作猫头瓦?

(二)基本部分

1. 幼儿自由组合，两人一组，商量好分工及制作方法，画设计图。

2. 幼儿运用已有经验裁泥、做泥板、做瓦当、组合成猫头瓦，教师观察幼儿的操作情况，适当引导，提升幼儿制作陶泥的技能，鼓励幼儿发现问题后积极思考解决方法，大胆动手操作。

3. 幼儿完成作品后，教师提供大小不同的圆柱体积木，提示幼儿将作品放积木上支撑，以免作品塌下来。

(三)结束部分

1. 请幼儿分享作品及运用的方法。

2. 请幼儿分享制作过程中遇到的困难，鼓励其他幼儿一起思考解决方法。

3. 帮助幼儿梳理他们制作猫头瓦的方法，启发幼儿思考还有什么方法可以制作猫头瓦。

活动延伸：

教师鼓励幼儿回家和家长一起运用超轻黏土、黄泥等制作猫头瓦，丰富经验。

活动小结：

幼儿能够大胆运用已有的制作经验进行创作。在制作瓦当时，一个幼儿发现直接将猫头瓦的瓦当拓印在圆形泥板上，图案就能印上去，其他幼儿也都想运用这个方法。在教师的引导和鼓励下，幼儿尝试运用刻画、图形组合、拓印等不同的方法制作瓦当图案，用泥土将瓦当和瓦筒两部分连接起来，组合成猫头瓦。幼儿在操作中投入、专注，愿意尝试不一样的制作方法，与同伴交流与协作，共同解决遇到的问题。

活动实录：

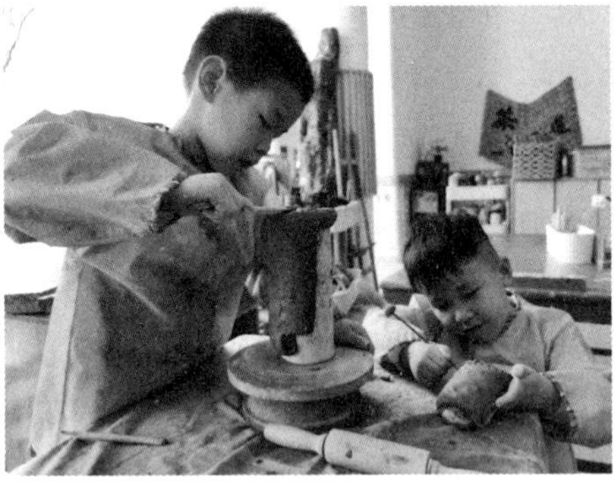

图 5-1-35 合作制作猫头瓦

图 5-1-36 猫头瓦制作完成

活动 4 辩论赛：现代房屋好还是客家围屋好

设计意图：

随着“客家围屋”主题活动的深入开展，幼儿在了解现代房屋和客家围屋后，开始自主地讨论现代房屋和客家围屋的优缺点，并争论哪种房子更好。大班幼儿自主意识强，思维活跃，对自己感兴趣的事物有自己的见解，并乐于表达。以此为契机，班级开展辩论赛活动。本次活动能让幼儿对辩论赛的形式和流程有基本的了解，锻炼幼儿在集体面前表达自己的胆量，提升幼儿的语言表达能力。

活动目标：

1. 了解举手示意、轮流发言、有序抢答等基本的辩论规则。

2. 学会关注自己周围发生的事，尝试从不同的角度看待问题。

3. 能大胆、清楚地表达自己的观点，对辩论活动感兴趣。

活动准备：

1. 正反两方幼儿已收集了大量的信息与资料。

2. 现代房屋和客家围屋的图片各一张，正反两方标志，最佳辩手奖章。

活动过程：

(一)开始部分

出示现代房屋和客家围屋的图片，引导幼儿观察、讨论。

师：现代房屋和客家围屋有哪些不同？你喜欢哪种房子？为什么？

(二)基本部分

1. 引出辩题，激发幼儿的兴趣。

师：有的小朋友认为现代房屋更好，有的小朋友觉得客家围屋更好，哪一个更好呢？幼儿分成正反两方针对这个问题进行一场辩论比赛。

2. 营造辩论环境，让幼儿了解辩论规则。

(1)请正反双方分坐两边，并出示标志。

(2)正反双方发表各自的观点，在一堆图片中选择能证明自己观点的资料。

(3)举手示意、轮流发言、有序抢答。

3. 幼儿进行辩论，教师以主持人的身份参与指导。

(1)指导幼儿认真听，帮助幼儿找到对方表达中的漏洞，有针对性地讲自己的观点。

(2)拓展幼儿辩论的思路，引导幼儿充分利用图片资料。

(三)结束部分

教师讲评并做总结，正反双方幼儿互评最佳辩手。

活动延伸：

教师将辩论赛的正反方标志等投放到语言区，让幼儿在后续活动中继续进行辩论。

活动小结：

在本次活动中，幼儿的积极性很高，都很主动地参与到辩论活动当中来。在辩论过程中，幼儿能基本了解辩论的流程和要求，能按照要求说出自己的观点，但有个别幼儿的表达能力不太强，还不能完整地阐述自己的观点，需要多加练习。后续教师将相关的材料投放到语言区，以便幼儿继续进行辩论。

活动实录：

图 5-1-37　双方辩论

图 5-1-38　辩论赛

3. 展示(第三阶段)

师幼共同回顾整个主题活动的过程，丰富幼儿的经验。教师以班级或者级组为单位开展故事表演、诗歌朗诵、小小解说员、画展等形式多样的结题活动，如客家围屋模型展览、夯土墙故事解说、客家围屋落成活动等。在这个过程中，班级教师与幼儿一起讨论结题活动的形式、如何设计场地等，并邀请幼儿园的园长、其他班级的教师和幼儿一起来参与到班级或级组的结题活动中。本次活动能丰富幼儿对客家围屋及客家习俗的经验，增强幼儿对围屋文化的热爱，传承客家文化。"客家围屋"主题活动展示阶段概览图如图 5-1-39 所示。

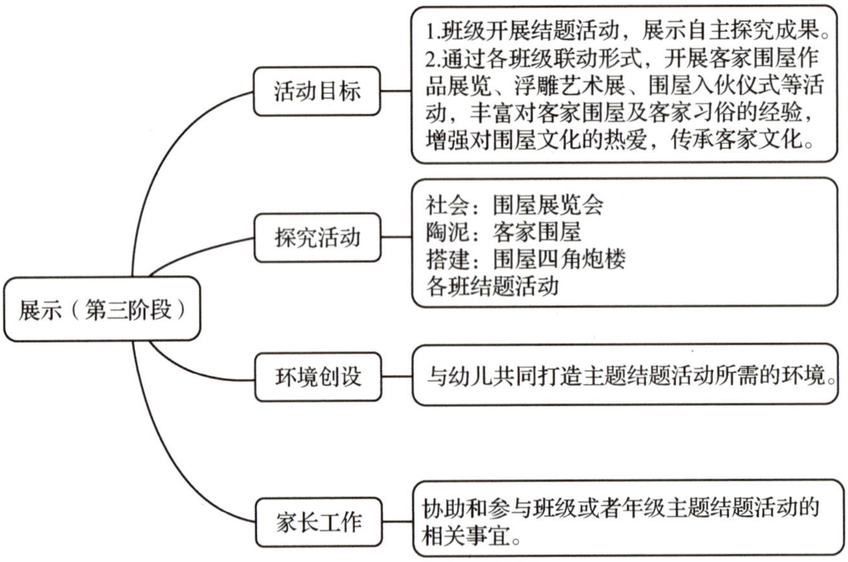

图 5-1-39 "客家围屋"主题活动展示阶段概览图

"客家围屋"主题活动展示阶段活动实施一览表如表 5-1-6 所示。

表 5-1-6 "客家围屋"主题活动展示阶段活动实施一览表

序号	领域+名称	活动内容	组织形式
1	社会：围屋展览会	引导幼儿分组设计、准备和布置围屋展览会的场地。	小组活动
2	陶泥：客家围屋	引导幼儿运用陶泥的泥板和镂空的技巧去表现客家围屋。	小组活动
3	搭建：围屋四角炮楼	让幼儿说一说参观时发现的四角炮楼的样子，再通过图片和视频让幼儿再次了解四角炮楼的外形结构，知道四角炮楼需要用多种材料去搭建。	小组活动

续表

序号	领域+名称	活动内容	组织形式
4	各班结题活动	幼儿、教师和家长共同参与到班级结题活动的筹备和活动的开展中来，每个班级的结题活动开展形式各不相同。	集体活动

活动案例精选：

活动 1　陶泥：客家围屋

设计意图：

在探究客家围屋制作方法的谈话中，幼儿提出多种多样的方法，如何用陶泥制作客家围屋引发了教师的思考。《3—6 岁儿童学习与发展指南》在艺术领域中强调幼儿审美感受能力和艺术创造能力的发展，因此教师设计本次活动，鼓励幼儿使用陶泥进行大胆创造，在与同伴合作制作的过程中激发幼儿的艺术创想力，感受玩泥的快乐。

活动目标：

1. 观察客家围屋的造型及构成，理解客家围屋在中国民间建筑中的特点。

2. 学习运用泥板造型、刻画及镂空等手法表现客家围屋的建筑特征。

3. 愿意与同伴合作，交流和分享自己与他人的作品。

活动准备：

1. 幼儿已有一定的陶泥制作经验。

2. 幼儿参观过客家围屋(鹤湖新居)，并对其有一定的了解。

3. 教师提供陶泥、陶泥工具刀、陶泥布、大木片、泥浆、毛笔、报纸、花纹擀泥杖、综合材料(瓦楞纸、竹篾、小木片等)。

活动过程：

(一)开始部分

图片导入，引出客家围屋，让幼儿知道客家围屋的建筑特色及多种造型。

1. 出示各式各样的房子的图片，引导幼儿对比并感受客家围屋独特的造型美。

师：我们现在住的房子是什么样的呢？

师：除了这些房子，老师在旅游时还拍了一些特别的房子，让我们一起来欣赏一下吧。

2. 引导幼儿观察客家围屋的外形特征。

师：客家围屋大多是什么形状的呢？你还见过其他形状的客家围屋吗？

（二）基本部分

1. 引导幼儿理解客家围屋围合的建筑特色。

师：围屋的共同点是什么呢？你是怎么发现它是围合起来的呢？

2. 引导幼儿观察客家围屋屋顶、墙面、门、窗、砖瓦等的特征。

（1）引导幼儿观察屋顶特征（两面斜坡的屋顶、瓦片组成、屋檐翘角）。

师：我们幼儿园附近有一座客家围屋——鹤湖新居。首先，让我们看看它的屋顶，你看到了什么？

师：咦，再仔细看看屋顶上面还有什么？

（2）引导幼儿观察墙面特征（高墙、枪孔、小窗）。

师：高高的围墙上有什么呢？它们分别有什么作用呢？

3. 引导幼儿学习客家围屋的制作方法。

（1）与幼儿一起讨论如何用陶泥制作客家围屋。

（2）运用泥板造型的手法制作客家围屋。

师：老师想做一个方形的客家围屋，谁来帮帮我呢？到底要怎么做呢？

师：接下来就是制作屋顶和瓦片，可以怎么做呢？用什么工具来表现瓦片的纹理？

师：屋檐翘角你们想做什么图案呢？

4. 幼儿自主操作，教师适当指导。

（1）鼓励幼儿合作创作不同形态的围屋。

（2）引导幼儿运用多种肌理装饰手法大胆创作围屋细节。

（3）巡回指导，及时表扬与鼓励，适时帮助有困难的幼儿。

（4）幼儿制作完后提醒他们整理工具与桌面。

（三）结束部分

展示作品，评价欣赏。

1. 布置围屋展示场景，组织幼儿将作品放在场景中。

2. 请幼儿互相交流并介绍自己的作品。

活动延伸：

1. 在原有的客家围屋上请幼儿继续丰富，如添加台阶、水井等。

2. 用幼儿作品布置作品主题角，引导幼儿欣赏、发现作品中的美。

活动小结：

本次活动以位于龙岗的客家围屋——鹤湖新居为例，通过图片观察与谈话加深幼儿对客家围屋建筑的围合方式、屋顶、屋檐翘角、枪孔、窗户等特征的理解。教师提供丰富的材料供幼儿自主表现客家围屋门、窗、砖瓦的肌理，泥板和泥块的层次性适宜幼儿的差异性。幼儿能运用泥板成形法制作围屋，借助多种工具和手法表现客家围屋屋顶、翘角、墙体等的特征。在制作过程中，幼儿能自主合作，互相商量，分工协作，乐意欣赏与分享作品。

活动实录：

图 5-1-40　讨论如何制作客家围屋

图 5-1-41　用陶泥制作客家围屋

活动 2　搭建：围屋四角炮楼

设计意图：

随着“客家围屋”主题活动的深入开展，幼儿对客家围屋结构的经验越来越丰富，对四角炮楼也很感兴趣。幼儿社会态度和社会情感的培养，应渗透在多种活动和一日生活的各个环节，教师要创设一个能使幼儿感受到接纳、关爱和支持的良好环境，避免单一呆板的言语说教。因此，本次活动通过让幼儿观看围屋四角炮楼图片、视频的方式观察了解围屋四角炮楼的结构，最后通过合作搭建四角炮楼的方式让幼儿切身了解四角炮楼的结构特点。

活动目标：

1. 知道围屋四角炮楼的建筑特点和结构。
2. 熟练运用排列、结合、连接等技能，大胆进行搭建。
3. 体验与同伴共游戏的快乐，乐意与同伴一起游戏。

活动准备：

1. 经验准备：收集围屋四角炮楼的图片，并让幼儿观看介绍这些建筑的视频。
2. 物质准备：各式积木，围屋四角炮楼的图片、视频。

活动过程：

（一）开始部分

1. 谈话导入，激发幼儿兴趣。

师：小朋友们，你们知道这是什么地方吗？对了，是围屋四角炮楼。那你们去围屋四角炮楼玩过吗？谁来跟大家分享一下这座炮楼的结构特点？

2. 播放关于围屋四角炮楼的视频，让幼儿了解围屋四角炮楼的外形特征。

师：对了，这是一座方形的炮楼。炮楼墙上分布着许多枪眼和炮洞，具有较强的防御能力！四角炮楼多为三层。

3. 讲解、示范围屋四角炮楼的建构方法。

师：今天，我们要用建构材料来搭建围屋四角炮楼，怎么搭呢？对了，我们要先打好地基，搭个客家围屋的围墙，把四个角的炮楼搭建出来。围墙和炮楼多为三层，我们用纸板封层，慢慢把三层搭建出来。最后，我们把四角炮楼里面围着的房子搭建出来，再加一些客家的装饰，如灯笼、瓦片等。

（二）基本部分

1. 教师强调建构规则与合作意识，幼儿分组建构。教师巡回指导。

师：等会儿小朋友们分工合作进行建构，你们可以用积木，可以用辅助材料，还可以用牛奶罐等进行建构。

师：但是，在建构的时候，小朋友们要保持安静，自己选择材料进行建构，不能影响其他小朋友，也不能争抢材料。建完后，既要保护好自己的作品，也不要去破坏别人的作品。

2. 幼儿互相参观作品，并做出评价。

师：我们一起来欣赏一下小朋友们的作品，请他们说说他们是怎样分工合作把四角炮楼搭建出来的。

（三）结束部分

活动结束后，幼儿有序收拾玩具。

师：今天小朋友们的表现都很棒，只有个别小朋友没有认真地建构，声音太大，希望下一次建构的时候，这些小朋友也能表现得很棒。

活动延伸：

教师请家长利用周末时间带幼儿到附近的客家围屋去参观客家围屋，重点在于观察实际的四角炮楼，给幼儿直接的经验。

活动小结：

在本次活动中，教师指导幼儿通过合作完成了作品——围屋四角炮楼，但是幼儿在搭建过程中没有目的性，搭建的时候没有很好地协商，幼儿对于围屋四角炮楼的前期经验也还需要多加积累。

活动实录：

图 5-1-42　搭建围屋四角炮楼(1)

图 5-1-43　搭建围屋四角炮楼(2)

活动 3　结题活动：客家围屋落成

设计意图：

"微缩鹤湖新居"项目探究活动接近尾声，即将迎来结题活动。经过讨论，幼儿决定开展以"微缩鹤湖新居落成"为主题的表演活动。幼儿使用家长搜集、教师提供的材料，在园内足球场搭建"微缩鹤湖新居"，并提议邀请园长、老师、小班的弟弟妹妹来参观。教师和幼儿一起准备布置的材料和表演，支持幼儿的游戏与生活。

活动目标：

1. 能够通过介绍的方式向受邀者发放邀请函。

2. 愿意主动地表现、展示自己，自信地进行表演，感受快乐、自由、自信的愉悦情绪。

活动准备：

1. 教师与幼儿完成环创物品的收集，做好整体环境的布置。

2. 幼儿邀请园长、老师、小班的弟弟妹妹来参观落成仪式。

3. 幼儿准备好节目的排练。

4. 教师与幼儿都穿汉服。

5. 教师准备音乐《会飞的小凉帽》《锣鼓喧天》等。

6. 教师交代活动前的安全事项。

活动过程：

（一）开始部分

请幼儿欣赏自己搭建的作品，触发幼儿表演的愿望。

师："微缩鹤湖新居"在本周二结题了，我们已经商量好了要举办一场"微缩鹤湖新居落成"的表演活动，来展示我们搭建的作品，你们准备怎么发出邀请？用什么来装饰我们搭建好的"微缩鹤湖新居"？准备表演什么节目？

（二）基本部分

1. 请幼儿说说可以怎么做，和教师一起完成设计图。

2. 与幼儿共同分享"落成"计划。

3. 请幼儿根据计划上台分享自己的想法。

4. 请幼儿分工合作，寻找装扮"鹤湖新居"的材料。

师：派谁去分发邀请函？

师："鹤湖新居"四个字，需要写多大的？

师：除了灯笼，还可以增添一些什么材料和器械来装扮我们的围屋？

师：搭建材料怎样运输？

师：观众、主持人、表演人员怎样站位？

5. 活动进行。

（1）小主持人（客家娃）用客家话引出"落成仪式"大会的意义。

（2）六个项目小组的幼儿介绍"鹤湖新居"的搭建技巧、搭建用的材料。

（3）表演《会飞的小凉帽》。

（4）请园长为"微缩鹤湖新居"揭牌。

（5）"麒麟"出场。

（6）请受邀人有序参观我们的"微缩鹤湖新居"。

（三）结束部分

1. 合影留念。

2. 在音乐声中，幼儿在围屋的门前畅玩客家民俗活动，舞麒麟、骑竹马、舞草龙，尽情嬉戏……

活动小结：

本次活动以"微缩鹤湖新居落成"带来的情感贯穿始终。活动通过回顾搭建的微缩鹤湖新居，进一步提高了幼儿的感性经验，激发了幼儿的创作和表现的欲望，拓宽了幼儿的视野，从而使他们更好地展现自我。在本次活动中，幼儿与同伴交谈，从中学习清楚、有条理地进行表达，自主参与。自始至终，幼儿都处于积极参与状态之中，他们通过讨论、分工、实践、分享这样由浅入深的探索，最后所呈现出的状态是令人欣喜的。细读《3—6岁儿童学习与发展指南》，我们教师要引导幼儿开展自主性的表演活动，促进幼儿多个领域的发展。在活动中，幼儿主动向他人表现出展现自我的欲望，一定程度上也发展了自己的想象力和创造力，成为建构游戏真正的主人，成就了自己表现与创造的精彩。

活动实录：

图 5-1-44　搭建好的微缩鹤湖新居

图 5-1-45　庆祝微缩鹤湖新居落成

四、总结与评价

(一)幼儿学习与发展

本学期我们结合本土资源，开展了“客家围屋”的主题活动，让幼儿探究身边的客家围屋(如鹤湖新居、大田世居等)，感受客家建筑文化特色及客家人团结互助、敬老尊贤、文明礼貌、知书达理的传统美德，在幼儿心中播下传承和发扬客家精神的种子，培养幼儿爱家乡的情感。我们灵活运用集体、小组、个别的活动形式，充分利用社区和家长资源，不断加大活动的深度，以幼儿感兴趣的活动形式引导幼儿在搜集信息、探索实践、表征交流的过程中，获得学习的方法，丰富其感性经验。在“客家围屋”的主题活动中，通过了解幼儿的已有经验，我们发现幼儿对房子并不陌生，因为他们在成长过程中会看到和接触到各种各样的房子，对房子有一定了解。然而，他们对客家围屋的结构和作用不是特别了解，于是我们利用家长资源，请家长帮助幼儿在网上收集各种各样关于围屋的资料。幼儿通过参观客家围屋(鹤湖新居、大田世居)等地方，寻找客家围屋的身影；家长在家支持幼儿查阅资料，丰富幼儿的经验，使他们初步感知、了解客家围屋的构造等。家长是幼儿课程中重要的一部分，家长带着幼儿自我学习、探索、发现，帮助幼儿获得相关的经验。

通过了解客家围屋的由来、作用、种类、结构、搭建材料、与现代建筑的区别等方面，幼儿对客家围屋有了一定的认识，了解了围屋的由来，知道了围屋与普通房屋的区别；通过了解客家故事和围绕主题进行的实践活动，幼儿动手制作泥砖、砌泥墙搭建围屋，利用手工材料、木工材料等制作自己感兴趣的客家围屋的门、窗户、瓦片、微景观等，发展了自主性、创造性和社会交往能力。在各班级的主题活动过程中，幼儿主动去探索身边和周围的事物，选择合适的材料进行制作，在制作的过程中通过比对、测量、直接操作等，提高了思考与解决问题的能力，满足了在玩中学的需求。

1. 学习故事

学习故事示例如表 5-1-7 所示。

表 5-1-7　学习故事示例

幼儿：嘉敏	教师：区老师	日期：2022 年 11 月

区域活动时间，益敏和嘉敏坐在一块儿，头抵着头。嘉敏：“益敏，你来画竹子，我来画小凉帽。如果两个人都画一样的，时间会很长。”益敏点头：“对，我们分工，这样会快一点。”两个小女孩边看设计图，边在方形泥板上刮刮画画。黑色的泥面上，两只尖尖的木笔头随着小朋友的意向，画出或弧形的草地，或有几个叶片的竹子，或正在散步的小女孩。最后，嘉敏和益敏一起画出相框，相框里的是“草地上的小凉帽”。

要开动了，两人觉得小凉帽有很多细节的地方比较难雕刻，于是，她们先雕刻两边的竹子，正好一人一棵。益敏是第一次来体验陶泥浮雕，刚开始不知道怎么做，看见嘉敏拿什么工具益敏也拿什么工具，学着嘉敏的样子先加深图案线条，再沿着线条边缘一点一点儿地把泥往外挖。没有经验的益敏只是把泥面浅浅地刮了一层，以为就可以了。嘉敏看见了说：“你的太浅了，要做深一点，还要继续铲泥。”益敏低头又试了试，哎呀，不小心让一片竹叶少了一半儿，益敏想了一会儿，换了几把不同的工具，在竹叶周围来回铲、戳、挖，想要复原这片竹叶，但是竹叶消失的部分越来越多，最后变成了一个小土点，已经看不出这里原先是一片有着细尖尖的竹叶。益敏再尝试几次后，跳过小土点，继续雕刻其他部分。益敏这会儿显得更小心翼翼了。我问：“我可以加入你们吗？”两个小女孩笑着说可以，我走到益敏身边，拿起圆刀，蘸了点量杯里的水（陶泥不够软，小朋友想出手上蘸点水抹一抹泥面的办法），说：“这里的竹枝条是不是不够清晰？”嘉敏伸过头来看了看，两人点了点头，我用圆刀先加深线条，拿过设计图，说：“这里还有一片竹叶呢，我可以堆点土过去。”益敏：“可是这样也不像竹叶呀。”我：“我加多点土，让这里变大，重新画出竹叶再铲泥，这个方法可以吗？”益敏：“对哦，还可以重新画。”我照着设计图画出竹叶后，益敏小声地问：“我可以一起吗？”“可以呀，你来雕刻竹叶，我来雕刻其他部分。”益敏双眼放光，弯弯的眼睛让我知道她的心情变好了。

续表

我们三人边聊天，两个小女孩边负责各自的部分。两棵竹子完工了，还有草地和小凉帽，益敏和嘉敏一起“加工”小凉帽这部分，这次，当小凉帽的手指头消失的时候，益敏不慌不忙地拿起最小号的圆刀，蘸点水，轻轻地堆泥，慢慢地刻画。时钟指针悄悄地走着，两个小女孩也完成了最后的部分——草地。收起工具，两人呼出一口气，益敏：“哎呀，我的腰都弯痛了，但是我好开心啊。”嘉敏：“对啊，我们终于完成了，真的太不容易了。”益敏：“陶泥浮雕不坚持是完成不了的，因为细节很多就会很难。就会很容易破坏图案。”嘉敏：“对啊，然后要很小心地修补或者重做。”益敏：“老师，我们想拍个照。”“可以的。”“咔”一声，美好的一刻被记录在手机里，也印在了孩子们的心上。 在这里我看到了什么样的学习？ 初次体验制作陶泥浮雕的你（益敏）满心期待、跃跃欲试。虽然听过小朋友的分享，但是自己上手做还是头一回，所以刚开始你有些不知所措，但是你马上想到办法：观察小伙伴嘉敏，看看别人是怎么做的，自己也尝试去做。在操作中，你有合作意识，会和小伙伴协商，也能合理分工完成负责的部分。你遇到了问题会想办法，遇到一些状况会调整自己。比如，刚开始雕刻得很浅，但你会听取嘉敏的建议再次刮泥；破坏了竹叶形状，你会边思考边尝试找到解决的办法；使用工具雕刻时，你觉得不好用，于是换了一把又一把来寻找适宜的工具；浮雕制作需要较长时间，且站着更好操作，虽然站累了，但你仍旧坚持，并乐在其中。始于好奇，专于操作，喜于艺术，阳光开朗的你已经开始期待下一次了，我也同样期待你的下一次！

2. 观察记录

观察记录示例如表 5-1-8 所示。

表 5-1-8　观察记录示例

观察时间	2022 年 10 月	观察地点	玩泥坊
观察对象	宣铭	观察教师	黄老师
情况记录	老师在科学区投放了黄泥土、红泥土、黑泥土、和泥箱和水。今天在介绍游戏材料时，老师告诉了孩子们这份材料的玩法：可以两个小朋友为一组合作游戏，自选一种泥土，将泥土制作成瓦片。 宣铭和泽一组成一个小组，他们选择的是黄泥土。泽一搬到泥土箱，将手伸进箱子里抓泥土，宣铭没有动手，看了看泥土，提议：“我们的泥土有泥块，要找个东西来把它敲碎。”泽一同意宣铭的想法，两个孩子走到木工区找合适的工具。泽一找来了一把锤子，宣铭拿了一把扳手，两个孩子开始在泥土箱里敲泥块。他们敲了几下，宣铭发现泽一的锤子比自己的扳手更容易把泥块敲碎，伸手去拿泽一手中的锤子，说：“给我敲一下。”泽一两只手用力抓住锤子，不肯给宣铭。两个孩子争夺了一会儿，谁也不肯松手。看到这个情况，我介入了，对他们说：“你们谁也不让谁，区域活动时间很快就要结束了，你们觉得能和好泥做瓦片了吗？你们觉得是继续在这里争夺锤子浪费时间好呢，还是商量出一个好方法，把任务完成好呢？”宣铭听到我这样说，马上松开了手，用商量的语气对泽一说：“那我们每人敲一会儿可以吗？”泽一点点头说：“可以！”两个孩子用轮流使用锤子的方法敲泥块。		

续表

情况分析	两个孩子之所以争抢工具，主要是因为他们不善于用语言向对方表达自己的想法。一个孩子看到喜欢的东西采取的最直接的方法就是动手去抢，另一个孩子的本能反应就是保护手中的东西，具有物权意识。
教育策略	1. 在集体中营造温馨、快乐的氛围，为幼儿创造一起玩的机会，对懂得礼让、会谦让的幼儿给予及时肯定与赞扬。 2. 引导幼儿讨论遇到别人正在玩自己也想玩的玩具怎么处理。让幼儿懂得如果直接抢可能会伤害到别人或自己的身体，而且会浪费时间，问题也得不到解决。 3. 开展“好朋友”社会教育活动，让幼儿说说好朋友是谁、为什么是好朋友、好朋友之间是怎么相处的、怎样才能有更多的好朋友。
教育效果	幼儿的社会交往能力有了明显的提高，谦让意识有了明显增强，懂得用语言沟通、轮流游戏的方式解决类似的问题。

(二)教师收获与反思

针对“客家围屋”主题活动的开展，教师对环境的布置相比上学期有了较大的突破，凸显“客家围屋”主题，并创设重点的主题角。同时，教师能根据教育内容、主题内容、节日节庆、幼儿兴趣不断更新，让环境围绕教育目标发挥作用。教师通过让幼儿大胆创新，积极参与环境创设，使幼儿成为活动室真正的主人，让有限的空间为幼儿无限的发展提供了良好服务。活动室的环境布置更是随着主题活动的不断深入而不断丰富多彩起来。在区域活动中，教师根据幼儿年龄特点、发展需要投放活动材料；根据学习内容需要设计了区域活动材料，有计划、有目的地投放，并适时增减活动材料；根据幼儿的个体差异、兴趣、能力投放不同难度的活动材料。教师注重材料投放的教育性、安全性、丰富性、层次性和趣味性，做到按阶段投放，及时观察和调整。

(三)家长的参与与改变

在主题活动开展的过程中，家长提供了重要的支持，如主动收集、提供与主题活动相关的书籍和材料等，通过不同方式参与到幼儿的主题活动中来，与幼儿共同学习、体验课程。整个活动给家长和幼儿提供了很多亲子相处的机会，让亲子关系更加紧密。“客家围屋”主题活动中家园共育活动一览表如表 5-1-9 所示。

表 5-1-9 “客家围屋”主题活动中家园共育活动一览表

阶段	活动名称	活动内容	参与形式
感知阶段	走进鹤湖新居	家长带领幼儿走进龙岗鹤湖新居。	家长义工
	讲客家围屋的故事	邀请客家爷爷进班，给幼儿讲一讲客家围屋的相关故事。	家长助教
	学说客家话	邀请客家家长，带领幼儿学一学客家话。	家长助教
探究阶段	制作客家围屋模型	家长与幼儿一起手工制作客家围屋的微模型。	亲子手工
	制作土墙	家长协助收集泥土，在玩泥区与幼儿一起制作土墙。	家长助教
	再次参访客家围屋	家长利用假期的时间，带幼儿再次走进客家围屋，这次幼儿是带着问题去寻找答案的。	家长义工
	唱一唱客家山歌	邀请客家家长带领幼儿一起学唱朗朗上口的客家山歌。	家长助教
展示阶段	结题活动	家长协助收集结题活动用到的材料，布置结题活动的场地、拍摄活动掠影、制作视频等。	家长义工

第二节 项目活动

一、夯土墙

(一)活动缘起

视频资源

夯土墙

“客家围屋”主题活动开展后，幼儿经常分享关于围屋的见闻。

美扬：我上次和爸爸去参观鹤湖新居了，那里面的院子好大呀，好多一排一排的房子，还有月池。

宥澄：我家附近也有客家围屋，叫大田新居。

昱馨：我家附近也有一个围屋，我经常去那里面玩，可是里面已经没有人住了。

梓晴：昨天我去姑婆家玩，我姑婆说她以前就住在客家围屋里，她说住在客家围屋里非常舒服，以前还没有空调，但在里面冬天不会感到冷，夏天也不会感到很热。

琇莹：对啊！好奇怪哦，我们上次去参观鹤湖新居就发现里面是没有空调的，在里面还感觉凉凉的。

玮成：为什么住客家围屋感觉会不一样呢？

新鲜和出乎意料的事往往很容易吸引幼儿的注意和兴趣，当他们可以将新的东西跟已知的东西联系到一起时尤其如此。当发现客家围屋具有奇妙的冬暖夏凉的特点时，幼儿产生了强烈的好奇心。冬暖夏凉是泥砖房的主要特点，对于幼儿感兴趣的这点，教师和幼儿共同完成了预设活动主题网络图(图 5-2-1)。

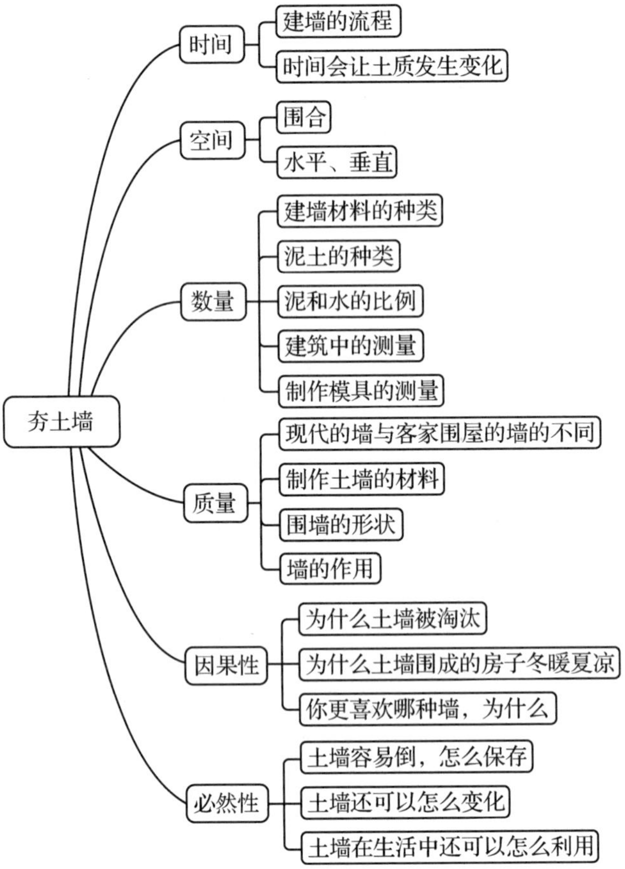

图 5-2-1 “夯土墙”网络图

1. 价值分析

为了支持幼儿的活动，教师对“夯土墙”中所隐含的关键经验及幼儿的学习价值进行了分析。

陈鹤琴曾说：幼儿园的课程应以大自然、大社会为中心，在大自然、大社会中选取幼儿感兴趣的事物，根据真实的生活实施课程，使课程与自然协调一致。“客家围屋”主题活动开展以来，幼儿已经对围屋产生了浓厚的兴趣。玩泥是幼儿的天性，建筑游戏又是幼儿非常喜欢的活动。开展建围屋活动可能会产生许多问题，如夯土墙需要什么材料，要用到哪些建筑工具，怎么建，怎么和泥，怎么夯土墙等。通过这些问题，幼儿可以保持对活动探究的热情，学习用各种途径了解关于夯土墙的信息，发现问题，尝试解决，促进思维能力和社会性的发展，提高合作能力。活动既满足幼儿爱玩泥的天性，又能传承我国传统的夯土墙建筑文化。我们希望通过活动让幼儿树立环保意识，让他们在成长过程中初步树立起保护未来美好环境的意识。

我们为开展此活动准备了较多可利用的资源，比如，玩泥区为幼儿进行直接观察和探究提供了实践场地，玩泥区的工具可以支持幼儿的夯土墙游戏。此外，日常生活中有很多建筑工地，在保证幼儿安全的前提下，教师可带领幼儿在一定距离内观察建筑过程等。

2. 可行性分析

建围屋活动是一项富有挑战性和创造性的活动，幼儿能够运用玩泥的已有经验尝试挑战更高难度的土木建构体验活动。这个活动更接近实际生活，他们能够保持持久的探究兴趣，持续探究，思考问题也更具有探索性，形成坚持、不怕困难、合作等良好品质，获得成功应对问题的体验，有利于增长成就感和克服困难的效能感。同时，在与泥土亲密接触的同时，幼儿的天性、想象力、创造力可以得到充分发展，能够感受泥巴带来的快乐。

(二)情境感知

1. 实地参访

家长和教师带领幼儿参观附近村里的客家围屋，让幼儿在实地参访中进行直接感知。在参访过程中，幼儿发现：

嘉培：围屋都是用墙围起来的。

怡静：围屋的墙是用泥土做成的。

荣浩：墙上还加了石头。

卢逸：泥土里还加了沙子。

芷言：我发现土墙里还有稻草呢。

梓晴：围屋的窗户好小啊，而且它们都是用木头做的。

卓楠：围屋的屋顶都盖了瓦。

为了让幼儿进一步寻找答案，教师和幼儿走进周围的客家围屋，观察客家围屋的墙，通过看一看、摸一摸来对比现代房屋的墙与围屋的墙的不同(图 5-2-2)。

梓诚：围屋的墙是用泥土做的，现代房屋的墙是用砖头做的。

昱馨：泥土做的墙很厚，砖做的墙比较薄。

芷言：土墙摸上去会刮手，很粗糙，砖墙摸上去不那么粗糙。

佳铠：土墙摸上去有点温热，砖墙摸上去有点烫。

幼儿对看到的围屋的墙和现代房屋的墙进行现场写生。回到班级后，幼儿利用记录表(图 5-2-3)和照片对参观的发现进行说明，通过对比总结出了围屋的墙和现代房屋的墙的不同之处：建筑材料不一样，墙体厚度不一样。

图 5-2-2　参访客家围屋

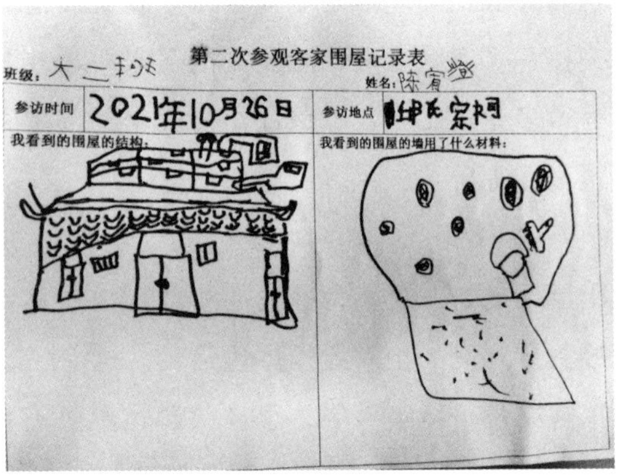

图 5-2-3　围屋写生记录表

教师思考：

教师充分利用社区资源和家长资源支持幼儿的学习。幼儿通过直接和间接的信息交互，建立对围屋的认识。在实地参访中，幼儿运用看一看、摸一摸、画一画的方式发现客家围屋的墙和现代房屋的墙在建筑材料方面、形状及触觉上的不同。教师让幼儿现场写生，使他们的注意力集中于实地考察的场所，并有助于他们回到班级后进行经验分享和讨论，他们对墙的思考也越来越深入了。

2. 小组实验：泥土的吸热与散热

围绕房屋材料，大家展开了讨论。

昱馨：我见过泥土做成的房子。

怡静：我见过木头做成的房子。

希希：我见过玻璃做成的房子。

玮成：我见过砖头做成的房子。

宥澄：我见过铁皮做成的房子。

承熙：我见过水泥做成的房子。

子骞：我还见过草做成的房子。

为了让幼儿更加直观地了解土房子具有冬暖夏凉的特点，班级开展了“吸热和散热”的科学小实验活动。

教师投放了玻璃片、水泥片、木片、铁片、瓷砖、泥块，让幼儿先猜测将这些材料同时加热，哪种材料吸热最快，哪种材料吸热最慢。幼儿大胆猜测，说法不一。在将材料放到电炉上同时加热后(加热时间由教师控制，以材料不烫到幼儿为宜)，幼儿用手触摸材料(图5-2-4)，很快感知到了这几种材料吸热的情况，发现吸热最快的是玻璃片和铁片，其次是水泥片和瓷砖，再是木片，吸热最慢的是泥块。

图5-2-4　科学实验：吸热和散热

教师又提出问题：“如果把这些加热后的材料同时放进水里，你们觉得哪种材料最快变冷呢?”

幼儿猜测后迫不及待地试验起来，把材料逐一放进水中。他们发现最快变冷的是玻璃片和铁片，其次是水泥片和瓷砖，再是木片，泥块放在水里后表面是冷的，捞起后放在手心里还有余温。

教师思考：

幼儿对土墙围成的房子具有冬暖夏凉的特点产生了强烈的好奇心和疑惑，教师及时给予了活动的支持，根据不同房子的建筑材料提供了玻璃片、水泥片、木片、铁片、瓷砖、泥块，通过同时将材料加热再放到水中的实验方法，让幼儿在实际操作、亲身体验过程中获得了泥土吸热和散热慢的特性。

(三)问题讨论

梓诚带来了一本《建土楼》的绘本，大家在分享阅读后了解了土楼的建筑流程和技艺。为了让幼儿更加直观地了解传统建筑，教师和幼儿又一起观看了建土楼的视频，观看视频后幼儿对夯土墙的建筑活动产生了浓厚的兴趣。在户外玩泥区游戏时，幼儿自发地玩起了建房子游戏，用干泥堆叠、垒高、围合，一座座围墙就建好了。

经过前期催化，幼儿对于围屋及土墙有了新的经验，教师捕捉到幼儿的兴趣点，和幼儿聚焦问题进行讨论，并形成了问题清单(图 5-2-5)。

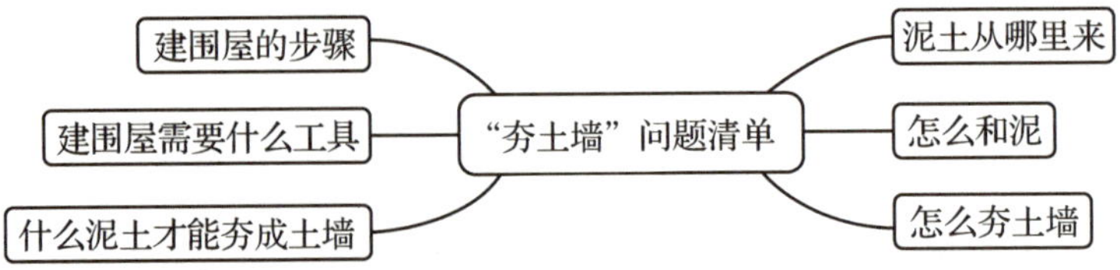

图 5-2-5 “夯土墙”问题清单

玮成：做土墙的泥土要敲实，土墙才不会倒下来。

子骞：我看到《建土楼》里的第一步是先挖地基，再做土墙。

美扬：做土墙要用哪些工具呢？我们没有绘本里的那种夯土墙的模具呀！

承熙：怎么将泥土做成土墙呢？

(四)体验探究

1. 尝试做土墙

(1)和泥做土墙

幼儿收集来了各种泥土，尝试和泥做土墙。他们往和泥筐里倒入泥土，加水后用手搅拌均匀，在和泥过程中不断地通过加泥土和加水调整泥土的干湿度，和好泥后做土墙。玮成用手一点点地捻泥土进行土墙造型，瓒茜抓起一把泥土放在底板上，用两只手向中间推泥土，将泥土做成墙的形状(图 5-2-6)。

图 5-2-6 初次和泥做土墙

分享时幼儿发现以下问题。

问题 1：做墙速度太慢。

问题 2：不像墙的形状，墙是长方体的形状。

问题 3：和的泥土太稀，泥水都流到桌子上了。

讨论后幼儿得出解决方法：和泥土不能和得太稀，做土墙时用两块积木或者木板做挡板，才能做出墙的形状。

幼儿用积木做挡板，将泥土倒入挡板中间，在挡板两端再放两块积木做墙头板。他们有的扶住挡板，有的加泥土，有的用石头或者积木去拍、压泥土，将泥土锤实。第二次制作土墙遇到的问题如表 5-2-1 所示。

表 5-2-1 第二次制作土墙遇到的问题

问题	解决办法	结论
扶挡板时要很认真，一不小心挡板就会移动，夯出的土墙也会变形。	讨论。	制作一个固定的夯土墙模具就不用人扶着了。

(2)制作夯土墙模具

为了解决土墙变形的问题，大家决定做一个夯土墙模具。幼儿画好设计图，找来两块短的积木、两块长的积木制作夯土墙模具，他们合作用钉子将四块积木钉成一个长方形的框。

当把和好的泥土倒入模具中夯实后，幼儿却发现模具和土墙粘在一起了，没办法取出来。这是怎么回事呢?

教师播放了夯土墙的视频让幼儿再次观看，观看后幼儿找到了原因。他们发现夯土墙的模具只有一端的墙头板是固定的，另一端是活动的，夯好土墙后可以取出活动的墙头板。

找到了答案后，幼儿对照《建土楼》绘本里的模具图片重新画设计图，在木工区找到材料开始制作。在三个幼儿的合作下，新的模具做好了。

幼儿迫不及待地和泥土，将和好的泥土倒入新制作的模具中，用积木一点点地将泥土夯实。夯结实后，幼儿顺利地取出模具，成功地做好了一道土墙(图 5-2-7)。

图 5-2-7 使用模具夯土墙

(3)土墙开裂了

过了几天，幼儿发现做好的土墙裂开了一道大口子。为什么土墙会开裂呢？幼儿讨论起来：

怡静：肯定是土墙被太阳晒干了，所以就裂开了。

卢逸：是夯土墙时没有把泥土夯实，所以墙就裂了。

琇莹：我们夯得很结实啊。我觉得应该是泥土没有粘牢，所以墙干了后就裂开了。

此时，土墙开裂了的现象成为幼儿讨论的焦点，他们提出了很多猜测。教师鼓励幼儿回家自己去寻找答案，他们回家请教父母，通过网络查找资料，将找到的答案带回班级分享。

逸轩：我知道了，是我们和泥时没有加稻草，加了稻草泥土才会粘到一起。

瀚林：要加蜂蜜去和泥土，增加泥土黏性，墙才不会裂开。

梓沐：和泥时要用泥土、稻田土和沙土三种泥土混合。

第二天，幼儿从家里收集了稻草、蜂蜜、稻田土，将这些材料和泥土混合在一起，制作成“三合土”后再将泥土夯成土墙。

几天后，幼儿发现土墙干了后也不会裂开，而且很结实，他们非常开心。

教师思考：

幼儿在班级尝试和泥做土墙，在做的过程中不断出现问题，如土墙不成形、土墙开裂、土墙和模具无法分离等，发现问题后幼儿会一起查找原因，讨论解决方法。通过不断调整泥土和水的比例来和出适合夯土墙的泥土，增加稻草、蜂蜜来增加泥土的黏性，重新调整模具挡板来让土墙和模具成功分离……幼儿不断地积累经验，并体验到成功的乐趣。在活动过程中，教师鼓励幼儿在遇到问题时自己去想办法获取信息和知识，肯定他们的想法，鼓励他们大胆尝试，自主寻找答案，为他们提供材料和活动的支持，创设分享交流的机会，鼓励他们分享和泥和夯土墙的经验，让未参加活动的幼儿也能通过同伴的分享获得经验。

2. 户外夯土墙

幼儿在班级用泥土成功制作出土墙后，对夯土墙活动越来越感兴趣了，柜子上摆满了他们的土墙作品和材料。有的幼儿提出去玩泥区建一座大的、真正的土墙围屋。

幼儿在围观客家围屋的主题活动展板时，展开了讨论。

玉潇：新塘世居的墙都是用泥土做的，里面加了沙子和稻草。

逸轩：上次去参观邱氏宗祠时我看到那个墙脚是用石头建的。

师：你们觉得建墙用泥土好还是用石头好？

梓沐：我觉得用石头建好。因为如果下雨了泥土做的墙脚会被雨水泡得变软，这样房子就会倒塌。

嘉培：我也觉得要用石头建。

逸轩：我觉得也可以用砖头建，砖头也不怕水。我看到干泥区堆放了好多砖头。

(1)调查、讨论，丰富经验

教师支持幼儿的想法，但幼儿对于建筑活动缺少经验，要怎么建一面真正的土墙？又要准备哪些材料和工具呢？

为了让幼儿获得更多经验，教师在科学区投放了“小小建筑师”的材料，创设了砖墙展示区，还发放亲子调查表，让家长带领幼儿利用网络调查、翻阅书籍、参观建筑工地等方式获得信息，完成调查表。

幼儿将获得的信息带回班级，逸轩还从家里带来一本《揭秘建筑工地》的绘本。幼儿讨论起来：

怡静：建房子要用到泥工刀，夯土墙要有夯棍、模具。

逸轩：建围屋要先设计再挖地基，在地基里填石头做基础。建好地基才能在上面做土墙，没有地基房子不牢固。

卓楠：还要做门窗、盖屋顶。

(2)挖地基

①选址准备。

“建什么形状的围屋土墙？建多大的呢？”幼儿讨论起来。

钰坤：建一座圆形的吧，就像《建土楼》那样的。

梓沐：可是我们这里的围屋都是方形的。

梓晴：那我们就建方形的土墙。建多大的呢？

嘉培：我们去量一下模具有多长就知道建多大的了。

幼儿拿着卷尺来到干泥区测量模具的长度，发现长 120 厘米。于是，他们就将土墙的长度确定为 120 厘米。

幼儿在干泥区开始规划建围屋的位置(图 5-2-8)。他们捡来一块石头放在地上，两人合作将卷尺拉长到 120 厘米时，另一个幼儿在 120 厘米处又摆放了一块石头。接着他们拿起一根树枝尝试在两个石头之间画一条线，但发现地面太硬了，用力画也画不出线。他们找来小锄头试图用小锄头画地基线，但画出的线条不太明显，他们又试图按画的线条挖地基沟，发现地面太硬了根本挖不动。

图 5-2-8　在干泥区规划建围屋的位置

带着问题回班后，幼儿和同伴们一起讨论解决方法。

梓晴：黄老师帮我们挖可以吗？

师：黄老师刚才试了，我也挖不动。

玮成：何叔叔力气大，他肯定挖得动。

师：可是我们也不知道何叔叔有没有时间啊。

子骞：要不我们去问问园长妈妈能不能安排人帮我们挖地基。

幼儿自然想到向园长申请找人帮忙挖地基。园长非常认真地听了幼儿的想法，肯定了幼儿的活动，诚恳地告诉他们，何叔叔前两天扭到了腰不能干体力活儿，司机伯伯又总是要外出办事情，让小朋友可以回家请有时间的爸爸来幼儿园帮忙。

②家长帮忙挖地基。

幼儿回家邀请爸爸来幼儿园帮忙挖地基，赟茜爸爸和木阳爸爸非常爽快地答应了孩子的请求。周一下午，两个小朋友的爸爸来到了幼儿园。

幼儿带领两位家长来到干泥区，拿着画好的地基设计图告诉两位叔叔要在哪里挖、挖多大。两位家长非常有耐心地听完幼儿的设计后，就和幼儿开始行动起来(图 5-2-9)。两位家长与幼儿一起测量、画标志线，很快就用锄头挖出了一个边长为 120 厘米、宽度为 15 厘米的方形地基沟，并用锄头将地基边上的石头撬起，再一点点地挪到了旁边。看着两位家长把大石头挪开了，幼儿兴奋得欢呼起来。

图 5-2-9　与家长沟通地基设计图

教师思考：

大班幼儿的社会交往能力已经有了一定的发展，能够独立或合作完成一些特定的任务。围绕挖地基产生的问题，幼儿自然生成了写申请书、向园长求助、回家求助家长、请家长来园助教的系列活动。教师适当点拨、引导，帮助幼儿自主寻求幼儿园、家长的帮助，开展系列社会活动，促进了幼儿的社会性发展。

③建地基。

地基挖好了，怎么建地基呢？带着这个问题，幼儿又回去翻阅了《建土楼》绘本，发现建围屋地基时是往沟里填入石头。于是，幼儿斗志昂扬地到干泥区开始建地基。

他们自主分好工，木阳、荣浩当小建筑师负责建地基，希希、梓诚和瀚林负责和泥和运泥。他们就地取材，用干泥区的泥土和泥，搬干泥区的石头砌地基沟。刚开始小建筑师把夯土墙模具放进地基沟里，往模具里填入石头，当石头填到和模具一样高时他们铲了一些湿泥填入模具中，用泥工刀压平。

幼儿将模具取下来时发现：

木阳：地基墙上有很多窟窿，这样石头会塌下去。

希希：蜜蜂可能会在里面做窝。

师：为什么会有这么多窟窿呢？

木阳：是因为我们在放石头的时候没有用湿泥填。

师：那现在怎么办呢？

荣浩：我们可以把湿泥塞进缝隙里去。

瀚林：我发现地基墙和地面中间有一道沟，这样老鼠会藏在沟里的。

希希：下雨的时候水会流进地基里。

师：《建土楼》绘本里建的地基两边有沟隙吗？

梓诚：没有。

木阳：那我们就不要用模具建地基了，直接在沟里建。

幼儿在建好的第一道地基墙两边的缝隙里填满湿泥和石头，建其他三道地基时直接在沟里摆放石头，为了让石头更加稳固，他们会调整石头的大小和方向，尽量将石头摆放平整，又灌入湿泥填补缝隙。经过两天的努力，幼儿把地基建得和地面一样平，终于完成啦(图 5-2-10)。

图 5-2-10　地基建成图

(3)建墙脚

①调查活动。

地基完成后，活动走向墙体部分建筑。经过前期讨论，幼儿决定用砖头砌墙。砖墙是怎么砌的呢？周末，幼儿带着这个问题和爸爸妈妈进行讨论，家长也非常支持幼儿。有的家长利用网络搜索视频让幼儿观看；有的家长带着幼儿去寻找建筑工地，让幼儿现场观看建筑工人砌墙。幼儿在生活中寻找墙砖、地砖并拍下照片。沐阳小朋友发现可以用错缝方式砌墙，把这些经验带回班级与同伴分享，形成共同的经验。

②了解建筑安全。

幼儿一起收集了抹泥铲和小灰刀等必需的建筑工具。大家活动在一起，拿着明晃晃、边角有些尖锐的砌墙工具比来比去。安全教育不能忽略，使用建筑工具时要注意什么安全呢？教师讲解了诸多建筑工具的使用方法和注意事项，幼儿展开了讨论和学习。

梓晴：不能拿着刀走来走去，会刮到别人。

宥澄：刀尖不能指着别人，一不小心就会拉到别人。

逸轩：建房子时要戴上手套，保护自己的手。

教师思考：

《幼儿园教育指导纲要(试行)》明确指出：“幼儿园必须把保护幼儿的生命和促进幼儿的健康放在工作的首位。”边角尖锐的建筑工具对于幼儿来说是有一些危险性的，如果操作不当，可能会出现受伤的事故。活动前，教师与幼儿一起展开讨论，让幼儿自主发现建筑过程中要注意的安全事项及正确使用建筑工具的方法，帮助他们提高安全意识和自我保护的能力，为建筑活动做好安全防范。

③开始建墙脚。

在冬日和煦的阳光下，幼儿兴致勃勃地来到干泥区，自主分好工，和泥的和泥，运泥的运泥，搬砖头的搬砖头，砌砖头的砌砖头，忙得热火朝天。

玮成将两块砖头并排竖着摆放在地基上，想用这种排列方法砌墙。家睿看着玮成的排列方法，自己拿砖头横着摆了几块后，提出自己的想法：“玮成，我觉得你不要这样摆放，你这样一排摆两块，浪费砖头，像我这样摆一块就可以，刚好横着摆和地基一样宽。”玮成看了看家睿摆放砖头的方法，同意家睿的观点，重新调整砖头摆放方式，和家睿两人分工砌墙，一人砌一道墙。两个小建筑师先铲一些湿泥放在地基上，再把砖头放在上面，用泥工刀敲砖头，把砖头敲平，发现砖头不平衡时又往下面塞进湿泥，砖头连接的缝隙处也塞进湿泥，用泥工刀抹平。

负责运泥的小工梓沐和琇莹把和好的泥土一点点地用铲子铲进桶里，黏黏的泥土粘在铲子上，幼儿就用手把粘在铲子上的泥土一点点抠下来放进桶里，合力把沉重的泥土抬起来送给小建筑师使用(图 5-2-11)。

图 5-2-11　幼儿将和好的泥土合作抬给小建筑师

④解决高低墙问题。

教师拍下照片和视频让幼儿回班后和同伴分享，这激发了更多幼儿的参与兴趣。第二天，幼儿踊跃举手都想参加建墙活动。这一次，四个小建筑师各自负责建一道墙。

当建到连接处时，他们发现家睿建的墙比木阳建的墙低。他们停止手中的工作，开始寻找原因。

家睿：我发现了，木阳在底下抹的泥比我的厚，所以他建的墙比我的高。

木阳：我发现家睿那边的地面比我这边的地面更高。

怎么办呢？思考了一会儿，逸轩说："我们可以把高的这边的墙用力往下敲，把砖头敲低一些。"说完，逸轩便拿起泥工刀在砖头上面使劲敲，试图把砖头敲得低些。嘉培上前拿起一块砖头去敲，惊喜地喊起来："用砖头更好敲，可以把墙敲下去。"教师问："为什么用砖头更容易敲下去呢？"嘉培回答："因为砖头更重，重的东西敲更好用力。"逸轩发现用砖头敲确实更好用力，也拿起砖头用力地敲，敲了几下，却把砖头敲断了，抬起头看了看同伴们，脸上露出尴尬的表情。木阳有了想法："我想到了，把高的这边下面垫的泥土铲得更薄些，再把低的这边下面多垫些泥土，让两边一样高。"说完，木阳开始撬更低的那边的砖头。家睿同意了木阳的想法，也把高的这边的砖头撬起来，铲泥、抹泥、放砖、敲平，在大家的努力下，两道墙的高度一样了。

⑤补墙角缺口。

当建到墙角处时，玮成又发现了一个问题，墙角最后的位置不够，放不下一块砖头。怎么办呢？玮成想了想，去砖头堆放处找到了一块断砖，把断砖放在墙角处，发现还有空缺，又在地上找到一块断砖，两块断砖放上去位置刚好。但玮成又发现更小的断砖有一个尖角露在墙外，他便拿起抹泥刀试图将尖角剁掉，剁了几次发现尖角丝毫没有变化，他又拿起另一块砖头试图敲掉，还是不成功。最后他把砖头拿到大石头上去磨尖角，发现可以磨掉尖角。磨了一会儿后，玮成把两块断砖砌在了墙角处(图 5-2-12)。

图 5-2-12　用砖头砌围屋墙角

建第二、第三层时，幼儿会运用错缝摆放的方式砌墙。在幼儿的共同努力下，三层墙脚三天便砌好了。

教师思考：

在活动中，幼儿分工明确，每个幼儿都清楚自己的角色和任务，认真地操作。幼儿在建墙脚过程中聚焦砖头排列方法、让砖体平衡及平整的问题，尝试用不同的方法解决问题，并会听取同伴好的建议。教师播放砌墙视频给幼儿观看，在科学区张贴了各种砖墙的图片及砌墙基本技法图示，利用环境和视频帮助幼儿了解砖头有规律的排列方法、建筑工具的使用方法和砌墙方法，使幼儿获得经验。

(4)重制夯土墙模具

墙脚砌了三层砖头后，幼儿觉得墙脚高度够了，可以建土墙了。当幼儿迫不及待地把材料柜里的夯土墙模具搬过来摆放在砖墙上时，他们发现模具宽度不够。怎么办呢？

琇莹：我们就这样建吧，又没有更宽的夯土墙模具了。

梓沐：不行！这样做出来的土墙比下面的墙脚更窄，不好看的。

木阳：要不我们重新做一个模具吧！

琇莹积极地回应：好啊！重新做一个。

师：你们想做一个多大的模具呢？

逸轩：就做一个和墙一样长、一样宽的模具。

梓沐反应很快，说了句“我去拿卷尺”，转身就跑去生态园拿来了卷尺。已经有一定测量经验的幼儿合作拉直卷尺，测量砖墙的宽度和长度。

幼儿回班后，拿到纸和笔便开始设计模具图。他们围绕模具的形状、构造、尺寸进行了激烈的讨论。最后他们确定设计一个长方形的夯土墙模具，按照砖墙的长度和宽度设计模具的长度为 144 厘米，宽度为 20 厘米。在写 144 时幼儿争论了一下，有的说先写两个 4 再写 1，有的说先写 1 再写两个 4，教师引导他们先念什么数字就先写什么数字。

拿着画好的设计图，幼儿来到木工坊。他们找到一块长木板，两个幼儿一起把木板抬出来放在地板上。拿卷尺量好长度和宽度，画出记号线，拿到锯子开始锯木板，一个幼儿锯累了，又换另一个幼儿锯。一个幼儿在锯时，另外三个幼儿就主动帮忙扶木板。木阳看到桌面上的虎头钳，提出把木板固定在虎头钳内。他们一起把木板抬到桌子上，放在三个虎头钳中间，拧紧螺丝固定住木板，又接着锯，在大家的共同努力下，木板终于被锯断了，幼儿非常开心。

很快，幼儿对制作活动板的凹槽犯了愁。正当感到犯难时，幼儿看到何叔叔经过。美扬有了主意，说：“要不我们请何叔叔帮我们做吧！何叔叔肯定知道怎么做。”其他幼儿都非常赞同美扬的想法，喊住何叔叔，把设计图拿给何叔叔看，告诉何叔叔他们的想法和遇到的困难，问何叔叔能不能帮助他们制作模具。何叔叔听了幼儿的想法后，答应了他们的请求。幼儿在旁边认真地观看何叔叔制作模具的过程(图 5-2-13)。模具制作好了，幼儿高高兴兴地将模具抬到了干泥区。

图 5-2-13　请何叔叔制作夯土墙模具

教师思考：

在发现夯土墙模具和砌好的砖墙尺寸不匹配时，幼儿自然地产生了重新制作模具的活动。从测量砖墙到绘制模具图纸，再到制作，幼儿充分调动了前期已有的测量、画设计图等经验，合作完成，配合默契。幼儿在发现制作模具有困难时，会灵活地寻找资源，主动请求何叔叔的帮助。教师充当幼儿游戏的玩伴，肯定幼儿的想法，和幼儿轮流锯木板，一起经历过程，丰富幼儿的经验。

(5)夯土墙

①准备泥土、和泥。

接下来的夯土墙活动需要很多泥土。当教师把幼儿活动的需要发布在班级群时，家长们给予了充分的支持。子骞小朋友的妈妈提供了十几袋黄泥土。当幼儿园的司机叔叔将泥土拉回来后，教师带领幼儿一起去搬运泥土。看到一袋袋沉重的泥土，幼儿丝毫没有畏难而退，个个铆足了劲，拖的拖、推的推，合力搬运泥土。

当准备和泥土时，幼儿发现倒出的泥土里有好多石头。幼儿去玩沙区找来了筛子筛泥土。他们把泥土倒在筛子上，发现一个人搬不起来，两个小朋友把筛子抬起来，尝试筛泥土(图 5-2-14)。筛了几下，梓沐喊道："停！停！停！不要筛了，石头都从旁边掉下去了。"幼儿停了下来，开始讨论起来(表 5-2-2)。

图 5-2-14　发现泥土里有石头，合作筛泥

表 5-2-2 筛泥土遇到的问题及讨论后的解决方法

问题	解决方法
筛子没有端平，泥土和石头没有经过筛孔直接掉下来。	筛子要端平。
筛的方向不统一，有的向左，有的向右，有的向前，有的向后。	筛的方向要统一，一人喊口令“一二、一二、一二”，一就往左，二就往右。

幼儿找到原因讨论了解决方法后，又开始按讨论的方法去筛泥，这次他们成功啦，看着筛出的细细的泥土，他们开心极了，说像面粉一样细细的，好漂亮。

开始和泥了，幼儿在筛好的泥土中又加入了稻田土、细沙，还剪了一些稻草加入泥土中，加入水后用铲子搅拌泥土。泥土搅拌均匀了，幼儿用手去抓了抓泥土，感觉泥土干湿度刚好，有黏性了，然后将泥土铲入桶中，两个幼儿合力抬起桶送给小建筑师们使用。

②开始夯土墙。

幼儿把夯土墙模具摆放好，把和好的泥土倒入模具中。有的幼儿拿积木，有的幼儿拿砖头开始夯泥土。使用积木夯泥土的幼儿发现自己夯的泥土没有使用砖头夯得那么结实，于是也改为用砖头夯(图 5-2-15)。幼儿使用砖头不停地夯泥土，夯了一会儿，荣浩说：“好累啊！”站在一旁和泥的琇莹听了，对荣浩说：“不要放弃啊！”嘉培也一起鼓劲：“不要放弃，永远不要放弃！”

图 5-2-15 幼儿用砖头将倒入模具的泥土夯实

幼儿感觉把模具里的泥土都夯结实后，准备拆开模具了，边拆边说：“见证奇迹的时刻到了！”他们小心翼翼地拆开模具，看到夯的泥土成了一道长方体的泥墙，雀跃欢呼起来：“我们夯的土墙好漂亮啊！成功啦！”

幼儿将第一次夯土墙的经历带回班级分享，与同伴一起讨论遇到的问题。

夯土墙遇到的问题及讨论后的解决方法如表 5-2-3 所示。

表 5-2-3 夯土墙遇到的问题及讨论后的解决方法

问题	解决方法
夯土墙好累，手都累酸了。	累了可以去休息一会儿，还可以和筛泥的小朋友调换工作。
使用砖头和泥时砖头一不小心会擦到其他小朋友的手，容易伤到别人。	1. 戴手套保护好手。 2. 夯土墙时要拉开距离，砖头不要挨在一起。

教师思考：

幼儿充分调用了前期在班级和泥土、做土墙的经验，自主分好工，各司其职。夯土墙是个力气活，当感觉累了的时候，幼儿能够互相鼓劲加油。在活动中，幼儿的耐力、合作能力得到了进一步提高。

③短墙怎么夯。

建完三面完整的土墙后，幼儿开始建大门两边的短墙了。小建筑师们把场模具放到短墙上，倒入泥土，发现泥土会从墙头漏下去。怎么办呢？幼儿讨论起来。

逸轩：要不我们做一个小的模具吧。我来量一下要做多大的模具。

梓沐：班上积木区那个空心积木好像和这个墙差不多大，拿来试试就可以不用做模具了。

美扬：对呀！我回班去拿积木来试试。

美扬拿来空心积木放到墙头上，把和好的泥土倒进积木里。幼儿将泥土夯实后，想把空心积木取下来，却发现空心积木怎么也取不下来。幼儿尝试用石头敲、用脚踩、用手推的方法，但还是没有成功，他们傻眼了，只好放弃了这种办法。

使用空心积木做模具失败后，幼儿又改为用砖头做挡板。他们搬来几块砖头将墙头围住，发现砖头会倒，便在砖头后面放一块木板顶住，在木板后面又放一块砖头顶住。确定砖头不会倒了，他们才往堆砌好的砖头挡板里倒泥土。在夯的过程中，幼儿发现砖头挡板一受力还是会倒，一个幼儿便扶住砖头，另一个幼儿夯泥土，两个幼儿配合得非常好。拆掉砖头挡板后，幼儿发现成功啦，他们非常开心地拿尺子测量他们夯的土墙的高度，并记录下来。

④补缺口。

墙头连接处有个大缺口，幼儿找来砖头，把两块砖头侧着叠起来，立起来围在两边，两个幼儿各蹲一边扶住砖头，试着用砖头做挡板，另一个幼儿往缺口里倒入泥土后夯泥土。但在夯土的过程中幼儿发现砖头不稳，容易倒。

他们又去找来两块木板做挡板，美扬和子骞用力各推一块木板，玉潇发现里侧还有个小缺口，走进里面用手挡住缺口，梓沐夯泥土。泥土受到外力的挤压后把两块木板往外挤，子骞发现自己推的挡板和墙之间的缝隙越来越大，更加用力地推挡板，但发现作用不大，就反转身体，坐在地上，用背用力去顶挡板，他发现这样更好用力，兴奋地说："这样坐着推好舒服，不用那么大力气。"梓沐把夯土的任务转交给玉潇，也用背顶住挡板。接着，美扬用手挡里面的缺口。玉潇使用砖头夯土时小心翼翼的，担心会砸到美扬的手，于是玉潇说："美扬你去拿块砖头来挡泥土，我怕砸到你的手。"美扬找来砖头，将砖头侧着放，发现大小刚好合适，开心地说："这下你可以大力地夯泥土了，我们都挡好缺口了。"在幼儿的合作下，缺口被顺利补好了(图 5-2-16)。

图 5-2-16　合作修补土墙缺口

教师思考：

幼儿尝试用空心积木做模具失败后，又自主寻找砖头挡泥土，这时，幼儿将使用模具的原理和经验进行了迁移。在班级进行经验分享后，其他幼儿能够将同伴的经验应用到补缺口的活动中。在补缺口这个环节中，幼儿发现砖头不平稳，从而改变挡土材料，还发现用背顶挡板比用手推挡板更省力而且还更有效。在操作过程中，幼儿自主发现问题、自主分工合作，探究能力得到进一步提升，再次体验到了合作的重要性和成功的乐趣。

(6)修窗户

①窗户的大小。

土墙夯了三层后，幼儿提出要留出窗户的位置，一番讨论后，他们商定把窗户开在小路那边的墙上。原因是那边光线更好，他们还可以从窗户探出头去看竹林的风景。

窗户要留多大呢？逸轩搬来了两块砖头，和刘诚一起摆弄起来。刘诚把一块砖头立在一边，逸轩把另一块砖头立在另一边，刘诚说："看看两块砖头是不是一样高？要用同样高的砖头。"说完，他把两块砖头并拢放在一起比量了一下。比好高度一样后，将砖头分开，在两块砖头上面横架了一块砖头后，两个幼儿觉得这样留的窗口太小了，又将两块砖头的距离调整得更大些。旁边的美扬走过来，把头伸在两块砖头中间，说："要能放得下一个头的宽度才行，这样头才能探出窗外去。"按照这个宽度，幼儿定好窗户的大小，一起合作测量留出的窗口的宽度和高度，并记录了下来(图 5-2-17)。

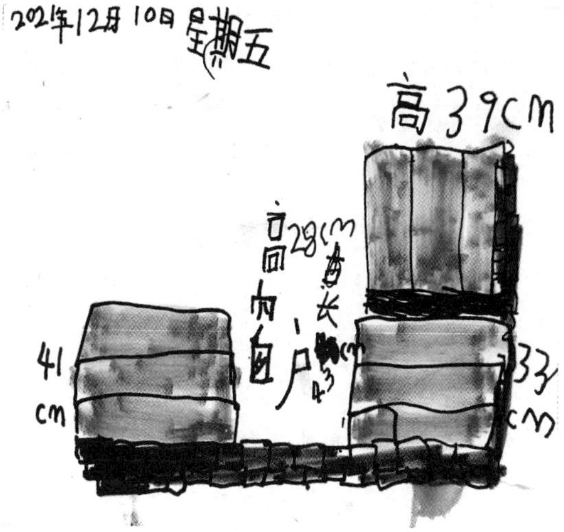

图 5-2-17 幼儿绘制的窗户设计图

②班级联动制作窗户。

在幼儿的计划中，土墙需要安装门和窗户。土墙上窗口的位置留好了，可是窗户从哪里来呢？在班级公共区域——木工区里，隔壁大一班的幼儿在热火朝天地研究窗户。幼儿讨论请大一班的幼儿帮忙做一扇窗。

因为前期已经有过写信的经验，很快小组便写好了一封求助信，并到大一班进行求助。大一班的幼儿认真地看了信上的内容，便答应了他们的互助请求。

过了几天，大一班的幼儿把做好的窗户送到了干泥区。两个班的幼儿一起把窗户放到墙口，调整好摆放的位置，确定窗户平稳后往窗户旁边填泥土，夯实泥土，固定住窗户(图 5-2-18)。窗户安装好后，幼儿开心地玩起了推窗游戏。

图 5-2-18 班级联动安装窗户

(7)模具太长怎么办

在墙头中间留出了窗口的位置后，幼儿开始建窗口两边的墙。他们把夯土墙模具摆上墙头，发现模具比墙长了好多，模具因为太长会掉下去。面对遇到的新问题，幼儿又开始想办法了。卢逸托住模具，琇莹拿来一个桶，把模具架在上面。他们发现桶太轻了，支撑不了模具，又搬来一些砖头，将砖头一块块叠高到可以支撑住模具。

把泥土倒入模具后，幼儿发现因为模具太长，泥土会从墙头漏下去。逸轩提出找一块木板插进模具作为隔板，但他在干泥区没有发现合适大小的木板，逸轩只好向教师求助。在教师的引导下，小组决定裁一块大小合适的木板。逸轩拿来尺子测量好墙头的宽度，又在木板上量到同样的宽度，做好记号，直接画出一条线。画好后，他发现线条不直，又试着修改线条。梓沐和美扬看到了，也蹲下来看着逸轩画，美扬忽然想出个办法，说："我们可以在木板的两端各测量一次，量到同样宽度画好两个点，再将尺子压在木板上对齐两个点，沿着尺子画一条线。"幼儿又按照美扬的这个办法重新测量、画记号、画线条。这次他们画出了一条直直的线条。

师：你怎么知道用这个方法可以画出直的线条？

美扬：因为我看到戴老师裁KT板时就是这样画的。

他们把做好记号的线条拿去木工坊，沿着线条用锯子锯去了多余的部分。挡板做好啦！幼儿又开始倒泥土夯墙。

每天去玩泥区夯土墙已经成为幼儿最喜欢的活动。一到干泥区幼儿就自主分好工，和泥、筛泥、搬运材料、夯墙，每个幼儿都认真地完成自己的工作，干得热火朝天。土墙一天天在增高，幼儿也在活动中一天天成长起来。

(五)分享提升

1. 完善土墙

(1)土墙盖顶

教师告诉幼儿这个学期快要结束了，问他们想怎样展示他们做的土墙。子骞提议可以在土墙上盖屋顶。

家长在网上购买了瓦供幼儿游戏。当幼儿迫不及待地合作抬起瓦放到墙上时，他们发现围屋盖上屋顶后显得有点矮。木阳提出在墙上做个支架把瓦撑高一点，大家一致同意木阳的想法。木阳在瓦下面塞进一块砖头，将砖头立起来撑高瓦，但发现瓦一动砖头就会倒，琇莹提出把砖头平着放，多叠几块。砖头叠了四块后，幼儿发现屋顶被砖头撑得更高了，正高兴着，教师提出问题："如果有小朋友来围屋玩时不小心碰到了，砖头会不会倒下来呢？"听了教师的提醒，幼儿开始思考解决办法。玉潇想到个办法，说："我们可以在砖头两边夯泥土，用泥土固定砖头。"这个想法得到幼儿的赞同，大家又把瓦取下来，在砖头两边倒泥土，夯实泥土。

砖头固定好后，幼儿合作把瓦抬起来，放到四面墙上。看到屋顶盖好了，围屋的形状终于出来了，幼儿欢呼雀跃，兴奋得不得了。

(2)装修围屋

围屋盖好了，接下来该做什么了呢？幼儿说要装修了，因为墙面看起来不平整，要把墙刷平整些、光滑些才更好看，还要在墙上贴一些图案把围屋装饰得更漂亮。

用什么泥土粉刷墙壁呢？幼儿发现湿泥区表层的泥土更细滑，也更有黏性，适合粉刷墙壁。他们一点点地将湿泥区较细滑的泥土装进桶里，提给小粉刷匠刷墙。小粉刷匠们用两把泥工刀配合，把泥土刮到墙壁上，将泥土来回抹平。看！小粉刷匠们粉刷的墙壁是不是很平整啊！

墙壁粉刷好了，幼儿又想到要装饰一下墙壁，让围屋看起来更漂亮。他们用陶泥制作了各种物品，有花瓶、有荷花、有小动物……幼儿把做好的陶泥作品摆放到围屋墙头，贴到墙壁上，围屋瞬间又变漂亮啦！幼儿建成的围屋完整图如图 5-2-19 所示。

图 5-2-19 幼儿建成的围屋完整图

2. 制作《建围屋的故事》图画书

幼儿制作了《建围屋的故事》图画书，将夯土墙的完整活动绘画出来。他们清晰记得在夯土墙过程中发生的重大事件。利用这本图画书，教师和幼儿回顾了夯土墙和完善围屋的过程。

(六)活动回顾

为了重现幼儿项目探究的学习过程，教师通过话题讨论、活动照片和视频回顾、制作夯土墙图画书、土墙作品展、夯土墙知识竞赛等形式帮助幼儿回顾经验(图 5-2-20)，激发幼儿的成就感。

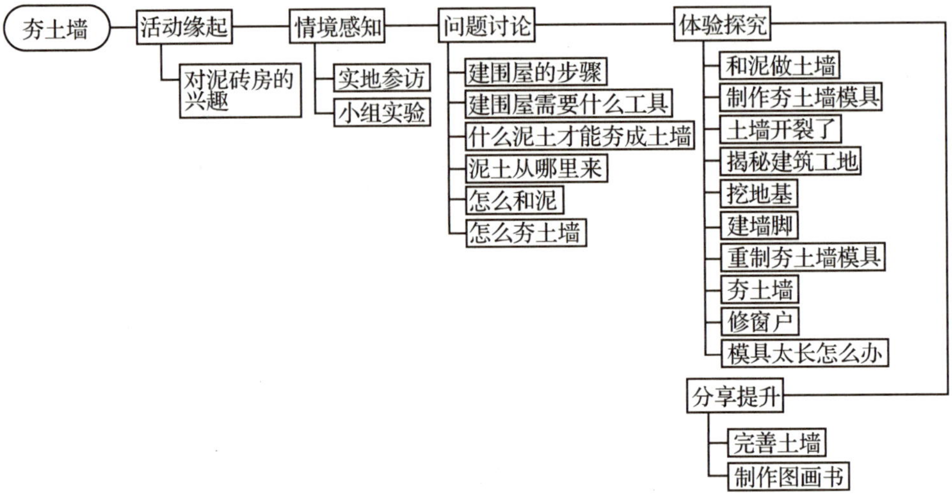

图 5-2-20 “夯土墙”活动回顾

(七)幼儿发展分析

“夯土墙”活动源于客家围屋主题背景下产生的项目探究活动。幼儿从班级玩泥做土墙的活动中，积累了和泥和做土墙的前期经验，并把它延伸到户外建大围屋。幼儿亲身体验了建房子的整个过程，经历了挖地基、建地基、砌砖头墙脚，夯土墙、做窗户、盖屋顶、装修围屋。在整个过程中，幼儿表现得非常积极且全身心投入，无论是自主探究学习能力还是合作探究学习能力都获得了极大的发展。

儿童核心经验的发展主要表现在以下方面。

1. 思维能力

幼儿在活动过程中手脑协调配合，创造性思维和发散性思维得到了良好的培养。特别是独立思考能力得到了很大的提升，幼儿能够独自分析问题并解决问题，其观察力也得到了很好的发展，其思维在发现一个个问题、解决一个个问题过程中获得积极主动的发展。

2. 动手能力

手是思维的镜子，是意识的培育者，是智慧的创造者。在建围屋过程中，幼儿的动手能力有了很大的提升，臂部力量得到了很好的锻炼，动作更加协调、灵活。此外，幼儿还学习了夯土墙和砌砖墙的技能。

3. 语言能力

在每次的讨论活动、分享活动和班级互助活动中，幼儿都非常积极地表达自己的想法，能够清楚地讲述。每次活动后幼儿能够运用图画和文字符号记录活动过程，书面表达能力得到很好的锻炼，语言表达能力得到很大的提升。

4. 学习品质

本次活动培养了幼儿良好的耐力、意志力，使幼儿能够更持久地做一件事情，更加专注地完成，不会被外界因素的干扰而中断工作，充分调动了幼儿动手的积极性。

5. 社会性发展

通过本次活动，幼儿的社会交往能力飞速发展，与同伴之间建立了良好的互动，能够自主分工合作，形成互帮互助的团队意识。幼儿还感受到了合作的重要性，合作能力得到了很大的提高，体验了合作的乐趣，同时萌发了对传统文化夯土墙建筑技术的认同感。

6. 安全意识

幼儿的安全意识有了很大的提高，懂得正确使用尖锐的工具的方法，在合作操作时懂得保护自己的身体，同时不伤害到别人。

(八)活动总结与反思

泥土是质朴的天然玩具。亲近泥土是幼儿的天性。围屋夯土墙的建筑技术历史悠久，已被列入国家级非物质文化遗产名录。幼儿在建围屋活动中亲身体验了整个建筑过程，从规划围屋场地、建筑面积，到挖地基、建地基、砌砖墙脚、夯土墙、盖屋顶、装修围屋。建造过程中不断产生问题，幼儿或独立或合作成功解决一个个问题，一次次体验了成功的乐趣，特别是最后看到围屋全部完工时，幼儿非常兴奋。在活动过程中，教师关注幼儿在真实环境中的体验与操作，重视实践与探究，关注幼儿与家庭、社区、大自然之间的关联性与相互作用。我们让幼儿、家长、教师以“三人行”的思想内涵为基础，邀请家长真诚合作，与教师一起激发幼儿积极主动参与探究活动的内在驱动力。幼儿是整个探究活动的主体，通过小组合作，共同收集信息，解决问题，分享经验，完成探究，形成成果。当幼儿发现问题时，教师充分放手，鼓励幼儿大胆尝试用自己的想法解决，动手验证自己的猜测。良好的师幼互动关系使幼儿乐于、善于表达，交流思想和情感，保持自己的个性，使幼儿的创造性潜能得到充分发挥。教师关注幼儿的整体发展，遵循各领域间的相互渗透，促进幼儿情感、态度、知识、技能等方面的发展，从幼儿的思考角度出发，协助他们去探究问题，使他们最终得到的不仅仅是问题的答案，还是一种学习与思考的态度，这会让他们受益终身。实践证明，教师善于利用各种资源，充分了解幼儿的生理特点和心理特点就能有效地组织、开展好活动，并在活动中取得可喜的成果，促进幼儿良好的发展。

二、搭建鹤湖新居

(一)活动缘起

视频资源

搭建鹤湖新居

客家围屋是客家民居的标志性建筑，基于幼儿的兴趣，我们开展了“客家围屋”主题活动。在开展过程中，教师常常能看到幼儿根据现有的经验来搭建客家围屋的外墙和大门。在搭建时，幼儿常常进行讨论：“客家围屋要搭得很大很大，因为里面要住很多的客家人。”“它的围墙是高高的，围墙上面还有很多小洞洞。”……在幼儿的讨论中，教师可以看出他们对客家围屋的外形特征有一定的了解。

通过观察，教师发现幼儿对围屋的内部结构特点还不够了解。于是，教师开展了一系列探究围屋结构的活动，以期引导幼儿深入了解围屋的独特结构以及客家的建筑文化。教师从幼儿的兴趣点着手与幼儿共同完成了预设网络图(图 5-2-21)。

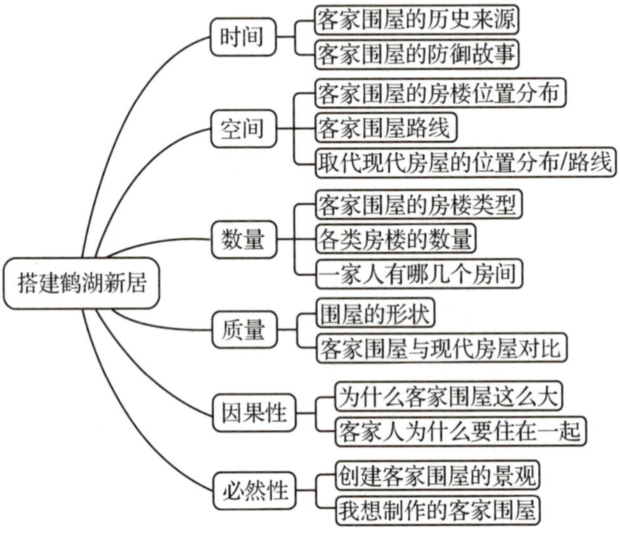

图 5-2-21 “搭建鹤湖新居”网络图

1. 价值分析

《3—6 岁儿童学习与发展指南》指出：“最大限度地支持和满足幼儿通过直接感知、实际操作和亲身体验获取经验的需要。”生活在龙岗的幼儿可通过实地参观客家围屋获得直接经验。幼儿按照已有经验中的鹤湖新居进行模拟搭建并加以修正。搭建鹤湖新居的过程可能会有许多问题产生，这可以激发幼儿持续探究的兴趣，同时也能促进幼儿思维和社会性的发展。

鹤湖新居是具有科学性和艺术感的中国古建筑之一。在龙岗，许多客家建筑都被保留了下来，而鹤湖新居就是客家文化的“活化石”。随处可见的客家围屋建筑能让幼儿直观感受到客家文化，获得直接经验。

2. 可行性分析

幼儿的经验：对于生活在龙岗的幼儿来说，客家建筑是比较常见的，班级里也有一些客家娃，他们从小便接受客家建筑文化的熏陶。因此，幼儿经常在户外建构区进行客家围屋的大型搭建活动。在参观了鹤湖新居后，幼儿对围屋结构的了解更加深入，在户外时间常常自发搭建“鹤湖新居”。

活动的适宜性：大型建构活动是富有挑战性的，大班幼儿目的明确，计划性强，能围绕主题进行持续的搭建活动，并且能运用生活经验挑战高难度的搭建活动。

活动的资源分析：龙岗是客家人的聚集区，在这里，客家围屋是十分常见的，幼儿能够通过实地参访获得直接经验。

家长能够为幼儿的搭建活动提供资源，小小客家娃们从小受到客家文化的熏陶，对客家围屋的房屋结构有一定的了解。

互动性：幼儿常与同伴进行协商、合作及分享。

创造性：幼儿可以创造出各种各样的设施、建筑等。

(二)情境感知

1. 初访客家围屋——鹤湖新居

幼儿跟随爸爸妈妈走进了“客家第一围”——鹤湖新居(图 5-2-22)。在这里，他们发现客家围屋的特点之一就是特别大，围屋内还有一座座连接在一起的小房楼，每一座小房楼前都有一扇高高的木门，门前还有长长的天井、大大的三堂，里面还可以看到客家人使用的工具，如风车、石磨、斗笠、编织的菜篮和稻穗机等。大家根据自己观察到围屋的样子，在班级进行了分享。

图 5-2-22　参观鹤湖新居

伟宸：鹤湖新居是梯形的。

雅珺：鹤湖新居像城堡一样，它的墙体很结实，妈妈说最中心的就是三堂了。

俊霖：那里的工作人员介绍说，鹤湖新居以前是罗氏家族的客家人住的，它很大，可以住一千多人呢。

皓俊：鹤湖新居不仅大，而且它的墙也很结实，不会倒。

荣慕：鹤湖新居有三个堂，它们连在一起，跟我们住的房子很不一样，它还有天井，可以看到天空，里面的墙壁上还挂了很多“画像”。

伟宸：大门进去就是下堂，那里有罗氏家族的画像，爸爸说那是罗氏家族的辉煌，我有点不明白……中堂后面就是上堂，那里有一个拜祖先的地方，拜祖先的地方叫祠堂。

嘉怡：中堂那里有个模型，挂着客家祖先的画像，祠堂门就是最中心的位置，三堂是最开始建的。

2. 表征看到的客家围屋

在实地参观客家围屋后，幼儿了解到客家围屋里有很多小户型房楼、大小不一的长廊、天井、大厅、天街和三堂等。随着活动的深入，幼儿产生了做地图的想法，有的说：“让大家都知道我们在做的客家围屋。”有的说：“把我们看到的鹤湖新居里面的地方画出来，拼在一起做一个地图。”还有的说：“鹤湖新居围屋是梯形的，我们要做梯形的地图。”鹤湖新居围屋地图的探究制作活动就这样开启了。幼儿开始头脑风暴，一起商讨“地图”的制作方法。幼儿认为，“鹤湖新居是梯形的，地图也要做梯形的”；“地图要挂在墙壁上，这样大家才能看到”；“把鹤湖新居里面的地方都画出来拼在一起，大家就能清楚地看到围屋的分布情况”；“再标注上名字、照片，这样大家就知道这是鹤湖新居的地图了”。

当地图基本完成后，没有参与制作的幼儿看不懂这是哪里的地图，提议要给绘画内容配上相应的照片，地图上还要标注“鹤湖新居”的文字。项目组的幼儿结合大家的建议继续完善地图(图 5-2-23)。

图 5-2-23　幼儿为鹤湖新居地图添加照片

教师思考：

通过这次参访，幼儿对身边的客家围屋有了初步感知，了解了围屋不仅有外墙、大门，还有很多功能性的小房楼、天井和大厅，这为之后的探究活动奠定了基础。制作地图活动，是幼儿参观完客家围屋后的深入活动。在活动中，幼儿的空间想象力、艺术表现力和动手能力都得到了提高。

3. 创设环境

教师在班级门口处投放了鹤湖新居的路线图、围屋模型拼图、幼儿手工制作的“鹤湖新居”、幼儿绘画的客家围屋作品及简介，还投放了制作的客家美食材料等，供幼儿了解客家习俗文化，让他们亲身体验制作。

(三)问题讨论

通过参访、表征、创设鹤湖新居，幼儿对鹤湖新居的内部结构有了更进一步了解。幼儿的兴趣点主要集中在客家围屋的生活、客家围屋的高墙以及气派的三堂，教师结合幼儿的问题进行了梳理(图 5-2-24)。

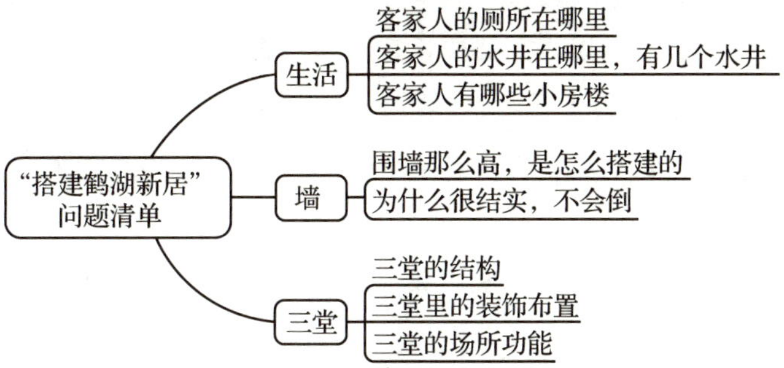

图 5-2-24　“搭建鹤湖新居”问题清单

(四)体验探究

1. 从平面到立体——制作“围屋模型”

在制作鹤湖新居地图的基础上，幼儿想到鹤湖新居的模型能让人清楚了解到围屋的结构分布。

圳熙：我们去参观鹤湖新居时看到过围屋模型，它是梯形的。

一凡：我在售楼处也见过房子的模型，就是和真的房子一样。

皓然：围屋模型能看到里面的三堂、天街、天井、连接起来的小房楼和房顶。

周末，幼儿开启了实地参观房屋模型的活动。他们发现有些模型是用玩具拼插出来的；有些是用木块、玻璃、纸皮、塑胶制作的；模型房子是高高大大的，能看到里面房屋的结构。

(1)制作围屋模型的故事

有了参访生活中房屋模型的经验，幼儿开始分工制作客家围屋模型。皓然、圳熙和槿馨完成设计图，梓萌和一凡准备制作模型的底板，泽宇、彦序和承轩寻找合适的材料。

A 组绘画完成设计图；B 组准备 KT 板，并裁刻成梯形；C 组寻找辅助材料。在制作过程中，幼儿发现了科学角的方砖，但方砖太小，会影响制作速度，在商讨对比后，幼儿选择用一凡爸爸提供的纸板来制作。

(2)制作半圆形月池和墙

在活动开始前，幼儿进行了探讨：先制作半圆形的月池，然后制作围墙、围屋里的房子，最后盖顶。

发现问题：用纸板围成的月池总是不圆。

幼儿认为：要找软一点的、窄一点的大小一样的纸板。

通过尝试：幼儿将一段段同样大小的纸板粘连成了半圆形。

成功完成月池让幼儿士气高涨。接着，他们沿着T形底板的边缘，制作完成围墙。让围墙立起来时幼儿发现，围墙要用宽一些的纸板，并用热熔胶固定墙壁。

(3)继续制作墙和门

怎么明确围屋内的结构和各部分位置呢？幼儿讨论后决定在板块上按照墙壁位置画横线。接着大家开始做大门和墙。

皓然：上、中、下堂房门要剪个长方形的洞洞。

圳熙：还要剪侧院的13个门。

一凡：后院和下天街的门可以画出来剪贴上去。粘贴门的距离要一样宽。

圳熙：每两个相邻的门的距离是7厘米。(说完，圳熙用指头数了7下，代表“7厘米”，确定下一个门的位置。)

在制作三堂的过程中，幼儿结合参观围屋的经验出谋划策。他们在纸板上剪了长方形的洞作为门，完成后，他们发现其他地方还缺了很多门，于是圳熙在纸板上画了有对联的门，并剪成长方形贴在墙上。

(4)给围屋模型盖顶

围墙全部立起来之后，幼儿开始盖顶和装饰围屋。幼儿认为要用很多条形的纸皮来盖顶，这样才像屋顶，在纸皮上用刀刻出一条线再折一下，就可以变成三角形的屋顶。大家根据搭建客家围屋小房楼的经验，把长条纸皮对折，形成三角形房顶。完成屋顶后，幼儿开始装饰，还选择了绿色的颜料来装饰月池。有幼儿还提议，用红色的纸给围屋标注“鹤湖新居”四个大字，这样大家就知道这

图 5-2-25 制作围屋模型

是客家围屋——“鹤湖新居”了(图 5-2-25)。

2. 三堂的门

(1)尝试搭教师可以进出的门

幼儿在搭建时发现在木工区制作的门太矮了，于是尝试将门垫高(图 5-2-26)。

图 5-2-26　垫高门

教师思考：

幼儿在尝试垫高门时，第一次用小的积木块去垫高，结果发现垫高的门很容易就倒了；第二次用大的积木垫高，又发现“垫高的门不像门，不是一个完整的门框”，而且教师也进不去；第三次，幼儿决定重新做一个门，他们还测量了门的高度。这次探究，幼儿运用了数数的方式来确定了门的高度，还了解了门两边高度的对称关系。

(2)尝试把门框变高

教师展示了幼儿第一次做的木门，通过直接感知后，幼儿纷纷发表了自己的观点。

梓蘅：这个木门太矮了。

奕鸿：要很长很长的木棍才能把它变高。

骁彤：教室里没有长的木棍了，我们可以用这根木棍接上去。

……

教师提出问题："那我们应该通过什么方法把它变高呢?"

奕鸿：可以用绳子把两根木棍绑起来。

嘉怡：可以用胶水把它们粘起来。

骁彤：这里没有胶水。

梓蘅：没事，这里有胶带(绝缘胶)，我来试试。

……

幼儿把胶带横着粘在两根木棍之间，不一会儿，胶带就脱落了；幼儿又尝试竖着粘，这次比上次固定的时间久一点，但没几分钟还是脱落了。后来，梓蘅又想到了用钉子来固定胶带(图 5-2-27)，这次比前两次固定的时间长，但当他们把木门举起来的时候，钉上钉子的胶带也脱落了。

图 5-2-27　用胶带固定

教师思考：

第一次搭木门时，教师没有用成人的眼光给予幼儿过多的评判，而是先引导幼儿通过直接感知发现问题，让幼儿自主讨论解决问题。

(3)深入探讨：两个木棍变牢固的办法

通过尝试，幼儿发现胶带的黏性不够，搭木门的进度滞缓。

笑颜：我们把胶带换掉，换成硬一点的东西钉上去。

梓辰：可以用小木片！

……

(4)木片裂开了

经过讨论，幼儿决定选用木片。幼儿采用了薄木片＋大钉子的组合，但在钉钉子的过程中，木片出现了裂开的情况(图 5-2-28)。于是，幼儿又接连尝试了厚木片＋小钉子、圆薄木片＋大钉子、薄木片＋小钉子等各种组合，最终悠然发现厚木片＋大钉子和薄木片＋小钉子的组合可以固定。一个幼儿突发灵感："我们可以把四边都钉上，这不是更牢固了吗?"其他人都觉得有道理，于是他们合力钉好了小木片(图 5-2-29)。

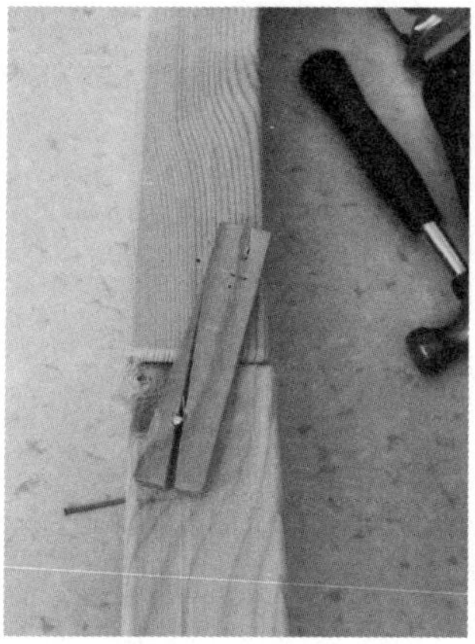

图 5-2-28　木片裂开了

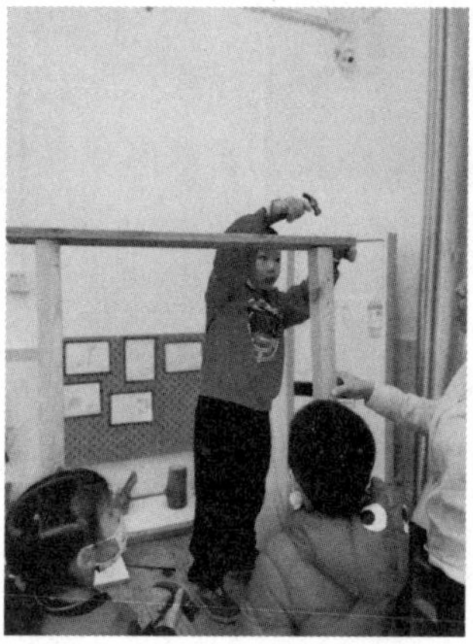

图 5-2-29　加固门框

教师思考：

幼儿根据多次失败的原因，找到了固定两根木棍的方法：木片的位置要适中，一人扶着前一根木棍，一人扶着后一根木棍，还有一人固定木片的位置，将木棍的四面都钉牢。在一次次固定的过程中，由开始的遇到困难想放弃，到后来屡败屡战，幼儿学习到了难能可贵的品质——坚持。

(5)做好的门框站不稳

在搭建时，幼儿发现做好的门框站不稳。他们讨论出三个办法：第一，在木棍底部用木片加粗；第二，在木棍底部用石头围起来固定住；第三，整根木棍加粗(图 5-2-30)。

然而，这些方法幼儿都尝试了，门框还是站不稳。幼儿继续寻找制作门框的材料(图 5-2-31)，最后，幼儿发现了篮球架，兴奋地喊："你们快来看，我们做一个像篮球架一样的正方形底座不就可以了吗！"

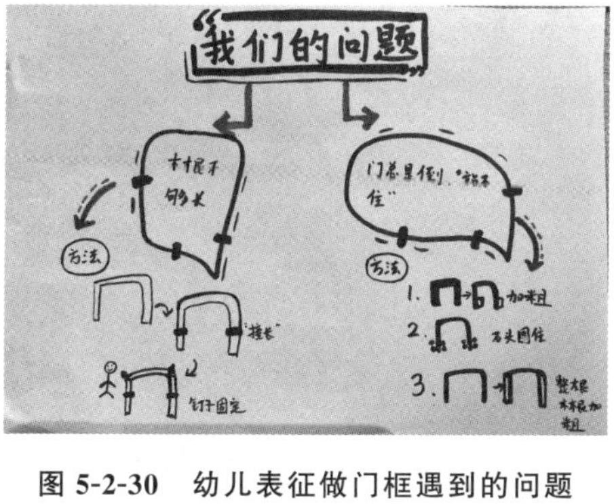

图 5-2-30　幼儿表征做门框遇到的问题

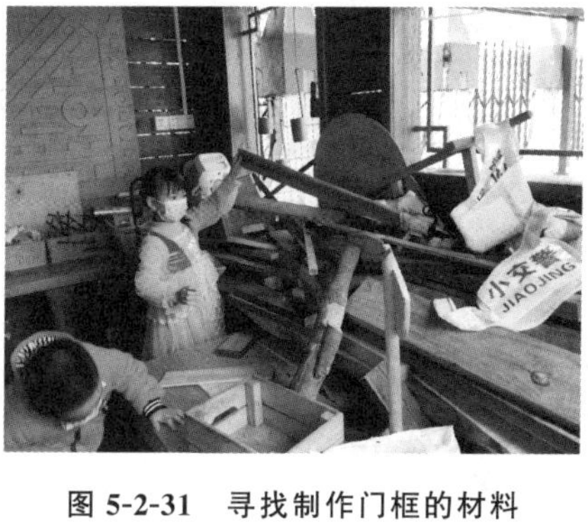

图 5-2-31　寻找制作门框的材料

教师思考：

“让门框站稳”这个小小插曲，引发了幼儿与材料的互动，幼儿用不同的方法试验，虽然都失败了，但是从篮球架那里找到了灵感。在反复操作中，幼儿也明白了想做好一件事情必须有持之以恒的耐心。在分享成功的喜悦后，幼儿开始实施“建墙”计划……

搭建门框前后幼儿经验的变化如表5-2-4所示。

表5-2-4 搭建门框前后幼儿经验的变化

幼儿已有经验	幼儿的问题与需求	教师提供的支持策略	幼儿获得的新经验
1. 呈现大班幼儿基本的建构技巧。 2. 能与同伴进行协商、合作与分享。 3. 善于发现问题，能自主讨论，自主寻求解决问题的途径。	1. 在根据计划图纸进行搭建的过程中，容易忽略细节部分。 2. 图形组合、转换能力不足。	1. 鼓励、支持幼儿仔细观察计划图纸搭建作品。 2. 平行示范策略，在幼儿遇到问题无法解决时，悄悄提供支持。 3. 作为观察者和陪伴者，观察幼儿的行为，不过多干涉。	1. 注意对建筑物特征的观察。 2. 在同伴合作中愿意承担自己所有接受的新任务。 3. 学会用多种方式(如讲述、绘画、统计等)记录自己的搭建过程和结果。

3. 三堂的墙

(1)第一次建墙

第一次尝试，幼儿通过手臂测量来确定三堂间的大小。幼儿第一时间想到用新投放的红砖搭建围墙，但经过尝试后，他们发现红砖太小，数量不够而且很容易倒，于是决定用两种积木组合搭建(图5-2-32、图5-2-33)。

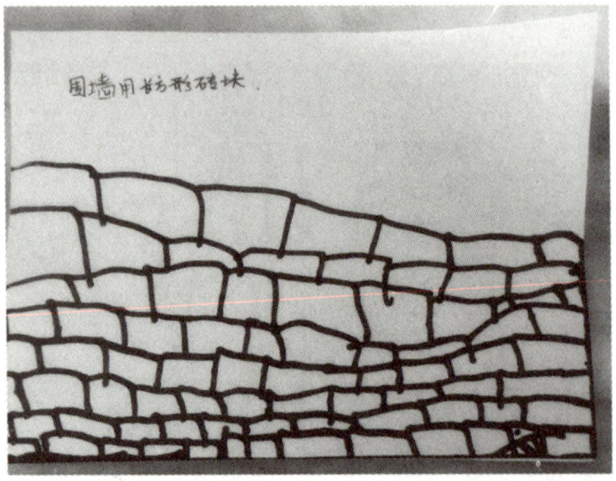

图5-2-32 第一次建墙设计图

图5-2-33 第一次建墙

(2)二次建墙

在二次搭建中，幼儿最初用叠加的方法搭建，但是没建到一半墙就倒了。于是，木头摆放方向的问题引发了幼儿思考。横着放还是竖着放？幼儿总担心积木倒下，通过反复试错、不断重复修建，他们用木头积木(横着的方向)＋塑料积木＋红砖积木的组合方式完成了他们理想中的“围墙”。在这次探索过程中，幼儿从开始的屡屡受挫到最后的成功建墙，不仅获得了满满的成就感，而且解决问题的能力也在不断提高(图 5-2-34、图 5-2-35)。

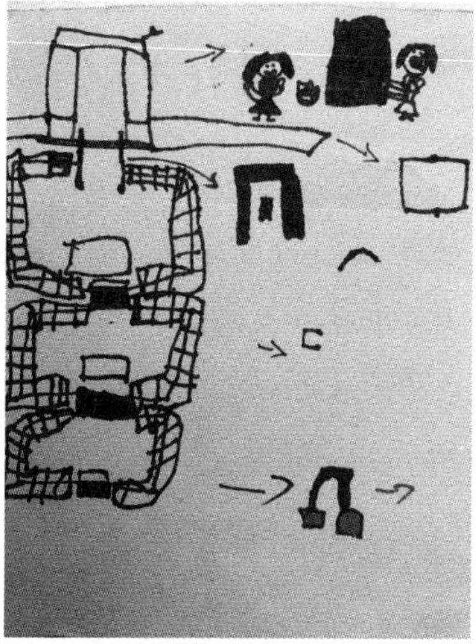

图 5-2-34　第二次建墙设计图

图 5-2-35　现场查看问题

(3)三次建墙前的讨论

幼儿在回顾时说到，三堂里面的门、围墙和盖顶还没有搭好，积木不够了……教师引导幼儿：“积木不够怎么办，我们在搭建中还有其他方法吗？”

皓俊：不要全部用小砖块，我们可以在下面用大的砖块搭，这样就有很多的小砖块可以用了。

粤桐：下堂和中堂中间可以搭一个天井。

皓俊：小朋友搭得很不整齐，有些小朋友没有交替排列搭，就很容易倒也很浪费时间。

灵昕：有洞洞的砖块要朝向里面，向上放积木容易掉下去。

荣慕：有些小朋友在洞洞里面放积木会浪费很多积木。

悠然：有小朋友搭建围墙看到倒了，就加了“两层”，这样浪费了积木。

从谈话看，幼儿已经比较清楚地知道接下来材料的运用以及搭建走向，于是，他们决定去其他班借积木。

(4)借积木

①怎么向其他班借积木?

有的幼儿说要借一些纸箱，有的幼儿说要借一些形状大小一样的积木，他们还做了记录，最终通过投票的方式选出了代表，由代表去大、中、小班楼层借积木。在整个过程中，幼儿表达了自己的想法，提高了解决问题的能力，也发展了社会交往能力。

②如何合理分配积木搭建三堂?

皓俊：我们可以用纸箱搭建三堂的围墙，其他积木搭中堂和下堂。

雅珺：我们可以用木头方形积木搭建中堂，我数了一下，木头积木只能够搭一个中堂。

伟宸：天井用大号空心砖搭吧，用大号空心砖可以节省很多积木。

梓辰：那个搭大门的纸箱可以用来搭建下堂，这样就有更多的积木搭建上堂了。

奕皓：那我们可以收集更多的纸箱，这样大门和围墙就可以用纸箱搭了，工字形的砖块也可以搭呀，它是黄色的可以跟黄色的方形砖一起搭建。

幼儿分配积木搭建三堂围墙如图 5-2-36 所示。

图 5-2-36　分配积木搭建三堂围墙

教师思考:

有了前期解决问题的经验，幼儿知道在搭建中如何节省积木，小组长还掌握了监管更到位的方法。在与材料的互动中，幼儿感知了大小、长短、厚薄、轻重、宽窄等概念。搭完围墙，有的幼儿说：“房子是有屋顶的，屋顶怎么搭呢?”循着幼儿的疑惑，教师引导幼儿一起讨论屋顶的搭建。

搭建墙前后幼儿经验的变化如表 5-2-5 所示。

表 5-2-5　搭建墙前后幼儿经验的变化

幼儿已有经验	幼儿的问题与需求	教师提供的支持策略	幼儿获得的新经验
1. 有参观鹤湖新居的经验，对鹤湖新居结构有一定的了解。 2. 已掌握架空、交错、桥式搭等建构技能。	1. 缺乏对墙的高度的认知，导致围墙建起了总是倒。 2. 想象和表征之间存在一定差距，没有空间概念或事物概念。	1. 通过再次走进鹤湖新居，丰富幼儿的空间感。 2. 肯定幼儿提出的调整策略，并鼓励幼儿尝试自行调整。 3. 利用回顾环节，引导幼儿共同讨论、解决活动中遇到的问题。	1. 对比实物图完善搭建作品。 2. 不断对搭建细节进行把握。 3. 愿意接受别人提出的调整策略。 4. 能够坚持不断地调整、优化作品。

4. 屋顶

客家长廊是幼儿喜欢的户外区域之一，在讨论中，有的幼儿发现客家长廊的屋顶和鹤湖新居的屋顶很相似，于是，他们提出可以去客家长廊写生。

教师发现大部分幼儿对屋顶结构的认知较浅，基于幼儿已有经验，教师带领幼儿到客家长廊进行屋顶的实地参观写生，为其提供自发学习的机会。

(1)客家长廊写生

在客家长廊写生过程中，屋顶的人字形外形吸引了幼儿的注意(图 5-2-37)。

雅珺：客家围屋的屋顶像人字的形状。

粤桐：它像一个三角形，屋顶两边都是斜斜的。

灵昕：屋顶下面还有四个小的三角形。

伟宸：那里是梁，我爸爸说了，搭屋顶要搭梁才稳固。

粤桐：我妈妈说了，斜斜的屋顶方便排水，以前的屋顶都是这样的。

图 5-2-37　客家长廊写生

教师思考：

通过实地写生的方式，幼儿了解了客家围屋的屋顶结构和功能，意识到搭建两面斜的屋顶并不是一件简单的事情。富有挑战性的活动再次激起了幼儿挑战困难的勇气，他们像小小建筑家一样，假设—验证—修正，如此循环地开展研究。

起初幼儿用绳子和木棍在屋顶上摆成人字形(图 5-2-38)，但很快发现这样做既不能固定又不像屋顶。教师发现这一问题，开始引导幼儿用各种材料在教室进行制作微缩房梁的试验。

图 5-2-38 尝试用木棍搭房梁

教师思考：

幼儿从家里带来各种绳子和皮筋探究人字形结构。在操作中，教师可以看出幼儿的自主性增强。在操作时，有的幼儿说到“扎带太紧不容易拉开，更容易成形……”“橡皮筋可以‘伸缩’以及‘无限拉开’”等问题，他们有了经验的沉淀，逐步建立了感觉标准体系。

(2)三角形立不起来

在操作时，幼儿发现三角形立不起来，他们决定将两个大小相等的三角形的三个顶点用木棍连接起来，这样三角形倒的问题就解决了(图 5-2-39)。但新的问题又出现了，幼儿发现三角形里面是空的，放瓦片会掉下来。教师适时引导，怎样让瓦片固定住呢?

伟宸：空的地方也要有支架，可以量一下瓦片的尺寸，这样放上去就不会掉了。

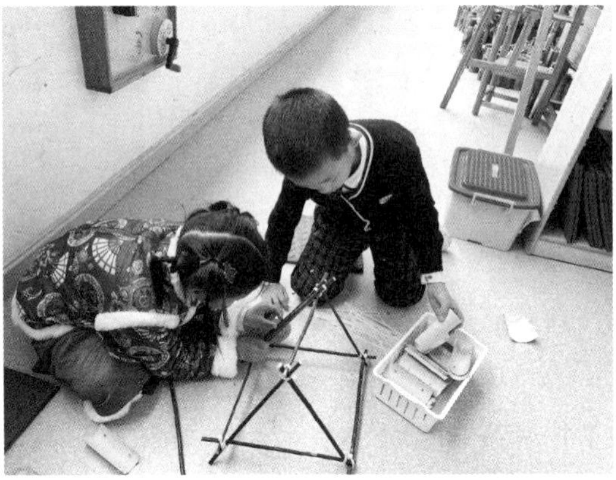

图 5-2-39 制作微缩房梁

(3)小组操作：设计、制作房梁

通过探索，幼儿发现，要相互合作才能搭好两面斜的屋顶。于是，一人扶着，另一人绑，小小房梁就制作完成了。幼儿在发展科学探究能力的同时，也激发了制作大房梁的兴趣。

(4)户外实践：做更大的房梁

幼儿来到了实地进行搭建，他们测量了三堂之间的大小(图 5-2-40)，然后开始寻找长度适合的棍子。

幼儿在小二班的后门发现了要找的“棍子”——竹棍。在刘阿姨的帮助下，幼儿在客家长廊又挑选了一些竹棍。因为要做更大的房梁，幼儿寻求了幼儿园何叔叔的帮助，就这样解决了大的支架的捆绑问题，也在活动中提升了经验。

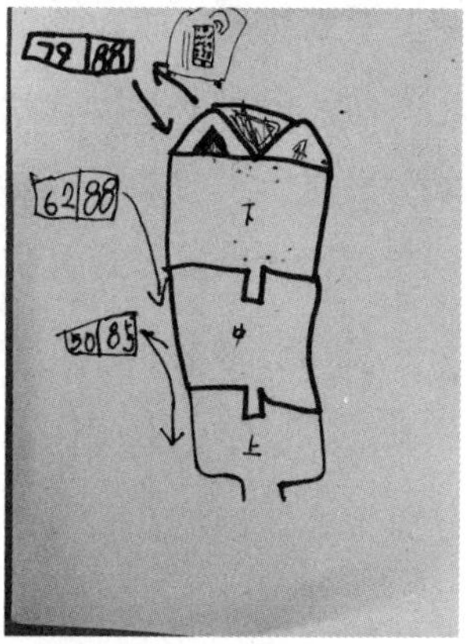

图 5-2-40　测量记录：房梁间的大小

幼儿挑出了一些粗细不一的竹棍，把它们分成三组来做下、中、上堂。三组幼儿同时搭建，他们先挑选了粗木棍做外面的框架(长的六根，短的八根)，然后又挑选了细木棍搭里面的支架。从挑选到制作，幼儿学会了与同伴互帮互助，也逐渐养成了坚持的好习惯。

在操作时，有一个幼儿发现使用扎带时摸上去光滑的一面向里穿进去会“滑”，这时悠然给大家传授了她爸爸的工作经验：“扎带有正反之分，穿进去如果听不到吱吱声那么方向就不对”，“摸上去光滑的地方朝外面”，“穿进圆圈里面是粗糙的”。通过操作，幼儿懂得了扎带的原理，操作也越来越熟练。

①做下堂房梁的小朋友为什么完成得特别快？

雅珺：因为他们合作得好。

皓俊：我看到了，他们先把做房梁用的木棍提前挑好。

文远：他们认真制作，我们这边有小朋友偷懒。

梦晴：他们先做一个三角形，再做一个三角形，跟我们做的方法不同。

在制作过程中，做下堂房梁的幼儿做得最快(图 5-2-41)。通过讨论，幼儿了解了原因，搭下堂房梁的幼儿不仅合作得好，而且用的方法更便捷。房梁制作好了，幼儿提出就要盖顶了。

图 5-2-41　完成的房梁

②用什么材料做瓦片？

伟宸：天井那里有瓦片，但是不够，我数了一下只有二十个。

灵昕：像我们美工区上面的墙那样，用杯子来做瓦片。

皓俊：还可以用纸筒来做瓦片，我们教室有很多纸筒。

在制作屋顶时，有幼儿说灰色的屋顶才像客家围屋，提出要把屋顶都涂成灰色；也有幼儿说用 KT 板做屋顶就不会漏雨。通过讨论，幼儿决定用 KT 板、瓦片以及纸筒来制作不会漏雨的屋顶。幼儿对客家围屋的屋顶结构有了更深入的了解，通过创意装饰也萌发了对美的感受。

(五)分享提升

制作好屋顶后，幼儿产生了给他们的围屋模型办一个落成仪式的想法，并讨论了落成的计划(图 5-2-42)。

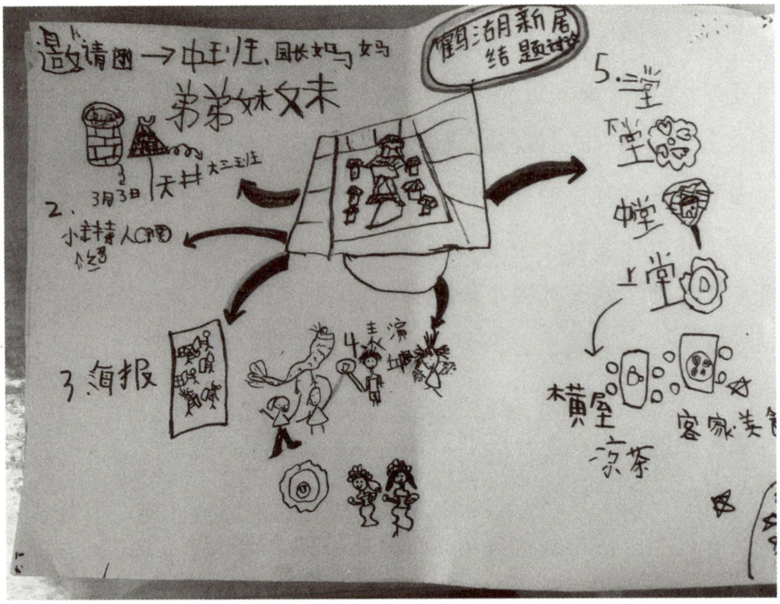

图 5-2-42 落成计划

皓俊：操场那里地方大，我们可以在那里表演。

子宸：我们邀请一些观众吧！比如，园长妈妈、小班的弟弟妹妹。

灵昕：围屋那里还要有海报，告诉大家我们是怎么搭建的。

乔馨：我们还要有一个小导游带大家参观。

悠然：我们可以在搭建好的屋顶上面挂很多灯笼，在灯笼上写上“鹤湖新居”这四个字。

浩轩：我外婆家那里搬新家的时候有人舞龙，我们也可以表演舞龙的节目，叔叔教过我，我也会哦！

教师思考：

从提议到现场的布置和表演，这些环节无一不体现出幼儿的积极参与和自主。

幼儿是活动的实施者和主导者，他们想把成果通过表演的方式展现给全园的小朋友，一致提出要结合客家文化习俗表演来呈现，整个落成仪式很好地诠释了幼儿的想法。

(六)活动回顾

幼儿把搭建鹤湖新居的故事制作成了一本书(图 5-2-43)，用绘画的方式呈现了搭建的全过程，教师和幼儿从这本故事书中一起回顾了搭建围屋的全过程(图 5-2-44)。从鹤湖新居地图的绘制到模型的搭建，从搭建门到建墙再到修建屋顶，从搭建成功到落成仪式，幼儿的进步令人感到欣喜。在这个活动中，幼儿积累了丰富的经验，如他们能观察到建筑物的特征，用多种方式记录自己的搭建过程和结果，能对比实物图完善搭建作品，开始对搭建细节进行把握，能够坚持不断地调整，不怕困难、勇于挑战。通过这次活动，幼儿增强了获取新知识的能力，并能将新知识运用到实践中，其创造性思维也得到了发展。

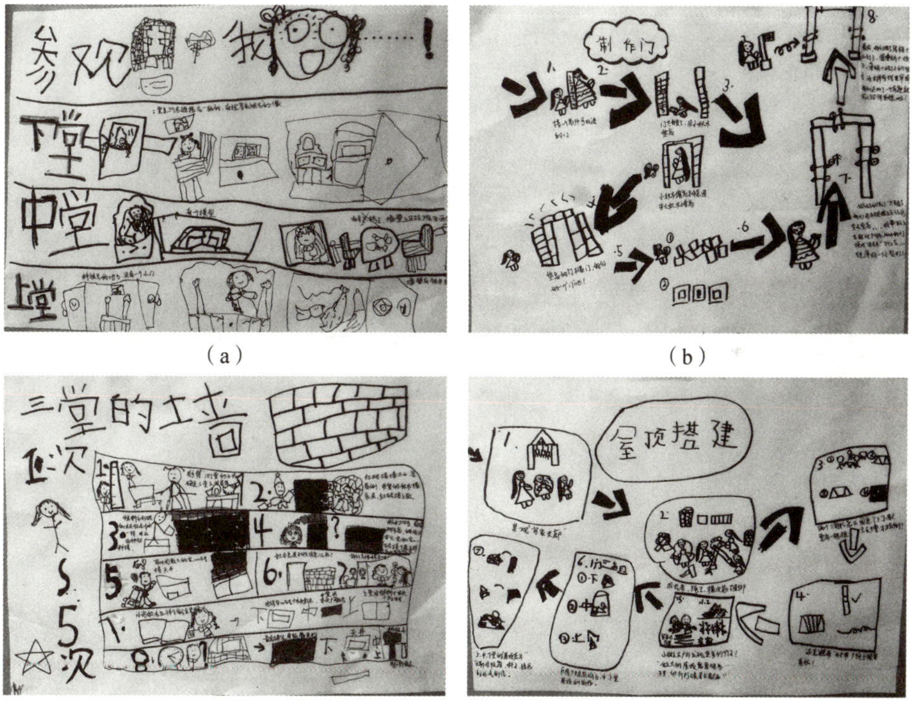

(a)　(b)　(c)　(d)

图 5-2-43　幼儿制作的故事书

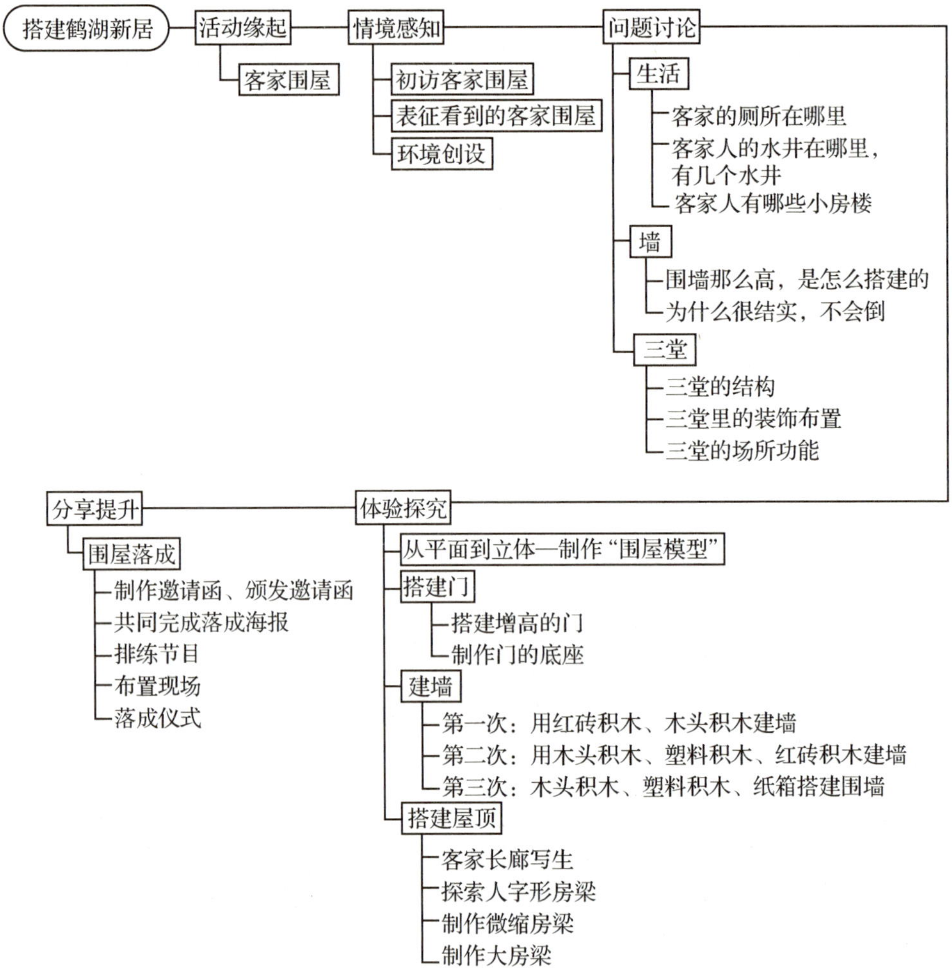

图 5-2-44 "搭建鹤湖新居"活动回顾

(七)幼儿发展分析

"搭建鹤湖新居"活动源于幼儿的生活，幼儿常去的鹤湖新居是深圳新客家之都的标志性建筑。教师抓住幼儿的兴趣点，聚焦到鹤湖新居这一建筑。在搭建过程中，幼儿亲身体验，实际操作，经历了制门、建墙、建顶和装饰房屋等过程。在搭建鹤湖新居的时候，幼儿学会了有序观察积木的形状及大小，并用统计和分配的方式进行建构，能对积木的特征进行深入的分析，能够很好地运用各种积木去进行组合，发展了逻辑思维能力。在活动中，大部分幼儿能积极投入、大胆发言、发挥想象、认真思考。幼儿自主探究的能力和社会交往的合作能力均得到了极大的发展。通过此次建构，每个幼儿都发现了自己的"超能力"，他们自主地选择建构材料、自主协商分工、自主发现及解决问题；他们大胆设计、大胆向同伴介绍，大胆评价自己的作品，充分发挥了自主性，成为建构游戏真正的主人。

搭建鹤湖新居前后幼儿经验的变化如表 5-2-6 所示。

表 5-2-6　搭建鹤湖新居前后幼儿经验的变化

幼儿已有经验	幼儿的问题与需求	教师提供的支持策略	幼儿获得的新经验
1. 有创造意识，能根据自己的经验进行想象搭建。 2. 建构设计能力逐步增强，并能按照计划进行建构。 3. 呈现多种基本的建构技巧。	1. 搭建屋顶时，由于建筑物较大，建筑对象纷繁复杂，需要同伴和教师的力量才能完成，用积木建构瓦片时有困难。 2. 分解建构计划的难题逐步突破，建构难点的能力在实践中提高。	1. 试误策略，适度等待，适时给予支持，给幼儿自我学习的空间。 2. 结构转换策略，引导幼儿根据自己设计的平面图，制作出小的屋顶模型，最后用相应的建构技巧搭建出来，降低表征的难度。	1. 用绘画(图形)的形式表征细节，语言描述能力增强。 2. 增强了获取新知识的能力，并运用到实践中，创造性思维得到了发展。 3. 不怕困难，勇于挑战。

(八)活动总结与反思

兴趣是最好的老师，是幼儿学习的动力。教师在幼儿兴趣的基础上，深入观察、挖掘有教育价值的游戏内容。幼儿参观鹤湖新居后自发搭建，看似随意的活动，教师却发现并抓住了其中的教育的契机，引导幼儿制订计划、自主搭建、深度发展，化“随意”为“有意”。幼儿园的建构材料、场地等一切资源的提供，也为游戏顺利进行提供了保障。例如，搭建鹤湖新居需要大量的纸箱和积木，幼儿园就动员全体教师，发动家长的力量一起收集，这为活动的开展提供了强有力的后盾。

幼儿在游戏中的安全、规则问题也是教师重点关注的。教师运用自己的专业知识判断幼儿游戏的问题所在，同时放慢脚步，引导幼儿共同思考、不断尝试，适时使用提供图示、试误、结构转换等策略提升幼儿的游戏质量，促进幼儿的深度学习。

在游戏过程中，教师更多关注幼儿能力的提升，在活动中以观察者的身份适当放手，让幼儿尝试自主解决实际问题，让能力弱的幼儿跟能力强的幼儿一起参与活动的全过程，使每个幼儿在活动中均有了自己的收获。

此外，教师充分利用家长资源，在实施过程中，发动家长共同收集材料，让家长参与到课程中与幼儿共同游戏，使得幼儿在活动中的技能问题能够及时得到解决。教师始终把引导的出发点和落脚点放在培养幼儿解决问题的能力上，真正做到幼儿发起、幼儿推动。在一次次的发现问题到解决问题的过程中，幼儿也品尝到了成功的喜悦。

三、遇见拱门

（一）活动缘起

通过“客家围屋”主题活动的开展，幼儿参观了龙岗比较有代表性的鹤湖新居、大田世居。在观察探究中，教师发现幼儿对围屋拱门的大小、形状、材质和生活中自家房子的门的不同产生了兴趣，认为客家围屋的拱门很特别，有的大、有的小、有的圆、有的方，自己家的门是钢质的，而围屋的门是由石柱、砖块做的。教师结合幼儿的兴趣，充分利用大班幼儿敢于挑战和克服困难的年龄特点，思考或许“搭建拱门”是一个很好的学习契机。

1. 价值分析

为了支持幼儿的活动，教师对“遇见拱门”中所隐含的关键经验及幼儿的学习价值进行了分析。自“客家围屋”主题开展以来，幼儿已经对客家围屋的拱门产生了浓厚的兴趣，该活动能够锻炼幼儿的动手能力、空间感知能力和结构创新能力。幼儿需要通过搭建木拱门来掌握各种搭建技巧，如使用不同大小的木块、掌握木块的排列和组合等。在搭建过程中，幼儿需要考虑到门的结构稳定性、美观性和安全性，这有助于培养他们的空间感知能力和结构创新能力。同时，该活动也能够培养幼儿的团队合作精神和解决问题的能力，幼儿需要与同伴合作完成任务，并在遇到问题时寻求解决方案。该活动既能激发幼儿喜欢搭建的兴趣，也能了解我国的传统建筑方法：榫卯结构建筑法。我们希望通过活动让幼儿树立环保意识，让他们在成长过程中初步树立对未来美好环境的保护意识。

2. 可行性分析

幼儿经验：本班幼儿已多次参观客家围屋，对围屋的建筑结构有一定的了解，同时幼儿园有特设的木工坊，他们对木工活动已有足够的经验。大班幼儿已经具备了一定的空间感知能力和动手能力，能够掌握基本的搭建技巧。其次，榫卯结构是一种具有历史和文化价值的建筑形式，对于幼儿来说具有很强的吸引力。通过搭建活动，幼儿可以了解到拱门的结构和功能，增强空间感知能力和动手能力。

活动的适宜性：从活动的适宜性来看，大班幼儿已经具备了一定的搭建技能和经验，能够完成具有一定难度的搭建任务。此外，木制的搭建材料较为常见，且搭建过程相对简单，易于掌握。该活动符合大班幼儿的年龄特点和班级幼儿的兴趣爱好，教师可以通过提供适当的指导、示范和反馈来帮助幼儿更好地开展此活动。

资源分析：我园具备较多可利用的资源，如本土资源——鹤湖新居和大田世居为幼儿进行直接参观和探究提供了实践场地，幼儿园木工区的工具和材料可以支持幼儿的游戏。

综上所述，大班幼儿搭建拱门的活动具有较高的价值和充分的可行性。因此，教师根据幼儿的兴趣预设主题网络图(图 5-2-45)，开展了“搭建拱门”的活动。

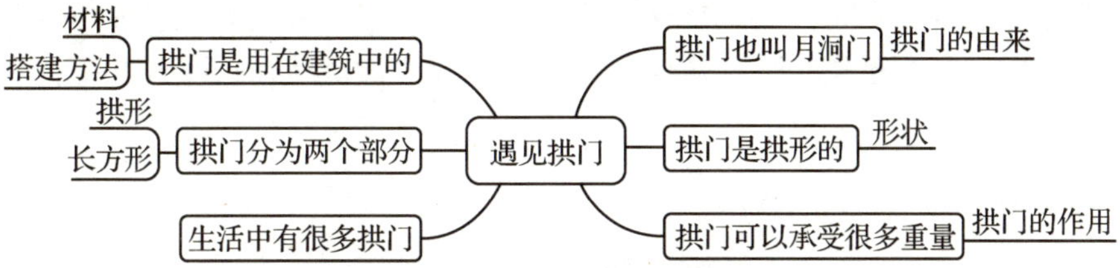

图 5-2-45　“遇见拱门”网络图

(二)情境感知

1. 实地参访

在教师和家长的带领下，幼儿走进了客家围屋——鹤湖新居和大田世居，在实地观察、亲身感知的过程中，他们发现：鹤湖新居和大田世居里面都有很多拱形的门；客家围屋就像迷宫一样，都是围起来的；拱门都是用石柱和砖块砌成的。

教师根据幼儿观察、探究的兴趣，与幼儿一起寻找拱门，并邀请了围屋里面的工作人员为幼儿讲解围屋的历史、结构，幼儿一边观察一边记录着现实生活中的门与客家围屋的门的不同。幼儿提出：现在人们住的房子大多是楼房，门是长方形的，不是拱形的；拱门就像城堡里的门；拱门的墙壁是砖块做的。

教师思考：

在实地参访活动中，教师充分利用了本土资源和家长资源去支持幼儿的学习。幼儿在直接与间接的信息交互中，丰富了对围屋房门的认识，知道了现实房屋与客家围屋的房门的不同，同时提高了现场写生、实地观察与探究讨论的能力。

2. 亲身体验

这一天，幼儿兴致勃勃地在积木区玩起了搭建客家围屋拱门的游戏。在搭建过程中，有的幼儿选择了拱形的积木搭建出一个立体拱门；有的幼儿搭建了平面的拱门；有的幼儿用长方形积木搭建了门框，在门框上面搭建了半圆形拱门(图 5-2-46)。就这样，幼儿在实地观察、亲身体验中开启了搭建不一样的拱门的活动。

图 5-2-46　积木区搭建拱门

教师思考：

为了支持幼儿的游戏，教师开始进一步关注、分析搭建拱门中所隐含的关键经验及幼儿学习的价值。尽管师幼对于如何搭建拱门还没有很多确定的想法，但是搭建拱门这个新颖的活动已经激起了幼儿的兴趣。因此，教师根据大班幼儿主动探究、发现问题、解决问题的能力，结合幼儿平时搭建的经验，引发幼儿新的探究点，如掌握平衡、对称、数量等概念，为此通过"搭建拱门"活动来进一步提升幼儿搭建的技能，使幼儿在兴趣中持久、深入地探究。

(三)问题讨论

幼儿有了初次搭建拱门的体验，更有兴趣搭建一个更大的拱门。如何搭建一个更大的拱门呢？教师利用家长资源、让幼儿观看视频、利用日常区域、户外活动搭建的方式，发现幼儿对搭建围屋拱门有了新的经验与兴趣。于是，教师聚焦幼儿兴趣及问题展开了探究讨论并形成了问题清单(图 5-2-47)。

星然：可以搭一个老师也能从里面穿过的拱门吗？

泓博：拱门的拱形怎么搭？

睿睿：我们要用哪些材料来搭拱门？

图 5-2-47 "搭建拱门"问题清单

(四)体验探究

1. 尝试搭建拱门

(1)第一次搭建——拱门呈三角形

为了能搭一个更高、更大的拱门，幼儿将搭建场地转移到了户外。大家自由组合分成了三组开始搭建。

第一组幼儿用大积木垒起了两边的门柱，将两块砖错开摆放，放一块半圆形的积木连接起来。

第二组幼儿用大积木垒起了一个长方形的门，用小砖块在顶上搭出了一个三角形。

第三组在打好地基后，一直想要尝试将两边的小方块积木连接起来，但试了很多次还是以失败告终。

幼儿经过分享、讨论发现以下问题：第一，拱门是弯弯的，而他们搭的是长方形的门；第二，拱门上面是没有小积木的；第三，这个拱门虽然人可以过去，但是它的顶是尖尖的，不是拱形的。

幼儿讨论出以下解决方法：其一，在天井建构区用胶水把积木或者纸箱粘起来，做一个拱门；其二，用长积木一点一点地往上搭，最后就可以连接成拱形。

幼儿根据自己的想法，画了设计图，尝试寻找更适宜的搭建方法。最后大家采用了泓博提出的方法，用长积木一点一点地往上搭建，最终成功了，但是其他幼儿的想法都没有实施成功。不过，幼儿对于泓博搭的拱门又提出了新的疑问，这还是不像拱门，它看起来是个三角形的(图 5-2-48)。

图 5-2-48　搭一个老师可以穿过的拱门

(2)第二次搭建——尝试搭建拱形

根据这次搭建发现的问题，幼儿再次讨论，他们认为把这个三角形变“胖”一点或者往外拉一点就可以变成拱形了。幼儿在尝试把三角形变“胖”的过程中，又遇到了难题——叠起来的积木总是倒塌。在分享中，幼儿推测出失败的原因：第一，推错了，先把中间的拖出来，上面下面不要推；第二，推的时候没有合作，有点快，太用力了。

为了更方便搭建，幼儿把户外建构积木搬回了班级进行搭建。根据上次总结的经验，幼儿这次一起合作调整三角形，一边扶着积木一边慢慢地调整，在调整过程中，垒起来的积木还是非常容易倒，积木叠在一起太重，很难推动和调整，最后还是失败了(图 5-2-49)。

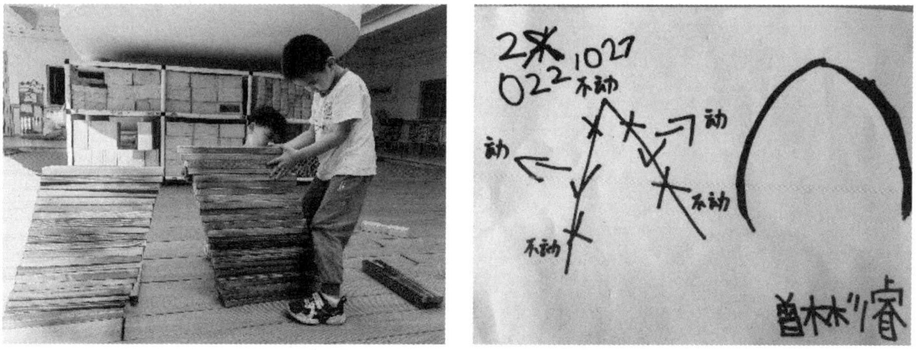

(a)　　(b)

图 5-2-49　用不同积木搭拱门

2. 探索搭建拱形的新方法

(1)寻找新方法——借鉴搭建达·芬奇拱桥的原理

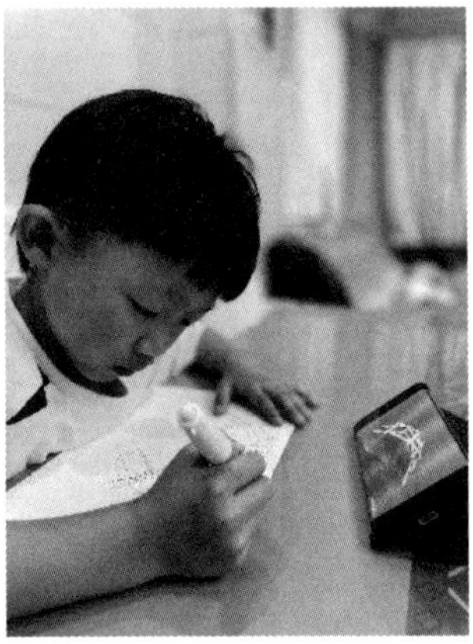

图 5-2-50 上网查找搭建的新方法

在经历了前几次的失败后，幼儿似乎有点泄气了，在面对教师提问“你们还有什么新的想法吗”时，幼儿都摇摇头，说：“没有。”没关系，我们去请爸爸妈妈帮帮忙吧，说不定他们可以想到新的办法来帮我们解决难题。周五放学，幼儿带着疑问回家了。在周一入园时，星然非常兴奋地说：“老师老师，我和爸爸妈妈想到一个新办法，用长长的棍子搭了一个拱形，我们可以换成长长的积木试试，说不定可以成功！”终于有了新的办法，晨谈活动星然分享了自己的想法及搭建的视频(图 5-2-50)，通过分享学习，幼儿都想要学习这种搭建的方法。

星然的新办法给大家提供了方向，幼儿提出想要向园长申请购买一些搭建达·芬奇拱桥的木条，大家都想学习这种搭建方法，还表示要在大操场上搭一个大大的拱门。说干就干，幼儿迫不及待地开始写申请书，最后也如愿申请到了方形木条和圆柱形木条。

(2)尝试搭建拱形

通过星然的分享，幼儿继续调整搭建方法。不一会儿，有的幼儿就把底座搭好了，有的幼儿在往积木中间插入积木时总是会滑落，尝试了很多次依然失败了。这时，有幼儿提出合作搭建，三个人组成了一个小组开始一起搭建。只见他们很快就搭好了一个方形的框架，两根上两根下，中间的位置横着放一根木条，睿睿小心翼翼地将自己面前的木条抬起后朝里面斜插了一根木条作为支撑，星然也学着睿睿的样子开始搭，但正当他抬起框架的时候框架突然滑掉了一个角，星然想把滑下来的积木再搭上去，结果太用力扯多了一点，把另外一个角也扯掉了。睿睿想继续往下搭建时整个框架都散了，搭出来的桥都是不稳固的(图 5-2-51)。

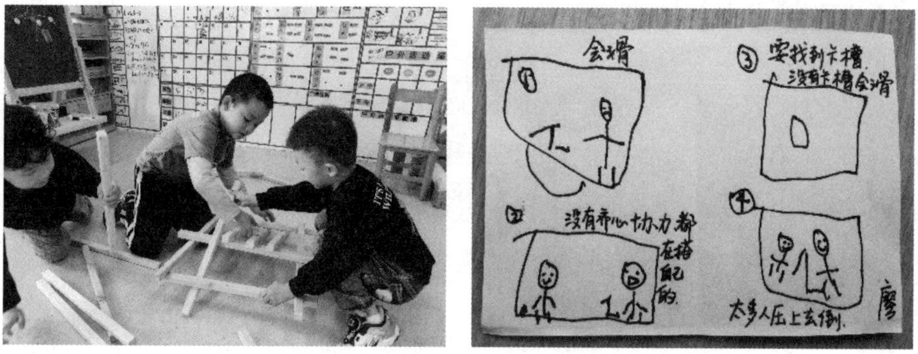

(a)　　　　　　　　(b)

图 5-2-51　尝试搭建达·芬奇拱桥

教师提供视频，鼓励幼儿学习他人成功搭建的方法。通过讨论，幼儿发现，视频中的小朋友是相互合作的，有规律地搭，而他们是自己搭自己的，没有合作。而且视频中的木条有卡槽，教师提供的木条没有卡槽。针对这些问题，幼儿也做出了调整。经过反复尝试后，幼儿开始合作搭建，更加注重对于细节的把握，终于搭出了拱桥，并开始用各种物体试验拱桥的承受力，大胆的小朋友甚至站了上去。在试验的过程中，幼儿发现，放物体上去是不会倒的，但只要是人站上去就会倒塌。于是，又一个新的问题产生了，怎样搭一个人站上去也不会倒的拱桥呢？

通过每次对作品的观察与讨论，幼儿总结出了在搭建拱桥时要注意的地方。第一，两边对称，左边和右边留出来的距离要一样长，交叉的地方留出来的距离也要一样长，但不能太长，太长了中间就没有位置插入新积木，也不能太短，太短了积木就容易滑落。第二，支撑的积木要放直一点，不能歪，歪了就会倒塌等。解决了这些问题后，幼儿开始尝试搭建更大更长的拱桥，但是，在搭建过程中他们发现，只要延长到第三次的时候，前面搭的就会全部散掉。在经过多次失败后，幼儿决定按照视频中的样子给积木开出卡槽。

教师思考：

在没有卡槽的情况下，幼儿想要搭建拱形结构是一个非常有挑战性的任务，想要实现人站上去不倒，那就更难了。除了合作搭建，搭建拱桥还受多方面因素的影响，如力度的掌控、积木摆放的位置、对称、平衡等，虽然这些概念对于幼儿来说十分抽象，但在每一次搭建的过程中，他们都在通过不断探究、仔细观察、细心对比，慢慢地体会与感受这些概念的存在。例如，幼儿通过对比作品的细节，总结出了搭建方法和要点。幼儿用自己的行动诠释了对这些概念的理解。

3. 搭建又大又稳的拱桥

(1)开槽

为了搭建更大更长的拱桥，通过前几次试验，幼儿决定给木条开槽，像真正的达·芬奇拱桥那样。乐乐看了看图片，拿着木条说："凹槽要开在中间和两边的位置上。"泓博拿着木条说："那么，中间的位置在哪里呢?"大家纷纷开始想办法找中点。

泓博：你们看！这里就是中间！（说完还用笔在中间的地方做好了记号。）

乐乐：我用另一块木条来测试一下。

睿睿：还可以用数尺子上的格子的方法来找到中间的位置，从左边、右边数一样多的格子的位置就是中间了。这边是25，那边也是25，这里是中间的位置。

一诺：还可以用手指走路的方法来找，两只手，从两边一起走，在哪里遇到哪里就是中间。我刚才两边各走了9步(图5-2-52)。

图 5-2-52　用不同的方法寻找中点

①找凹槽的位置

第一，凹槽要做多宽?

中间的位置是找到了，那凹槽到底要做多宽呢? 针对这个问题，幼儿展开了讨论，有的说要做下一块木头那么宽，这样木头才能卡进去。有的直接拿起积木比画起来。睿睿拿着两根积木交叉叠在一起，用大拇指和食指捏住上面的积木说："这么宽。我是用这个积木测出来的。要有这么宽，才能把木头卡进去。"这时一诺提出要做记号，木工师傅才能知道开多宽。睿睿听了一诺的话，又将两块积木交叉叠在一起，沿着上面积木的左右两边用笔在下面的积木上各做了一个记号，并说"开这么宽"。(图5-2-53)

第二，凹槽要做多深？

当幼儿画完开槽的线，乐乐提出："我们的卡槽要开多深呀？又不能把它锯断。我们就留下薄薄的一片好了。"乐乐说完，宸就提出了反对意见，认为太薄了也容易断。经过商讨，大家统一决定开木条的一半，并用尺子去测量了木条的厚度是多少，在一半的位置做好标记(图 5-2-54)。

图 5-2-53　画凹槽的宽度

第三，两边凹槽的位置怎么找？

幼儿已经确定了中间开槽的位置，又在讨论两边凹槽的位置怎么找、开在哪里。通过亲身操作、对比、讨论，有的幼儿提出用木条测量，木条的长度要保持一致；有的幼儿提出用手指测量，并且要确保手掌的大小一样；有的幼儿提出用尺子测量，在木条两边定的数字要一样，这样才能保证两边凹槽的位置一样。

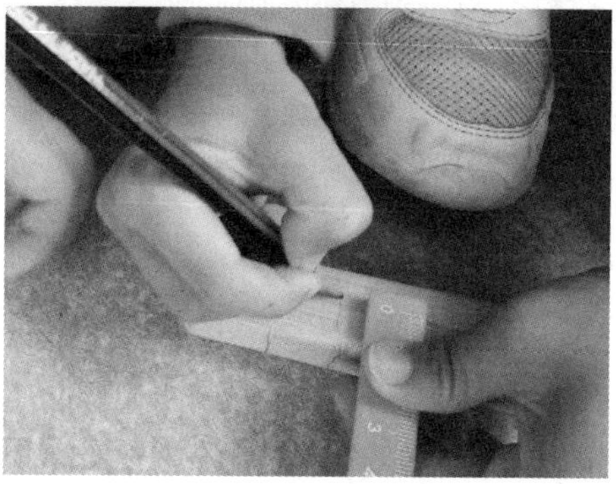
图 5-2-54　测量凹槽开多深

为了保持数据的精准性，教师提出让幼儿选择一种方法来寻找两边的凹槽，最后幼儿通过用尺子测量的方法来寻找两边凹槽的位置。睿睿把尺子放在积木的左边，尺子的一头对准中间凹槽的左边，在尺子的另一头 19 厘米和 21 厘米的位置做了标记。然后把尺子换到中间凹槽的右边，用同样的方法在 19 厘米和 21 厘米的位置做了标记。睿睿："还要把做多深的位置画出来。"说着，就拿起笔在积木的两边画了起来。一诺说："那我们要看看凹槽是不是一样深的，拿尺子比一下吧。"睿睿赶紧拿来一把尺子平放在积木的侧面，将尺子对准中间凹槽和旁边凹槽底部的线，看看是否一样深。"是的是的，是一样深的。"睿睿边量边说。教师这时提出："怎样知道两边凹槽的位置是一样的呢？"幼儿想到用手指去测量、用尺子去测量，为了确保精准度，乐乐："再测量一次。"说完，乐乐找来尺子放在短的这边，用力按住尺子，泓博找来铅笔按照睿睿的做法又在 19 厘米处画线。一诺在旁边还不断地提醒："19 厘米！赶快画出积木的宽度吧。"于是大家又用老办法，将两块积木交叉叠放着画出了两边的位置。

第四，凹槽的开口朝哪边？

幼儿画好开槽的线，正准备去开槽，这时泓博说："我发现了一个问题，就是两边的卡槽开口不应该跟中间的卡槽开口在同一个方向，应该开在另一个方向，我看视频中是这样的，老师买的拱桥玩具也是这样的。”于是幼儿再次展开讨论。

睿睿：老师买的玩具是两边的朝这边，中间的朝那边。我们的全都是朝一边的。

师：为什么凹槽开在同一方向不行呢？

乐乐：不可以，因为它上面下面都要有木头卡住，卡槽都在上面，那下面不是卡不了了吗？那我们开始改造吧！把中间的擦掉，就按照买的这个改。（说着还将小的木头放在了旁边做参考。）

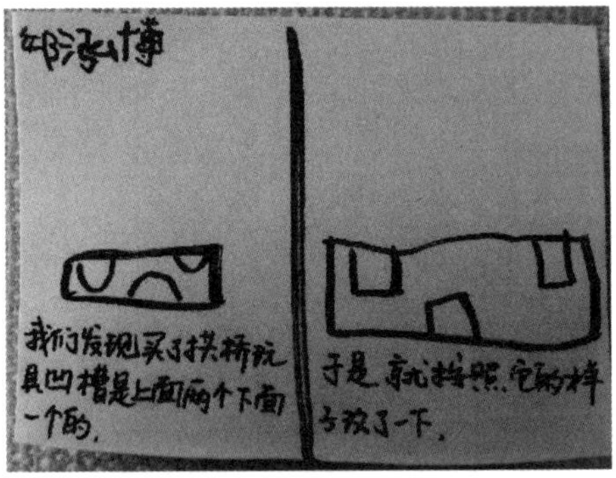

图 5-2-55　确定凹槽开口方向

幼儿将中间的凹槽开口改到了相反的方向，改完后还不忘重拿积木测试改动后的凹槽的距离是否合适(图 5-2-55)。

确定了凹槽的位置后，在木工师傅的帮助下，三个凹槽很快就开好了，幼儿迫不及待地去尝试却发现两边的凹槽太小了。这时教师说：“怎么这么奇怪呢？为什么中间的刚刚好，两边却小了呢?”乐乐想了想说：“可能还是像教师上次说的那样，我们画得太靠里面了。可以把它再开大一点。”教师继续追问：“开多大呢?”幼儿提出还是按照以前的办法，将积木放在这个凹槽上比着画，画出来一点。画完后幼儿发现还是小。泓博说道：“我知道了，中间的凹槽刚刚好，我们就按照中间的凹槽大小来画吧！量一量中间的凹槽有多大。”说着便拿起尺子量了起来。“是 2.7 厘米，那两边也要 2.7 厘米。”最后，大家按照泓博的建议确定好了两边凹槽开口的大小，并在木头上做好了记号。这样，三个凹槽的大小就变得一样了，第一个有凹槽的拱桥支架就做好了。

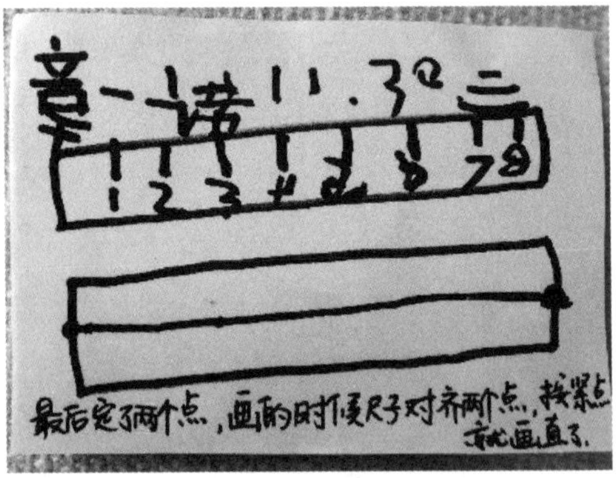

图 5-2-56　两点连成一条直线

幼儿正准备去开槽时，发现大家画的凹槽深度不一，有的深，有的浅，有的线条还是歪的。经过讨论，大家认为，在需要开槽的一面，先分别在两端找到宽度的中点，将这两个中点连成直线，开槽的时候，将每个槽的深度都抵到这条直线上，这样凹槽的深度就一致了(图 5-2-56)。在接下来的活动中，大家按照这个定点的方法，将所有的积木都定好了两个点，但在画线的时候发现积木太多了，需要画很久才能画完。大家又开始思考有没有什么方法可以更快、更简单地画直线。

珊珊：把所有的木条放在一起，一起画线。

际尧：像木工师傅一样，用墨盒弹线。但是要摆整齐哦(图 5-2-57)。

睿睿：向老师借长长的尺子，一起画更方便。

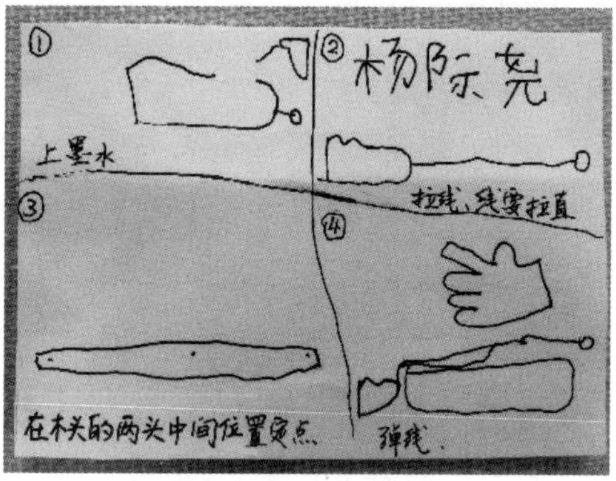

图 5-2-57　墨盒弹线

教师思考：

从讨论过程可以看出，幼儿的思辨能力比较强，能与同伴积极协商，很快找到问题的症结，能根据生活经验建立问题与方法的合理连接。例如，对于画直线，幼儿的方法是首先确定两个点，然后再根据点的位置画出直线；对于用来画直线的尺子的选择，幼儿觉得应该用比较硬的和积木一样长的尺子来画，不然就会画得歪歪扭扭。幼儿的经验似乎比教师想象中的更丰富。

②争当小木匠，体验开凹槽。

看到木工师傅开槽后，幼儿也想尝试自己当小木匠去开槽，在木工区，幼儿穿好防护服，拿好工具，开始了开槽活动。大家分工合作，有的人用锯子锯积木，有的人帮忙扶住晃动的积木，还有的人蹲在下面观察锯出的深度，以免超出标注的记号，大家干得热火朝天。这时，泓博很快就锯好了一个槽口，赶紧拿到操作台上想用凿子将锯开的木头凿下来，其他幼儿也围了过来，大家都想要见证奇迹发生的这一刻。泓博正卖力地凿着，感觉胜利在望了，在听到几声当当当的声音后，只听见咔嚓一声，木头并没有像木工师傅那样轻松地凿下来，而是从头部的地方裂开了(图 5-2-58)。琪琪激动地说："我们需要把它修补好，而且在开槽时不能太用力，卡槽也要一样深。"

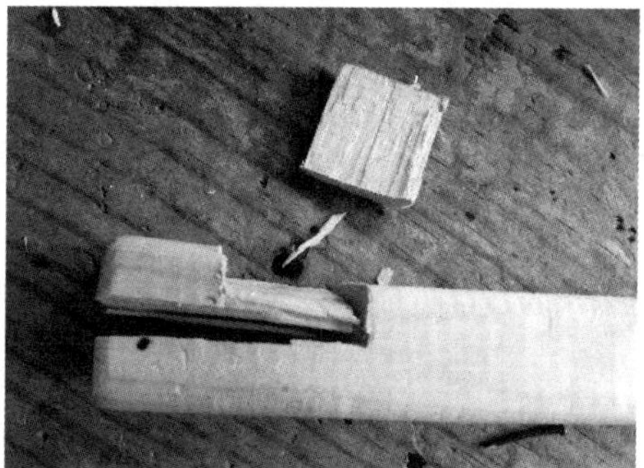

图 5-2-58　木头裂了

后来，幼儿决定还是去请教木工师傅关于裂开的事情，并把自己的猜测也告诉了木工师傅。在木工师傅的帮助下，幼儿总结出了开槽的要点：首先，要画好深度的中线，在锯的时候一定要对准中线，没锯到或是超过中线都有可能会使水头裂开；其次，在凿的时候也要对准中线，凿子不要放歪了，不然也有可能会使水头裂开。

裂开的木头能修补吗？带着好奇和疑惑，幼儿决定用班上的胶来做一个实验。他们用木条、筷子、纸张、钉子、石头、塑料管、白乳胶、透明胶、固体胶、双面胶来做实验材料，测试哪一种胶水适合修补木条(图 5-2-59)。

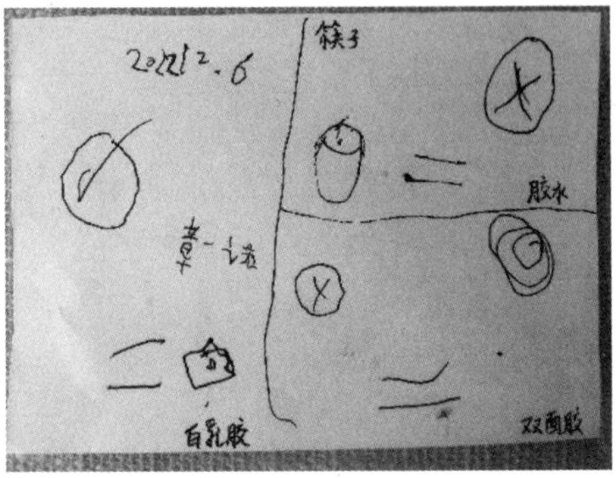

图 5-2-59　胶水实验

经过一夜的等待，幼儿迫不及待地想要去验证自己的想法。经过一个一个对比，他们发现胶水的黏性很弱，双面胶第二，白乳胶是最黏的，可以粘住木头、筷子，但不适合粘钉子、石头和塑料。在得到哪种胶水最适合粘木头后，幼儿赶紧用白乳胶将裂开的木头修复好。

教师思考：

在解决了容易散的问题后，幼儿发现，要想搭一个更大的拱桥，必须有凹槽才会更稳固，于是幼儿通过观察视频中积木凹槽的位置，尝试自己动手给积木开凹槽。在活动过程中，教师尊重幼儿的想法，让幼儿成为材料的主人，用自己的方法去测量、验证，找到开槽点。最后，在木工师傅的帮助下，幼儿学习了使用墨盒拉直线，体验用专业的工具进行开槽。在整个活动过程中，幼儿都是跟随着自己的脚步，自己发现问题，并用自己的方法去解决问题。

(2)搭建拱桥

①为什么搭出来的拱桥总是晃来晃去的?

在木工师傅的帮助下，所有的凹槽都开好了。幼儿都迫不及待地想要搭建一个大的拱桥。不一会儿，他们就搭出了一个小的拱桥，再继续往下搭时，星然和睿睿发现："拱桥变得越来越窄，而且拱桥还晃来晃去的，怎么回事呢?"针对发现的问题，幼儿进行了讨论，很快就找出了原因：搭拱桥时如果不把木条的距离调整好，那么桥可能就会越来越窄，就像是金鸡独立一样，站不稳(图 5-2-60)。经

图 5-2-60　金鸡独立

过多次尝试、调整，幼儿发现：搭建时需要调整距离和方向，两边要对称搭，如果一直往左边搭，左边变重了，就向左边倒了。

②怎样才能搭得更高?

解决了摇晃的问题后，幼儿提出还想搭得更高一点，但他们发现，搭到一定的高度时，抬起左边时右边就会松动，抬起右边时左边就会松动。幼儿经过不断尝试，发现人在中间扶着是不行的，很容易从中间断开，而且两边的积木也很容易松动，所以最后放弃了这个方法。他们还发现，拱桥最多只能延长十三次，不然就会出现抬左边时右边松掉，抬右边时左边松掉，无法保持平衡、对称的问题(图 5-2-61)。

图 5-2-61　搭高的拱桥

③搭一座人可以在上面行走的桥。

拱桥搭出来了，幼儿又有了新的想法：搭一座人可以在上面行走的桥。在搭桥的过程中，幼儿想尝试能否站上去，结果还没等站稳，就听见咔嚓一声，其中一根木条断掉了。针对幼儿的想法，大家展开了讨论。

琪：人要走过去的话，桥要更坚固才行。

玥：可以多加一点积木上去，要对称就更坚固。

桐：在下面加四根柱子支撑住就好了。

霖：加多两条积木，变成四条腿更稳固。

最后大家准备按照霖的想法来搭建，把两根支撑的积木变成四根试试。在搭建的过程中，幼儿小心翼翼地尝试着，每延长一次都让一个体重比较轻的幼儿站上去试试。直到延长到第九根的时候，听到咔嚓一声，有一根积木断了，于是幼儿觉得延长到第八根的时候就可以了(图 5-2-62)。

图 5-2-62　讨论搭人可以走的桥

拱桥搭好了，哪些小朋友可以上去呢?幼儿提出：胖的、重的、平衡力不好的、推挤的、打闹的小朋友和小班的弟弟妹妹都不能上去，而且应该做一个警示牌来提醒其他幼儿需要注意的事项。

做好警示牌后，幼儿再次到生态园搭拱桥，并且尝试在桥面上行走，在走的过程中积木又断了。幼儿提出：生态园需要桥的地方已经有桥了；小朋友们的拱桥不牢固，存在安全隐患；下雨天，拱桥淋雨就坏了。所以生态园不适合搭拱桥。

幼儿已经会搭出拱形结构了，但搭拱桥又不合适，最后睿睿提出："我们一开始不是要搭客家围屋的拱门吗？那我们可以搭拱门呀，而且天井建构那里也有搭拱门需要的柱子。"结合实际情况，幼儿讨论出再搭拱门。

(五)分享提升

1. 制作《遇见拱门》图画书

幼儿成功搭建了拱门以后，提出要制作一本《遇见拱门》的故事书。将搭拱门的完整过程绘画出来。幼儿清晰记得拱门是如何建成的，其中遇到了什么问题，怎么解决的。他们将在搭建过程中发生的重大事件都一一记录下来。利用这本图画书，教师和幼儿回顾了搭拱门—拱桥—拱门的全过程。

2. 办展览馆

幼儿成功搭出了拱门，那拱门放在哪里呢？怎样让其他幼儿学习搭这样的拱门呢？幼儿通过讨论选择了幼儿园的大厅作为展览馆的场地。确定场地后，大家开始布置场地，选出小小解说员，邀请园长、其他班的教师和小朋友来参加我们的结题活动。

通过一系列筹备工作，期待已久的展览馆开馆了。活动当天的第一个环节是自由参观，幼儿个个都像小主人一样，介绍着自己的搭建故事。第二个环节是小小解说员现场解说。两名小小解说员不紧不慢地解说着他们在制作中遇到的问题以及如何解决问题，并且在现场演示如何找开槽的位置、如何开槽、如何找中点等，绘声绘色地向大家分享。解说结束后，进入第三个环节，即现场搭建，本班幼儿化身为建筑师傅让其他班的幼儿现场体验如何搭建拱形结构、了解了什么是榫卯结构、它的特点是什么。整个活动就在这样轻松愉快的过程中结束了。

(六)活动回顾

为了重现幼儿在整个项目探究的学习过程，教师组织幼儿通过讨论话题、回顾活动照片和视频、制作《搭建拱门》图画书、办展览馆、现场教学搭建等活动形式，帮助他们回顾经验，梳理学习，激发成就感(图 5-2-63)。

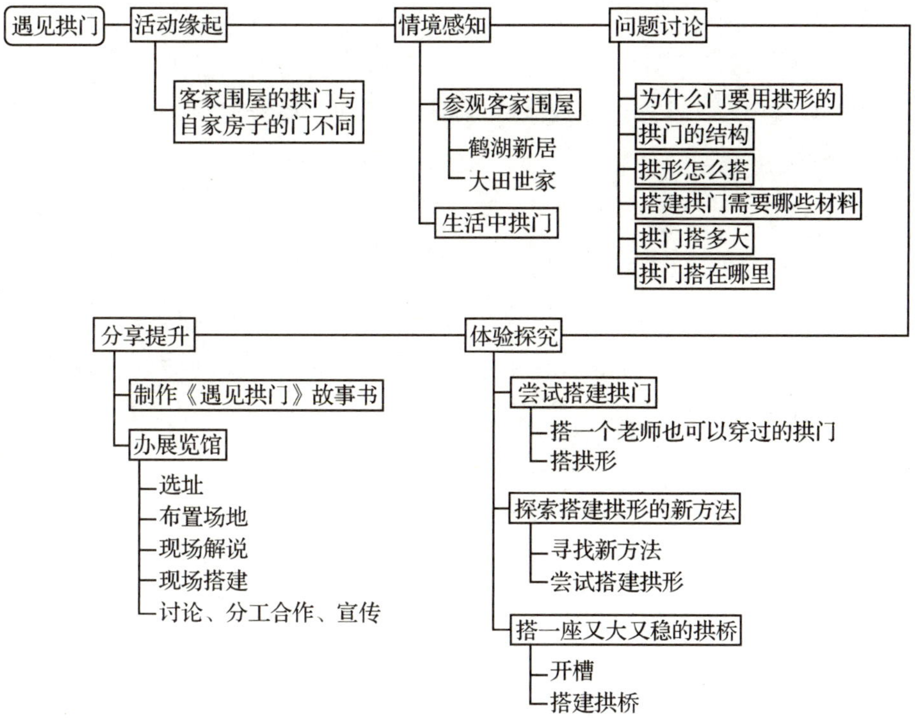

图 5-2-63　“遇见拱门”活动回顾

(七)幼儿发展分析

“遇见拱门”活动是在“客家围屋”主题背景下产生的项目探究活动。参观完客家围屋——鹤湖新居后，围屋里的拱门引起了幼儿的注意。幼儿尝试用各种方法去搭建拱门，但都以失败告终。就在幼儿一筹莫展时，通过爸爸妈妈的帮助，他们一起上网查询，找到了新的搭建拱门的办法，用搭建达·芬奇拱桥的方法来搭建拱门。在这个过程中，幼儿再一次体验了自主学习、合作探究的过程，并积累了新的建构经验，发展了团队合作、主动交往等社交能力，促进了互助、集体归属感等积极社会情感的发展，培养了初步的独立与合作解决问题的能力，表现出了积极主动、认真专注、坚持探究等学习品质。同时，幼儿也体验到了自己动手带来的不一样的喜悦感。

儿童核心经验的发展主要表现在以下方面。

1. 思维能力

幼儿在搭建过程中手脑协调配合，创造性思维和发散性思维得到了良好的发展。特别是独立思考能力得到了很大的提升，能够独自分析问题并解决问题，观察能力得到了很好的发展，在发现一个个问题、解决一个个问题的过程中思维能力也获得了发展。

2. 动手能力

在游戏过程中，幼儿自己动手搭建、测量、使用工具开槽等，锻炼了动手能力，动作更加协调、灵活。

3. 表征能力

在每次游戏前的讨论活动和游戏后的经验梳理与分享活动中，幼儿都非常积极地表达自己的想法，并能够清楚地讲述自己的游戏过程。活动前后幼儿能够运用图画和文字符号记录在游戏活动中出现的问题，表征能力得到了很好的锻炼，有了很大的提升。

4. 安全意识

幼儿的安全意识有了很大的提高，懂得正确使用尖锐工具的方法，在合作操作时懂得保护自己的身体，同时不伤害到别人。

5. 学习品质

为了实现自己的游戏意愿，幼儿全身心投入游戏中，遇到问题，大家一起想办法解决，没有退缩。他们在遇到难题时勇敢坚持，表现出了坚持不懈、敢于探究和勇于尝试等良好的学习品质。

6. 社会交往能力

幼儿不断地与同伴、材料发生互动，能够自主分工合作，形成互帮互助的团队意识，积极地投入游戏，获得了情感的满足和自信心。

(八)活动总结与反思

搭建拱门活动是幼儿不断深入探究的过程，从活动生成，室内搭建、室外搭建、积木搭建、木条搭建，到达·芬奇木拱桥搭建法搭建、榫卯结构搭建，再到举办展览馆、制作图画书，幼儿都是整个探究活动的主体。幼儿通过小组合作、集体合作、家长资源、共同收集信息，解决问题，分享经验，完成探究，形成成果，促使自己的合作能力、动手能力、思维能力等向更高层次发展。

在整个活动过程中，教师一直是幼儿游戏环境的创设者、游戏过程的观察者、游戏进程的支持者。所以，在观察了幼儿的游戏过程，解读了幼儿游戏行为中的学习后，教师需要做的是为幼儿继续深化游戏提供环境和机会。幼儿在搭建拱门活动中亲身体验了整个建筑过程，只要幼儿能想得到的，教师都是尽最大可能地提供材料，帮助幼儿实现计划和设想。

在整个活动过程中，教师看到幼儿的学习往往发生在幼儿面对困难、产生疑问、解决问题的过程中。每个困难背后都隐藏着多种学习的可能性，这些都是幼儿的学习契机。在游戏中，幼儿反复尝试和调整的过程就是他们积累经验的过程，教师在耐心等待后，可以看到幼儿的力量与能力。这个活动让教师重新认识了游戏的价值：幼儿是有能力的学习者，在游戏中，最重要的是让幼儿自己尝试、探究、学习构建的体验。教师更应该关注的是幼儿在这个过程中是如何通过自己的尝试发现问题、解决问题的。教师要给幼儿足够的时间和机会，让他们展现解决问题的能力，教师善于观察、善于利用各种资源，充分了解幼儿的生理特点和心理需求就能有效地开展活动，并在活动中取得可喜的成果，促进幼儿良好的发展。

四、遇见泥瓦

（一）活动缘起

视频资源

遇见泥瓦

在开展“客家围屋”主题探究活动过程中，幼儿经常讨论关于围屋的话题。在玩区域游戏时，幼儿喜欢玩搭建围屋的游戏，运用剖面纸杯盖屋顶。教师投放了瓦片后，幼儿尝试用瓦片盖屋顶，在搭建过程中，他们发现用真瓦片更好盖屋顶，盖上去更像客家围屋，但是瓦片太少不够用。怎么办呢？幼儿讨论起来。

> 雅婷：我们老家有瓦片，回老家时我带一些来。
>
> 子豫：我们可以去网上买瓦片。
>
> 玉宁：网上买的瓦片容易碎，上次帮老师搬瓦片时我发现快递箱里碎了好多块。
>
> 佳鑫：要不我们自己来做瓦片吧！

可是瓦片怎么做呢？瑶瑶说用泥土做，压成拱形就可以；柏林说用超轻泥也可以做成泥瓦；逸衡说用水泥做泥瓦。在讨论中，教师发现幼儿对制作瓦片很感兴趣，但对瓦片的材质及制作方法缺乏相关经验。基于幼儿的兴趣与搭建围屋游戏的需要，制作泥瓦探究活动应运而生。教师对主题探究方向进行了预设，并完成了预设网络图（图 5-2-64）。

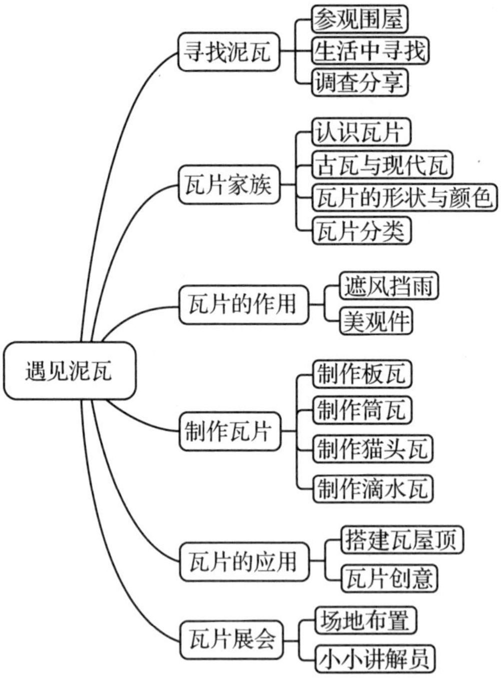

图 5-2-64 “遇见泥瓦”活动网络图

1. 价值分析

我园以中国传统文化为切入点，以客家文化为抓手，有效挖掘本土教育资源，深入开展教育活动。在“客家围屋”主题探究活动开展过程中，教师发现幼儿对客家泥瓦产生了兴趣，于是便挖掘探究泥瓦活动的开展价值。近些年，我园开设了陶泥特色课程，幼儿从小班开始就经常接触陶泥，到了大班已经积累了一些陶泥制作的经验。在制作泥瓦活动中，幼儿能够运用玩陶泥的已有经验尝试挑战更高难度的陶泥创作活动，并在探究过程中获得学习经验，促进各方面能力的发展。同时，幼儿在尽情感受陶泥的柔性和可塑性过程中，天性、想象力、创造力可以得到充分的释放，感受玩泥巴带来的快乐，感受古建筑的魅力，传承泥瓦传统文化，激发对传统文化的认同感。

开展此项目活动我园可利用的资源很多。例如，幼儿园的客家游戏区，用瓦片盖的屋顶可让幼儿直观了解客家瓦屋结构及瓦片文化；幼儿园开设的陶泥课程，丰富的制作泥塑的工具和材料能满足幼儿在探究活动中对操作材料的需要；丰富的瓦片材料能满足幼儿探究泥瓦活动的需要。幼儿园周边还保留着很多客家围屋建筑可供幼儿实地参观，为探究瓦片活动提供了便利条件。

2. 可行性分析

幼儿爱玩泥，在将一团泥塑形的过程中可以发展多种能力，促进学习品质的发展。制作泥瓦是一项富有挑战性的游戏，能够引导幼儿进阶思考，不断面临新问题，并使他们在经历与体验中发展智力、动手能力、自我意识及社会意识，形成坚持、不怕困难、相互合作等良好品质，增加成就感和克服困难的效能感。

(二)情境感知

1. 实地参访

为了让幼儿对围屋屋顶有更直接的感知，教师、家长与幼儿一起去实地参访了客家围屋。

在参访过程中，幼儿认真观察瓦屋顶，对瓦屋顶进行现场写生，并热火朝天地分享自己的发现。

逸衡：屋檐的瓦片很漂亮，有的是三角形的，有的是圆形的，还有的带图案。

玉宁：客家围屋的屋顶排列得像海浪一样。

梓汐：有的瓦片大，有的瓦片小；有的长，有的短。

师：客家人为什么用瓦片盖屋顶？

凯烜：为了保护屋子里面的东西不被雨淋湿了。

沁妍：让坏人和动物进不了屋子里。

2. 创设情境

参访客家围屋后，幼儿对瓦片的兴趣更加浓厚了，经常讨论关于瓦片的问题：瓦片有哪些形状的？为什么有的瓦片有漂亮的图案而有的没有图案？不同形状的瓦片各有什么作用？瓦片是怎么做成的……为了解开幼儿的困惑，教师开展了“各种各样的瓦片”“瓦片是怎么制作的”等活动，让幼儿了解瓦片的种类和瓦片的来源等知识。教师也请家长在家带领幼儿一起通过上网查阅资料、请教客家老人等方式了解更多关于瓦片的知识。

教师在班级门口创设了一个泥瓦主题角(图 5-2-65)，利用展架摆放了板瓦、筒瓦等各种泥瓦，还投放了各种泥土、陶泥工具、测量工具等，让幼儿在与环境和材料的互动中了解关于泥瓦的知识，产生探究兴趣，生成探究问题。

图 5-2-65　教师创设的泥瓦主题角

教师思考：

教师充分利用社区资源和家长资源支持幼儿的学习，使幼儿建立对客家瓦屋的认识。通过实地参访，幼儿更加直观地观察、发现客家瓦屋的形状、排列规律、瓦片的种类。教师让幼儿现场写生，使他们的注意力聚焦于实地考察的目标，这有助于回到班级后进行经验共享和讨论。教师在班级创设玩泥坊，并通过观察幼儿在区域的游戏情况发现幼儿的兴趣，为幼儿深入探究客家瓦提供必要条件。

(三)问题讨论

在开展瓦片认知的系列活动后，幼儿对客家瓦片有了更加浓厚的兴趣，经常谈论关于瓦片的话题。经过幼儿园客家游戏区时，幼儿总是要逗留一会儿，看到幼儿园旁边用瓦片盖的屋顶也会惊喜地叫起来："看！那里有瓦片！"这时，教师就会趁机提问，让幼儿说一说看到了什么瓦片、瓦片有什么作用等，在及时回应幼儿的同时也以此来巩固幼儿对瓦片的已有经验。

一天，佳鑫小朋友从家里带来了一块用超轻泥制作的瓦，这块瓦引起了同伴们的兴趣。大家都围着佳鑫，七嘴八舌地讨论起来。

媞媞：你做的瓦片好漂亮呀！像真的瓦一样。怎么做成的呀？

佳鑫：我妈妈和我一起用超轻泥做的。

凯烜：陶泥黏黏的，也能做成瓦片。

欣彤：我爷爷说黄泥也能做成瓦片。

教师捕捉到幼儿对制作泥瓦产生的好奇心，聚焦如何制作客家瓦的话题与幼儿进行了讨论，并形成了问题清单(图 5-2-66)。

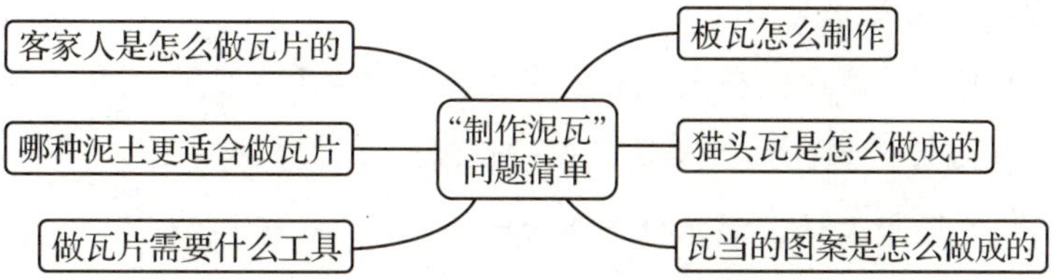

图 5-2-66 “制作泥瓦”问题清单

(四)体验探究

1. 初试做泥瓦

(1)活动前的讨论：怎样做板瓦

师：你们知道瓦片是用什么做成的吗？

幼 1：用泥土做成的。

师：用泥土怎么做呢？

幼 2：将泥土加水和匀，再做成瓦的形状。

(2)尝试做瓦

开始尝试做泥瓦，教师鼓励幼儿两人一组合作操作，自主选择泥土做瓦。幼儿先是用手玩一玩泥土，感知泥土的特性。在感知泥土的干湿性后，幼儿发现除了陶泥是湿软的，可以直接用来做泥瓦，其他的泥土都是干的，不能塑形，需要加水和湿泥土才可以做瓦。

幼儿开始加水和泥。欣彤和宇航小心翼翼地将水倒进红泥土里，搅拌泥土，用手抓一点试试泥土的干湿度。通过反复加水搅拌及抓试泥土后，觉得干湿度合适了，两个幼儿开始做泥瓦。他们将泥土先做成一个个小圆球，再压成圆饼状，接着将圆饼弯成拱形，摆放在桌面上。陶泥组的幼儿将陶泥搓成一个大泥团，压扁，将两边弯成拱形(图 5-2-67)。

图 5-2-67 幼儿初试和泥做瓦

分享时幼儿发现以下问题。

问题1：黄泥土和黑泥土杂质太多，做的瓦片会裂开，红泥土和陶泥较细，做的瓦片不会裂开，陶泥做的瓦片效果最好，较细滑。

问题2：和的泥土太稀，泥水都流到桌子上了。

问题3：瓦片做得太小，还是圆形或不规则形状的，不像瓦片。

讨论后得出的解决方法：查找制作瓦片的资料，了解做瓦片的方法。

2. 巧用家长资源

(1)开展亲子调查

教师发放“制作泥瓦调查表”，鼓励幼儿回家和爸爸妈妈利用网络、书籍或寻访会做瓦的匠人查找传统做瓦的方法，将调查到的信息记录在表格里，并在班上进行分享。在班上，教师利用视频课件让幼儿了解传统做瓦的方法。

(2)客家瓦匠爷爷云助教

教师在了解到欣彤小朋友的爷爷年轻时是一个瓦匠后，马上与爷爷联系，邀请爷爷参加班级云助教，教幼儿做泥瓦。

联系好后，师幼做好活动准备，教师组织幼儿讨论，制定好采访问题清单。云端视频连线后，爷爷先是演示如何做泥瓦，演示过后，又耐心解答幼儿提出的一个个关于做瓦的问题。

通过系列活动的开展，幼儿对制作泥瓦的方法有了初步了解，师幼一起进行了梳理，如图5-2-68所示。

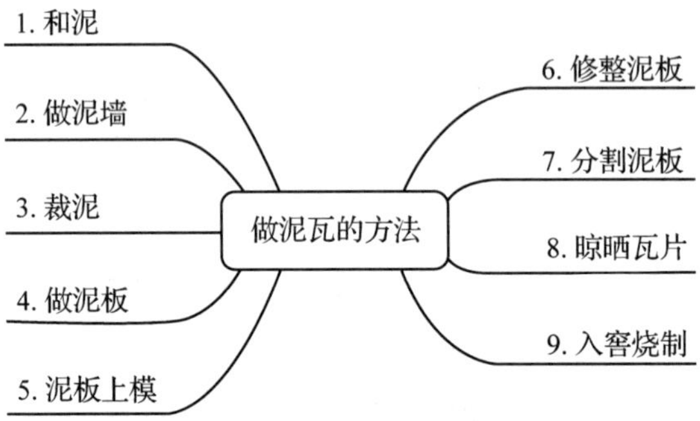

图 5-2-68 师幼讨论的做泥瓦的方法及步骤

教师思考：

在这个环节中，教师提供各种泥土让幼儿通过直接感知、实际操作和亲身体验发现最适合做泥瓦的泥土。当幼儿在实践中产生了“做的不像瓦”的问题后，教师再利用家长资源、网络资源帮助他们初步了解做泥瓦的方法，为接下来探究做泥瓦铺垫前期经验。问题没有解决，项目活动就能持续进行，幼儿就能保持活动兴趣和挑战欲望。

3. 制作板瓦

(1)怎样裁泥板

教师提前准备好了泥墙，幼儿两人一组开始运用已有经验做泥瓦。楚凡尝试用绳子裁泥板，发现一个人拉不动绳子，叫雅婷帮忙一起拉绳子。两个幼儿发现泥板裁下来后一边厚一边薄，又去裁一块，这次又发现裁下的泥板又薄又短。

怎样才能裁出一块厚薄均匀的泥板呢？教师请两个幼儿再次裁泥板，其他幼儿在旁边观看他们的操作方法。泥板裁下后，教师又引导幼儿观察泥墙，结合幼儿操作情况及观察到的泥墙情况进行讨论，得出结论：

①裁泥板时两个幼儿力度不相同，一个绳子拉得快一个拉得慢；一个将绳子拉得更高一个拉得更低，导致裁下的泥板厚度不均匀。

②多次用绳子裁泥墙，泥墙里面已经有了断层，所以裁下的泥板不完整。

找到原因后，幼儿轮流将泥土抱起来摔打，将泥土复原，摔成块状，做成长方形泥墙。两个幼儿拉一根绳子，小心地裁，边裁边调整拉的力度和绳子的高度，裁好后发现裁出的泥板厚度均匀，他们很开心。

(2)晾晒板瓦

裁好了泥，幼儿开始做泥板。他们发现泥板不平整，便用手拍平，用擀泥杖擀平，再用泥工刀裁成长方形。泥板做好后，又出现了新的问题：怎样做成板瓦的形状呢？

琨哲：用手托着，弯成拱形。

琪琪：那也不能一直用手托着吧！泥土要很久才会干。

枫枫：把瓦片放到拱形积木上晾，这样瓦片干了后就是拱形的了。

玉宁受到了启发，把做好的泥瓦放到板瓦上，说："也可以直接放在板瓦上晾晒，干了就是拱形的泥瓦了。"

(3)怎样做出同样大小的泥瓦

几天后，制作的泥瓦晾干了，幼儿运用做好的泥瓦玩盖瓦搭建游戏。他们又发现做的泥瓦有的大有的小，和真的泥瓦一起搭建时不好盖屋顶。怎么办呢？玉宁提出制作的泥瓦要和真瓦一样大。真瓦有多大呢？幼儿开始测量瓦片。

在测量瓦片长度时，幼儿选用尺子进行测量。测量长边时，他们将卷尺紧贴在瓦片的边缘上，一个幼儿读数，另一个幼儿记录。两组幼儿对比他们各自的测量数据，发现两组的测量结果不一样。幼儿又调整测量方法，将尺子贴在瓦面上测量(图5-2-69)。这次两组测量结果都是 20 厘米。在测量过程中，教师发现幼儿只测量瓦片的长度，没有测量宽度和厚度，对宽度和厚度的概念也不了解，有的幼儿还没有掌握正确的测量方法。教师开展了数学测量活动，利用集体教授的方式让幼儿学习正确的测量方法，使幼儿了解了长、宽、厚的概念。幼儿运用经验再次测量板瓦，得出板瓦的长、宽、厚的尺寸分别是 21 厘米、12 厘米、1 厘米。

图 5-2-69　幼儿将尺子贴在瓦片上测量

(4)制作同样大小的板瓦

测量出板瓦尺寸后，幼儿开始制作同样大的板瓦。有的两两合作、有的独自制作。他们先画好设计图，再去裁泥、擀泥，做成长方形泥板。幼儿边做边测量泥板长度，发现有的泥板长度不够 21 厘米，怎么办呢？他们运用自己的方法将泥板变长。

方法 1：芊芊加一些泥接在泥板上，用拍、擀的方法让泥板平整。

方法 2：格非搓好一些泥条，将泥条一条条粘在泥板边上，拍平。

方法 3：重新裁泥，擀平，先测量泥板，量到 21 厘米处再裁下多余的部分。

运用这些方法，一批同样大小的板瓦就做好了。

几天后，幼儿发现晾干后的泥瓦有些会裂开。为什么会裂开呢？

沁泽：是因为那个地方的泥板擀得太薄了，所以才会裂开。

柏林：是因为做的泥板不够长，为了加长泥板，第二次粘了泥条，所以才会裂开。

教师思考：

在制作板瓦活动中，幼儿运用已有经验裁泥、做泥板、晾晒瓦片。在制作过程中，幼儿不断遇到问题，如裁的泥板厚薄不均匀、擀的泥板不平整、裁长方形时边缘不直、瓦片尺寸不同等。教师没有直接告诉幼儿答案，而是利用集体观看活动视频、团体讨论、猜测验证等方式，引导幼儿认真观察，积极表达自己的发现，分析原因，讨论解决方法，通过分享激发幼儿的主动参与性，不做旁观者。

(5)怎样用瓦模做泥瓦

幼儿发现玩泥坊桌子上多了一个木桶状的东西，惊喜地叫起来："哇！这不是视频里看到的做泥瓦的瓦模吗，我们今天可以用瓦模做瓦片了！"

师：怎么用瓦模做瓦呢？

瑶瑶：做一个泥板，把泥板裹到瓦模上。

佳鑫：再把泥板切四下，就成四块瓦了。

楚凡：要先量一下瓦筒有多大，才知道做多大的泥板。

①做瓦筒。

第一组：佳鑫和瑶瑶画好设计图，运用已有裁泥经验，很快合作将泥板裁好了，将泥板擀平、擀长后，裁成长方形。佳鑫准备把泥板裹到瓦模上时，瑶瑶想起还没有给瓦模包膜，于是拿了一块布裹住瓦筒，用绳子绕一圈把布绑住，再将泥板裹在瓦模上，用力按压泥板，试图将泥板粘在瓦模上，但是发现粘不住。她们又叫旁边两个小朋友一起来帮忙压泥板，扯来扯去，泥板已经变形了，她们有点泄气地说："哎呀！泥板变形了，要重新做泥板了！"

裹泥失败后，她们一起查找原因，佳鑫说："是因为布没有黏性才粘不住泥板，我抹一些泥浆去试试。"

重新裁了一块泥板，瑶瑶修整泥板的形状，佳鑫用手将泥浆抹在布上，将布全部涂满一层泥浆。她们合作将泥板托起来，小心翼翼地包在瓦模上，用手压紧。这一次，她们很轻松地就把泥板粘在了瓦筒上，佳鑫开心地说："我说了吧，用泥浆可以粘住。"接着她们用泥工刀将泥板上端和下端的边缘裁平，瓦筒做好了。

第二组：涵涵和媞媞制作好一块泥板，裹到瓦模上，发现只能裹住一部分。

涵涵：泥板做得太短了，做一块和瓦模一样长的泥板才能全部裹住。

媞媞：那我们要先测量瓦模有多长才行。

她们用软尺绕瓦模一圈后在尺子上画一个记号，将泥板对齐尺子，又制作了一块泥板和第一块泥板拼接一起，擀平，在对齐尺子记号处裁下多余的部分。两人合作将泥板托起来裹瓦模时，发现泥板太长了，一搬起来泥板就变形了。讨论后，幼儿改变方法，将泥板重新擀平，将瓦模横着放在泥板上，小心地将泥板裹在瓦模上(图 5-2-70)。"耶！成功啦！"幼儿开心地鼓起掌来。

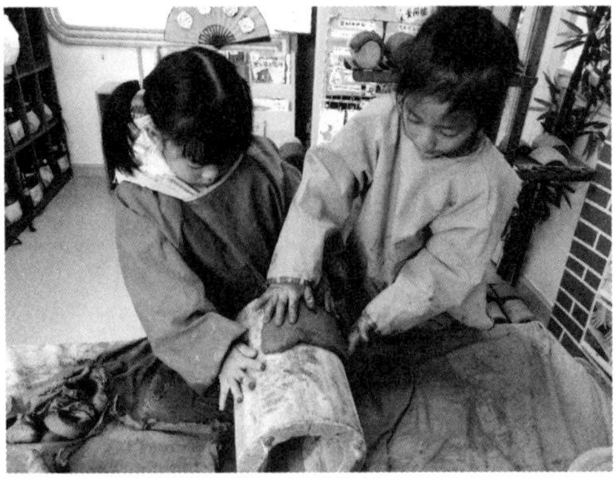

图 5-2-70　涵涵和媞媞将做好的泥板裹在瓦模上

②分四等份泥瓦。

怎样将瓦筒分成四等份呢？看看幼儿的操作方法。

第一组：琪琪和媞媞先将软尺贴在瓦筒上底面的中间，沿着尺子垂下的两端将瓦筒切出两条直线，目测将瓦筒分成两个同样大的半圆。接着测量半圆的宽度，目测找到中间处用刀切割成两部分，用同样的方法切割另一个半圆(图 5-2-71)。测量四部分的宽度，她们发现其中有两块是 17 厘米，还有两块是 19 厘米。

第二组：沁泽用一根绳子绕瓦筒一圈，量出瓦筒的周长，将绳子多余部分剪掉。接着将绳子对折一下贴在瓦筒上，在绳子两端纵向切出两条直线，将瓦筒分成二等份。再将绳子对折一下，绳子一端贴在切口处，在另一端纵向再切出一条直线。又用同样的方法把另一部分泥板分成二等份。最后，沁泽用尺子测量分割好的四部分的宽度，发现都是 16 厘米。

第三组：玉宁、锦宸开始也用目测法将瓦筒平均分割成两部分。看到琪琪一组用目测法平均分割泥瓦的大小不相等后，他们调整了方法。玉宁将对折后的尺子贴在瓦筒上，左手食指和右手食指从尺子两端同时往中间点数尺子格子，1，2，3…数了两遍发现数不清楚，于是，他又想出一个办法。他捏了一些小泥球贴在尺子格子里，一格贴一个。锦宸也帮他一起捏泥球，两人一个捏，一个贴，把对折起来的尺子每一格都贴上泥球后，又开始左右手食指同时往中间点数泥球(图 5-2-72)。当两个食指碰头后，玉宁觉得这就是中间的位置，用刀切了一条直线，测量后发现两部分的长都是 16 厘米。

图 5-2-71 制作四等份泥瓦

图 5-2-72 点数泥球

教师思考：

“幼儿有一百种语言，一百种想法”，这句话在这个活动中真是体现得淋漓尽致。在探究制作加长泥板—裹上瓦模—切割四等份瓦片的过程中，幼儿自发地运用自己的想法去解决一个个问题，在失败中不放弃、不气馁、不断反思，调整方法多次尝试，不断积累新的经验，体验成功带来的乐趣。教师以观察者、支持者的身份，提供材料、启发幼儿，适当地帮助幼儿体验探究的乐趣，收获成长。

4. 制作筒瓦

教师在玩泥坊投放了两种外形相似的瓦片——筒瓦和板瓦，并贴上了瓦片名称的标签。几个幼儿围绕筒瓦和板瓦的话题讨论起来。

玉宁：板瓦和筒瓦大小不一样。板瓦更大，筒瓦更小。

泽一：板瓦和筒瓦弯的程度不一样。板瓦没有那么弯，筒瓦更弯。

沁泽：两块板瓦围起来的圈像树叶，两块筒瓦围起来是一个圆形。

楚凡和沁泽去积木区找来一截 PVC 水管当模具，开始制作筒瓦。两个幼儿自主分好工，楚凡将水管涂抹上一层泥浆，在水管上裹一层报纸，沁泽做泥板。泥板做好后，他们把泥板裹到模具上，发现泥板太短，他们又在重合缺口处敷上一些泥，用手捏平整。

分割二等份时，他们用泥工刀在瓦筒上切出两条直线，将瓦筒分割成两部分。经过测量验证，他们发现两部分的宽度不同。幼儿制作筒瓦遇到的问题及解决方法清单如表 5-2-7 所示。

表 5-2-7 幼儿制作筒瓦遇到的问题及解决方法清单

问题	解决方法
瓦面不够平整。	泥板要做到和模具一样长，擀平整后再裹到模具上。
用目测法找中线分割二等份，两边不一样长。	用绳子或者卷尺测量好瓦筒的周长，找到中心点再切割才可以分成二等份。
瓦筒上下两端的边缘不平整。	用刀沿瓦筒上下端切割一圈让边缘更平整。

第二次制作筒瓦，楚凡和沁泽裁好泥板，擀平整，测量泥板的长度是 21 厘米，再测量模具的周长是 34 厘米。两人在泥板上加泥，继续擀泥，边擀边测量，不够长继续加泥，直至做的泥板长度是 34 厘米。他们将泥板裹到模具上，发现泥板比模具高好多，便拿刀沿模具口切掉多余部分；又发现泥板边缘不平整，便用手压、用刀修，却发现越来越不平整，于是将泥板取下来重新擀平。他们拿尺子测量出模具的高度为 11 厘米，再测量出泥板的宽度是 15 厘米，他们在刻度是 11 厘米的地方，一个按住尺子，另一个切掉多余的泥，切好后再次把泥板裹到模具上压紧。将泥板裹好了，他们运用绳子对折法将瓦筒平均分割成二等份。

在运用瓦模制作四等份和二等份泥瓦的过程中，幼儿获得了以下经验，如表 5-2-8 所示。

表 5-2-8 幼儿获得的平均分割泥瓦的经验

经验一	要先量好瓦筒大小，确定好位置后再切。切错了即使当时抹平了，泥瓦干了后还是会在切口处裂开。
经验二	用目测的方法分割等份没有用测量工具测量分割的方法准确。
经验三	平均分割泥瓦最快的方法就是用绳子先绕瓦筒一圈，剪掉多余的绳子，再将绳子对折贴在瓦筒上，在绳子两端各切一刀。

(五)分享提升

1. 瓦当艺术

(1)发现瓦当

在客家长廊游戏时，幼儿有了新的发现："看！屋檐上有滴水瓦，还有猫头瓦！""上面有图案，好漂亮！"

师：你们知道猫头瓦前面那个圆形的瓦叫什么吗？

佳鑫：叫瓦当。我们班里的玩泥坊也有四个瓦当。

师：瓦当有什么作用呢？

楷瑞：连接筒瓦，下雨的时候可以把水隔开流下来。

雅婷：瓦当用来装饰屋檐，让屋檐变得更漂亮。

师：瓦当还可以保护房屋的檐头，因为檐头是木头做的，木头风吹雨淋时间久了就容易腐烂，有了瓦当的保护，檐头就不会被风吹雨淋了(图 5-2-73)。

图 5-2-73　教师向幼儿讲解瓦当的作用

教师利用课件“屋檐上的艺术”让幼儿深入了解瓦当文化，让幼儿观察图案，特别讲解了青龙、白虎、朱雀、玄武这四个具有代表性的图案，让幼儿了解图案蕴含的文化寓意。

(2)怎样制作瓦当

在发现瓦当的艺术美后，幼儿在玩泥坊也想尝试制作瓦当。怎么制作呢？在一番讨论后，幼儿梳理了几个步骤：先做一个圆形的底板—里圈要做一个圆—用刀刻出图案(也可以另外做图案再粘到底板上)。

制作时，幼儿先画好设计图再动手制作，有的制作四神瓦当，有的自由创作瓦当图案，他们都在用自己喜欢的方式制作瓦当作品(图 5-2-74、图 5-2-75)。

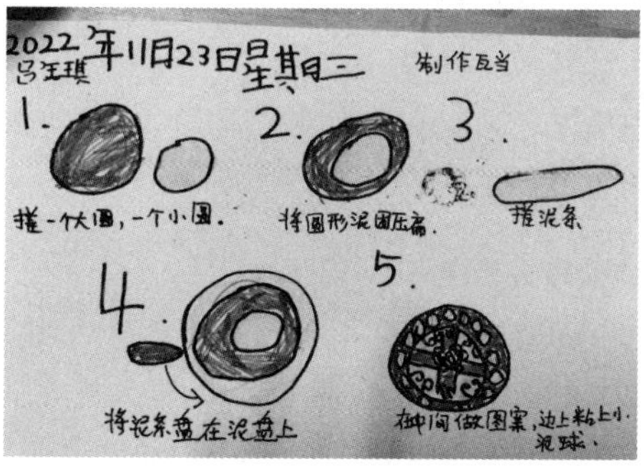

图 5-2-74　幼儿画的制作瓦当的步骤

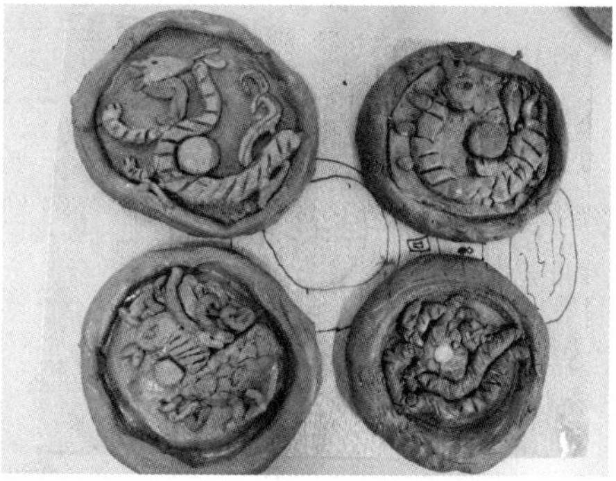

图 5-2-75　幼儿制作的四神瓦当作品

2. 制作猫头瓦与滴水瓦

观察猫头瓦和滴水瓦时，幼儿发现两种瓦的相同和不同，如表 5-2-9 所示。

表 5-2-9 猫头瓦与滴水瓦的相同与不同

	猫头瓦	滴水瓦
相同点	都是由两部分组成的，一部分是筒瓦，另一部分是瓦当，瓦当下垂。	
不同点	猫头瓦凹面朝下，下垂部分是圆形的瓦当。	滴水瓦凹面朝上，下垂部分是三角形的瓦当。

活动开展到现在，幼儿对瓦作活动特别感兴趣，经验也越来越丰富，自发地制作起猫头瓦和滴水瓦。

(1)猫头瓦小组

幼儿自由组合成两人一组，分工合作，一个制作瓦当部分，另一个制作筒瓦部分。制作筒瓦部分的幼儿运用前期制作筒瓦的经验将泥板分割成二等份，取下一半泥板，贴在圆柱积木的侧面，又将制作好的瓦当贴在圆柱积木的底面，将两部分拼接在一起。

有的幼儿将制作好的长方形泥板分成两部分，一半贴在圆柱的侧面，另一半贴在圆柱的底面，用刀沿着圆形底面切掉多余的泥，最后做图案(图 5-2-76)。

图 5-2-76 幼儿制作的猫头瓦作品

(2)滴水瓦小组

宇航刚开始制作滴水瓦时，像制作猫头瓦一样将泥板裹在圆柱上做，但制作好后发现自己制作的滴水瓦筒身部分的凹面朝下了，而滴水瓦凹面应该是朝上的。发现问题后，他重新寻找能制作出凹面朝上的模具，将板瓦凹面朝上就可以用来做滴水瓦的模具。于是，他将制作好的泥板一半放在板瓦的凹槽内，留出的一半切出一个三角形做滴水瓦当(图 5-2-77)。

图 5-2-77　宇航在雕刻滴水瓦的图案

有的幼儿将泥板放在拱形的板瓦上，用一个圆柱体压在泥板一半的位置，将泥板裹在圆柱上，另一半切出一个三角形做滴水瓦；有的幼儿直接将泥板压在滴水瓦上，沿着滴水瓦的边缘切出形状。

教师思考：

在探索猫头瓦与滴水瓦制作过程中，幼儿迁移前期的制作经验进行操作。发现问题后，幼儿能够自主寻找解决方法，用不同的方法完成制作，在体验成功的乐趣后对瓦作活动越来越感兴趣，瓦作经验不断地在丰富。

3. 瓦片大变身

幼儿的泥瓦作品越来越多，看着摆放在展示架上的板瓦作品，幼儿又有了新的想法："我觉得以前的板瓦不好看，做图案上去会好看。"教师同意幼儿的想法，鼓励他们按照自己的方式进行创新改造。在创作中，幼儿大胆动手，有的运用雕刻的方法，有的运用泥塑造型的方法装饰板瓦，做好图案后，他们还给板瓦涂上了颜色，块块富有个性、漂亮的板瓦作品就呈现了出来(图 5-2-78)。

图 5-2-78　幼儿在雕刻板瓦图案

教师将幼儿制作好的瓦片送去烧制，幼儿发现烧制后的瓦片变得更硬了，也不容易碎了。

教师思考：

幼儿期是儿童创造力发展的关键时期，当幼儿提出创新想法时，教师给予肯定和支持，鼓励幼儿大胆按照自己的想法改造传统瓦片式样，把古朴的瓦片样式与现代艺术完美融合，形成了别具特色的瓦片艺术。

4. 泥瓦展会

幼儿每天都非常喜欢去欣赏展示架上的泥瓦作品，评价作品，分享自己的制作经历。怎样让幼儿园其他班的老师和小朋友也能看到我们的作品，也知道做泥瓦的方法呢？经过讨论，大家决定开一个泥瓦展会。

怎么开展会呢？

梦涵：把瓦片搬到大厅展示。

瑶瑶：一个展柜摆放一种瓦片，贴上瓦片标签。

姝畅：还要做个大二班的活动标题。

琪琪：穿汉服表演一个节目。

玉宁：再请讲解员来介绍瓦片。

师：除了介绍瓦片的名称，还可以讲解什么？

宣铭：把我们做瓦的方法告诉其他班的小朋友，让他们也知道怎么做瓦。

楚凡：我们可以现场教他们做瓦。

师：邀请谁来参加展会呢？

逸衡：邀请大班的小朋友，每个班邀请几个，来太多人大厅坐不下；再邀请园长妈妈来参加，向园长妈妈展示我们学到的本领。

在一番讨论下，大家最后商定将泥瓦搬到一楼大厅，布置一个漂亮的会场，由讲解员介绍做泥瓦的故事，现场教其他班小朋友做泥瓦。谁来当讲解员呢？经过投票，幼儿选出了班上语言表达能力较好的沁泽和楚凡两个小朋友来当讲解员。

有了计划，教师带领幼儿开始实施计划，分工准备展会。教师帮他们梳理讲解的内容，布置展会环境，邀请家长参与活动准备，请讲解员的家长在家指导幼儿练习讲解内容。

展会当天，幼儿邀请了园长妈妈和大班其他班级的小朋友参加展会。讲解员条理清晰地分享泥瓦的知识及做瓦的方法，自豪地向园长妈妈和小朋友们介绍他们的泥瓦作品(图 5-2-79、图 5-2-80)。在体验做瓦环节时，幼儿积极主动当起了泥瓦“师傅”，热情又耐心地教其他班的小朋友制作各种泥瓦，让其他班的小朋友也体验了做泥瓦活动的乐趣。

图 5-2-79　泥瓦展会的环境

图 5-2-80　讲解员讲解“遇见泥瓦”的故事

教师思考：

展会主要以宣传泥瓦文化和分享瓦作经验的形式开展，充分尊重幼儿的主体性，激发幼儿的主动参与性，让每个幼儿都充分参与其中。从筹备到开展，教师帮助幼儿学会梳理活动，回顾经验，培养幼儿计划能力和实施计划的能力，促进其社会性的发展。

(六)活动回顾

活动接近尾声，师幼一起欣赏活动照片和视频、活动展板、绘画与表征作品，教师与幼儿一起畅谈活动经历，回顾整个探究过程(图 5-2-81)，分享在过程中习得的经验。活动回顾的核心在于让幼儿学习整理经验的方法，进行经验共享，体验成功带来的快乐。

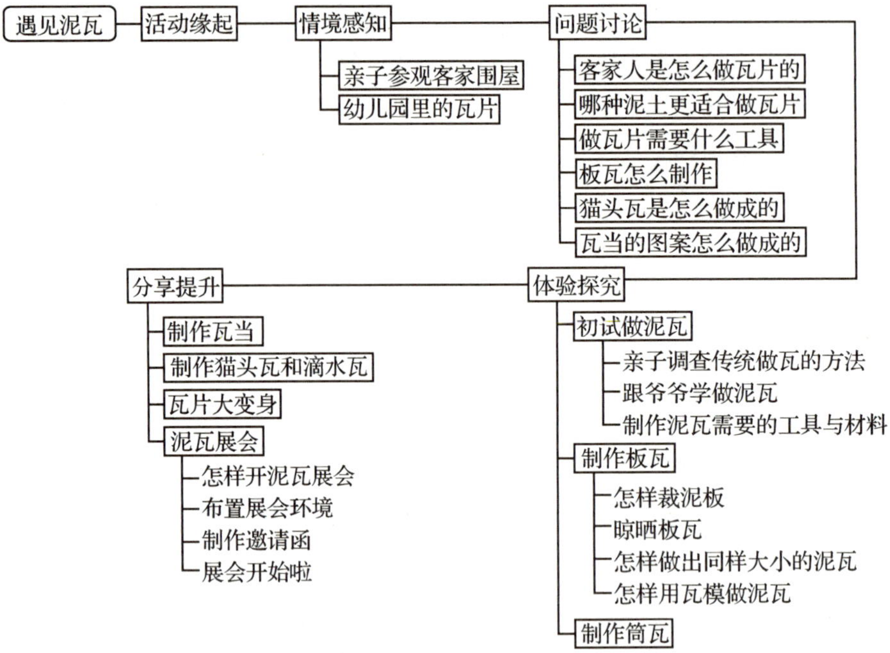

图 5-2-81 “遇见泥瓦”活动回顾

(七)幼儿发展分析

“遇见泥瓦”活动是基于“客家围屋”主题背景，发生在真实问题情境下的探究活动。从发现瓦屋顶，到制作瓦片，运用瓦片搭建屋顶，再到开展瓦片展会，幼儿始终保持着浓厚的兴趣。制作瓦片对幼儿来说是陌生而富有挑战性的活动，他们在一次次试错，并在一次次实践探索过程中习得了核心经验。幼儿获得的核心经验主要表现在以下几方面。

1. 思维能力

通过观察、比较，幼儿获得对瓦片的认知，会运用数学方法解决实际遇到的问题，如测量、分类、比较、计数、分二等份与四等份等。在实践、亲历中，幼儿探索瓦片的制作方法，并能将已有经验迁移到新的活动中，生成新的经验，积累做瓦的经验、解决问题的技巧，动手操作能力明显提高。

2. 社会交往能力

通过互动、合作、分享、交流，幼儿提高了人际交往能力，懂得了协商分工、合作完成任务，懂得了合作的重要性。遇到困难，幼儿会主动向同伴或成人寻求帮助。

3. 语言能力

幼儿喜欢阅读、喜欢表达，表征水平有了很大的提高。每次制作前，幼儿会画操作计划图，活动结束后能够将自己的制作过程与发现用简单的文字和符号表征出来，并能够清楚、连续、有序地与同伴、成人进行分享。幼儿的倾听能力也提高得很快。

4. 学习品质

幼儿积极、主动参与活动，有想法、会做事、乐分享，做事更加认真专注，能够持久进行探究，遇到困难能够积极面对，失败后不气馁，敢于探究和尝试，乐于想象与创造。

5. 想象力和创造力

幼儿喜欢欣赏传统瓦片工艺，能够运用刻画、拓印、泥工造型等方法大胆创作瓦当纹样，改造传统瓦片的样式，作品富有想象力和创造力。

(八)活动总结与反思

爱玩泥是孩子的天性。陶泥作为一种自然加工的材料，能充分锻炼幼儿手部的灵活性，促进幼儿手部精细动作的发展，它的可塑性让幼儿陶醉其中。手工做泥瓦的工艺技术正在消失，一项非物质文化遗产的传承是需要人亲身体验去感受其中的魅力后，由内而发地产生兴趣并将其发扬光大才能达到传承的目的。孩子是未来的希望，他们肩负着传承中华文化的使命。从活动一开始班级只有部分幼儿喜欢做泥瓦，到后来随着活动的一步步深入，越来越多的幼儿喜欢做泥瓦，专注投入自己的创造中，不断建构经验，体验解决问题及成功带来的乐趣。

在泥瓦项目探究实施过程中，教师运用了情境导入、有效提问与回应、激励等策略支持幼儿深度学习，维持幼儿的学习兴趣与热情。在幼儿发现泥瓦、运用瓦片搭建发现瓦片不够而产生做瓦想法时，教师及时捕捉他们的兴趣点，打造玩泥坊，投放各种瓦片、泥土与做瓦工具激发幼儿喜欢泥瓦、感知泥瓦艺术美，从而使幼儿产生学习与探究的兴趣。在探究制作过程中，幼儿从运用一块泥板制作板瓦，到探究二等分的方法制作两块等份的筒瓦，再到探究四等分的方法制作四块等份的板瓦；从探究瓦当制作，到运用制作筒瓦与瓦当的经验迁移到制作猫头瓦与滴水瓦。活动层层递进，由易到难，衔接有度。在探究过程中，幼儿不断产生问题，教师充分发挥支架的作用，使用了有效提问与回应、调整材料、提示盲点、鼓励合作等方式鼓励幼儿观察与思考，引导幼儿迁移应用知识，建立新旧经验的联结，并通过激励性评价维持幼儿的兴趣和热情，使他们获得自信心与成就感。

在项目结束后，教师激发幼儿产生举办泥瓦展会的愿望，引导幼儿参与策划、筹备、环境布置、宣传等，培养幼儿的主观能动性，使他们体验参与的乐趣。在活动过程中，教师特别加强幼儿表征能力的培养，强调每次操作前先将操作步骤画出来，活动后再引导幼儿将在活动过程中遇到的困难及解决的方法记录下来，并与同伴分享，以此来促进幼儿计划能力、语言表征能力及绘画表征能力的发展。本活动充分发挥了周边客家围屋的社区资源、家园互助的家长资源、客家游戏区瓦面屋顶的幼儿园资源的作用，这些资源共同支持幼儿的学习与发展。本活动还关注幼儿的整体发展，遵循各领域间的相互渗透的原则，促进幼儿情感、态度、知识、技能等方面的发展。

环境篇

第六章 涵养课程背景下环境创设的思考与实践

涵养课程以“培养健康、善良、乐学、自信的幸福儿童”为目标，基于“潜移默化、润物无声”的教育观，采用浸润式学习的模式，通过文化滋养、生活渗透、环境浸润、多元探究等多种方式，引导幼儿在自主游戏中深度学习，培养幼儿主动探究、解决问题、专注学习的学习品质，最终培养具有中华底蕴的幸福儿童。

第一节 涵养课程背景下幼儿园环境创设的总体思路

我园本着“根植教育之源，涵养幸福童年”的办园宗旨，在建设幼儿园涵养课程的过程中，立足实际，秉持着儿童的学习是儿童以其独特的方式与环境进行互动的观点，确立了在践行幼儿园涵养课程的过程中，将中华优秀传统文化资源渗透到幼儿园的环境创设中，利用传统文化元素、本土文化资源、传统节日节庆、民间体育游戏等不同内容和资源来创设幼儿园环境的思路。这不但为幼儿园的环境创设提供了新的出路和丰富的素材，而且为中华优秀传统文化的传承提供了有效途径。同时，我园将客家文化中的客家风情、勤劳本色、感恩情怀等元素融入环境中，让环境滋养成为涵养课程的重要实施途径。

为了最大限度地满足幼儿游戏与学习活动的需要，更好地促进幼儿学习与发展，我们在进行幼儿园环境打造时，创造性地将幼儿园室内与户外环境整合为一体，即“室内外环境一体化”，使其各自既相对独立，又能共同发挥整体作用。在进行室内外环境一体化的打造时，我们充分考虑了整体性、独特性、关联性和延伸性的原则。

整体性，即整合室内与户外资源，让幼儿获得整体经验，满足幼儿在游戏中学习与探索的需要。例如，图 6-1-1 是我们在室内为幼儿创设娃娃家，由于空间受限，我们仅仅创设了卧室与客厅，但考虑到满足幼儿经验的完整性，我们将娃娃家的厨房创设到了户外，如图 6-1-2 所示。

图 6-1-1　室内娃娃家客厅

图 6-1-2　户外娃娃家厨房

独特性，即不可替代、各自承担独特的功能和教育价值。例如，我们在室内创设数学区，室内数学区有着户外无法满足且不可替代的独特的功能和教育价值。同样，户外体能区也有着室内区域无法满足且不可替代的独特的功能和教育价值。

关联性，即相互补充、有机整合。一方面，户外存在的大量教育资源，可带回室内作为幼儿深入探究和学习的材料，供幼儿进行细致的、深入的探究。例如，我们在幼儿园的户外生态园收集树叶，然后带到室内美工区进行美术创作。另一方面，户外环境是对室内环境的延伸和补充，幼儿室内游戏有时会受空间和场地限制。例如，室内建构区常常受空间和场地限制，幼儿往往只能搭建较小的作品，我们在室外同样创设建构区，幼儿便能够搭建大型的作品。

延伸性，即幼儿的学习经验从室内向户外迁移，游戏得到了延伸和拓展，更具丰富性。例如，在“搭建鹤湖新居”活动中，幼儿最先在室内进行搭建和讨论(图 6-1-3)，有了一定的经验后，他们将搭建活动搬到了户外，同时也将搭建的经验迁移到了户外，搭建了更有特色的“鹤湖新居”(图 6-1-4)。

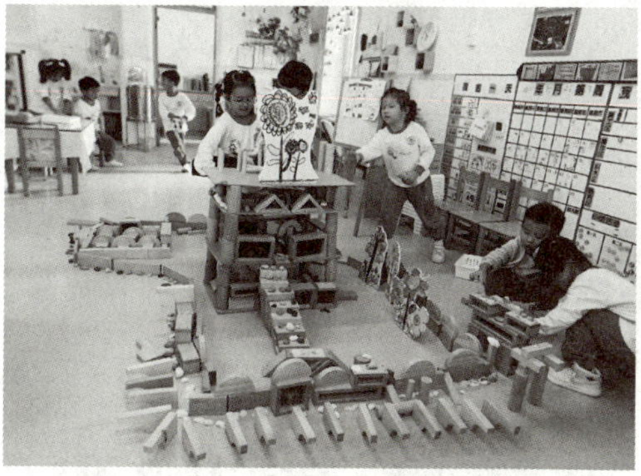

图 6-1-3　幼儿在室内搭建“鹤湖新居”

图 6-1-4　幼儿在户外搭建“鹤湖新居”

第二节　涵养课程背景下幼儿园环境创设的实践

一、公共环境

幼儿园公共环境主要包括幼儿园的大厅、楼梯、走廊、各类功能室等。在公共环境创设中，我们常常将传统文化素材作为装饰性元素，如用水墨画、青花瓷、陶艺、中国福等装饰和点缀墙面、空间等；根据不同的节庆或者其他主题活动进行专门的、主题性的环境创设。此外，在幼儿园公共环境创设时，我们还根据节日、季节、幼儿园大型活动、主题活动等进行适度、适宜的更换、调整和补充，不定期地用幼儿的作品来装饰、点缀和丰富环境，这样既能体现动态性，也能增强幼儿与环境的互动，激发幼儿参与环境创设的兴趣。我园的公共环境主要包括幼儿园的大厅、图书室、墨艺空间和擂茶坊。我们在大厅里展示幼儿在各类活动中完成的作品，装饰与客家文化相关的元素，在培养幼儿表征学习能力的同时也在无形中提升了幼儿的自信心。图书室开展的相关活动发展了幼儿语言学习能力和求知的学习品质。墨艺空间在无声中对幼儿进行熏陶，我们在墨艺空间开展的陶泥活动和水墨画活动也发展了幼儿表征的学习能力和创新创造的学习品质。擂茶坊是幼儿园的特色区域，蕴含着丰富的客家传统文化，我们在擂茶坊开展擂茶活动，弘扬客家传统文化的同时，培养幼儿的文化自信，丰富幼儿对人文科学的学习经验。

(一)大厅

1. 环境创设

大厅既是传播幼儿园教育理念的重要场所，也是体现园所文化特色的有利空间。在色调协调和空间宽敞的大厅中，我们将我园的办园宗旨、园所简介、课程特色、团队文化等内容一一呈现，用沙发加绿植营造出雅致的休憩区，整体给人以温馨、舒适之感(图 6-2-1 至图 6-2-4)。

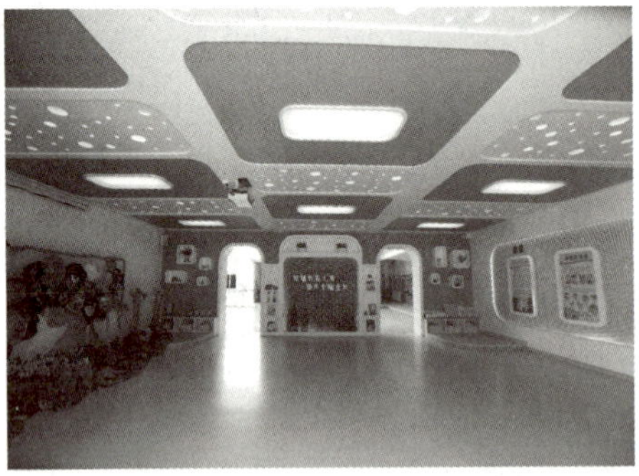

图 6-2-1　幼儿园大厅全貌

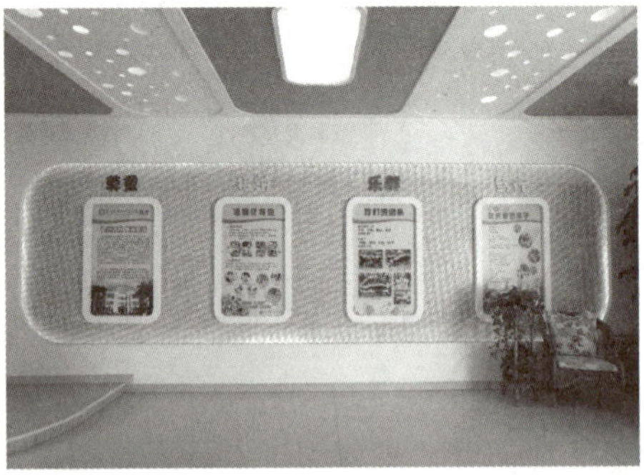

图 6-2-2　幼儿园园所简介

图 6-2-3　节气活动展示

图 6-2-4　大厅休憩区

2. 案例展示

大厅宽阔的空间是幼儿不可错过的教育资源。我们在大厅创设开放的阅读角、不同材质的触摸墙，并阶段性地结合主题学习、节庆、大型活动布置独具特色的展览区，集中呈现幼儿的作品、学习动态，及时让幼儿接受不同形式的艺术熏陶(图 6-2-5 至图 6-2-10)。

图 6-2-5 客家摄影展

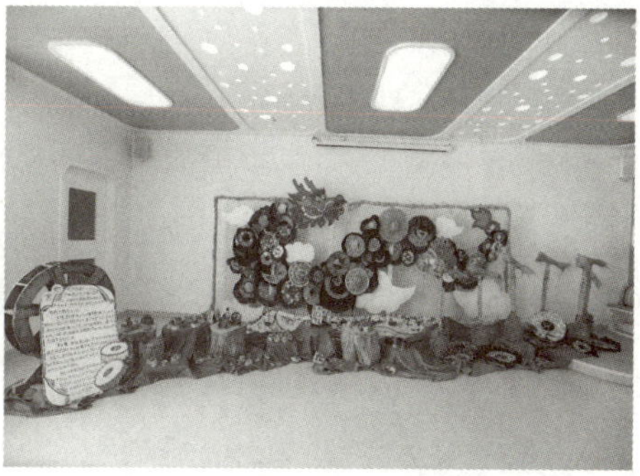

图 6-2-6 客家凉帽展

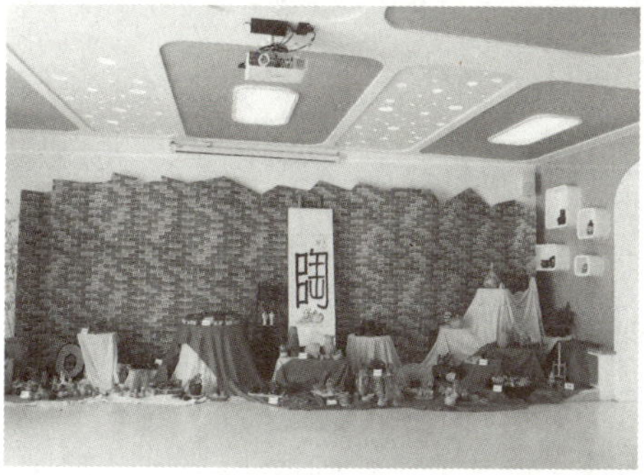

图 6-2-7 陶泥作品展

图 6-2-8 运动会展示

图 6-2-9 大班毕业作品展

图 6-2-10 大班主题作品展

(二)悦读书屋(图书室)

早期阅读是幼儿成长过程中不可缺少的部分。阅读兴趣、阅读习惯以及自主阅读能力的形成，可在幼儿心中种下幸福的种子，使其受益终身。英国当代青少年文学作家艾登·钱伯斯(Aidan Chambers)曾在《打造儿童阅读环境》一书开篇即提出："阅读总是需要有个场所的。"对于幼儿来说，幼儿园打造的图书室就是进行早期阅读的主要场所之一。打造一个优质的阅读环境，幼儿与图书的交互就越积极主动，发展也就越迅速。

1. 环境创设

作为幼儿园专门的图书室，我园打造了光线充足、优雅温馨、充满童趣的图书室环境，提供了故事类、教学类、家庭教育类等近 3000 本精选图书，让幼儿有足够的机会接触各类图书，接受书籍的熏陶，使他们在观察、欣赏的同时发展思维，获得愉悦的情感体验，从而达到爱看书、会看书的目的。充满趣味性空间元素的小阁楼，将宽敞的整体空间与充满趣味性的小尺度空间相结合。阁楼下面是一个适合阅读的小空间，给幼儿一种隐蔽感。中间创设的多功能性区域，成为幼儿阅读、表演、观看影像的绝佳位置。视听和读写角里提供了配套点读机、点读笔、电子书等相关材料，满足孩子听、说、读、写的需求(图 6-2-11 至图 6-2-14)。

图 6-2-11　图书室外厅全貌

图 6-2-12　图书室里厅全貌

图 6-2-13　图书室小阁楼

图 6-2-14　图书室视听和读写角

2. 案例展示

图书室除了满足日常的自主阅读和语言教学活动以外，我们还可以在图书室开展园长妈妈讲故事、爸妈故事团、亲子阅读等多种形式的阅读活动(图 6-2-15 至图 6-2-20)。

图 6-2-15　幼儿进行视听学习

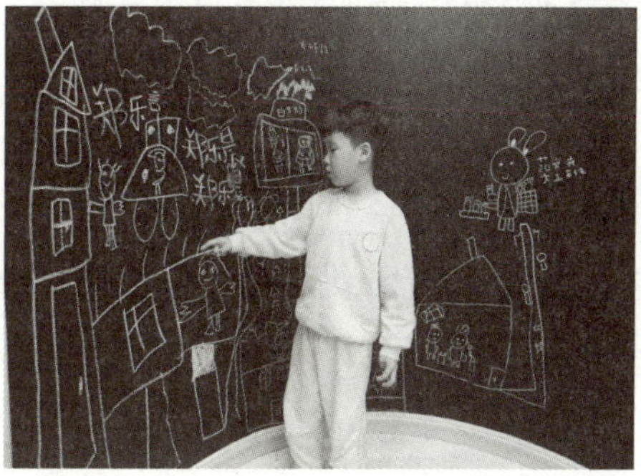

图 6-2-16　幼儿进行读写学习

图 6-2-17　园长妈妈讲故事

图 6-2-18　幼儿绘本故事表演

图 6-2-19　家长绘本故事表演

图 6-2-20　亲子阅读活动

（三）墨艺空间（美术室）

幼儿园美术室的环境创设应支持幼儿通过艺术的方式表达自己，使他们把自己天马行空的想象表现出来，同时还应兼具美感与艺术气息。我们结合客家文化打造了颇具传统艺术气息的美术室。在美术室，我们开展制作陶泥活动、画水墨画活动等，通过一系列的坊间创意艺术活动丰富课程内容，提升幼儿的审美能力、创造能力和表征能力。陶泥、水墨画作为中华优秀传统文化，潜移默化地提升了幼儿的文化自信。

1. 环境创设

在美术室外，我们用陶瓷创设了一面充满中国艺术文化气息的陶艺简介墙(图 6-2-21)，门廊处的布局透着浓郁的陶艺气息(图 6-2-22)，陈列架上摆放着幼儿独一无二的陶艺作品(图 6-2-23)，点缀在两侧隔断的陶艺作品，也颇具童趣。在美术室内，我们根据美术室多功能的特性将其划分为手工区、陶泥区、绘画区(图 6-2-24)，将客家瓦片嵌入陈列架和墙体中(图 6-2-25)，给幼儿带来独特的视觉冲击，还运用幼儿制作的陶艺面具做装饰(图 6-2-26)。在空间环境中，我们创设隔断、吊顶和兼具储物功能的展示墙；在选材上运用自然古朴的元素，如竹、瓦、藤编等；在颜色上以咖色、灰色和原木色为主色调。环境中提供的丰富的操作材料和工具，成为幼儿进行大胆想象和创作必不可少的物质条件。

图 6-2-21 陶艺简介墙

图 6-2-22 墨艺空间门口环境

图 6-2-23 陶艺作品陈列架

图 6-2-24 美术室内部

图 6-2-25　将客家瓦片嵌入墙体中

图 6-2-26　运用幼儿制作的陶艺面具做装饰

2. 案例展示

我们在美术室的门廊处以及美术室内的墙边和隔断处都打造了各种陈列架，幼儿在美术室里可以和教师、同伴，一起绘画、制作手工、画水墨画、制作陶艺(图 6-2-27、图 6-2-28)。在这里，幼儿可以充分发挥想象力和创造力，还可以将创作的作品展示到陈列架上。在整个美术室中，人们随处都可以看见幼儿的作品，不同的呈现形式让每一幅作品都像一件艺术品(图 6-2-29 至图 6-2-32)。

图 6-2-27　幼儿进行水墨画活动

图 6-2-28　幼儿进行陶艺活动

图 6-2-29　幼儿手工作品在陈列架上展示

图 6-2-30　利用幼儿作品造景

图 6-2-31 幼儿陶艺作品

图 6-2-32 幼儿水墨画作品

（四）客家博物馆

客家文化是指客家人共同创造的物质文化与精神文化的总和，是客家人长期形成的具有独特风格的文化，是中华优秀传统文化的重要组成部分，同时也是幼儿园重要的课程资源。我园的客家博物馆（图 6-2-33）陈列着各类客家传统的物品，供幼儿观赏，同时还可以在这里开展体验活动和探究活动。客家博物馆的创设有利于我们在落实课程内容、实现课程目标的同时，传承中华优秀传统文化。

图 6-2-33 客家博物馆门厅

1. 环境创设

结合园本课程中的客家文化特色活动，我们打造了独具特色的客家博物馆。在客家博物馆内，我们提供了擂钵、擂棍、食材、碗具等丰富的制作客家擂茶的材料，让幼儿在博物馆里制作擂茶、品尝擂茶和分享擂茶，感受客家饮食文化（图 6-2-34、图 6-2-35）。此外，我们还在客家博物馆内投放了各类凉帽（图 6-2-36）、稻谷脱壳用的舂（图 6-2-37）、花轿、古琴等，让幼儿在体验和探索中感受、了解和传承客家文化，增强文化自信。

图 6-2-34　擂茶坊全貌

图 6-2-35　擂茶的桌子和器具

图 6-2-36　客家凉帽的展示与体验

图 6-2-37　稻谷脱壳用的舂

2. 案例展示

擂茶活动作为幼儿园涵养课程中的特色活动，让幼儿在体验客家传统美食活动的同时感受和传承客家的饮食文化，培养幼儿的文化自信。那么，如何制作出美味的擂茶？除了传统口味的擂茶之外，我们还可以制作哪些口味的擂茶？带着这些问题，我们的幼儿开启了探究之旅。

客家擂茶

今天，我们偶遇中二班的孩子在擂茶区制作擂茶，其他班的孩子们在经过时闻到了香浓的味道，经中二班孩子热情的邀请，他们坐下来品尝了一小碗，中二班的孩子向他们介绍这是客家擂茶。孩子们边喝边分享着自己品尝到的味道。大部分孩子都觉得味道很香，吃起来却是苦苦的，不好喝，为什么闻着很香的擂茶吃起来却是苦苦的呢？孩子们都觉得很奇怪，并且对擂茶是用什么做的很感兴趣。

视频资源

客家擂茶

孩子们通过寻访了解到制作传统的客家擂茶要用擂钵和擂棍，把花生、芝麻、茶叶、薄荷放进擂钵里面，用擂棍擂好久，擂的时候还要加一些水，把它们变成细细的、软软的，再冲很多热水，装到碗里加一些配菜就可以吃了。

孩子们提到擂茶的味道都说是苦苦的，不好喝。于是就有孩子提出我们要做好吃的擂茶。子瑜说在擂钵里放很多白糖一起擂；语涵说草莓酸酸甜甜的，放点草莓进去；皓庭说炒米泡在茶里很好吃，其他孩子也跟着说，炒米是没有味道的、硬硬的，泡在擂茶里就有味道了，变得软软的，那炒米是怎么做的呢？

图 6-2-38 为家长助教带孩子们体验制作擂茶。

图 6-2-38　家长助教带孩子们体验制作擂茶

1. 做炒米。

孩子们通过观看视频的方式了解炒米的制作方法，原来炒米是用糯米做的，并且需要蒸饭桶，于是教师向幼儿园申请了糯米、蒸饭桶、晒饭的竹筛等材料和工具，根据视频所教的方法带领孩子亲手尝试制作炒米。

先把糯米洗干净放在水里浸泡，泡了三小时后，糯米变得更白更大一些，接下来就要把糯米放进蒸饭桶里面，放糯米之前要在蒸饭桶底部铺一块蒸布。把糯米倒进去用小手戳出小洞洞，放进锅里蒸三十分钟，稍微冷却后再把糯米铺在布上，放在阴凉通风的地方晾干。

孩子们将晾干的糯米和一包盐一起放进锅里炒热。他们耐心地慢慢翻炒着，糯米慢慢膨胀起来。有个孩子说："糯米变大了，还有一点黄黄的，我忍不住尝了一口，很好吃。"孩子们开心地笑着说：成功啦！炒米做好了，我们接下来需要做擂茶了！

2. 第一次做擂茶。

准备好烤熟的花生、芝麻和茶叶(图 6-2-39)，调料有白糖和食用盐。孩子们根据自己的意愿试着先把芝麻和茶叶放进擂钵里。一个孩子拿着擂棍，两个孩子扶着擂钵，开始擂茶(图 6-2-40)。经过不停努力，孩子们终于看到食材被擂碎了，随后加入热水，做成擂茶汤(图 6-2-41)。孩子们围坐在一起品尝自制擂茶，加入自制的炒米和花生，根据自己的喜好添加盐或者白糖(图 6-2-42)。

图 6-2-39　擂茶的材料

图 6-2-40　擂茶的过程

图 6-2-41　第一次制作的擂茶

图 6-2-42　品尝擂茶

3. 第二次做擂茶。

孩子们前面提到想要做不同口味的擂茶，于是教师开始用幼儿园种植园里的材料制作擂茶。种植园里有葱、青菜、艾叶，孩子们在日常的种植和烹饪活动中经常能接触到，对它们比较熟悉。接下来，教师就根据孩子们的意愿准备食材、工具，孩子们就开始制作擂茶了。

孩子们分工合作，洗菜、切菜，把所有需要的食材都准备好，配菜有萝卜干、肉末、虾仁、小白菜、豆角。

孩子们把青菜逐一放进炒锅里炒熟，就开始放进擂钵里擂了。教师还准备了白芝麻和黑芝麻供孩子自由选择。孩子们根据自己的意愿加入食材，两个小伙伴一起合作，在他们共同的努力下，材料终于擂好了。可是，擂好的材料里还是有很多比较大的碎屑，于是孩子们运用了过滤袋和过滤网两种工具，在过滤的时候他们很自主地两两合作，顺利地把一些碎屑过滤掉，过滤后的擂茶很细腻，而且颜色是他们喜欢的漂亮的绿色。

孩子们请来了一些大班的哥哥姐姐和老师一起品尝擂茶，并且向他们介绍擂茶的制作方法和所用食材。小客人和客人老师品尝后都给予了高度评价，茶汤看着是绿绿的，让人很有品尝的欲望，闻着有花生和芝麻的香味，还可以随意添加自己喜欢的配菜，吃起来有一点回甘，味道很棒。

游戏反思：

“乐学”是涵养课程的目标体系之一，它所指向的是幼儿的学习经验、学习能力和学习品质。在整个活动的探究过程中，孩子们通过调查记录、实践操作的方式加深了对制作擂茶的了解，学习使用擂棍的方法，了解擂钵内部结构的特点对研磨的作用。在活动中，教师一直以幼儿为主，以多样的支持方式，鼓励幼儿分享交流、动手操作、合作探索、解决问题。该活动发展了幼儿的探究能力和解决问题的学习品质。幼儿运用多种感官感知食材的特点，体验食物的来之不易，感受客家人勤劳的品质，弘扬客家文化的同时，体验制作擂茶的乐趣。

教师是幼儿学习的支持者，对幼儿的探究活动持以积极关注的态度，创设自主、开放的环境并给予材料的支持。幼儿在自主探索擂茶的过程中产生了浓厚的游戏兴趣与探究愿望。教师通过深入观察，理解活动中幼儿的想法，分析幼儿的经验水平、个性特点，对幼儿在制作擂茶过程中遇到的问题进行综合判断，分析其蕴含的学习与发展的价值，与幼儿的共同参与、共同思考，支持幼儿的自主探究，使他们积累探究经验，实现跨领域的学习与发展。

二、室内环境

视频资源

班级主题环境

室内环境一般指幼儿园班级环境。幼儿园班级环境是指在幼儿园的班级中，以班级为单位，对幼儿身心发展产生影响的物质与心理要素的总和。因此，班级环境包括班级物质环境和班级心理环境两个方面。班级物质环境是指影响幼儿发展的与班级物理环境相关的客观因素，包括室内空间布局、游戏材料投放、墙面布置等。班级心理环境是幼儿教育中的隐性环境，它能够以一种潜移默化的形态带给幼儿无形的影响，所以在当前的幼儿教育中，教师应该致力于创设与幼儿进行对话的班级环境。而对创设与幼儿对话的班级环境进行研究，是为了激发环境的育人价值，使幼儿在互动和沟通的过程中实现全面发展和健康成长，并在环境的无形影响下，不断提升能力和素养，以此完成高水平的幼儿教育。

（一）班级整体环境

我园注重营造适宜、适用、美观的室内环境，关注室内的每一个角落、每一面墙和空间。我们在室内公共环境中打造温馨且舒适的图书室、充满浓郁的艺术气息的美术室、具有客家特色风情的客家擂茶区等，同时，也巧妙利用楼梯和走廊的空间，让室内公共环境成为教育资源的重要组成部分。在班级活动室中，我们根据幼儿的年龄特点设置语言区、操作区、美工区、建构区、音乐区、角色区等基本区域；根据各班幼儿的兴趣增添充满个性的茶艺角、棋类角、陶泥角、刺绣角等特色活动角。在区角中，教师提供了有多种选择的、有吸引力的、开放性的、能促进发展的材料，通过展示照片、材料、艺术作品和记录单，反映幼儿的学习与兴趣。在教师的专业引领下，幼儿在“有准备的环境”里专注地学习。室内环境规划布局图示例如图 6-2-43 所示。

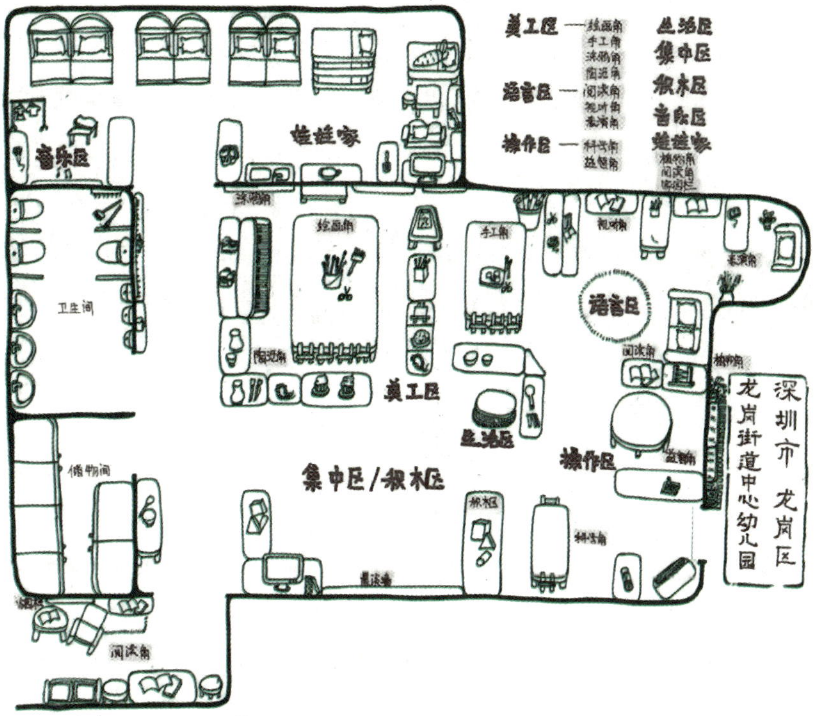

图 6-2-43 室内环境规划布局图示例

(二)不同风格的班级环境展示

为了最大限度地开发环境的教育价值，满足幼儿与环境互动的需求，一间间色彩协调、风格迥异的教室，体现着教师的独具匠心，凝聚了他们的心血与智慧(图 6-2-44、图 6-2-45)。

图 6-2-44　现代中国风班级环境

图 6-2-45　暖阳风格班级环境

(三)区角环境

基本区域是幼儿园整体区域范畴中最为重要的一个区域，涉及幼儿园的基本教育内容。区域活动是幼儿园教学中最能体现幼儿自主活动的组织形式，有着促进幼儿全面发展的重要作用。因此，各个幼儿园将区域活动作为一种重要的教学手段，都非常重视对班级区域环境的创设。区域内容主要通过区域材料来体现，我园立足本土，从幼儿的身心发展规律出发，为幼儿提供了贴近生活的本土材料，其中包括体现我国传统文化特色的材料和体现当地地域特点的材料，引导幼儿探究其所熟悉的周围世界，接受身心浸润式的本土教育。此外，我们根据材料所能带来的不同价值，将其进行加工和区分，投放到不同的区域中，在不同的区域中实现不同的价值，最终促进幼儿的全面发展。

1. 语言区

幼儿的语言能力是依照一定的方式和顺序，在一定时期里进行发展的。幼儿时期是幼儿语言发展最为迅速的时期，语言区为幼儿提供了丰富的语言教育环境。我们在创设语言区时，通常会在语言区里打造温馨的阅读角、前书写角、倾听角、图书制作角和私密角等，提供听、说、读、写的空间，有效地促进幼儿语言能力的发展。同时，幼儿在运用语言进行交流时，也在发展人际交往能力、理解他人和判断交往情境的能力、组织自己思想的能力，发展“善良”与“乐学”的品质。在打造语言区环境时，教师应该做到以下几点。

(1)动静结合，避免干扰

语言区的听、说、读、写都需要一个安静的环境，因此在规划语言区时，教师要考虑把语言区放在一个安静的角落，尽量避开积木区、角色区，可以和科学区，操作区放在一起。

(2)光线充足，保护眼睛

语言区最重要的一部分是阅读，阅读区应当放在光线充足的地方(图 6-2-46)，如教室有飘窗的地方、靠近阳台的地方等。如果教室条件不允许，教师可以在阅读区投放护眼台灯，增加光线，让幼儿在阅读的同时保护视力。

图 6-2-46　语言区保证光线充足

(3)环境温馨，氛围舒适

在设置语言区的时候，教师可以把沙发、地毯、毛绒玩具等考虑进去。这样的环境对幼儿来说很温馨、亲切，不但有利于幼儿在语言区中全身心地投入游戏，而且能够让幼儿在游戏的生活情境和阅读活动中自然而然地产生对文字的兴趣，提升学习兴趣。

(4)结合幼儿的年龄特点，满足幼儿的兴趣需要

小班幼儿普遍在词汇量和语法运用上的积累明显不够，所以语言区环境创设要突出简单明了、通俗易懂、标准规范等特点。3～4 岁的幼儿喜欢视听阅读，小班就设置阅读区、视听区等。中、大班幼儿随着年龄的增长和生活经验的丰富，他们中的绝大部分在听、说、读、写方面均有了更高的需求，因此中班可以增设文字区、阅读区、涂鸦区等；大班幼儿则需要一定的书写空间，所以大班可以增设书写区。

小班幼儿的思维发展具有具体形象性的特点，幼儿的语言学习主要依赖其自身的生活经验及某一事物的具体形象。小班语言区应营造温馨的阅读氛围，增强幼儿的阅读兴趣(图 6-2-47)。教师要围绕幼儿的生活、幼儿身边的人物、幼儿喜欢的动物，将幼儿已有的生活经验转化为直观、形象、富有童趣的可操作性材料，并将这些材料按种类和内容等进行分类，做好标识，让幼儿在取放的过程中培养良好的阅读习惯。

图 6-2-47　小班语言区

中班幼儿的听说能力、语言表达能力和对语言的理解能力较小班幼儿有了明显

的提高，但是其良好的倾听习惯、合作意识还没有形成。因此，教师将中班语言区学习的目标定位为：以认识各种词语来丰富幼儿的词汇量，以同伴间的听说游戏来培养幼儿良好的倾听习惯等。中班语言区除了阅读区、倾听区外，还可以有操作区。例如，创建“图书医院”，让幼儿修补破损的图书，并在环境中呈现修补图书的步骤图(图 6-2-48)。

大班幼儿好学爱问，喜欢富有挑战性的学习，其逻辑思维能力和分析问题的能力有了质的飞跃，其语言表达能力和对文学作品的理解能力也有了一定的提升。因此，教师将大班语言区的教育目标定位为：发展前阅读与前书写技能，活动区材料也以知识性内容为主。大班语言区可以划分出阅读区、书写区和倾听区等，并且小区域之间是相互联系的(图 6-2-49)。

图 6-2-48　中班语言区“图书医院”

图 6-2-49　大班语言区

2. 操作区

操作区是培养幼儿“乐学”品质与各种能力的重要区域。操作区投放大量的实验、探究、操作材料以及记录所需的各种工具与资源，为幼儿解读简单的物理现象，了解生命科学、空间科学、数学概念，学习解决问题提供支持。同时，操作区还应满足幼儿好奇、好问、好探索的年龄特点。小班创设相对适宜的操作区，可提供发展抓握能力、增强握力和压力、发展小肌肉协调能力等适合小班幼儿的材料。中班操作区根据中班幼儿已萌发抽象逻辑思维的特点，创设科学角、数学角等区域。大班操作区随着幼儿抽象逻辑思维的发展，应提供较丰富、具有探究性的材料，让幼儿通过探究与研究材料，获得相关知识与能力(图 6-2-50)。

图 6-2-50　操作区的环境创设与材料投放

3. 美工区

图 6-2-51　美工区氛围营造

美术活动是幼儿感受美、表现美、创造美的重要活动形式，美工区的创设为幼儿提供了充分展露个性、表达内心情感的舞台。幼儿常常通过绘画、手工、泥塑等方式来表达自己内心的情感和喜好以及对周围世界的认识。教师应创设浓厚的艺术氛围，提供丰富的材料，激发幼儿的兴趣，尊重幼儿自发的表现和创造，让幼儿欣赏艺术，激发幼儿大胆进行艺术创想的兴趣(图 6-2-51)。

美术活动是园本课程内容的重要组成部分。美工区要根据幼儿园课程目标以及幼儿的美术发展水平进行创设，且在不同年龄段，美工区创设的内容也应有所不同。小班美工区可以结合小班幼儿常把绘画当作游戏的年龄特点，创设涂鸦角。中班美工区则可以划分为绘画角、拼贴角等，可提供种类、材质、颜色多样的开放性材料。大班幼儿的绘画、手工及欣赏能力有了较大的提升，大班美工区可创设绘画角、手工角、陶艺角等小区域，同时要根据幼儿的兴趣和需求不断进行调整。除此之外，美工区还要创设欣赏与展示的墙面。例如，将幼儿的绘画作品或世界名画作品张贴在美工区的墙面上，在区域柜的上方摆放幼儿的手工作品等，让幼儿在充满艺术氛围的环境中受到潜移默化的影响，从而进行更深层次的艺术探索(图 6-2-52、图 6-2-53)。

图 6-2-52　美工区环境创设

图 6-2-53　美工区作品展示

4. 建构区

建构区活动能够帮助幼儿发展建构能力和空间知觉能力，幼儿通过有意识地堆积、排列、组合各种建构材料，主动进行各种认知建构，获得感性经验和心理满足。建构活动的开展能够发展幼儿的客体认知，激发幼儿的创造性以及提高幼儿解决问题的能力。此外，幼儿常常在建构区进行“客家围屋”“鹤湖新居”等的搭建，在发展建构能力的同时增加了对传统的客家居住文化的了解，增强了文化自信。

每个班都为建构区选择了一个宽敞的空间，提供了基本的单元积木和其他多样性的建构材料，让幼儿在建构游戏中获得丰富的学习与发展的机会，如发展数学能力、运用象征符号的能力、实践科学技能、运用读写能力、展示社会情感技能、呈现审美意识并应用地理知识等。在建构区中，我们结合小班幼儿的年龄特点，在环境中提供让幼儿可以进行搭建参考的图片、示意图、书本等，提供数量适宜的积木等搭建材料；中班建构区以投放类少量多的材料为宜，并在区域中提供作品构造图；大班建构区提供丰富的搭建材料、辅助材料及方便幼儿设计、记录搭建作品的相关材料(图 6-2-54、图 6-2-55)。

图 6-2-54　为幼儿搭建提供参考图

图 6-2-55　建构区提供大量辅助材料

5. 角色区

幼儿阶段是人的社会性发展的重要时期。培养幼儿良好的社会适应能力，可为幼儿形成健康的个性以及与社会环境建立和谐的关系奠定基础，对幼儿的学习与发展具有重要意义。幼儿园创设角色区，在各种角色游戏中，幼儿扮演不同的角色，学习与同伴互动、合作，使读写能力、自控力、认知力、社会性、情感和创造力得到发展。

“善良”作为幼儿园课程目标之一，主要表现为关心自己、善待他人、适应社会和一般的情感道义。角色区是实现这一目标的重要途径之一。为了尊重幼儿的学习特点，并满足其发展需求，在创设角色区时我们需要科学、合理、全面地规划空间，保证活动空间的个性化与多元化，并将主题活动中和客家民俗中的人文经验融入其中。此外，根据幼儿的年龄特点，我们在小班角色区创设娃娃家，幼儿在娃娃家扮演家庭成员的不同角色，在角色游戏中学会与同伴交往；在中班创设医院、理发店等角色区，幼儿利用角色游戏再现生活中的社交场景，了解不同角色的工作情况；在大班创设超市、摄影店等角色区，幼儿在角色区能与同伴进行分工合作，知道自己身边的社会服务机构与自己的生活紧密联系(图 6-2-56 至图 6-2-59)。

图 6-2-56　小班娃娃家：客厅

图 6-2-57　中班角色区：医院

图 6-2-58　大班角色区：摄影店

图 6-2-59　大班角色区：超市

此外，我们还会创设种植角和一些特色区角作为班级区角的补充和延伸(图 6-2-60 至图 6-2-65)。这些区角方便我园园本课程中主题探究活动的开展，为其开展前进行经验的铺垫和开展中进行经验的强化与延伸提供支持。

图 6-2-60　班级创设的植物角

图 6-2-61　植物角的表征

图 6-2-62　班级特色角：茶棋区

图 6-2-63　班级特色角：陶泥角

图 6-2-64　班级特色角：木工区

图 6-2-65　班级特色角：书吧

三、户外环境

我园地处客家人聚居区，多年来，为了让幼儿传承中华优秀传统文化，我园充分利用客家本土资源，营造浓郁的客家文化氛围，让客家文化在幼儿园落地生根。我们充分挖掘客家文化中勤劳、善良、孝顺、团结等文化精髓，在课程实施过程中融入客家风情、勤劳本色、感恩情怀等元素，让客家本土文化成为我园涵养课程的重要内容。在客家文化融入环境、主题活动、节庆活动的基础上，我园近两年结合“室内外环境一体化建设”的推进，重点进行了客家文化如何融入户外活动的课题研究，让幼儿在户外体育及游戏活动中快乐嬉戏、强身健体，用中华优秀传统文化的精髓浸润他们的心灵，以润物无声的方式促进他们的身心全面发展。为此，我园打造了极具客家文化特色的户外环境，开发了融入客家文化的系列户外课程资源。

在户外环境的创设中，我们巧妙地融入中华优秀传统文化，创建了丰富的传统文化特色区角，如客家长廊、泥水区、木工区、陶泥坊、擂茶区、民间游戏区等。我们通过环境的创设、材料的投放，让幼儿在与环境、材料的互动中感受中华优秀传统文化。此外，为了打造绿树成荫、鸟语花香和幼儿非常喜欢的花园、乐园、学园，我们从以下几个方面进行思考，并着手打造。

（一）与自然环境融合

1. 选用自然材质

在幼儿园里，我们运用了大量木、石等自然材料，铲掉塑胶地板，铺设材质多样化的地面：大门入园处铺设石板，中庭台面使用防腐木，操场上有人工草皮和水泥地面，小径处铺设鹅卵石、真草地……地面软硬结合，既有能保护幼儿安全的软地，也有适合拍球等运动的硬地。

2. 花、草、树、水资源的利用

户外有大片的自然草坪（图 6-2-66），三十多种果树，桃红柳绿，溪流潺潺，水车运转（图 6-2-67），园林式花架上爬满了炮仗藤和葡萄藤等，幼儿园整个院子成了生态园。这样的环境让幼儿能有机会接触大自然，在草地上数蚂蚁，感受泥土的芬芳，在水渠里抓鱼，体会嬉戏的乐趣。此外，园内保存的老树及大量新栽的树木，成为为幼儿防晒遮阴的天然屏障。

图 6-2-66　幼儿园户外自然草坪

图 6-2-67　生态园里的水车

（二）与办园理念、特色、课程融合

1. 户外成为潜移默化滋养幼儿的场所

我园的办园宗旨是“根植教育之源，涵养幸福童年”，我们认为幼儿教育是人的教育、根的事业，环境对幼儿有潜移默化的影响、润物无声的滋养。创设富含“养分”的户外环境，有利于幼儿在环境浸润中茁壮成长。

2. 为客家文化和健康教育特色提供场地保障

我园是全国足球特色试点园，客家文化和健康教育特色凸显。基于园所实际，我们在户外打造了客家长廊、古朴的瓦、石磨、水井，让幼儿在客家小镇上体会客家游戏的乐趣(图 6-2-68、图 6-2-69)。同时，我们在大操场建设了足球场，把泳池改建成了篮球场，方便开展球类运动(图 6-2-70、图 6-2-71)。

图 6-2-68　客家小镇正门

图 6-2-69　客家小镇内部

图 6-2-70　幼儿园足球场

图 6-2-71　幼儿园篮球场

3. 户外环境成为涵养课程的资源

幼儿园创设了高低错落有致的户外场地，例如，蜗牛造型的小山坡(图 6-2-72)，源自“牵一只蜗牛去散步”，体现了我们慢教育的思想。为了让环境更好地成为我园涵养课程的资源，我们栽种了三十多种果树。枇杷熟了，幼儿可体会采摘的乐趣；看到莲雾枝头挂满的果实，幼儿可体会“硕果累累”的含义；利用桑树的叶子，幼儿可体验养蚕的过程。同时，我们还充分利用大树，打造了树屋、蹦床、吊床、绳梯、木桩路(图 6-2-73)等设施，在户外设立了触摸墙、阅读角、休闲区等场所，把户外打造成了天然的课堂。户外场地的改造与办园理念、特色、课程有机融合，为促进幼儿园的内涵发展提供了有力保障。

图 6-2-72　幼儿园蜗牛小山坡

图 6-2-73　幼儿园木桩路

(三)色调和谐

在户外场地整体规划中，我们确定了幼儿园建筑和园区环境的主色调：建筑以咖色与米黄色搭配为主，装饰以原木色为主。在一些小角落种点花、摆放些绿植、陈列些小物件、精心设置些小的景致，让整个幼儿园显得自然、简洁、现代、和谐(图 6-2-74、图 6-2-75)。

图 6-2-74　幼儿园动物花盆

图 6-2-75　幼儿园小池塘景观

(四)结构通透

我们打掉早期的一些防盗门、防盗窗及一些隔断墙，让整个园区畅通，方便幼儿流动。多用透光玻璃，使园区采光充足，明亮通透。在规划每个功能区块的位置时，我们根据场地的现状，考虑各自教育的需要，体现方便、实用，利于幼儿的操作、互动与游戏，合理布局。

(五)满足功能需要

户外场地重要的功能之一就是保障幼儿的体育锻炼，并给他们提供呼吸新鲜空气、探索自然、自由游戏的机会。我园为了满足幼儿活动的需要，把户外场地进行了有效的划分，满足各种功能的需求，总体划分为三大类，即自然生态类、人文生态类和户外体能类。

下面，我们将详细展示自然生态类、人文生态类和户外体能类的各个区域的创设实践。此外，针对户外大量的游戏与体育材料的收纳管理问题，我们也做了详细说明。

1. 自然生态类

(1)种植园

一块一百平方米的土地被划分成十六块土地，每个班都能申领到一块。这块地就是幼儿种植体验的小天地，在这个小天地里，幼儿想种什么就种什么，不断获取种植经验，尽情享受种植的喜悦，体验劳动的快乐，感知植物的生长变化，以及季节变化与植物的关系、人与植物的关系。每学年初，各班级通过申领土地的方式，认领班级的种植地。种植园的名字每年都采用全园征名的方式，由幼儿投票选出。幼儿园种植园全貌如图 6-2-76 所示。

图 6-2-76 幼儿园种植园全貌

①场地设置。

种植园设置在阳光充足的地方，并将管道通到了菜地里，以便于幼儿取水。同时菜地旁设有一个工具房，种植用的小铲子、小耙子、小锄头，浇水用的水壶等工具一应俱全(图 6-2-77)。菜地数量与班级数量相同，全班幼儿一起商讨后确定班级要种植什么。班级幼儿参与班级班牌制作，他们制作的班牌各有特色。各班幼儿先将自己班级的土地进行划分，再进行翻地、松土、播种等前期准备工作。幼儿定期观察班级种植的瓜果蔬菜，并给它们浇水、搭架、施肥、捉虫……很多探究性活动在这里产生，幼儿发现问题，在探究中寻找解决问题的办法。每学期种植的东西都不一样，幼儿会见证自己种的每一种瓜果蔬菜的生长过程，也会体验亲手采摘、制作各种菜肴。教师提供记录板，让幼儿及时记录班级植物的生长情况。

图 6-2-77 种植园工具房

②材料投放。

我们常在种植园开展认领土地和各种种植活动，因此，相应的并且适宜的工具和材料应当准备齐全(表 6-2-1)。

表 6-2-1 种植园活动材料投放表

游戏类型	可引发和支持此类游戏的玩具材料
认领土地	1. 用于制作班牌的木块等； 2. 丙烯涂料等。
种植活动	1. 各类种子； 2. 适合幼儿的劳作工具； 3. 肥料。
科学探究	1. 用于观察的放大镜； 2. 用于记录的笔、纸、书写板； 3. 各类测量工具等。

③游戏故事。

保卫菜地

有一天，幼儿发现菜叶上有很多洞洞和切口，菜被谁吃了？针对此现象，幼儿展开了激烈的讨论。

“菜叶是被毛毛虫和蜗牛吃了吧!”

“是呀，菜叶上有虫虫的大便。”

“我上幼儿园时，看到有小鸟在吃菜叶子。”

菜叶究竟是被谁吃的呢？教师与幼儿一起讨论。接着，他们来到菜地进行观察，并把自己的发现记录在纸上。

幼儿兵分两路，一队去抓虫子，另一队去赶走小鸟。

让我们一起来看看幼儿是怎样保卫菜地的吧!

第一小分队：除虫

第一小分队立刻展开了讨论，并制定“对付”虫子的办法。

一诺：我们可以抓虫子。

这时有幼儿提出有的虫子可能是有毒的，如何辨别虫子是否有毒这个话题引发了幼儿的兴趣，于是在户外活动时幼儿用儿童相机把虫子的照片拍下来了，这些到底是什么虫子呢？到底是否有毒呢？由于幼儿缺乏经验，教师鼓励幼儿回家与爸爸妈妈一起查找资料，讨论虫子的类型以及是否有毒。

通过查找资料与实物对比，幼儿发现菜地里的虫子是蚜虫、菜青虫以及小菜蛾，蚜虫本身不具有毒性，但是它们以刺吸植物汁液为生，会导致植物叶片变形、萎缩，甚至死亡；菜青虫和小菜蛾本身也无毒，但是它们会大量啃食叶片，这些虫子会影响作物的生长和品质。

为了不让菜地里的蔬菜被虫子啃食，幼儿就讨论准备去菜地捉虫子，那么如何捉呢？教师把问题抛给了幼儿，幼儿具有一定的安全保护意识，提出可以携带筷子、夹子、网兜等工具。就这样我们的小分队来到菜地开始抓虫子。

最终在除虫小分队的努力下，菜叶上的虫子变得越来越少了，小菜地暂时也“风平浪静”了。在活动中，幼儿学会了合作，体验了成功的喜悦。

第二小分队：制作稻草人

第二小分队保护菜地的办法是赶走小鸟。那么，该如何赶走小鸟呢？

第二小分队最先想到的办法是给小鸟喂虫子、烂叶子、饼干。可是，他们发现，菜地里仍有小鸟飞来飞去，菜地还处在“危险”之中。

师：怎么办呢？

琳琳：我们制作稻草人吧！

稻草人是幼儿非常熟悉和喜欢的童话故事中经常出现的事物，把童话变为现实会发生什么呢？为了给幼儿更多操作和体验的机会，充分发挥他们的创造力和想象力，教师决定与幼儿进行一系列奇妙的探索活动。

幼儿眼中的稻草人。

琳琳：稻草人是用稻草做的。

一诺：书上的稻草人还穿了衣服。

泓博：稻草人是一只脚站立的。

涵涵：稻草人是把稻草做成人的形状。

乐乐：有的稻草人还戴了帽子。

通过谈话，幼儿了解了稻草人是用稻草做成的，教师便利用家长资源，请家长为幼儿找了关于收割稻草的视频，并请家长收集稻草让幼儿带到班级。

在制作稻草人之前，幼儿需要根据已有经验构想稻草人的造型和风格。教师引导幼儿将自己所想的稻草人用规划图的形式绘制出来。

就这样，一张张生动可爱的稻草人设计图诞生了，有爱心稻草人、公主稻草人等，面对各种各样的稻草人，幼儿提出可以投票选择。于是，教师组织幼儿分组讨论，并进行投票，最后公主稻草人获胜了。

家家：因为它穿了公主的裙子。

霖霖：我觉得这个画得很清楚。

玥玥：它头上有蝴蝶结，很漂亮。

星然：因为这个稻草人在笑。

师：制作公主稻草人需要哪些材料呢？

墨墨：稻草人的头是圆圆的，可以用圆形积木做。

希希：我想给稻草人穿公主裙子。

峰峰：嘴巴用弯弯的玩具做，表示笑哈哈。

涵涵：稻草人的脚用棍子做，可以插在泥土里。

霖霖：给稻草人戴一顶蝴蝶结草帽吧。

琪琪：稻草人的眼睛用盖子来做，大大的。

第二天，幼儿从家里带来了各种各样的材料，开始工作了。

幼儿观察到设计图上的公主稻草人是十字形的身体。他们开始尝试用胶带把木棍粘在一起，但绑上稻草后稻草人的身体并不牢固。幼儿联想到平时做木工活动的经验，便找来钉子，用钉子连接木棍。经过齐心协力的合作，大家成功做出了结结实实的身体。

如何让稻草人“站”起来？

幼儿要把木棍插进泥土里，可是怎么也插不稳。他们发现泥土太硬了，于是便用铲子挖坑，再把稻草人插进去，稻草人摇摇晃晃地“站”了起来。

睿睿看到菜地旁边的砖块，便把它堆在了木棍旁边，试着支撑稻草人。先翊见状，找来更多砖块，围在木棍四周，终于帮助稻草人稳稳地“站”在菜地里（图 6-2-78）。

图 6-2-78　幼儿制作的稻草人

菜地里有了稻草人的保护，幼儿欣喜地发现小鸟越来越少了，菜苗长得绿油油的。第二小分队“赶走小鸟”的行动成功了！

游戏反思：

幼儿的学习是在操作、体验、感知中产生的，更是在挑战能力边界、不断思考的过程中得以实现的。在制作稻草人活动中，幼儿经历的曲折学习过程远比结果重要。这也让我们看到了幼儿是自信而有能力的学习者。由菜叶上的洞洞引发了轰轰烈烈的保卫菜地行动，幼儿在这个过程中，积累了相当多的经验和想法。同时，教师敏锐地抓住幼儿的兴趣，支持幼儿大胆探究，引导幼儿多角度思考，让他们在想象、思考和行动中获得奇妙体验。这种“曲折”的学习历程远比结果更重要。在这一历程中，幼儿不仅发展了探究能力和解决问题的能力，而且增加了自然科学的经验。

(2)生态园

我园一进大门便是一个美丽的生态园(图 6-2-79)，山坡、小桥、流水、凉亭，幼儿可以在大自然中快乐地进行游戏、探究(图 6-2-79)。尽管幼儿园已经创设了种植园，但是我们仍然选择打造生态园，这样做不仅是为了增加户外环境的多样性，美化环境，而是因为种植园的功能相对较为单一，无法提供幼儿探究自然所需的草地、山坡、果树、溪流等场地。生态园的打造既丰富了幼儿园自然生态多样性，又给了幼儿一个亲近泥土与溪流的机会，使他们能感知一颗种子从发芽到结果和一只动物从出生到终老的整个过程，感知生命的神奇，学习观察与记录科学方法，了解动植物的生长周期以及与自然环境的密切关系，知道尊重和珍惜生命、保护环境。

图 6-2-79　幼儿园生态园全貌

①场地设置。

生态园应该设置在阳光充足、水源充足的地方。我们在生态园的打造中用自然草坪代替人工草坪，这样虽然在维护成本上有所增加，但是幼儿感知自然、亲近自然的机会是无可替代的。此外，我们栽种了盈实的果树，开凿了灵动的小溪，堆砌了蜗牛小山坡，让幼儿在这样生态化的环境中，放飞心情，探寻自然界的奥秘，观察果树开花结果，在小溪边捞鱼、玩漂流、玩水，在山坡上体验物体的滑动，在树丛中体验声音的传播，在凉亭下下棋休憩，还可随意选取一处美景写生(图 6-2-80 至图 6-2-83)。在生态园的外围，我们打造了两座大型滑梯，这两座滑梯成为生态园与其他区域的屏障，有效地减少了区域之间的互相干扰。

图 6-2-80 生态园的水车和溪流

图 6-2-81 生态园的小山坡

图 6-2-82 幼儿在生态园玩水

图 6-2-83 幼儿在凉亭里下棋

②材料投放。

幼儿的游戏受玩具材料的直接影响，因此在户外游戏环境创设时，我们尤其关注玩具材料的选择和投放，并在观察幼儿游戏的过程中，不断根据幼儿的兴趣和发展来调整材料。户外生态园充满了自然生机，是幼儿探究自然科学的最佳场所，因此我们在投放材料时更加关注便于幼儿进行科学探究活动的材料。此外，我们还辅助性地投放了一些幼儿在休憩时可以操作的材料(表 6-2-2)。

表 6-2-2 生态园玩具材料投放表

游戏类型	可引发和支持此类游戏的玩具材料
玩水	1. 各类水管、开关阀门、连接器、支架； 2. 用于捞鱼、捞树叶的网兜； 3. 可用于下水的雨鞋或凉鞋； 4. 各类适合饲养的鱼； 5. 可用于悬浮或漂流的木板、泡沫板等。

续表

游戏类型	可引发和支持此类游戏的玩具材料
探究自然	1. 用于观察的放大镜； 2. 用于记录的笔、纸、书写板； 3. 各类测量工具等。
安静游戏	1. 各种各样的棋； 2. 编制类玩具材料； 3. 用于写生的画笔、纸和画板等。
冒险挑战游戏	1. 用于爬树的梯子、绳子； 2. 适合挑战斜坡的垫子、滑轮等。

③游戏故事。

树叶被拦截了

在幼儿园的户外，我们创设了拥有山坡、流水、草地和各类花草树木的生态园，幼儿可以在生态园里感受自然，探索自然。入秋时，生态园的小溪里面总是漂满落叶，它们有时会顺着小溪流向下游，并堵住出水口。于是，幼儿产生了要将小溪里的落叶拦截并捞出来的想法。那么，该如何将树叶在溪流里拦截呢？为此，幼儿提出了各种各样的方法。

视频资源

生态园：树叶被拦截啦

1. 用什么样的东西来拦截呢？

首先，他们将在生态园里发现的石头堆在小溪里，可是他们发现，树叶会随着溪流从石头边上的缝隙中漂走(图 6-2-84)。于是，他们又找来了一些积木，将积木立在小溪里，这个方法成功拦截了树叶，可是溪流也被挡住了。他们又找来了搭建引水管道用的支架，可是支架的孔太大了，根本拦不住树叶。于是，找一个既能拦住树叶，又不会挡住水流的东西成了他们的难题。

图 6-2-84 幼儿尝试用石头拦截树叶

马路上的铁栅栏给了他们启发，栅栏既可以拦截树叶，又不会挡住流水。说干就干，幼儿开始了制作栅栏的工程。

2. 需要编织多大的栅栏呢？

很快，幼儿在生态园里收集来很多材料，有树枝、草绳、竹篾等。经过讨论，他们认为用竹篾来编织栅栏最好，因为树枝容易断，草绳又太软，根本立不住。当他们正兴高采烈地准备动手编时，老师抛来了问题："多大的栅栏才能放进小溪里呢？""那我们去量一量就知道了呀！"于是，幼儿找来了麦秆和竹篾两种测量工具，后来他们发现麦秆不够长，就用竹篾进行了测量（图 6-2-85）。他们将竹篾横着放进小溪上，然后将多余的部分标记出来，用剪刀剪掉，这样小溪的宽度就测量出来啦！

图 6-2-85　幼儿用竹篾进行测量

3. 如何编织栅栏呢？

知道了小溪的宽度就知道要编织多大的栅栏了，很快幼儿收集了很多竹篾，并将竹篾分割成为原先测量好的长度。分割好竹篾以后，他们又犯了难，要怎么编织呢？之前有过编织凉帽经验的幼儿，很快就解决了这个问题。于是，一场编织大赛就开始了，接下来的两天里，幼儿无时无刻不在分享自己编了多少根竹篾。很快，栅栏便初具模型，只是编出来的栅栏多出来很多边（图 6-2-86）。幼儿用剪刀将多出来的边剪掉，一个完整的栅栏就做好啦。

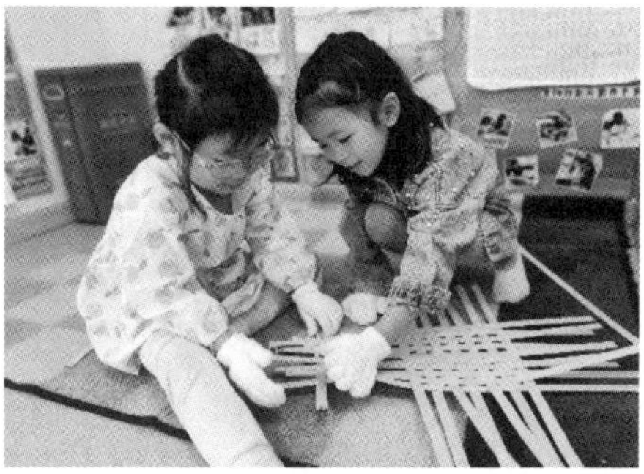

图 6-2-86　幼儿编织栅栏

4. 树叶被拦截啦！

幼儿迫不及待地拿着栅栏来到生态园，把栅栏卡在小溪中（图 6-2-87）。不一会儿，栅栏前面堆满了树叶，幼儿兴奋地叫起来："快看！树叶被栅栏拦住啦！"慢慢地，越来越多的树叶漂了过来，都被栅栏挡住了。幼儿兴奋地拍起手来："耶！成功啦！再也不用担心树叶会堵住下水道啦！"

游戏反思：

教师及时捕捉到幼儿在生态园玩水时发现树叶堵塞下水道的教育契机，引发制作栅栏的探究活动。问题的产生源自真实情境中发生的事情，教师发挥教育

图 6-2-87　幼儿使用栅栏拦截树叶

机智，激发幼儿制作栅栏拦截树叶的想法，转变了“我要他做”的被动教学模式，形成幼儿主动的“我想要做”自主学习活动，激发幼儿积极主动参与探究活动的内在驱动力。在整个活动中，教师能基于幼儿在每一次游戏中发现新的问题和新的经验，帮助幼儿以问题为导向，持续深入地开展游戏，不断提升游戏质量和水平。在这一过程中，幼儿能够通过解决问题获得新的经验，也能够将以往编织凉帽的经验迁移到编织栅栏中，解决新的问题。同时，教师通过回顾不断帮助幼儿梳理和提炼游戏经验，引导幼儿发现游戏中的问题，激发幼儿持续探究的兴趣，通过团体讨论的方式引发幼儿的思考，寻找问题解决的策略，并不断进行实践验证，促进幼儿的深度学习。

此外，凉帽也是客家传统文化的产物之一，幼儿将传统的凉帽编织经验运用到现在的问题解决中。通过这种迁移，幼儿不仅获得过程性的学习能力的发展，而且能运用传统的经验解决现在生活中的问题，有助于树立文化自信。

(3)木工坊

图 6-2-88　木工坊全貌

我园用原生态的木房、木桌、木凳打造宽敞、明亮的木工坊(图 6-2-88)，提供锯子、锤子等种类齐全的工具及钉子、木条等丰富多样的材料，让幼儿敲敲打打，设计组装，使他们成为一个个匠心独具的探索家。幼儿运用不同的工具，学习木工技能，制作他们的木工作品，从而锻炼和提高手眼协调能力、大小肌肉动作技能、数学技能(测量、一一对应和角度)以及科学技能(材料属性和工具的使用)，发展注意力和耐性。

①场地设置。

木工坊打造了宽敞、明亮的整体环境，提供种类齐全的工具、丰富多样的材料，满足幼儿在木工坊操作的需求。在这里，幼儿可以戴上防护眼罩、手套，围上围裙，专注地进行木工活动，锯木条、切割图形、钉钉子……

②材料投放。

木工活动在幼儿园是一类较为特殊的活动，因为无论是教师还是幼儿，他们在生活中都缺乏木工活动的经验，所以幼儿园木工活动的开展需要解决三个方面的问题，即安全的问题、教师学习和培训的问题、适宜的工具和材料配置的问题。我们在木工坊投放的材料主要为木工工具类，如锤子、扳手、钳子、锯子、刨子、钉子、砂纸、尺子等；不同的木工木材类和防护用具类(图 6-2-89 至图 6-2-92)。

图 6-2-89　木工坊工具：刨子

图 6-2-90　木工坊工具：稳定器

图 6-2-91　木工坊工具：线锯

图 6-2-92　木工坊工具：钳子、扳手

③游戏故事。

木工坊的故事

在晨谈中，幼儿讨论到想要制作一把木椅子，可是制作木椅子需要用到哪些材料？如何制作？带着这些问题，幼儿来到木工坊。

1. 寻找制作椅子的材料。

幼儿来到木工坊，开始为制作椅子寻找材料，他们找来了长方体、正方体木块，还有圆柱体的木块，围在椅子周围不断地对比。他们欣喜地发现很多材料都可以用来做椅子。户外活动时间结束了，但他们还没确定好制作椅子的材料。他们认为：椅子有椅面、四条椅腿、靠背等，做椅子的话用到的材料太多了。

俊熙：要不我们做桌子吧，桌子只需要一张桌面和四个桌脚就可以。

嘉怡：我觉得还是做一张小桌子，桌子太大没有那么大的板子。

豆包：我也觉得做一张小桌子，我们一直在找材料，都浪费了很多时间。

俊熙的提议得到了大家的一致同意。通过讨论，幼儿达成了共识，形成了统一的意见——制作一张小桌子，嘉怡还画出了分工设计图。

2. 如何把两块板拼在一起？

上午10点，幼儿带上了他们认为黏性较好的胶枪、胶带、固体胶、白乳胶来到了木工坊。看到峻熙带来的大木板后，大家兴奋不已。他们围坐一起讨论昨天留下的任务：做一张小桌子。讨论后决定按照昨天的分工，大家分成两组，一组试验哪种胶最黏，另一组找合适的材料做桌面。很快，做试验的小组发现胶枪的胶是最黏的，而找材料的小组也找来了他们认为最合适的两块板子。两组围坐在一起进行分享，之后便开始了行动：用胶枪把两块板粘在一起，让它形成一个整体——桌面。

第一次，他们在木板的边上打上胶，等他们抬起来的时候，木板分开了。经过一次次尝试，板子还是无法粘到一起。大家有点泄气了，老师提议："要不我们请教一下木工林师傅？"这个提议重新点燃了幼儿的激情，他们找到林师傅，把问题告诉他。林师傅笑着说："如果给你们一块辅助材料——长木板，你们有办法把这两块木板粘在一起吗？"林师傅的问题一下子就活跃了幼儿的思维。

宣瑜：我有办法，先把这两块木板合在一起，再把这块小长板放在它们中间，两头钉上钉子，就连起来了。

明轩：在钉钉子前，先把两块木板用胶枪粘起来再钉不是更好吗？

俊熙：我有一个更好的办法，就是长木板和木板也先打上胶再钉。

找到了方法，幼儿终于成功地把桌面做好了(图6-2-93)。

图6-2-93　幼儿成功做好桌面

3. 寻找桌脚的材料。

一组幼儿连接桌面，另一组幼儿也没闲着，他们开始寻找做桌脚的材料了。忆童找来四个圆柱体的木桩，但他们发现木桩不一样高。

宣瑜：我们要找一样高的木桩，不然桌子不平。

忆童：哪里有那么多一样高的木桩呢？

明轩：我们可以把高的锯掉一截就一样高了呀。

宣瑜：要把它们放在一起比较，还要拿笔做记号，这样就知道从哪里开始锯了。

他们把四个木桩放在一起竖起来(图6-2-94)，两个人扶住木桩，一个人拿铅笔做记号，做好了记号，开始锯木桩，但锯了一段时间，木桩还没有锯断。老师让林师傅适时地拿了一根木桩在旁边锯起来，他手上的大锯子吸引了幼儿的注意力，幼儿很快发现林师傅的锯子跟他们的不一样，他们找来几把锯子放在一起比较，发现要想快速锯断，锯齿是新的、锋利的、大的锯子更好用一些。老师这时也以参与者的身份介入活动，问林师傅："林师傅，除了锯子，还有别的方法可以锯快点吗?"林师傅边示范边讲解："锯面要平稳，不能扭曲或者撇着锯，要用上劲儿，而且不能着急，要有耐心。"在林师傅的带动和鼓励下，幼儿最终还是把木桩锯断了。

图 6-2-94 比较木桩长短

4. 连接桌面、桌脚。

今天终于可以连接桌面、桌脚了，幼儿又遇到了新的问题：桌脚怎么放，桌子才是平稳的呢?

明轩：我们要把桌脚放在一样的地方，桌子才能稳。

俊逸：怎样才能找到一样的地方呢?

嘉怡：我有一个办法，就是我们四个人都同时拿桌脚，然后有两个人拿桌面放在桌脚上，移动桌面，不就可以啦?

大家觉得嘉怡的办法很好，四个人马上拿桌脚，两个人拿桌面，很快大家就找到了让桌面平稳的桌脚位置。幼儿两两合作(一个人扶桌脚、一个人钉钉子)，四个桌脚同时开始钉钉子。幼儿钉钉子更熟练了：左手的大拇指和食指扶住钉子，右手拿锤子。在大家的齐心协力下，桌子做成功了。

游戏反思：

木工坊的活动，依托问题情境，激发了幼儿的主动性。幼儿通过教师指导、同伴互助以及自主尝试探究等方式获得了良好的学习品质，如专注、坚持、不怕困难等，同时也获得了多方面的综合经验，主要包括以下几个方面。

①使用工具或材料的经验。在项目活动开展的过程中，幼儿需要用到一些工具和材料，他们反复地尝试运用木工坊的专用工具，通过动手操作的方式，认识到材料的不同特性，以及掌握特定工具的使用技巧。

②合作的经验。活动起初，幼儿还是作为单独的个体，独自寻找材料，独自练习技巧，在教师的慢慢引导下，幼儿逐渐认识到他们是一个共同体，体悟到合作的意义。在这个过程中，幼儿获得了更强的合作能力(在提出自己想法的基础上认真听

别人的想法，在产生意见的时候，他们能够商量，尝试交流，尽可能达成一致意见），有利于社会性的发展。

③思维的经验。思维就是从计划到实践再到检验的思维过程，刚开始幼儿做什么怎么做，需要在老师的引导下完成，随着活动的开展，幼儿能主动地、自觉地按照计划进行活动。

(4)泥水区

玩泥、玩水，是幼儿挚爱的游戏，我园开辟了一方天然的泥水天地(图 6-2-95)：有干泥区、湿泥区、小瀑布，还有冷、热水喷头。幼儿在干泥区挖沟渠、筑城堡、做泥塑、搭客家围屋；在湿泥区抓泥鳅、投泥团、打滚；还在流动的小瀑布下，手摇取水器、搭竹架运水，玩得不亦乐乎(图 6-2-96 至图 6-2-98)。

图 6-2-95 泥水区全貌

图 6-2-96 幼儿在泥水区制作的土墙

图 6-2-97 幼儿进行引水游戏

图 6-2-98 幼儿进行打水仗游戏

①场地设置。

泥水区的设置需要靠近水源，方便取水。泥水区提供了冷、热水喷头便于幼儿在玩泥、玩水后进行清洗。流动的小瀑布、手动取水器、搭竹架运水等游戏，让幼儿在玩水区玩得不亦乐乎。湿泥区投泥团、打响等游戏，让幼儿乐此不疲。干泥区打月饼、做团子、做围屋等游戏也是幼儿喜爱的。

②材料投放。

干泥区可以用于塑形活动，因此我们可以投放一些方便塑形的模具。湿泥区可以进行投泥团、打响等活动，因此可以投放推斗车、竹篮等。此外，泥水区还应投放适合幼儿的防水鞋(图 6-2-99)，玩泥、玩水的工具等(图 6-2-100)。泥水区活动材料投放表如表 6-2-3 所示。

图 6-2-99　泥水区防水鞋

图 6-2-100　泥水区工具

表 6-2-3　泥水区活动材料投放表

游戏类型	可引发和支持此类游戏的玩具材料
泥塑游戏	1. 用于泥塑的模具； 2. 用于泥塑的平台等。
搭建游戏	1. 用于增加黏性的稻草； 2. 用于制作泥砖模具的木板； 3. 各类铲子、水桶等工具。
捕捞游戏	1. 用于洗衣服的木盆、打水的木桶； 2. 用于运送东西的推斗车、竹篮、竹筐和竹筛等； 3. 各类编织用的稻草、竹篾等。

③游戏故事。

搭建一个我们的客家围屋

一天，我们班在泥水区活动时，逸沣说："我们能不能用这些泥土搭建一个客家围屋呢？跟真正的客家围屋是一样的。"这一想法吸引了很多幼儿，他们纷纷加入讨论的行列，讨论得热火朝天。如果在泥水区搭建客家围屋，要搭建什么样的客家围屋呢？用什么搭建？怎么搭建呢？幼儿带着问题和爸爸妈妈一起走进鹤湖新居寻找答案。

1. 参观客家围屋。

幼儿带着问题参观了客家围屋，将所见所闻用绘画的方式记录下来。参观后，幼儿对客家围屋的结构、外形、搭建客家围屋的材料及如何搭建等有了更深入的了解，为后面的搭建活动奠定了基础。

2. 搭建什么样的客家围屋？

搭建一个什么样的客家围屋？幼儿产生了小分歧，有的说要搭建方形的，有的说搭建圆形的……这时，仕智站出来说：“要搭一个圆形的客家围屋，爸爸说，圆形的围屋是最稳固、最省材料的。”对于仕智提出的意见幼儿有些疑惑，老师及时地向幼儿讲解了为什么圆形的客家围屋最好，因为圆形的围屋具有很好的抗压作用，运用的是鸡蛋原理，用手握住鸡蛋使劲捏很难捏坏，是因为鸡蛋的结构为整体分担了压力，所以鸡蛋不容易碎掉。这一原理运用在建筑方面也是同样的道理；圆形在同一大小的材料下能够获得更大的空间，就是可以省材料。幼儿听后都非常赞同仕智提出的这个建议。大家意见统一后，开始设计圆形的客家围屋草图(图 6-2-101)。

图 6-2-101 幼儿设计的客家围屋草图

3. 揉泥团、做泥砖。

准备好材料以后，幼儿迫不及待地来到泥水区卷起裤脚、撸起袖子，说干就干。珊珊说：“我们要分一下工，要不然大家都不知道做什么事情。”只见他们围在一起商讨分工，有些幼儿负责踩泥，这样泥巴才更有黏性，有些负责剪稻草，有些负责和泥，有些负责把泥巴放入泥砖模具中，他们干起活来非常带劲。在幼儿的齐心协作下，第一块泥砖做好啦，当幼儿兴高采烈地要把泥砖取出来时，问题出现了，刚取出来的泥砖塌了。

当看到泥砖坍塌后，幼儿聚在一起商讨泥砖坍塌的原因，找到解决问题的方法：把稻草剪得更碎、泥巴变得更湿一点(图 6-2-102)。

图 6-2-102 将稻草和进泥巴里

4. 泥砖脱模时变形。

(1)第一次尝试。

有了前面失败的经验，这次幼儿先把稻草剪得更加细短，并在揉捏泥巴的过程中，掌握好泥团的软硬度：泥团太湿就加入一些干泥揉，泥团太干就加一些水进行调和。幼儿把干湿度适合的泥团和剪好的稻草和在一起不停地揉，边揉边说：“这样的泥团肯定可以做出结实的泥砖。”他们满怀希望，结果脱模的时候发现泥砖粘在模具上，泥砖脱模时不成形(图 6-2-103)。幼儿一脸困惑，这时桐站出来说：“要不我们先把模具打湿，这样泥砖就不会粘在模具上了。”

图 6-2-103　幼儿给泥砖脱模

(2)第二次尝试。

这次幼儿先把泥砖模具放在水里泡湿，再把揉好的泥团放进去，这次的泥砖比上一次好一些，但脱模时还是容易变形。幼儿说：“这样的泥砖不平整，搭的房子肯定容易倒，我们要继续想办法，做出平整、结实的泥砖。”

(3)第三次尝试。

这时，灿铠提议说：“用保鲜袋，因为保鲜袋滑滑的，放在模具上，再把泥砖拉出来就可以了，我们一起试一试吧。”他们先把保鲜膜放在模具上，再把揉好的泥团放在保鲜膜上，用平面木板压实泥团，有的拿着工具压实泥团。这时其他幼儿也都围了过来帮忙，有的用手使劲地拍打，有的干脆站在平面木板上踩。脱模的时候幼儿小心翼翼地把泥砖轻轻往下一扣，生怕把泥砖弄变形，一个平整、结实的泥砖就成形啦，看着泥砖幼儿露出了久违的笑容。

5. 搭建客家围屋。

(1)打地基、搭围屋。

在搭建之前，幼儿围坐在一起进行了人员的分工。他们挑选了一些工具和材料，迫不及待地来到泥水区。搬砖、抹泥浆、递砖、铺泥砖，幼儿形成了一条流水线。从地基开始搭建，他们先把泥砖铺在最下面，接着搭建墙体，在搭建墙体的过程中，他们认真、仔细地把每一块泥砖都抹上泥浆，放上泥砖，把每一块泥砖都敲压紧，把多余的泥浆抹掉(图 6-2-104)。搭建时间结束了，但是幼儿仍然沉醉于其中不愿意离开。于是，教师答应幼儿一定会为他们保存着，明天再继续。幼儿兴奋极了，纷纷讨论着明天要做的工作。

图 6-2-104　幼儿砌墙

(2)盖瓦片、铺门槛。

墙体搭建好后，幼儿开始忙着封顶盖瓦片，在盖瓦片中有人提议要把瓦片的两边抹上泥浆，然后一个挨着一个铺整齐，并且要有规律地一层一层叠加，不一会儿，瓦片铺好啦。仕智突然说："我们去参观鹤湖新居客家围屋时看到有门槛。"幼儿的前期经验告诉他们，客家围屋大门的门槛都很高，可以用来防水、防虫。于是，幼儿又探索起如何铺门槛。幼儿制作好的客家围屋如图 6-2-105 所示。

图 6-2-105　制作好的客家围屋

游戏反思：

小小的客家围屋，大大的收获。在搭建客家围屋中，对选择什么材料来搭建，幼儿需要运用批判性思维；对他人提出异议时，幼儿要阐述理由，这体现的是用证据支持自己观点的能力。活动开展的整个过程，以幼儿为主体，幼儿参与较多、有决定权。幼儿全身心地投入探究的过程中，在这里发现问题、分析问题和解决问题，不断积累经验。各种玩泥的游戏提高了幼儿的动手能力，促进了幼儿想象力、创造力和思维能力的发展。在不断积累经验的同时，幼儿形成受益终身的学习态度和能力。

(5)玩沙区

玩沙区分干沙区和湿沙区，为幼儿提供了进行铲挖、堆塑、筛滤、挖洞、筑造的各种工具，并设置了洗手盆、喷头、拖鞋架等装置，便于幼儿进行玩沙、玩水游戏，利于活动后的清洗(图 6-2-106)。在宽敞的沙池里，幼儿体验玩沙的乐趣，他们使用各种工具通过铲挖、堆塑、筛滤、挖洞、筑造，感知沙的特性，理解空间概念，提升对事物的表征能力，发展大小肌肉动作，促进合作、交流、分享。

图 6-2-106　玩沙区全貌

①场地设置。

玩沙区的设置需要防止沙子外溢，因此在设置玩沙区时，我们通常是向下挖掘沙池，或者利用防腐木等材料围合沙池。沙池上面设置了绳索，幼儿可以进行滑索游戏，沙池便成为天然的缓冲区。沙池边上设置了水龙头，供幼儿引水进沙池，此外还设置冲水区，幼儿在游戏结束后可以进行清洗。

②材料投放。

在进行材料投放时，我们需要提供拖鞋便于幼儿在有需要的时候使用，同时也需要提供一些靴子，考虑天冷的时候幼儿也可以正常进入沙池进行游戏。除此之外，玩沙区还可以进行玩水游戏和滑索游戏，因此我们也可以投放适宜的材料(图 6-2-107 至图 6-2-110、表 6-2-4)。

图 6-2-107　玩沙区引水游戏材料

图 6-2-108　玩沙区挖沙材料

图 6-2-109　玩沙区水鞋拖鞋

图 6-2-110　玩沙区筛沙材料

表 6-2-4　玩沙区活动材料投放表

游戏类型	可引发和支持此类游戏的玩具材料
沙水游戏	1. 用于沙塑的模具； 2. 用于挖掘的各类铲子； 3. 用于玩水的各类管道、水桶等； 4. 用于筛沙的筛子； 5. 各类低结构材料。
滑索游戏	各类安全防护工具，如手套、安全帽、护膝等。

2. 人文生态类

(1)客家小镇

在充满客家特色的长廊里，幼儿畅玩客家趣味游戏，了解客家民俗，弘扬本土文化。这里能满足幼儿多方面的发展需求，提升同伴合作、互助、个人展示、沟通交流、服务他人、动手操作等幼儿成长需要的必备能力。

①场地设置。

客家小镇为幼儿园的民俗特色区，设有客家典型的建筑(图 6-2-111、图 6-2-112)。区域里设有水井，幼儿可以从水井里打水、洗衣服；还设有石磨，幼儿可以双人推石磨、磨豆浆；在热闹的集市上，幼儿可以唱山歌、舞麒麟、演奏乐器，用自己设计的客币买卖商品(图 6-2-113 至图 6-2-116)。此外，幼儿还可以进行手工活动，在瓦片上画画、做客家凉帽、编草绳、扎草龙……在欢快的游戏中，幼儿体验着旧时客家人生活劳作的场景。在客家小镇，幼儿还可以玩踩高跷、跳绳、推斗车等民间游戏。

图 6-2-111　客家小镇的长廊

图 6-2-112　客家小镇的长廊内部

图 6-2-113　从水井里打水

图 6-2-114　用石磨磨豆浆

图 6-2-115　进行民俗表演游戏

图 6-2-116　摆摊买卖游戏

②材料投放。

客家小镇是幼儿园的民俗特色区，幼儿可以在里面开展具有客家民俗特色文化的游戏，因此我们投放了与客家民俗文化相关的材料(表 6-2-5)。

表 6-2-5　客家小镇活动材料投放表

游戏类型	可引发和支持此类游戏的玩具材料
工具类游戏	1. 各类竹制筐； 2. 竹筒； 3. 簸箕、扁担等。
买卖类游戏	1. 算盘； 2. 用于买卖的货物； 3. 套圈等。
劳作类游戏	1. 稻穗、风车等劳作类工具； 2. 石磨等制作豆腐、豆浆类的工具； 3. 各类洗衣工具等。
民间传统游戏	1. 跳绳； 2. 舞龙、舞狮的材料； 3. 客家童谣表演的道具等。

③游戏故事。

客家小镇的故事

今天是幼儿第一次来客家长廊。美美进到洗衣角后，拿来衣服和洗衣盆，想洗衣服，洗了一会儿，看到其他小朋友在玩卖鸡蛋的游戏，她也想玩，可又不敢，所以就一直闷闷不乐地洗着衣服。老师过来协助美美把盆移到边上，并提示她可以用搓衣板，美美一边搓衣服一边面无表情地张望。

针对以上问题，老师投放了洗衣皂，让幼儿在洗衣服的同时可以玩泡泡，增加洗衣服的乐趣，又投放了小板凳、头巾、围裙，以增强幼儿的角色意识和客家长廊的游戏氛围。

投放新材料后，幼儿第一次来洗衣角玩，倩倩首先拿好衣服和洗衣工具，请老师帮她绑好头巾和围裙，然后把水提过来倒在盆里，又拿刷子来刷，她是从下往上刷的，刷到一半就刷不动了，又放下刷子用手搓泡泡……幼儿脸上洋溢着快乐的笑容。第二次玩的时候，老师发现幼儿出现了相互合作的情景，一起拧衣服(图 6-2-117)。

图 6-2-117　合作洗衣服

游戏时，老师录下幼儿活动的小视频，做得好的、不够好的都录一小段，在小结环节让幼儿一起来观看、讨论，找出存在的问题，分享好的经验(说说怎样更好地合作、怎样把衣服洗干净、怎样打水更快……)。

今天在洗衣角玩的有亮亮、鹏鹏、萌萌三个幼儿。亮亮和鹏鹏说："我们去打水。"他俩便径直去拿水桶，萌萌则去拿洗衣工具，她先摆好盆、搓衣板，然后去拿头巾、围裙过来请亮亮帮她系好，多了一条围裙她则帮亮亮系上。这时鹏鹏已经把水摇上来了，亮亮过去提水倒到萌萌的洗衣盆里，然后问："还要不要水?""还要啊，你再去打。"萌萌说。

活动结束了，亮亮、鹏鹏放下水桶就走，这时老师提示："还有哪个区的材料没收好，赶紧收。"亮亮返回来拿了盆问萌萌："这个放到哪里呀?"萌萌指着走廊说："放那边。"亮亮来到走廊看了一下，放下盆便去排队了。

游戏反思：

勤劳是客家的传统美德，我们在客家小镇进行洗衣游戏，发展了幼儿的自理能力，促进了其动作的发展，使其养成良好的卫生习惯，传承了客家勤劳本色这一传统美德。在这次活动中，幼儿能进行分工，系围裙、戴头巾、打水都能互相协作，并且合作得很好。通过活动，我们也可以看出洗衣不再是女孩子的专利，打水也不再是男孩子的专属，角色之间会有互换和互动。

(2)涂鸦区

涂鸦体现幼儿的天性，是幼儿自我表达和探索的过程。3～6 岁的幼儿正处在绘画发展的关键期——涂鸦期与象征期。涂鸦游戏能满足幼儿的心理需要，带给幼儿游戏的乐趣，让幼儿在涂涂画画中释放自己，并发展动作和象征能力。户外涂鸦区环境如图 6-2-118 所示。

图 6-2-118 户外涂鸦区环境

①场地设置。

在墙面上设置黑板、透明有机板、木板等，幼儿以水彩涂鸦、粉笔涂鸦、蘸水涂鸦等形式，进行自主创作。涂鸦区合理利用废旧材料，如轮胎、玻璃瓶、水管、砖头、废旧自行车等，供幼儿体验在不同材质上涂鸦的感受。同时，涂鸦区设置水池，方便幼儿用水和清洗(图 6-2-119、图 6-2-120)。

图 6-2-119 涂鸦墙

图 6-2-120 涂鸦区洗手池

②材料投放。

工具和材料是幼儿进行涂鸦游戏的物质基础，对材料的选择和使用也反映了幼儿的发展特点和兴趣。我们在投放材料时，充分考虑了幼儿的兴趣，充分挖掘了当地资源，为幼儿的涂鸦游戏提供了充足的材料(表 6-2-6)。

表 6-2-6 涂鸦区活动材料投放表

游戏类型	可引发和支持此类游戏的玩具材料
涂鸦	1. 纸张、画笔、刷子、颜料、剪刀、胶带、喷壶等。 2. 各类自制涂鸦工具：可用报纸、布、农作物秸秆、树叶、树枝、废旧玩具等自制涂鸦工具。 3. 各类自然物，如鹅卵石、枯树等；各种废旧物品，如旧的桌椅板凳、瓶子、水桶等。 4. 各类辅助材料，如画架、盘子、小水桶、笔筒、笔架等。

(3)表演区

表演区创设了舞台式的环境，投放了各式装扮材料，以激发幼儿的表演欲望。

此外，我们还提供了适合小、中、大不同年龄段表演的服装和材料。舞草龙、故事表演、时装秀、萌娃跳舞等多种形式的表演每天都在上演(图 6-2-121、图 6-2-122)。

图 6-2-121　表演区表演舞草龙

图 6-2-122　表演区节目预告

①场地设置。

表演区并没有特意搭建一个小舞台，而是利用大厅外面的平台为幼儿创设表演的场地(图 6-2-123)。平台平整、宽阔，是一个天然的表演舞台，舞台前也同样宽敞，可以用于设置观众区。在舞台上投放各类表演的服装道具(图 6-2-124)，一个天然的舞台便形成了。

图 6-2-123　表演区表演台

图 6-2-124　表演区服装道具

②材料投放。

表演区更多是开展表演类的游戏和制作用于表演的道具服装的手工活动，因此我们应考虑投放用于各类表演的服装道具，此外还可以投放更多的低结构材料，如报纸、塑料薄膜、布料、棉球、串珠、亮片等，以及工具类材料，如剪刀、胶水等，用于制作表演的服装道具。

③游戏故事。

“小新娘”的故事

天来了，爬满墙头的使君子花随着微风的轻抚飘落下来。米娜拾起一朵掉落在草地上的花，端详起来，说道："好漂亮啊！它的花瓣是五角星形状的。""你们快来看，这里还有好多花瓣！"幼儿看到满地红艳艳的使君子花，马上被眼前的景象迷住了。锴乐和阿萱每发现一朵落在草地上的花瓣，都小心翼翼地放在竹篮里。随后，他们来到户外角色区，像个小花童一样把花瓣一把一把撒向空中。漫天飞舞的花瓣落在希雯身上时，小伙伴们兴奋地说："希雯好像新娘子。"接着，他们又拾来了花瓣铺在蹦蹦床下的草席上，拉着希雯说："你看，这是我们为你布置的新房。"小伙伴们三五成群地围坐一起，闻着花的清香还不由自主唱起了"好一朵美丽的茉莉花，芬芳美丽满枝丫，又香又白人人夸"。

户外的花草树木生机勃勃，大自然是幼儿天然的游戏场所，充满自然气息的游戏环境能让幼儿获得更多与自然互动的机会。幼儿充分利用自然元素，开启了一段"小新娘"的故事。

1. 今天我当新娘了。

户外活动结束后，幼儿仍然沉浸在过家家游戏中，于是教师带领幼儿通过活动剪影进行游戏回顾。小新娘希雯脸上带着动人的微笑，喜滋滋地分享着今天当新娘的趣事。小女生都投来羡慕的目光："我也想当一次漂亮的新娘。"小男生看到小新郎模仿刮胡须的视频也哈哈大笑。一场热闹过后，他们开始滔滔不绝地议论着："我觉得我当新娘子的时候是最美的，头上还披了头纱呢！""我听过一个故事，叫《快乐的婚礼》。"

2. 装扮新娘。

大班幼儿的语言表达能力强，交流讨论能力、符号表征能力相对较强，对游戏的开展有着独特的想法。游戏前，教师和幼儿围绕小新娘的角色扮演游戏进行探讨，教师以"为什么想要当新娘？""新娘是怎么装扮的？""需要哪些游戏材料？"等问题来启发幼儿思考，幼儿将自己的想法用简单的图画、文字符号、统计图记录下来。

材料会让幼儿萌发出游戏的兴趣和游戏行为。幼儿对装扮新娘的游戏热情高涨，于是针对"装扮新娘，我们没有服装怎么办？""需要哪些物品？""怎么收集这些饰品和材料？"展开了讨论。

幼儿三五成群地围坐在一张圆桌旁，同伴之间互相启发引来了更多的思维碰撞。幼儿讨论出需要头纱、发饰、花束、纱裙、花篮、小旗子等，在家长的支持下，他们收集了漂亮的头纱、发饰，并写了物品申请书，成功向幼儿园申请到游戏所需要的材料。

当看到申请的纱裙被送到班上后，小女生都想穿上洁白的纱裙，头戴亮晶晶的皇冠。于是，班里又出现了争论的声音：每次活动都只有一位新娘，大家都想当新娘怎么办？

梓熠：想当的女生石头剪刀布。

佳裕：可以跟策划师蓝诗淇预约，报名来当。

经过大家的投票，幼儿决定制作一张“新娘报名表”，想当新娘的小女生可以提前预约，轮流扮演。

3. 策划婚礼。

(1)小新郎的加入。

随着游戏的不断推进，经过讨论，大家觉得小新娘的身边应该有一位小新郎。于是，幼儿通过自主讨论协商，小新娘可以自由选择一位小男生扮演新郎，共同参与游戏。

(2)婚礼的流程。

既然要举办婚礼，就要引导幼儿了解婚礼准备的相关流程，因此教师把问题抛给幼儿，让幼儿和爸爸妈妈一起了解关于举办婚礼的经验，并进行分享。

“有人给新娘化妆，新娘还会穿漂亮的公主裙。”

“有很多的桌子，上面有好吃的，然后很多人坐在那里看着新娘和新郎。”

“我妈妈给我看过一张卡片，是结婚的卡片(邀请函)。”

“新娘是坐在车上的。”

幼儿在了解婚礼的过程中，还了解到婚礼有策划师、化妆师和伴娘等角色，还要有新郎、新娘乘坐的交通工具。

(3)婚礼的分工。

婚礼宴席需要做哪些准备呢？最后，幼儿通过自主讨论，进行了合理的分工。

场地布置组：

幼儿到户外角色游戏区进行了现场勘察，对“烹饪区”“宴请区”以及新郎和新娘的“家”都进行了规划。

材料准备组：

材料组的幼儿分工合作，绘画新郎新娘海报，用红纸剪“囍”字，绘制祝福卡；将花生和祝福语塞进红包里。

厨师组：

讨论菜谱、准备食材。

王允：可以煮点甜甜的汤圆，代表很热闹、团圆。

子宁：可以做一些有名、好吃的客家菜。

乐乐：吃酒席还要给宾客敬茶。

涵涵：我们还要有客人，请幼儿园的保安叔叔来参加我们的宴席。

小厨师对讨论出来的菜谱进行了绘制。在分工合作及家长的配合下，幼儿从家里收集了各种各样真实的食材投放到厨房中，为婚礼宴席活动做准备。

表演小分队：

当谈论到婚礼时，幼儿都觉得这么热闹的场面需要有体现中华文化特色的表演来助兴。于是经过商量，他们决定将“舞草龙”“跳竹竿舞”等作为助兴节目，并且开始了全力地排练……

图 6-2-125 “小新娘”游戏过程

4. 婚礼进行时。

这一天，幼儿根据前期讨论的思维网络图，积极参与到游戏的准备工作中。

小建筑师用砖头砌起了灶台，小厨师穿上围裙、戴上帽子有模有样地工作着。中铭一边洗胡萝卜一边嘀咕：“我把胡萝卜洗干净，洗干净才能切。”铭轩和几个小伙伴围在一起剥着大蒜，有说有笑。佳裕指挥着：“大家快点啊，来不及了，客人就要来了！”此时子宁、宇琪正把搓好的五彩汤圆转交到小厨师手中。忙碌中还传来小新郎激动的声音：“大家记得哦，新娘不吃辣椒！”

材料组的幼儿分工合作：有的负责绘画海报；有的用红纸剪“囍”字；有的绘制

祝福卡；还有的将花生和祝福语塞进红包里，希望将这份好运送到客人手中。

伴娘伴郎团组成了婚车队，在迎娶新娘之前，已经把婚车布置好。新郎拿着花球去接新娘时，困难重重，小姐妹还给新郎设置了石头、剪刀、布的闯关游戏。只有赢得游戏和发红包才可以见到新娘。

舞台上表演组的幼儿跳起了竹竿舞吸引来了许多小观众，当新郎和新娘登场走上舞台时，舞龙队手上挥舞着草龙，将新郎和新娘团团围住，开始了舞草龙表演，寓意给新郎、新娘美好的祝福。

活动当天，幼儿喜气洋洋，幼儿园里也热闹非凡。

游戏反思：

幼儿在整个活动中了解与亲身经历了婚礼的流程、细节，体验了婚礼文化与习俗，感受了爱并传递了温暖，获得了充分的成就感和喜悦感。在装扮新娘的游戏中，幼儿经历了收集材料、勘察场地、角色分工、举行婚礼仪式的过程，在直接感知、实际操作和亲身体验中获得了社会性发展的经验。例如，白纱裙只有一套，每个女生都想当新娘，幼儿通过分析问题、解决问题，体验了成功的乐趣。

每一次活动结束后，教师都引导幼儿进行分享，通过每一次总结挖掘幼儿深度游戏的需求，引导幼儿纵向思考。本游戏给予幼儿深度学习的机会，对幼儿的发展有着积极的作用，使幼儿在游戏中学习，在游戏中发展，诠释了教师作为游戏进程中的支持者的理念。

(4)大型建构区

积木是幼儿想象替代、表征经验的必要材料。因此，建构区是幼儿园必不可少的户外游戏活动区。相对于室内建构游戏，户外建构区对场地和材料的要求会更高。我园结合天井的场地位置、大小等条件设置了大小适宜的户外建构区，提供了支持幼儿进行更为复杂的游戏的材料，让幼儿在户外进行自主建构活动，使幼儿的空间知觉和想象力得到发展。

①场地设置。

建构区对平整空地的面积、布局和地面材质的要求相对较低，我们利用天井的空地设置了户外建构区(图 6-2-126)。天井四周相对封闭，很大程度上避免了与其他区域的相互干扰。我们充分利用角落，在角落处投放一些架子，方便幼儿进行材料的收纳与存放。

图 6-2-126　天井建构区

②材料投放。

大型建构区活动材料投放情况如表 6-2-7 所示。

表 6-2-7　大型建构区活动材料投放表

游戏类型	可引发和支持此类游戏的玩具材料
建构游戏	1. 各类积木； 2. 运送积木的推车； 3. 搭建用的梯子； 4. 纸板、玩偶等辅助材料。

③游戏故事。

搭建长城

国庆假期回来，有几个幼儿在积木区合作搭建着“万里长城”，搭好后，他们兴奋地叫我过去观看。其中，煜宸高兴地介绍说：“我在国庆节去了长城旅游，这是我搭建的长城……我爸爸说，长城是我们中国的伟大建筑，不到长城非好汉！”逸辰问：“什么是伟大建筑呀？”煜宸说：“长城很长很长，是中国人造的……”幼儿的问题如潮水般涌来，教师也深刻感受到幼儿强烈的求知探索信号。因此，教师就问他们：“谁见过万里长城？”有的说没有，有的说在电视里见过，在讨论中，幼儿提议在户外搭一个长城。于是，好玩又有趣的户外搭建活动开始啦！

教师先让去过长城的幼儿给小朋友们分享他见过的长城的模样，并让他把长城的样子画出来。

煜宸：长城好长好长，要走好久的……长城上面有烽火台，有敌楼。

逸辰：我在电视上看到过长城，长城像一条巨龙一样，弯弯曲曲的，而且长城很长很长，要走很久。

景灿：长城建在山脉上，长城两侧还有很多树。

宣逸：每个人都想去长城，长城上有很多人，我也想去。

1. 第一次搭建。

幼儿会运用平铺、垒高、架空、延长等方法进行搭建，在搭建过程中，他们发现围墙有高有矮，很不整齐且不坚固。为此，幼儿提出用测量的方法解决问题，其中有两个幼儿发现城墙搭建得不够牢固，他们便使用了加厚墙壁的搭建方法使之变得牢固。带着思考，幼儿进行了第二次搭建。

2. 第二次搭建。

有了第一次搭建的经验，这一次幼儿很快就将长城搭建完成。掌握了测量的方法，幼儿搭建的城墙高度一致，很整齐。但是由于使用的积木颜色不同，他们搭建出来的长城是五颜六色的。有幼儿提出："乱七八糟的颜色一点也不像长城！"带着这个问题，幼儿进行了第三次搭建。

3. 第三次搭建。

在搭建之前，幼儿对上次搭建的问题展开了讨论。

煜宸：我觉得我们只用一种积木搭建就可以了。

逸辰：万一不够了该怎么办呢？

景灿：我们可以用一种颜色的积木搭建烽火台，用另外一种颜色搭建城墙，这样就可以了。

有了解决方法，幼儿进行了分工合作，有人搭建烽火台，有人搭建城墙，而景灿则当起了小指挥，不断指挥幼儿进行搭建。没多久，"万里长城"的搭建便完成了（图 6-2-127）。幼儿自发地参观起他们搭建好的长城。在参观过程中，幼儿又想到在长城上插上国旗，有的幼儿则想到扮演解放军叔叔，在长城上站岗。

图 6-2-127　幼儿搭建的长城

游戏反思：

当搭建的作品一次次被推翻重建的时候，幼儿没有退缩和放弃，而是及时调整自己的策略，在行动上坚持反复尝试，在情绪上始终积极挑战，在语言上和同伴互相激励，每个人都在贡献着自己的已有经验和发现，表现出积极主动、认真专注、不怕困难等学习品质。《3—6 岁儿童学习与发展指南》指出："要充分尊重和保护幼儿的好奇心和学习兴趣，帮助幼儿逐步养成积极主动、认真专注、不怕困难、敢于探究和尝试、乐于想象和创造等良好学习品质。"每次搭建遇到问题时，幼儿总能想办法和同伴共同解决问题，当幼儿被分到不同小组后，他们的团队意识有了明显提高，在整个活动中也非常投入。幼儿用双眼去观察，用双手去描绘，感受事物的变化，刚开始他们对长城的结构不够了解，到后面他们能够灵活运用各种技巧解决问题，比如，对比、统计、分配材料和规划空间等。在解决问题的过程中，幼儿的肢体动作能力、空间关系认知能力、社会交往能力、语言能力、数量关系认知能力、空间测量能力、表征能力、问题解决能力都得到充分发展。从好奇到主动，再到坚持、注意、反思、想象、创造，幼儿用自己的方式去表现和创造美的建筑。

3. 户外体能类

《广东省幼儿园一日活动指引(试行)》指出："幼儿每天户外活动不少于 2 小时，其中体育活动不少于 1 小时，高温天气可酌情减少。"可见，幼儿体能在幼儿园的教育教学中的重要性。幼儿正处于身心发育的关键阶段，而体育锻炼就能够很好地促进他们的身心健康发展。为此，幼儿园创设了攀爬区、平衡区、跳跃区、投掷区等来满足幼儿的体育锻炼需求。

在攀爬区，我们将大树、木梯和绳梯进行组合，供幼儿攀爬使用(图 6-2-128)。

图 6-2-128　利用大树做攀爬

在平衡区，我们利用树桩和轮胎供幼儿锻炼平衡感(图 6-2-129、图 6-2-130)。

图 6-2-129　利用树桩锻炼平衡感

图 6-2-130　利用轮胎锻炼平衡感

在跳跃区，我们将废弃的足球和篮球悬挂起来，用于幼儿跳高触摸(图 6-2-131)，同时还会利用方格石板，让幼儿进行跳跃(图 6-2-132)。

图 6-2-131 将足球吊起让幼儿跳跃触摸

图 6-2-132 设置方格石板让幼儿跳跃

在投掷区，除了设置篮球筐以外，我们还利用绳制作了投掷筐(图 6-2-133)，用于幼儿投掷，增加幼儿投掷的趣味性。此外，我们将水管固定在墙上，在水管上开出高低不同的孔(图 6-2-134)，以使不同年龄、不同水平的幼儿进行投掷，使活动更具有层次性。

图 6-2-133 绳编人做投掷筐

图 6-2-134 水管做投掷筐

为了保证幼儿日常在园的体能活动量，除了开展常规的体育活动以外，我们还开展了户外体能大循环与民间特色体育游戏。通过常规体育活动、户外体能大循环与民间特色体育游戏来强健幼儿身体，促进幼儿的动作发展，促进幼儿身体正常发育和机能的协调性，增强其身体素质。

体能大循环

根据《3—6 岁儿童学习与发展指南》指出的幼儿动作发展的目标与教育建议，促进幼儿身体正常发育和机能的协调性，增强其身体素质，我们在合适的场地带幼儿一起运动，鼓励幼儿大胆挑战自我，在体能游戏中开展“大带小”活动。我园体能大循环是利用现有的户外体育器械，结合园内的设施及空间设计的合理、安全的体能大循环活动(表 6-2-8)。

通过对不同体育器械的组合，我园将体能循环区划分为若干区域，主要有：跳跃区，锻炼幼儿跳跃的基本技能；平衡区，加强幼儿的平衡感；攀爬区，通过攀爬锻炼幼儿的四肢力量；跨栏区，锻炼幼儿的脚部灵活性；轮胎区，促进幼儿寻找平衡感或锻炼灵敏性；绕跑区，通过绕跑使幼儿快速躲避障碍物。我们将以上区域进行巧妙连接，形成循环，让幼儿在循环运动中促进动作的全面发展。

视频资源

体能大循环

在体能大循环的器械上，我们选择合适的体育器材，做到废物利用、一物多用。适宜的器材是进行体育循环的物质基础，能够激发幼儿积极参与活动的兴趣，培养他们乐观、关心集体的品质。因此，我们投放了足球、篮球、平衡木、高跷、攀爬架、跨栏、呼啦圈、安全垫等多种体育器材，通过对各类器材的摆放与组合，创设了安全适宜的体育循环场地。此外，我们还鼓励幼儿或家长收集废旧材料，如易拉罐、奶粉罐、硬纸板等充当体育器材。

在体能大循环的内容上，我们将主要的内容结构设计为“热身—循环—放松—循环—放松收尾”。体能循环路线图如图 6-2-135 所示。考虑到各区域之间的活动性质和活动量的安排，我们设计难度不同的基本动作和难度不同的循环赛道供幼儿自主选择(图 6-2-136 至图 6-2-139)。

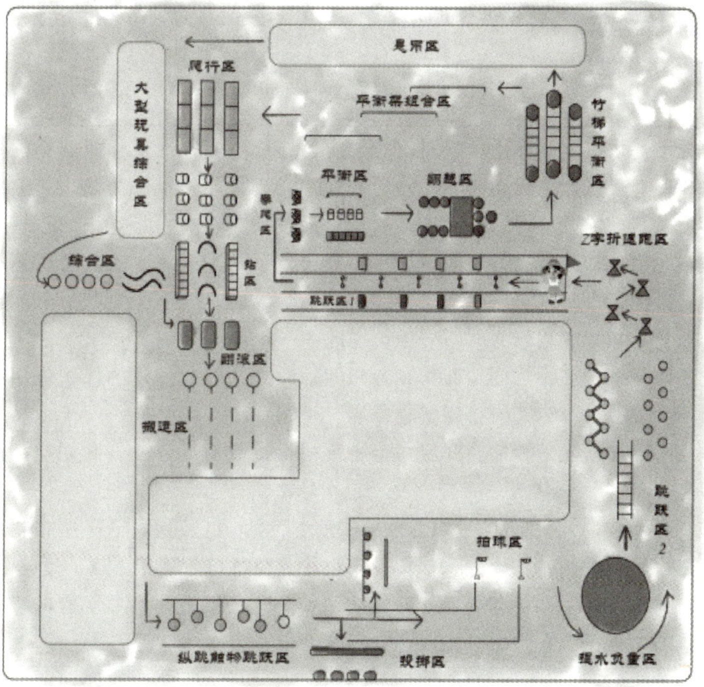

图 6-2-135　体能大循环路线图

图 6-2-136 利用轮胎设置赛道

图 6-2-137 不同难度的攀爬供幼儿选择

图 6-2-138 不同体验的竹梯供幼儿选择

图 6-2-139 幼儿进行放松收尾

表 6-2-8 体能大循环设置表

环境创设要点：体能大循环活动是利用幼儿园设施及空间，通过体育器械的不同组合，设置跳跃区、攀爬区、平行区等活动区域，让幼儿循环运动，使他们在力量、速度、耐力、灵活性和柔韧度等方面得到充分锻炼，促进幼儿动作全面发展。在自由、宽松的心理环境中，幼儿心情舒畅，积极主动地参与活动，从而促进身心健康发展，因此，体能大循环是幼儿园户外体育活动的一种有效的活动形式。 我们因地制宜，巧妙利用幼儿园户外活动场地： 塑胶操场的利用。塑胶操场的地面相对有弹性，对幼儿能起一定的保护作用，我们就把相对危险的项目(如攀爬、弹跳等)安排在塑胶操场上。 硬地的利用。硬质水泥地面适宜开展与走相关的运动及球类运动，我们把拍球、投掷等设置在硬地上进行。 边角场地的利用。幼儿园里的一些过道、场地边角落，以及园内的一些植物，都可以成为体能大循环中某一项目的活动场地。例如，我们在幼儿园过道上悬挂小球，便成了纵跳触物区。 固定活动场地的利用。在体能大循环的场地选择时，我们将园所中已有的户外玩具区、建筑设施、小花园等固定的设备设施都纳入活动场地之中。

续表

序号	区域名称	材料简介	游戏建议	器械摆放图片
1	跳跃区 1	塑料跳马 3 个； 器械组合玩具 6 组，高度 50 厘米； 软体感统训练器材：火车隧道套装	幼儿自主选择跨越哪一类型的障碍。 1. 器械组合：从起始线助跑跨跳。 2. 跳马：快速助跑，并脚起跳，双掌撑跳马翻越。 3. 火车隧道套装：快速助跑，并脚起跳，双掌撑住器材边，身体翻过去。	
2	攀爬区	三角木质绳梯、攀爬架 3 组	双手抓住架子上方，双脚踩住绳子往上爬，爬到上方并用脚带动身体翻过去，顺着绳梯爬下来。四肢协调，动作灵活地攀爬。	
3	平衡区	平衡台 8 块、窄平衡木 1 条、大小不一的白色滚筒 5 个	幼儿自选其一，双臂打开，平衡走、跑过器材，发展平衡能力和专注力。	
4	翻越区	折叠垫子 3 块、废旧物品轮胎组合	幼儿走、爬过轮胎，趴在垫子上翻过去，并走、爬过双层轮胎，完成动作。	
5	竹梯平衡区	本土资源竹梯 3 个、轮胎 4 个	轮胎与竹梯形成平、斜坡形式的不同组合，幼儿平衡走、爬过高矮不一的竹梯。	
6	悬吊区	幼儿园固定的大型综合玩具器械	幼儿可进行栏杆的悬吊、攀爬，锻炼臂力和四肢协调能力。	

续表

序号	区域名称	材料简介	游戏建议	器械摆放图片
7	平衡架组合区	三组组合户外攀爬架梯，分高、中、低难度	幼儿根据自己的能力选择不同难度的攀爬架梯进行游戏。	
8	爬行区	幼儿桌子6张； 仿草垫子3条，长4米宽60厘米； 自制木桩8个	幼儿从桌上或桌下，屈膝爬或匍匐爬过，采用横向移动的高肢爬行技术。	
9	大型玩具综合区1	幼儿园固定的大型玩具	幼儿可进行攀爬、走、跑、滑的动作。	
10	大型玩具综合区2	幼儿园固定的大型玩具：轮胎悬吊船；鹅卵石子路	幼儿双手悬吊走过轮胎船，并双手放背后半蹲走过石子路。	
11	钻区	拱形钻圈6个； PVC制作的长方体架、三角形架	拱形钻圈：正面钻； 长方体架：侧身钻； 三角形架：绕S形钻。	
12	翻滚区	海绵垫子6块	幼儿双手举起，侧身翻滚。	
13	搬运区	自制沙袋若干，分别装2千克、3千克、4千克的沙子； 轮胎拉车4辆、鸡公车4辆、担架4副	幼儿运用不同的运动方式进行提、扛、抬、拉、搬运沙袋的游戏。	

续表

序号	区域名称	材料简介	游戏建议	器械摆放图片
14	纵跳触物区	玩具足球 20 个、足球网 20 个	悬挂高低不一的玩具足球，幼儿根据自己的能力选择触碰相应的玩具足球。	
15	沙包投掷区	PVC 管投掷物、200 克沙包、网球、报纸团、乒乓球包扎物、毛毛球、民间游戏稻草人 2 个、自制球网 2 个	幼儿自主选择投掷物，进行投高、投准、投远的运动。	 
16	拍球区	篮球 2 筐、球杆障碍物 8 根	幼儿单手或双手绕行拍球并到达球网前进行投篮活动。	
17	提水负重区	各种矿泉水瓶改装成的“负重物”，瓶子里分别装不同质量的水	幼儿自主选择不同质量的“负重物”，沿着地上的路线行走，循环将水瓶提回来。	
18	跳跃区 2	器械组合 1 组、速度梯 1 副(足球训练器械)、自制绳垫子 20 个、蹦蹦床 3 张	幼儿进行单双脚连续跳、Z 字形跳和原地蹦跳的活动。	 
19	往返跑区	交通锥 8 个，分 2 列摆放	幼儿进行 Z 字形触物跑。	

民间游戏

在民间游戏区，我们投放简易有趣、适宜的传统客家游戏道具和器械，如竹竿、毽子、皮筋、跳房子、陀螺等供幼儿进行体育竞技类游戏。幼儿在区域内可以畅玩经典的民间传统游戏，如踢毽子、跳皮筋、跳房子、舞龙、舞狮等，教师鼓励幼儿创新玩法。这些融入了客家文化的学习环境，给日常的户外活动增添了优秀传统文化的教育内涵。

民间游戏案例：编花篮

(一)游戏导入

教师教幼儿唱儿歌《编花篮》。

儿歌内容："编、编、编花篮，花篮里面有小孩，小孩的名字叫花篮。"

(二)游戏过程

1. 教师带领幼儿进行热身运动，重点锻炼幼儿的下肢力量。

2. 教师讲解游戏规则。

(1)参加游戏的人数在三人以上。

(2)若有一个幼儿的腿掉下来了，游戏必须重新开始。

(3)幼儿先手拉手站好，其中一个幼儿将自己的一条腿向后放在旁边两个幼儿拉手处，单腿站立，然后，其他幼儿依次将自己的一条腿放在另一个幼儿的腿上，所有幼儿将腿搭好后，最先那个幼儿的腿放在最后一个幼儿的腿上。开始游戏，幼儿边单腿跳边唱儿歌："编、编、编花篮，花篮里面有小孩，小孩的名字叫花篮。"他们连续转圈单腿跳，若有一个幼儿的腿掉下来，游戏结束。

3. 请四个幼儿进行动作示范，教师讲解幼儿的动作。

4. 请幼儿找到自己的好朋友并进行合作编花篮游戏(图 6-2-140)。

图 6-2-140 幼儿进行编花篮

(三)游戏小结

放松运动。

请幼儿坐在操场上伸出双腿，轻轻捏揉、捶一捶自己的小腿，帮助肌肉放松。请幼儿说说自己在编花篮过程中的感受、体验或者是遇到的困难以及如何解决的。

(四)延伸学习

师：你用脚也能"编花篮"，老师在美工区投放了纸杯、毛线、竹篾、纸藤等材料，请你们在美工区也编出好看的花篮。

4. 收纳空间

在创设了丰富的户外区域的同时，为满足幼儿的游戏需求，我们在各类户外区域中也投放了大量的游戏材料，供幼儿游戏时探索使用。那么，大量的游戏材料势必会产生材料收纳的问题，我园在材料收纳的问题上也进行了细致的思考。

在收纳空间设置上，我园在不同区域设置了器械收纳空间，供就近储存体育器械及户外活动材料。操场边两排大的有遮棚的白色收纳柜，可以对中小型体育活动器械进行集中管理，不仅防止日晒雨淋，而且便于器械的分类存放，方便师生自主取放；摆放整齐的不锈钢收纳架、透明收纳盒，标识清晰，易于管理；分散在各个角落的小木屋、小木柜，既装点环境，又方便就近储存小件材料(图 6-2-141 至图 6-2-144)。

图 6-2-141　利用大型收纳箱收纳

图 6-2-142　整洁美观的收纳柜

图 6-2-143　收纳小木屋

图 6-2-144　收纳小木柜

在收纳管理上，我们将每个收纳区里面的材料贴上标签，材料与标签一一对应，幼儿每次使用完以后按照标签将材料归位。在户外材料的收纳管理上，我们成立了户外材料收纳管理小组，每天中午和下午放学后对户外各个区域的材料收纳情况进行检查，并与当天在此区域活动的班级教师进行沟通。面对户外大量的材料查找及管理烦琐的问题，我们还制作了户外游戏区材料投放索引表(表 6-2-9)，便于教师查找幼儿园户外材料，以及管理人员管理户外材料。

图 6-2-9　户外游戏区材料投放索引表

区域名称：客家游戏区

序号	材料名称	图片	年级	游戏内容	指导要点
1	跳皮筋		小班	三人为一组，两个幼儿扯皮筋，其他人轮流跳，按规定动作，完成者为胜，中途跳错或没勾好皮筋，就换另一人跳。 幼儿可边念儿歌边跳皮筋，注意节奏。跳皮筋的高度逐渐增加，以加大难度。	使幼儿乐意玩皮筋，体验民间游戏的趣味性。
			中班		1. 使幼儿掌握跳皮筋的基本方法，能完成简单的动作。 2. 使幼儿了解游戏规则，并乐意遵守游戏规则。
			大班		1. 鼓励幼儿尝试有难度的动作。 2. 使幼儿自觉、有序地按照游戏规则进行自主游戏。
2	客家凉帽	 	小班	能用不同的材料，通过绘画、剪、撕折、组合、拼摆、粘贴等多种方式设计和装饰凉帽。	1. 使幼儿乐意在凉帽上涂涂画画。 2. 指导幼儿用简单的线条和色彩装饰凉帽。
			中班		1. 通过欣赏，激发幼儿设计制作凉帽的愿望。 2. 引导幼儿用画、剪、贴、撕、折、画等形式和不同的材料设计、装饰帽子，表达自己的所见所想。
			大班		1. 使幼儿能用不同的方式和材料制作、装饰凉帽，表达自己的感受。 2. 引导幼儿用制作的凉帽布置环境或进行游戏。 3. 使幼儿能合作完成一件作品。

续表

序号	材料名称	图片	年级	游戏内容	指导要点
3	小看戏		小班	1. 几个幼儿组建麒麟队，唱着客家山歌，拿起乐器一起舞龙、舞狮。 2. 三个幼儿随着音乐朗诵、唱客家童谣。 3. 幼儿穿上各式服装进行表演。其他幼儿做观众，欣赏表演。	1. 引导幼儿乐意在活动区哼唱、做动作。 2. 使幼儿跟随熟悉的音乐做身体动作。 3. 指导幼儿模仿学唱短小歌曲。
			中班		1. 使幼儿能经常参加“小看戏”的唱跳、舞龙等表演活动。 2. 引导幼儿腔调自然、音量适中地进行歌唱。 3. 使幼儿能用身体动作或通过敲打乐器感知节奏。
			大班		1. 使幼儿积极参加表演活动。 2. 使幼儿能与他人相互配合进行表演。 3. 引导幼儿用标准的音调和准确的节奏歌唱。

我园在户外场地规划时，追求园林式、生态化，考虑与办园理念、特色、课程融合，注意满足功能需要，做到色调和谐、结构通透，秉持这样的思考与做法，打造了一个“处处充满设计、却不留痕迹”的高质量户外环境。